投资高手系列丛书

股票涨停策略与实战

安佳理财　编　著

清华大学出版社
北　京

内容简介

本书采用理论知识与实战案例相结合的方式，在基础知识的讲解过程中添加了一些笔者自己的炒股技巧和炒股经验，力求以最简便和易懂的方式为读者讲述涨停板的精髓。

全书共11章，主要内容有短线原则与涨停规律、涨停的形式、根据主力和盘口信息抓涨停、涨停板的分时图解析、K线与均线抓涨停、涨停板的关键——成交量、在信息中发掘涨停信号、如何抢到涨停板、抢板必须学会止损、追涨停板的心态以及抢板成功与失败的案例解析。

本书最大的特色就是紧密结合实战，通过本书的学习，可以让投资者了解到如何追涨停板以及如何在实战中收获涨停。

本书内容由浅入深，从涨停板的基础知识到如何抓住涨停，适合刚入市的投资者深入了解涨停板，也适合有一定炒股经验的投资者，帮助提升炒股分析方面的能力。

图书在版编目(CIP)数据

股票涨停策略与实战/安佳理财编著. --北京：清华大学出版社，2016（2017.4重印）

(投资高手系列丛书)

ISBN 978-7-302-42263-1

Ⅰ. ①股…　Ⅱ. ①安…　Ⅲ. ①股票投资—基本知识　Ⅳ. ①F830.91

中国版本图书馆CIP数据核字(2015)第283543号

责任编辑：李玉萍
封面设计：郑国强
责任校对：张术强
责任印制：王静怡
出版发行：清华大学出版社

网　　址：http://www.tup.com.cn, http://www.wqbook.com
地　　址：北京清华大学学研大厦A座　　**邮　　编**：100084
社 总 机：010-62770175　　**邮　　购**：010-62786544
投稿与读者服务：010-62776969, c-service@tup.tsinghua.edu.cn
质量反馈：010-62772015, zhiliang@tup.tsinghua.edu.cn

印 刷 者：北京鑫丰华彩印有限公司
装 订 者：三河市溧源装订厂
经　　销：全国新华书店
开　　本：170mm×240mm　　**印　　张**：18.25　　**字　　数**：360千字
版　　次：2016年1月第1版　　**印　　次**：2017年4月第2次印刷
定　　价：39.00元

产品编号：065994-01

前　言

2014 年下半年至 2015 年上半年的疯牛行情，让股市中的投资者人数快速增加。从下图中的数据可以看出，在 2015 年 5 月 22 日至 29 日这一周内，新增账户超过 443 万户，同期证券总账户达到 2.15 亿户。由此可见，炒股已经成为人们参与度极高的一种投资方式。

数据日期	新增账户数		活跃账户数		期末持仓账户		期末账户数		
	新增账户	环比	活跃账户	环比	持仓账户	环比	总账户	有效账户	休眠账户
2015-05-29	4, 435, 255	68. 60%	5, 467. 57	21. 96%	6, 821. 10	2. 81%	21, 578. 67	17, 528. 23	4, 050. 44
2015-05-22	2, 630, 661	10. 20%	4, 483. 17	9. 99%	6, 634. 42	0. 59%	21, 142. 50	17, 081. 61	4, 060. 89
2015-05-15	2, 387, 138	-2. 72%	4, 075. 81	4. 49%	6, 595. 57	2. 61%	20, 884. 34	16, 816. 89	4, 067. 45
2015-05-08	2, 453, 838	-16. 94%	3, 900. 85	0. 72%	6, 428. 06	0. 97%	20, 650. 20	16, 576. 68	4, 073. 52
2015-04-30	2, 954, 190	-28. 62%	3, 873. 14	-10. 72%	6, 366. 28	2. 07%	20, 409. 47	16, 329. 72	4, 079. 75
2015-04-24	4, 138, 596	26. 02%	4, 338. 08	8. 05%	6, 236. 98	3. 70%	20, 119. 69	16, 031. 95	4, 087. 74
2015-04-17	3, 284, 058	95. 00%	4, 015. 02	16. 45%	6, 014. 63	3. 32%	19, 714. 62	15, 614. 43	4, 100. 19
2015-04-10	1, 684, 118	7. 78%	3, 447. 91	1. 56%	5, 821. 17	1. 66%	19, 396. 31	15, 281. 68	4, 114. 63
2015-04-03	1, 562, 600	-6. 39%	3, 395. 04	1. 70%	5, 726. 06	1. 51%	19, 236. 40	15, 110. 19	4, 126. 21
2015-03-27	1, 669, 269	46. 53%	3, 338. 41	7. 14%	5, 641. 02	2. 30%	19, 088. 77	14, 951. 36	4, 137. 41
2015-03-20	1, 139, 227	57. 89%	3, 115. 97	34. 35%	5, 514. 41	-0. 18%	18, 930. 52	14, 781. 69	4, 148. 83
2015-03-13	721, 544	8. 89%	2, 319. 21	-4. 46%	5, 524. 63	0. 59%	18, 822. 92	14, 666. 11	4, 156. 81

在投资过程中，长期投资和短期投资是两种截然不同的投资方式，各有优缺点。本书主要从短期投资的角度出发，对短期投资中的明珠——追涨停板，进行深入浅出的讲解。

涨停板是中国股市上一道独特的风景线，股价在单个交易日内的最大涨幅就是 10%，这是股价在交易日内的上涨极限，也是所有投资者都希望获得的单日最高收益。

追涨停板是一门艺术，更是一门投资者都希望掌握的尖端技术。如果读者是一名短期投资的奉行者，更应该仔细阅读本书，掌握一定的追涨停板技术，往往能让你在实战中有意想不到的收获。

本书为投资高手系列丛书中的一本，旨在为对那些还不了解涨停板、没有掌握追涨停板技术的投资者进行相关的介绍和讲解。下面来看本书有哪些内容。

本书一共 11 章，分为三部分。

✧　第一部分是本书的第 1～2 章，介绍了进行短线投资的原则、涨停板的一些基本规律以及涨停的形式。

- ✧ 第二部分是本书的第 3～7 章，从多方面介绍了追涨停板的分析方法，分别为分时图、K 线和均线、成交量以及基本面信息等。
- ✧ 第三部分是本书的第 8～11 章，这部分主要讲述了追涨停板的操作技巧、如何正确止损以及在实战中追涨停板的成功与失败的案例，以及其背后的原因。

通过阅读本书，希望读者能够对涨停板有一定的了解，学习多种追涨停板的分析方法，并将这些分析方法运用到投资实战中。

本书最大的特色就是将理论知识与实战分析相结合，而且引用的实战案例都是最新、最具代表性的个股，为的就是让投资者在学习追涨停板的分析方法过程中，掌握大盘行情变化的规律，如热门概念题材的分析、板块轮动、政策解析等。

本书由安佳理财编著，参与本书编写的人员有邱超群、杨群、罗浩、林菊芳、马英、邱银春、罗丹丹、刘畅、林晓军、周磊、蒋明熙、甘林圣、丁颖、蒋杰、何超、余洋等。由于时间仓促，编者水平有限，书中的疏漏和不足之处在所难免，恳请读者批评指正。

编　者

目 录

Chapter 01

短线原则与涨停规律

追涨停板可以让短线投资者快速获利，也可以让投资者迅速被套。无论怎么进行追涨操作，追涨停都是短线交易中的一种投资方式。进行追涨就是进行短线交易，在此之前投资者应了解短线原则和涨停规律的相关知识。

本章要点

- ✧ 什么是短线交易
- ✧ 短线交易的心态
- ✧ 短线交易的策略
- ✧ 短线交易的十大原则
- ✧ 涨停都是人为的
- ✧ 涨停必然有踪迹
- ✧ 成功追到涨停板
- ✧ 追板不成反被套

1.1 追涨停就是短线交易

追涨停是指在股票即将涨停的当天或已经涨停的下一个交易日进行买入，前提是投资者判断出股价在后市将继续上涨甚至涨停。

如果在追涨停买入之后，股价继续涨停，投资者就能在短期内获得丰厚的投资回报；如果在追涨停之后，股价横向发展甚至下跌，投资者就会迅速被套。

因此，追涨停是短线交易中收益最高、风险也最大的一种投资方式，只适合一些时间充裕、风险承受能力强的短线投资者使用。

1.1.1 什么是短线交易

短线交易的特点是周期短、获利快，因此也受到了众多投资者的青睐，这也是广大投资者都想掌握的炒股技巧，在股票市场中常有“短线是金”的说法。

而追涨停板作为短线交易这顶皇冠上最为耀眼的宝石，让无数短线投资者趋之若鹜，纷纷效仿学习。

短线交易，本质上可以说是一种投机行为，获取高收益的同时也承受着巨大风险，特别是当股价波动巨大时，前一个交易日盈利可观，第二个交易日就可能转为亏损。这是投资者在进行短线交易或者追涨之前应该清楚的。

投资者进入股票市场的目的都是大同小异的，有的人是为了资产快速增值，而有的人仅仅是为了资产保值。总而言之都是为了在股市中赢利。

而要想在股市中赢利主要有两种途径：一种是长期持有某一只或少数几只股票，随着上市公司的不断发展，收入主要来源于每年度固定的红利，这也是常说的长线套利；另一种则是频繁地买卖操作，利用股价的波动进行滚动操作，每次操作的利润积少成多，长年累月下来收益也较为可观，这也是常说的短线交易。

进行短线交易时，投资者不会过于关注上市公司的业绩好坏、市盈率高低，关注的重点是放在股价短期内能否有较大幅度的波动。只有当股价在短期内大幅地上下波动，短线交易才有盈利空间。

投资者进行短线交易时，一定要戒“贪”，贪心是投资者最大的敌人。不管是长线投资还是短线投资，在进行短线交易时，应尽量将每一笔获利预期放到最小。因为短线交易最终的巨额利润是来源于多次交易的长期积累，而不是仅仅靠一笔或几笔交易就收获丰厚利润。

短线交易主要是通过波段操作来实现的，即投资者在价位低时买入股票，在高价位时卖出，以获取短期利润。它是针对目前中国股市呈现波段运行的特征而出现的较为有效的投资方法。波段操作虽然不能让投资者赚取最多利润，但是成功率较高，是其中一大优点。这种灵活多变的投资方法可以有效地帮助投资者规避市场风险，大大地提高资金使用效率。

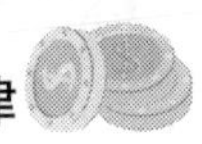

投资者在了解了什么是短线交易之后，还应对什么是正确的短线交易理念、什么又是错误的短线交易理念进行了解，具体内容如图 1-1 所示。

正确的短线交易理念

股价处于调整行情中，不会在此时进行短线交易
短线交易的判断依据是短期内的技术分析
在进行短线交易分析时，遵循由大及小的原则

错误的短线交易理念

短线交易的持股时间只会保持在 3~5 个交易日，最多不超过 10 个交易日
短线交易在获利超过 10%后就应卖出
长线交易等于投资，而短线交易就是投机

图 1-1 短线交易理念的对与错

如何成为一名出色的短线投资者？两个大前提，分别是“看对”和“做对”。其中“看对”是指对股票市场的理解和对股价后市的趋势预判，属于认知方面的内容；“做对”是指买卖操作符合股价的波动趋势，并且收获颇丰，属于操作行动方面的内容。

【知识拓展】看对与做对的具体要求

看对的第一个要求是要看对大盘行情在后市是上涨、下跌还是横盘，需要做出明确的判断；第二个要求是需要看出个股的短线机会在哪里，哪一只个股的短线机会最佳。

做对的第一个要求是在买入信号出现后能够果断地买入；第二个要求则是操作的数量和规模，以及是否有严格的止盈止损设置。

1.1.2 你是否适合短线交易

投资者在进行股票投资之前，首先要做的是选择适合自己的投资方式。股票长线交易和短线交易的获利途径不同，为了达到获利目的所采取的策略也不尽相同，所需要付出的努力程度也不同。

投资者综合分析自身素质、能力和现有条件，明确自己适合选用哪种投资方式。在决定选择短线交易之前，投资者可以通过以下几个方面对自己是否适合短线交易做出评判，具体内容如图 1-2 所示。

- **空余时间**：投资者选择什么样的投资方式与其自身的空余时间多少是紧密相关的。如果投资者的空余时间充裕，就可以经常关注大盘行情的走势变化，短线交易的要求之一便是长时间的盯盘；当投资者没有过多的空余时间时，不建议进行短线交易，容易错过买卖点，从而减少收益甚至造成损失。

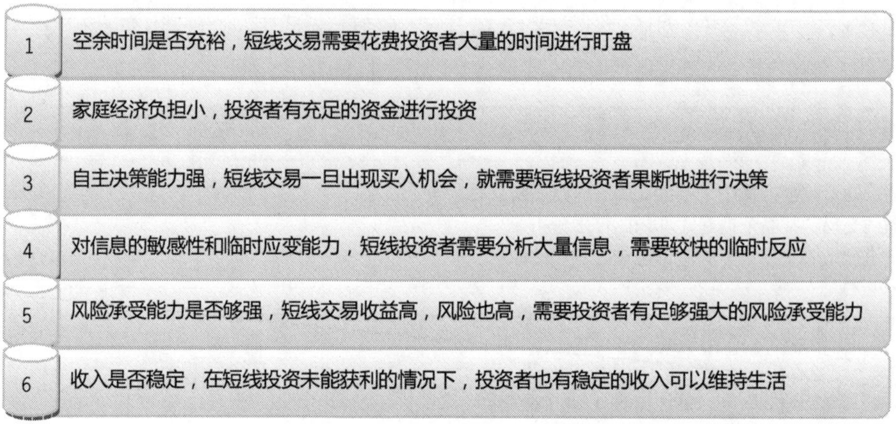

1	空余时间是否充裕，短线交易需要花费投资者大量的时间进行盯盘
2	家庭经济负担小，投资者有充足的资金进行投资
3	自主决策能力强，短线交易一旦出现买入机会，就需要短线投资者果断地进行决策
4	对信息的敏感性和临时应变能力，短线投资者需要分析大量信息，需要较快的临时反应
5	风险承受能力是否够强，短线交易收益高，风险也高，需要投资者有足够强大的风险承受能力
6	收入是否稳定，在短线投资未能获利的情况下，投资者也有稳定的收入可以维持生活

图 1-2　判断适合短线交易的条件

- **家庭经济负担小**：不同的投资者面临的家庭内部情况不同，赡养老人与抚养孩子的情况不同，则用于股票投资的资金量不同。进行股票投资的目的也不相同：如果投资者计划为 5 年后孩子上大学准备资金而从现在开始投资，则应选择业绩良好的上市公司进行长线投资；如果投资者家庭经济负担小，那么进行短线交易则没有后顾之忧。
- **自主决策能力强**：市场中的短线机会总是稍纵即逝，如果投资者在面对买入机会时犹豫不决，不能马上做出决策，错过了最佳时机，甚至在犹豫之后盲目买入，造成损失。可见进行短线交易，对投资者的决策能力要求是多么严格。只有果断决策的投资者才能在瞬息万变的股市中如鱼得水，优柔寡断是短线投资者的大忌。
- **对信息的敏感性和临时应变能力强**：投资者在进行短线交易时，总是想低买高卖，赚取差价，但短期是建立在丰富的市场信息和强大的临时应变能力上的。短线投资者总会想尽办法获取尽可能多的股票信息，以此在更合理的买卖点对股票进行操作。
- **风险承受能力强**：心理素质，体现在股票投资中就是风险承受能力。是否适合做短线交易，与投资者承受风险的能力是紧密相关的。短线交易的持股时间短，容易受到各个方面因素的影响，因此给短线交易带来了较高的风险。投资者在进行短线交易之前，必须对自身的风险承受能力有清晰的认识。那些偏好风险、喜欢挑战的投资者最适合选择短线交易；反之，则更适合长线交易。
- **收入稳定**：收入的稳定性与财富积累速度会直接影响到投资者的决策。只有那些有稳定高收入的投资者才会每月拿出一笔闲置资金进行股票投资，即使出现亏损，也在承受范围之内，下个月仍有稳定的收入得到弥补。而收入不稳定或收入较低的投资者则不建议选择短线交易，因为短线交易的损失可能让这些投资者陷入困境。

1.1.3 短线交易的心态

股市可以让投资者短期暴富，也可以让投资者的收益迅速化为乌有。股市就是将人性中两个最大的缺点，即贪婪和恐惧极度放大。因此，股市中的多数投资者只顾眼前一时的利益得失，无法冷静面对长期复利增加的效果。

成功的投资是良好的心态、扎实的股票理论知识与合理的操作技巧综合。其中，技术只占30%，而心态占70%，可以说没有良好的心态，股票投资就难以成功，同样也做不好短线交易。正确的短线交易心态应该包含以下几点。

- ✧ **短线交易只能是副业**：多数投资者都属于普通的工薪阶层。他们参与短线交易在工作空余时间换换头脑，缓解一下单调紧张的本职工作带来的疲劳，同时也能锻炼分析问题、决策的能力，多一个途径参与社会竞争，享受经济发展带来的红利。对那些已经从工作岗位退休的投资者而言，他们可以将短线交易视作一种娱乐活动，既能活动头脑，保持年轻，又能与众多股友互相交流，很好地排解退休带来的孤独。
- ✧ **淡忘历史**：这里所说的淡忘历史，是指短线投资者在完成一笔成功或失败的短线操作后，应淡忘上一笔交易所带来的盈利或损失。只需用尽全力做好手上的这笔交易，不要因为上一笔交易收获了利润，下一笔交易就可以随意一点；或是因为上一笔交易出现了亏损，导致下一笔交易就犹豫不决。
- ✧ **保持冷静**：短线投资者在对于大盘的任何大涨大跌都应冷静客观地对待、分析，不要被假象所迷惑。当股票大幅下跌时，要冷静分析，该亏损卖出就卖出；当股票大幅上涨时也要保持冷静，不能被短期利润冲昏头脑，只有获利之后到手的才是真正的收益。
- ✧ **不可贪心**：短线交易者都要为自己设置一个止盈点，当短线操作出现收益时，不能总想着再多持有一段时间，获取更多的收益。贪得无厌，到头来只能是竹篮打水一场空。另一方面，短线投资者也应为自己设置一个止损点，当股价跌破止损点时，就应果断卖出离场。
- ✧ **量力而行**：有多少资金炒多少股，这个资金指的是闲置资金。炒股绝对不能用所有的资金，孤注一掷在股市上绝对会失败的。短线投资者应在保证正常生活不受影响的前提下，拿出部分资金投入股市。成熟的投资者会将闲置资金分为多份，部分投资股市，部分投资债券，部分投资实体经济等。

1.1.4 短线交易的策略

短线交易可以在短期内获得高收益，吸引了市场投资者纷纷加入其中；另一方面也因为短线交易的高风险，让不少投资者选择观望。短线分析的不确定性太大，但也不是无迹可寻的。下面我们对短线操作的相关策略进行讲述，具体内容如图 1-3 所示。

短线交易尽量避免被市场中多数投资者看好的股票，此类股票得到市场投资者的追捧，其中的散户过多，主力资金不会轻易拉升，短线机会不大

任何情况下，短线交易都应避免操作股价处于高位的个股。股价已经有了较大涨幅，后市上涨空间有效，短期内风险太大

股价在连续 3 个涨停后被打开，随后开始走向弱势，投资者应果断卖出，尽量避免强势股的回调阶段，保存大部分收益

要多加关注那些股价处于低位的个股，多留心近期大涨的股票，选择操作这类股票，可以将持仓成本控制到更低，后期的盈利空间也更大

图 1-3　短线交易策略

短线交易的总体策略应该是：在判断大盘行情走势较稳或强势时，对市场中的热点题材，热点板块进行重点关注；在热点板块中选择龙头股或强势股。当股票赢利时，做到见好就收，绝不恋战；当股票出现亏损时，也能果断离场。

1.1.5　短线交易的十大原则

短线交易有其特殊性，所以在进行短线交易时必须遵循一定的原则。短线交易的原则同样适用于追涨停板的过程中。短线交易的十大原则具体内容如图 1-4 所示。

一	短线分析时，个股的趋势第一位，价格第二位
二	重时不重股
三	短线交易切记不能追高买入，即使是追涨停板也尽量避免
四	成交量是最为稳妥的买入信号
五	短线操作不宜太过于频繁，手续费增加，风险也会提高
六	进行短线交易永远不能满仓，必须留存一定的资金灵活运用
七	短线交易过程中以技术分析和盘面信息观察为主
八	进行短线操作前必须进行充分的分析，必须在个股中下足功夫
九	进行短线交易时必须抓紧时间，果断下手，尤其是在追涨停板的过程中
十	该止损时就要止损，不能把短线做成长线

图 1-4　短线交易的十大原则

✧ **趋势第一，价格第二**：短线交易必须密切关注大盘行情的走向趋势，也包括个股的股价走势，而不应过度执着于股票的价格。可见即使是已经长期上涨且股价较高的股票，如果走势分析依旧显示该股仍有上攻空间，短线投资者都可以选择买入；另一方面，那些股价较低的股票，如果短期内没有上涨的趋势，短线投资者也不能因为其价格低廉而选择买入。在短线交易中，趋势第一，价格第二。在中国股市，存在着“强者恒强，弱者恒弱”的规律，那些上涨强势的股票能不断地吸引投资者买入持有，股价也因此连创新高。而那些走势弱的股票，没有投资者愿意买入持有，没有成交量的支持，股价也无法上涨。可见短线交易应“顺势而为”，切记不可“逆势而为”。

✧ **重时不重股**：短线交易的操作时机非常重要，因为短线交易追求的是股票调整之后的反弹拉升阶段，尽量降低买入后股票继续回调的可能性。这就要求短线投资者经得住诱惑，把握住大局。总结来看，短线买入时机需要满足以下几个条件：大盘长期或短期内开始启动上涨；股价突破前期阻力位；主动性买盘明显放大，交易量迅速增加；个股处于热点题材或热点板块中。市场中不可能每天都有热点题材股的短线交易机会。当没有龙头股、题材股可以操作时，只要介入时间选择正确，即使是基本面没有亮点的股票，仍然可以快速获利。

✧ **短线交易不追高**：如果一只股票在早上开盘时即高开 3%，这样的股票投资者不宜追高买入。这样的股票可能一路上涨直到涨停，也可能冲高回落大幅下跌。短线交易者应等到股价从 3%上方开始回调时，在低点伺机买入，这样的低点有可能出现的时间在 9:40。所以短线投资者在股市开盘后，应观察开盘后股价的第一个波动形态，选择在大盘回调个股跟着回调时买入。

✧ **成交量才是买入信号**：主力进场不是悄无声息、无迹可寻的，时间在 9:30 以后盘后出现 1000 手以上的成交记录，就代表有主力资金开始介入。对短线交易而言，最好等待 1 分钟内连续出现 10 次以上 1000 手大单成交时再选择买入。如果开始股价即走低，短线投资者可以逢低建仓，以 1/4 的仓位为最佳，待后市股价上涨再补 1/4 的仓位。

✧ **短线交易不宜频繁**：说起短线交易，投资者的印象就是频繁地买卖股票，频繁地选股、换股。其实不然，每天上涨的股票数量繁多，但能够通过短线技术分析确认上升趋势的并不多。频繁地短线操作，积累的手续费成本暂且不谈，操作次数的上升，肯定会带来风险的增加。短线投资者应谨慎对待每一次短线交易，特别是大盘行情走势不明朗、个股走势无法确定时，短线投资者应及时停止操作，持币观望。

✧ **短线交易不能满仓**：短线交易的基本要求就是不能满仓操作，至于短线交易的最大仓位应该设定为多少，不同投资者有不同的标准。风险承受能力更强一些的，可能选择将仓位设定为 90%左右。不满仓是因为股票市场风云变化，每天都会有新的股票开始上涨，每天都存在新的短线机会，如果前一交易日满仓买入，当日看着机会很好的股票却无法买入。对普通的短线投资者而言，更建议将仓位安排为 1/3 的基本仓，1/3 的短线仓，剩下 1/3 作为储备资金。

- **以技术分析和盘口信息为主**：短线交易不能完全靠操作题材股赚取利润，虽然短期爆发题材股的股价会大幅上涨，但市场上的消息有真有假，太过于相信市场消息，只会扰乱投资者自己的决策。对于任何一个消息，市场中的投资者都会做出判断，然后转化到买卖操作上去，最终通过盘面信息表现出来，即使是主力自己的细微操作，也会在盘面上留下蛛丝马迹。因此，通过技术分析和盘面观察得到的信息才是最真实最可信的。
- **下足功夫进行短线交易**：短线交易操作的股票是需要不断更换的，因为股价总是处于上涨回调再上涨的周期中，那些处于回调阶段的股票在短期内就不具有投资价值。所以在操作完一只股票后，就应需要找下一只新的股票，因此收盘之后的复盘分析是很有必要的。选择个股之后，对个股进行技术分析，需要花费大量的时间和精力，所以短线交易是很辛苦的，天下没有不劳而获的道理。
- **抓紧时间**：短线交易拼的就是分分秒秒，因为看盘和技术分析需要时间，投资决定买入卖出更需要时间。最佳买卖点总是稍纵即逝，特别是一些股价波动幅度大的股票。所以短线交易时需要充足的时间，不能长时间看盘，就无法成功地进行短线交易。
- **不能把短线交易做成长线交易**：不成熟的短线投资者通常在短期被套后就转为长线交易，其实这样的做法是非常不理智的。因为短线和长线是完全不同的两种投资方式，不仅仅体现在持股时间上，更体现在选股方法和建仓成本上。因此当初选择做短线的股票就只适合做短线，因为这样的股票从长期来看，基本面不一定良好，长期持有反而会让投资者遭受更大的损失。

1.2 涨停规律

在股票市场中，无论是为了追涨停宁愿死去的“涨停敢死队”，还是提前介入，伏击涨停的“涨停特战队”，其疯狂的追涨行为，都是建立在拥有一定规律可循的基础上的。

对市场中的多数短线投资者而言，他们更愿意称为“涨停特战队”中的一员，因为提前布局收益更大，风险稍小，符合投资者趋利避害的心理。

而涨停的规律，大致可以总结为四大规律。

1.2.1 涨停都是人为的

涨停的第一规律，也是投资者都清楚的原则，也是伏击涨停的前提条件：任何一只

股票出现涨停，不可能是空穴来风，而是隐藏在股票背后的人炒作出来的。

没有人为的操作就不会有股票的涨停。下面通过一个案例进行详细讲解。

【实战案例】东方锆业(002167)——涨停都是人为的

如图 1-5 所示为东方锆业的基本资料。

东方锆业 002167　最新动态　新闻公告　公司资料　概念题材　股东研究　主力持仓　经营分析　财务概况　股本结构　分红融资　资本运作　公司大事　盈利预测　行业对比

公司概要　近期重要事件　新闻公告　财务指标　主力控盘　题材要点　龙虎榜　大宗交易　融资融券　投资者互动

公司概要

主营业务：锆及锆系列制品的研发、生产和经营　所属行业：有色冶炼加工

涉及概念：央企国资改革，航母，小金属，新材料概念 详情>>

市盈率(动态)：--	每股收益：-0.04元（分红转增后）	净资产收益率：-1.74%	分类：中盘股
市盈率(静态)：1368.73	营业收入：1.21亿元　同比下降15.45%	每股净资产：2.07元（分红转增后）	总股本：6.21亿股
市净率：3.87	净利润：-0.23亿元　同比下降16.82%	每股现金流：0.09元（分红转增后）	流通A股：4.73亿股

图 1-5　东方锆业基本资料

从图 1-5 中可以看到，东方锆业的最新资料显示其净利润为-0.23 亿元，每股收益为-0.04 元，显然公司在长期以来都处于亏损之中。

而东方锆业所处的有色冶炼加工行业，在近年来也未受到国家政策的相关支持，基本面并未出现明显的利好消息。

如图 1-6 所示为东方锆业 2015 年 4 月至 6 月的 K 线图。

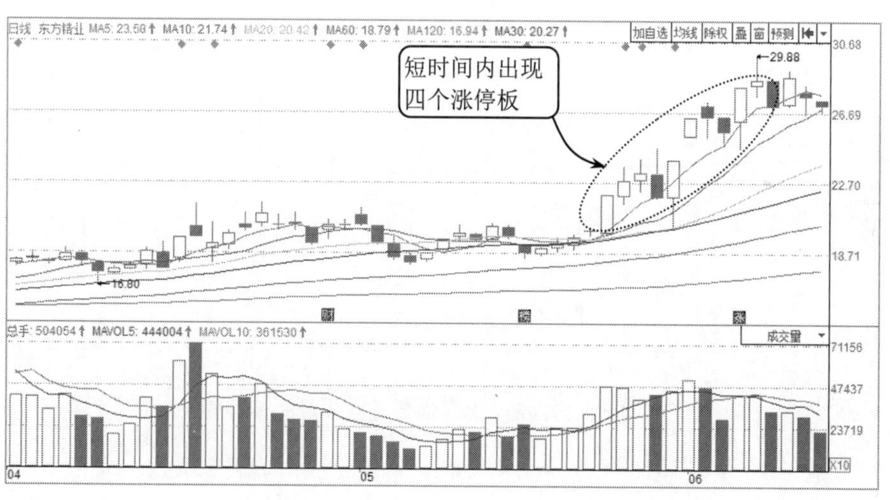

图 1-6　东方锆业 2015 年 4 月至 6 月的 K 线图

在 2015 年 5 月 25 日，股价放量收出涨停后，出现追涨买入的机会。而后在短时间内，股价再次收出三个涨停板，此次追涨买入的投资者即可追涨停板成功。

回过头来再看这次多次涨停的行情，在基本面存在问题、没有热点题材的情况下，东方锆业是凭借什么涨停的？

观察前期横盘时的成交量发现，成交量经历了一个缩量而后缓慢放量的过程，说明在 5 月底多次涨停的背后，是人为操作且蓄势已久的一次投资过程。

【专家提醒】绩优蓝筹股涨停同样是人为操作

即使是个股的基本面完好，业绩良好，又或者带有热点题材，此时股价出现涨停，仍然是人为的，是个股中的主力借利好消息拉高股价，且成本低、阻力小。所以不论是蓝筹股还是成长股，在运行过程中出现涨停，都是成交量背后的人在进行操作。

1.2.2 涨停必然有踪迹

前面我们说到涨停都是人为的，既然是人为的，必然会留下痕迹，这就是投资者需要寻找的涨停的踪迹，也是成功伏击涨停的核心。

投资者在寻找到人为踪迹之后，就可以发现其涨停的手法和过程，这让投资者追涨停板有更大的成功率。

【实战案例】北方国际(000065)——涨停必然有踪迹

如图 1-7 所示为北方国际 2015 年 3 月至 6 月的 K 线图。

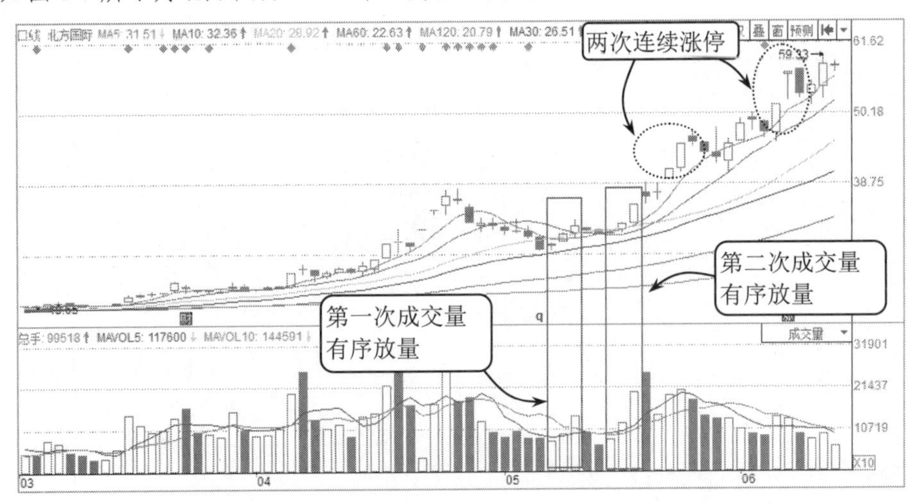

图 1-7 北方国际 2015 年 3 月至 6 月的 K 线图

北方国际在经历了 2015 年 3 月至 4 月初的低位横盘后迎来快速上涨。在连续涨停之后，股价被拉升至 38 元附近。

随后股价迎来小幅回调，在回调过程中 K 线实体都较小，表明做空实力较弱，市场中的多方仍然存在。

在 5 月 8 日至 5 月 18 日的 3 个交易日里，成交量有序放量，股价结束回调开始上涨，预示着股价再次进入上涨行情，随时有涨停的可能。

在 5 月 15 日至 5 月 19 日的 3 个交易日里，成交量第二次有序放量，且在 5 月 19 日成交量明显放大，股价也趁势收出涨停。

无论投资者在第一次有序放量后买入，还是在5月19日放量涨停后买入，都能够成功伏击涨停。

回顾此次伏击涨停的过程，股价在回调过程中的小实体K线给了投资者信息，而第一次有序放量，股价开始回升则是进入上涨行情的信号。在第二次有序放量过程中，惊喜地收获涨停，而在之后的走势中，股价更是多次收出涨停，让伏击涨停的投资者惊喜不断。

在5月19日的放量涨停后，股价两次出现连续涨停，两次的连续涨停从K线上无法找出踪迹，但观察两者的成交量可以发现，在两次连续涨停中，第二个交易日涨停时的成交量都与前一个交易日基本保持相等，这也是涨停的踪迹之一。

【实战案例】中国石油(601857)——寻找下跌后的涨停踪迹

如图1-8所示为中国石油2015年3月至7月的K线图。

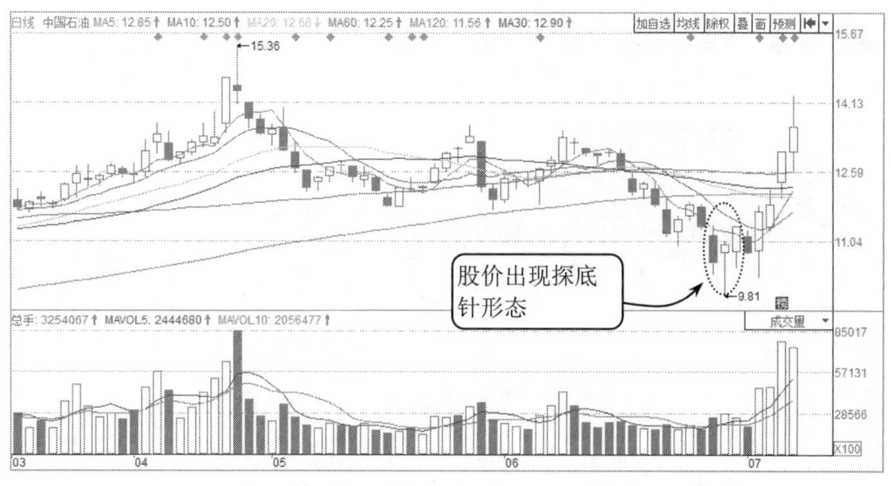

图1-8 中国石油2015年3月至7月的K线图

在2015年的3月至5月中，股票市场处于大牛市中，中国石油作为绝对的大盘蓝筹股，也与大盘保持同步上涨。

在创出15.36元的新高后，股价进入缓慢回调过程。在中国石油回调过程中，大盘的走向逐渐转变。进入6月初，大盘在创出5178.19点后，开始迅速下跌，市场中的恐慌心理不断蔓延。

而此次下跌，最初的原因是宏观调控部门对融资杠杆的清理，而大盘指数却在下跌中逐渐失控，市场中传出股指期货遭到恶意做空的消息，由此打响了中国股市保卫战。在中国股市保卫战中，宏观调控部门的思路异常清晰，就是对大盘蓝筹股注入资金，保证指数的稳定，试图在股市期货的市场上将空头一网打尽。在这样的背景下，中国石油无疑成了首选。

6月29日，股价在盘中一度遭到打压跌停，幸好在大量场外资金的注入下，将股价拉升至开盘价上方，最终在K线上收出探底针形态。探底针的出现意味着中国石油的股价已经见底，后市将开始回升。而在大盘行情日益恶化的情况下，中国石油在宏观调控部门的关注下，必然会出现涨停。

第一是牛市转向剧烈震荡的过程中，遭到恶意做空，国家力量的出手，必然是针对大盘蓝筹股，具体而言就是上证 50，因此中国石油首当其冲是毋庸置疑的。

第二是中国石油在 6 月 29 日被打压到跌停后迅速回升，最终以 3.99%的涨幅收盘，意味着中国石油受到了场外资金的关注，是不允许空头碰的“奶酪”。再者，大盘指数想要企稳，中国石油必须有所表现。因此，中国石油出现涨停是顺应时势而出现的。

1.2.3 涨停都会有规律

既然涨停是有迹可循的，那么这些踪迹是否有规律可循？答案是肯定的。市场中那些想拉涨停的主力资金，有着不同的方法，但在使用过程中，总会有几种是主力常用的。

【实战案例】大连港(601880)——涨停都是规律

如图 1-9 所示为大连港 2015 年 4 月至 6 月的 K 线图。

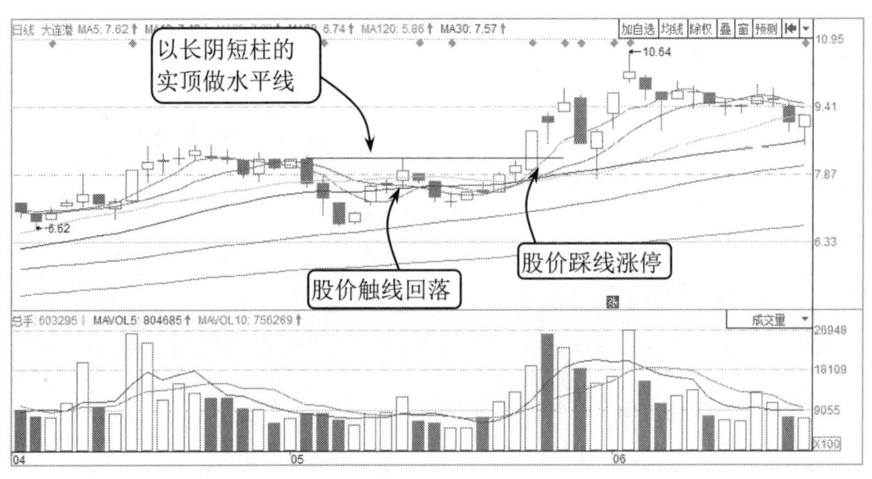

图 1-9 大连港 2015 年 4 月至 6 月的 K 线图

从图 1-9 中可以看到，在大连港经过 4 月至 5 月的上涨后，股价在 5 月初迎来小幅回调。在回调的过程中，阴线实体最长的 K 线，即 5 月 5 日当天收出的跌幅 7.08%。

以 2015 年 5 月 5 日当天的阴线顶，即开盘价为一个点，做一条水平线。当股价结束回调后开始回升，回升过程中，股价在 5 月 13 日向上触线，而后短线下跌 3 个交易日。

5 月 25 日，股价在盘中触线，但并未回落而是继续上攻，由触线改为踩线。将线踩在脚下，这是股价涨停的信号。

在 5 月 25 日当天收出涨停后，追涨停的投资者仍可以买入，虽然后市只出现了一个涨停，但收益仍较可观。

前期画线的目的在于理清主力的操盘规律，一旦掌握了主力的操盘规律，那么追涨停板的概率将大大提高。

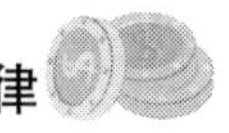

【实战案例】天茂集团(000627)——咬线意味着上涨

如图 1-10 所示为天茂集团 2015 年 2 月至 6 月的 K 线图。

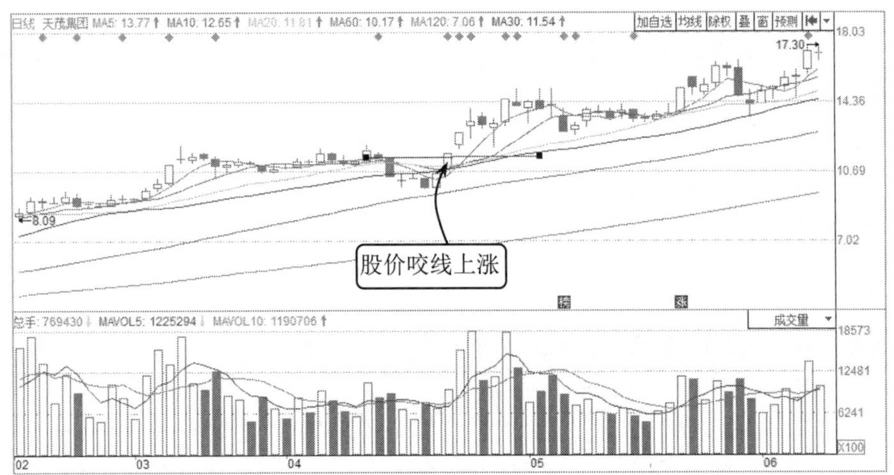

图 1-10　天茂集团 2015 年 2 月至 6 月的 K 线图

天茂集团在 2015 年 3 月至 4 月股价都处于横盘状态，波动极小。进入 4 月中旬后，股价开始小幅下跌。同样将长阴线的实顶做水平线。

股价结束回调开始上涨后，在 4 月 22 日出现咬线。咬线意味着股价将继续上涨，且根据个股强势程度的不同，涨幅也不同。

天茂集团在 4 月 22 日股价咬线涨停后，再次出现两次涨停，由 11.5 元上涨至 14.5 元附近，涨幅在 26%左右，投资者获利丰厚。

1.2.4　涨停的规律肯定会重复

既然将涨停的规律称之为规律，则必然是可以复制和广泛应用的。如果只是某几只股票的特例而总结出的涨停踪迹，就不能称为规律。

只有可以复制且广泛运用的技术，才是科学的技术。

【实战案例】五矿稀土(000831)——涨停的规律是可重复的

如图 1-11 所示为五矿稀土 2015 年 1 月至 4 月的 K 线图。

五矿稀土在 1 月中旬创出 26.95 元的低价后，开始快速上涨。股价在短时间内被拉升至 36 元附近。

在股价达到 36 元附近之后，多个交易日的 K 线都收出上影线，表明股价继续上涨的压力较大。

随即股价以 36 元为起点开始回调，在下跌过程中，2 月 17 日的跌幅为 7.89%，收出一根大阴线。以该阴线的实顶为起点，做水平线。

图 1-11　五矿稀土 2015 年 1 月至 4 月的 K 线图

股价在大跌 7.89%之后的两个交易日里开始走稳，逐渐展开横盘震荡走势。在横盘过程中，股价在 3 月中旬有所回升，但向上触线，意味着将短暂回落。

进入 4 月之后，股价再次上攻，4 月 20 日有触线的迹象，但在 4 月 21 日，股价高开高走并没有出现回落，而是踩线涨停。因此对于短线投资者而言，当股价在 4 月 21 日没有回落反而上涨时就已经可以买入了。

为了验证涨停的规律是可以重复的，继续观察五矿稀土后期的走势。如图 1-12 所示为五矿稀土 2015 年 3 月至 6 月的 K 线图。

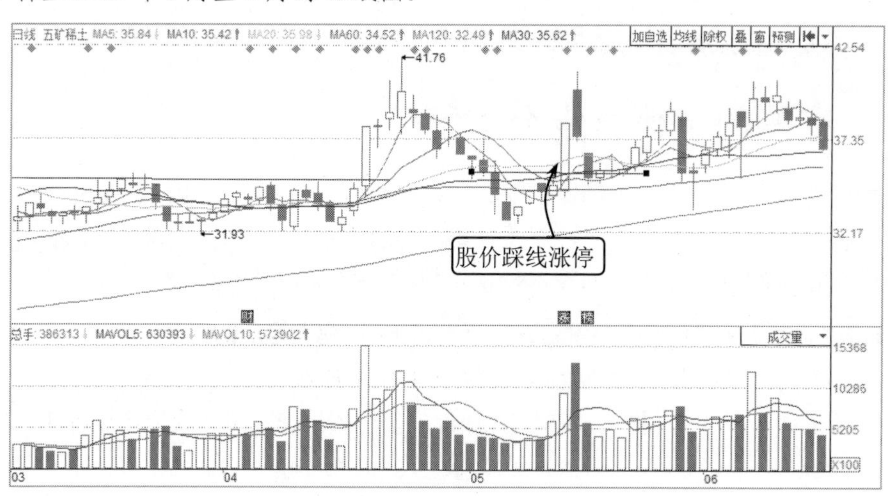

图 1-12　五矿稀土 2015 年 3 月至 6 月的 K 线图

4 月 21 日股价踩线涨停后，呈现继续上攻的走势，并创出了 41.76 元的新高。追涨的投资者可以获得丰厚的短线利润。

在创出新高后，股价无力继续上攻，只能回调。这次回调的幅度较大，最终在 32 元

上方止住跌势。

在下跌过程中，将阴线实体最长的实顶做水平线。随着股价在 32 元上方企稳回升，5 月 14 日，股价再次踩线涨停。

虽然此次涨停后，股价走势不尽如人意，短线利润不太可观，但仍验证了涨停的规律是可以重复的。不仅仅在市场中不同的个股中重复，在某只个股的不同时期也会重复，因此投资者可以放心使用。

1.3　追涨停板实战案例分析

下面对成功追到涨停板与追涨失败被套的实战案例进行详细讲述，旨在让投资者了解实战中自己容易犯的错误。

1.3.1　成功追到涨停板

想要追到涨停板，准确的技术分析、果断的买卖操作、良好的心态，这三者缺一不可。

【实战案例】北方国际(000065)——咬线上涨

如图 1-13 所示为北方国际 2015 年 3 月至 6 月的 K 线图。

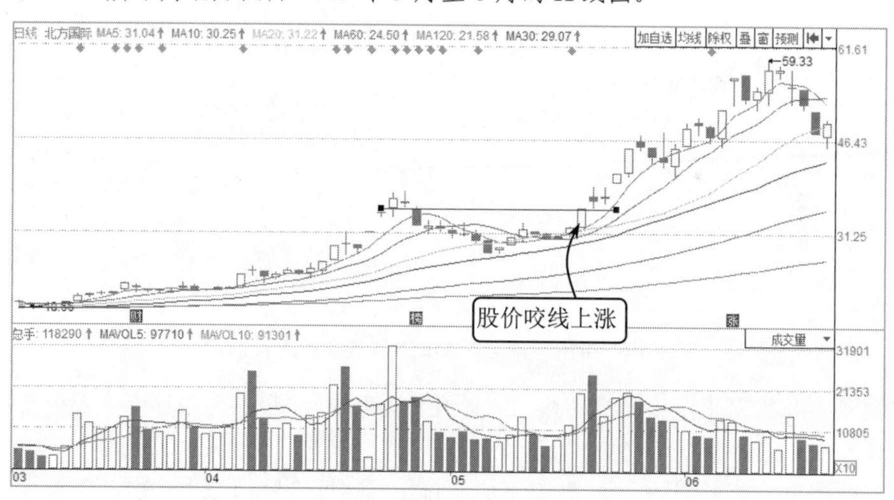

图 1-13　北方国际 2015 年 3 月至 6 月的 K 线图

北方国际的主营业务是承包境外工程和境内国际招标工程，而自 2015 年 3 月以来，市场中最为火热的题材便是“一带一路”和“央企国资改革”，而北方国际同时带有这两类题材。

在题材热门的前提下，北方国际的流通盘仅为 2.5 亿股，拉升起来更为容易。因此在 2015 年 3 月到 4 月底，北方国际的股价由 19 元上涨至 31 元附近。

经过快速上涨后，股价在 4 月底迎来回调，在下跌过程中，4 月 28 日出现跌停大阴线，以其实顶做出水平线。

在做出水平线后，投资者耐心等待股价企稳回升。几个交易日后，股价在 28 元附近止住跌势，并快速回升。随后在 5 月 19 日，股价咬线涨停，与前期的跌停几乎处于同一水平线上。

咬线涨停说明个股上涨意愿强烈，股性较强，投资者在涨停之前的最后一分钱挂单买入，以 35.1 元成交。

股价在 5 月 19 日涨停之后，多次出现跳空涨停的情况。因此，投资者在没有明显的见顶信号出现前，不要选择卖出。

假如最终该投资者选择在接近高点的上吊线之后的一个交易日里开盘卖出，成交价为 57 元左右，该投资者最终可以获得 62%的短期收益，完成一次成功地追涨停板操作。

【实战案例】中房地产(000736)——踩线涨停

如图 1-14 所示为中房地产 2015 年 3 月至 6 月的 K 线图。

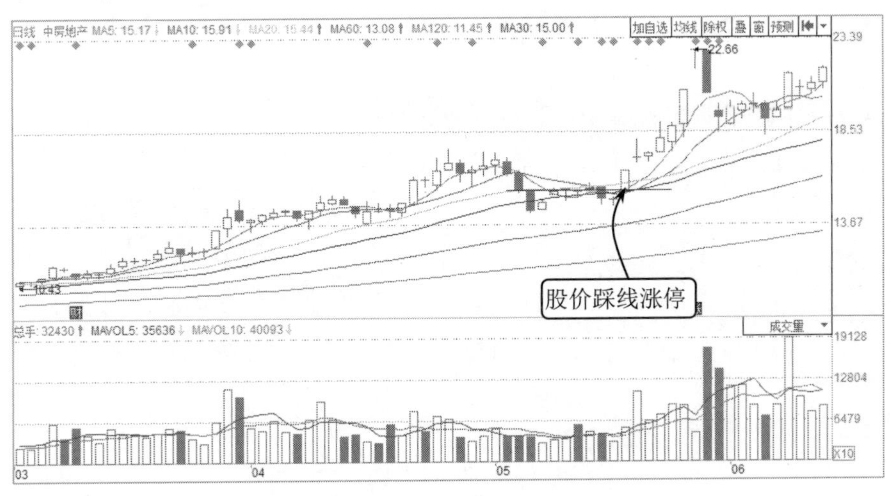

图 1-14 中房地产 2015 年 3 月至 6 月的 K 线图

中房地产作为房地产的上市企业，流通盘仅为 1.39 亿股，是房地产企业中为数不多的小盘股。

查询中房地产资料显示，该股 53%的股份掌握在国务院国资委手中，因为也带有央企国资改革的概念，虽然在概念板块内部不算热门，但是加上其较小的流通盘，将受到主力资金的关注。

在 2015 年 3 月至 5 月这段时间内，股价由 10 元上涨至 17 元附近，涨幅达到 70%。进入 5 月后，股价迎来调整。

在调整过程中，连续 3 个交易日收出阴线，在高位形成 3 只乌鸦的见顶 K 线形态，意味着股价将见顶回落，后市看淡。

但投资者保持对该股的关注，并在3只乌鸦形成过程中的最后一个交易日，也是最大跌幅6.98%的大阴线，在其实顶上做出水平线。

在3只乌鸦形成后，股价的下跌趋势戛然而止，而后开始上涨，这让投资者看到了希望。

5月19日，股价高开高走，踩线涨停，投资者在高开高走、涨停之前果断买入。该投资者的成本在16.2元左右。

股价在后市创出22.66元新高的同时，收出了上吊线，理智的投资者会选择在当天或下一个交易日卖出，该投资者可以获得37%左右的短期收益。

1.3.2　追板不成反被套

在实战中，投资者总会因为分析错误、买卖不果断等原因而造成追板失败，甚至出现被套的情况。

【实战T案例】盐田港(000088)——上涨途中追板不成反被套

如图1-15所示为盐田港2015年3月至6月的K线图。

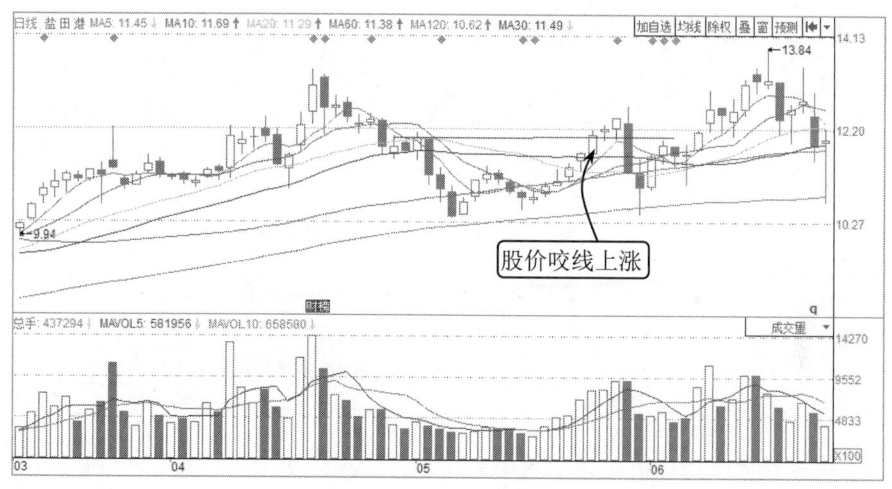

图1-15　盐田港2015年3月至6月的K线图

由图1-15可知，盐田港在2015年3月至4月中旬都处于上涨行情中，股价由10元上涨到13元附近。

随后股价展开较大幅度的回调，投资者密切关注下跌的过程，5月5日，股价大跌6.43%，将其实顶做水平线，并耐心等待股价企稳。

股价在进入5月之后开始回升，并在5月25日出现咬线上涨，投资者在犹豫之后选择买入跟进。

从后市的走势来看，追涨的投资者短期内被套无可避免。那么该投资者在此次操作中错在哪里呢？

5 月 25 日，咬线当天股价仅仅上涨 3.26%，表明该股上涨的意愿并不强烈，多方力量不够强大。

所以投资者在买入这类股票时应该更加谨慎，还好后市股价在震荡中创出新高，让投资者成功解套。

【实战案例】广发证券(000776)——下跌初期追板不成反被套

如图 1-16 所示为广发证券 2015 年 4 月至 7 月的 K 线图。

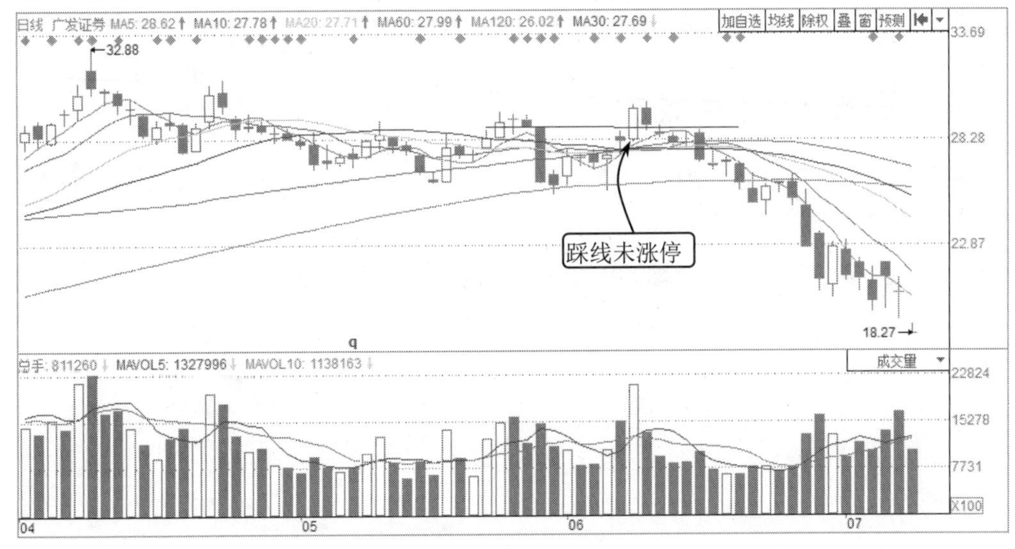

图 1-16 广发证券 2015 年 4 月至 7 月的 K 线图

由图 1-16 可知，广发证券在 2015 年 4 月初创出 32.88 元的新高后，便一直处于震荡下跌行情中。

在 5 月 28 日，股价破位下跌 9.85%，投资者将其顶做水平线，等待股价的企稳反弹。在暴跌之后，股价又收出小阴线和小阳线，有企稳迹象。

6 月 8 日，股价踩线上涨，盘中试图上攻涨停，但动能不足，最终以 5.87%的涨幅收盘。投资者在此时选择追涨买入，是非常冒险的做法。

从后市的走势来看，追涨的投资者纷纷被深套其中不能自拔。

这次追涨操作，投资者的失误在哪里呢？第一是没有看清股价长期处于回调过程中，趋势向下；第二是 5 月 28 日暴跌时的成交量柱线较高，与长阴短柱的涨停规律并不相符；第三是 6 月 8 日股价踩线却为涨停，表明踩线无效，不应再进行追涨。

Chapter 02

涨停的形式

涨停可以启动一轮行情，可以拉伸行情，推动行情快速发展，可以让几元的股票变成几十元甚至上百元，可以给捕捉到涨停的投资者带来巨大收益。涨停表示股价有着强烈的上涨意愿，但涨停也分很多种形式。

本章要点

- ✧ 上升初期拉涨停
- ✧ 上升中期涨停
- ✧ 高位出现涨停
- ✧ 一波拉涨停
- ✧ 二波拉涨停
- ✧ 尾盘涨停
- ✧ 盘整后的涨停板
- ✧ 涨停板后的十字星

2.1 常见的股票涨停形式

涨跌停板的推出是防止新兴证券市场过度投机，主要目的是防止市场过度波动。涨跌停制度在实施后主要起到了以下两大作用。

一是在股票本身具有突然上涨10%以上的冲击力时，如突发的利好消息、超跌反弹等原因，股价被迫在10%处停住。由于股价仍然存在着上涨需求，下一个交易日股价还会继续上涨，出现明显的投机机会。

二是涨跌停板的设置对买卖股票的双方会产生明显的心理影响。股票涨停后，对本来想卖出股票的投资者来说会提高心理预期，选择在更好的位置卖出；而对想买入股票的投资者而言，由于涨停买不到股票，会更加看好股票，从而在更高的位置买入。

因此，涨跌停板的助涨助跌作用很大，当一只股票即将涨停时，投资者及时判断出涨停将被牢牢封死，马上买入跟进，那么在下一个交易日的高点，投资者就能获得不少的短期收益。

而股价涨停的最直接的原因是庄家的介入，涨停是庄家运用大量资金进行运作的结果。庄家用大量的资金将股价拉涨停，一是可以吸引市场中的场外投资者的注意，显示庄家强大的实力；二是通过拉高股价来促使散户投资者卖出筹码，加大吸筹力度；三是股价拉高后，方便庄家后期的洗盘操作；四是通过拉涨停诱多，然后趁机出货。

2.1.1 上升初期拉涨停

股价在上升初期时收出涨停，其目的在于拉高建仓成本。此时涨停价的位置就是庄家的成本区。

对短线投资者而言，股价在低位出现涨停后，可以伺机买入跟进，将成本控制在庄家成本区附近，以便在后市的操作中占据主动。

【知识拓展】涨停与跌停的一致性

> 涨停意味着股价有强烈的上涨意愿，且在接下来的交易日中上涨的可能性很大；而跌停是一个道理，股价有足够的下跌理由，在后市的下跌空间极大。因此，投资者在追涨停板的过程中，遇到跌停应该选择及时止损出场。
>
> 无论是涨停还是跌停，都是人为的操作。在追涨停板的过程中顺势而为，在跌停的过程中应敢于止损。

【实战案例】江山化工(002061)——上升初期多次涨停

如图2-1所示为江山化工2015年1月至5月的K线图。

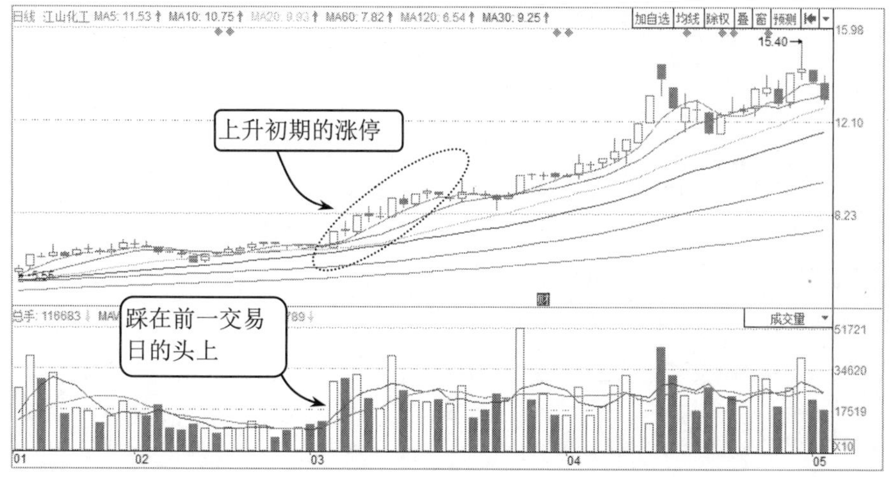

图 2-1 江山化工 2015 年 1 月至 5 月的 K 线图

江山化工在 2015 年 1 月至 3 月处于低位横盘中，股价保持在 6～7 元的区间内窄幅波动。同时期的成交量虽然保持在较低的水平，但偶尔会出现放量的情况，表明有主力资金在低位介入。

进入 3 月后，股价在 3 月 4 日突然收出涨停，一根大阳线将前期的横盘状态打破，当天的成交量较前一交易日放大了 1 倍以上，从形态上来看，就像踩在了前一交易日成交量量柱的头上，所以收出涨停也在意料之中。

而在此处的涨停正处于上涨行情的初期，股价经过长期横盘后，由 3 月 4 日的涨停正式打开上涨行情的序幕。

在 3 月 4 日的涨停后的第二个交易日，成交量与 3 月 4 日几乎持平，股价再次上涨 9.19%，几乎涨停。

3 月 12 日，成交量再次放大，股价强势涨停。由此可见，由涨停打开的上涨行情，在初期的表现也令人满意，即使不会都出现多次涨停，也会有较大的涨幅。原因就在于涨停代表着股价强烈的上攻意愿。

【实战案例】沙钢股份(002075)——上升初期的涨停

如图 2-2 所示为沙钢股份 2014 年 11 月至 2015 年 4 月的 K 线图。

沙钢股份在 2014 年的营业收入为 18.05 亿元，净利润仅为 0.01 亿元。而同时期的股价从图 2-2 中可以看到，在 2014 年 11 月至 12 月底这段时间内，股价都处于 4～5 元的区间内横盘波动，同时期的成交量却经历了由缩量到逐渐放量的过程。进入 2015 年 1 月后，成交量开始放大，但仍处于较低的水平。

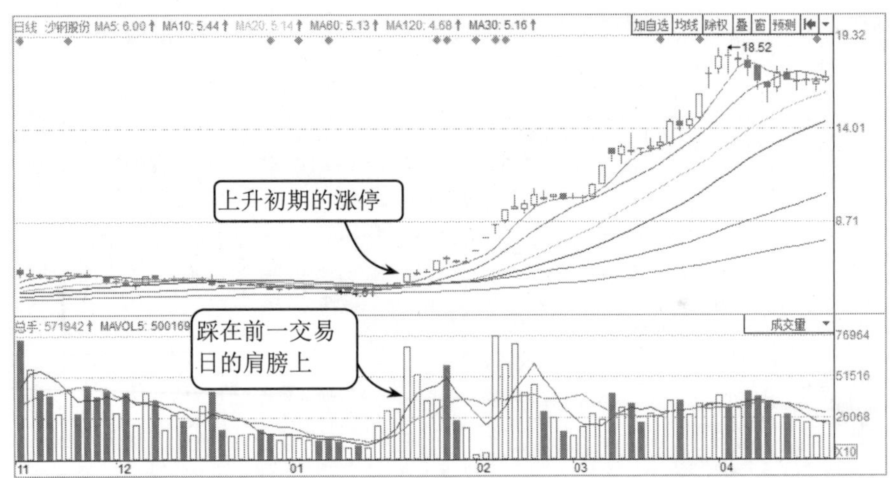

图 2-2　沙钢股份 2014 年 11 月至 2015 年 4 月的 K 线图

2015 年 1 月 21 日，成交量大幅放量，踩在了前一交易日的肩膀上，股价也相应地涨停。站在投资者的角度而言，长期横盘的沙钢股份会仅仅满足于一个涨停吗？显然是不可能的。这就给了追涨停板的投资者机会。

投资者只需要看清形势，2015 年 1 月 21 日的涨停已经将股价的上涨空间打开。因此，在涨停后的两个交易日收出十字星时，都不应过于着急，而是逢低建仓，尽量将持仓成本控制在最低。

在两个十字星后，股价再次涨停，给了投资者充足的想象空间。从后市的走势来看，股价从 2015 年 1 月 21 日开始上涨时的 6 元，在 4 月达到了 18 元左右，涨幅达到惊人的 300%。如果投资者能够成功抓住这一波上涨，那么收获将会令人惊喜。

2.1.2　上升中期涨停

庄家在股价上涨过程中，其持仓筹码的锁定程度很高，此时庄家很容易就拉出涨停。股价在涨停后，就会引起市场中投资者的注意，场外资金不断买入追涨，股价在大量场外资金的推动下继续攀升。

有的庄家甚至用连续涨停的方式来迅速脱离成本区，此时，涨停价位也就属于庄家的利润区。

【实战案例】中体产业(600158)——上升中期的涨停

如图 2-3 所示为中体产业 2015 年 1 月至 5 月的 K 线图。

中体产业虽然从行业划分来看属于房地产开发板块，但其涉及的足球概念和互联网彩票概念是推动其上涨不可忽视的动力。

在中体产业的营业收入结构中，房地产占 45%，赛事管理和运营占 16%，彩票占 13%。可见中体产业与传统的房地产企业不同，其经营较为多元化，所以估值也与传统的房地产企业不同。

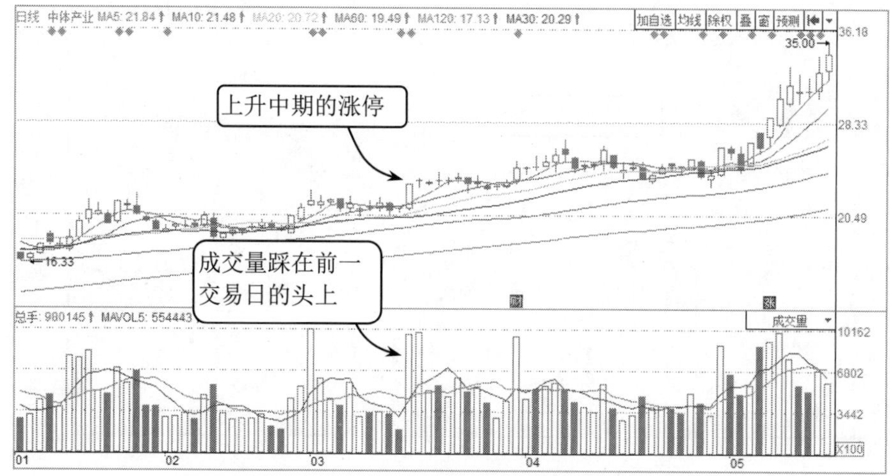

图 2-3　中体产业 2015 年 1 月至 5 月的 K 线图

在 2015 年 1 月至 3 月，多数房地产企业的股价都未出现较大涨幅，而中体产业却从 16 元上涨至 20 元。

随后股价在 20 元附近展开震荡，同时期的成交量却呈现巨大波动。3 月 16 日，成交量突然放出天量，相对于前一交易日放大超过两倍，形态上显示为踩在前一交易日量柱的头上，因此涨停是理所应当的。

在 3 月 16 日的涨停后，股价并未持续上涨，而是继续横盘震荡，从趋势来看，在震荡过程中，股价有小幅上涨。

无论是上升中期的涨停，还是涨停后的横盘，都是主力的洗盘手法。涨停是为了让部分筹码获利出局，横盘是为了用时间换空间，争取更大的上涨空间。

因此也可以看到中体产业在 5 月前后再次上攻，股价在短短一个多星期的时间里，由 24 元涨至 35 元，涨幅达到 45%。

【实战案例】新日恒力(600165)——上升中期多次涨停

如图 2-4 所示为新日恒力 2015 年 1 月至 6 月的 K 线图。

新日恒力属于通用设备板块的股票，其营业收入主要来源于金属制品，包括钢丝、钢丝绳等。

新日恒力涉及的概念有节能环保、新材料、保障房等。但这些概念在 2015 年以来并未受到市场的青睐。所以，股价上涨的动能并不是概念的推动，而是有其他暂未察觉到的原因。

新日恒力的流通股仅有 1.94 亿股，属于小盘股。在牛市中，这类小盘股最易受到主力资金的介入。

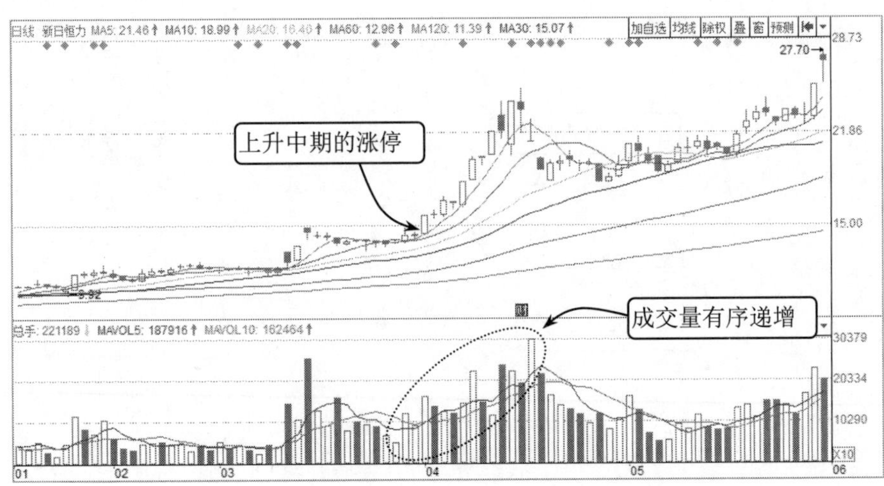

图 2-4　新日恒力 2015 年 1 月至 6 月的 K 线图

在 2015 年 1 月至 3 月，股价在低位保持横向发展，在 1 月中旬股价出现了一次涨停。

进入 3 月底，成交量较前期有了明显放大，股价在 4 月 1 日收出涨停。由于前期并未有太大的涨幅，因此在 4 月 1 日涨停出现时，投资者可以大胆追入。

在 4 月 1 日的涨停后，股价多次出现涨停。总结其中的规律发现，在股价不断涨停创新高的同时，成交量也有序地递增放大，创出新高。

由此可见，成交量是股价上涨的不竭动力。无论是业绩利好、资产重组利好，还是其他利好消息，股价要想上涨，就必须有成交量的保证。

【应用技巧】一字涨停与成交量

有的个股因为资产置换、重组或其他重要事项而停牌，在某个交易日复牌交易时常出现一字涨停的情况。此时的成交量会极度萎缩到图形上无法察觉的地步。有的投资者就会想，这样的上涨是不是与成交量就无关了呢？肯定不是，在停牌前，主力资金早已长期吸筹建仓，手里有充足的筹码推动股价封住涨停。

2.1.3　高位出现涨停

主力在高位将股价拉升至涨停，其目的在于用涨停的方式来吸引市场的注意力。大胆的投资者选择追涨买入，此时股价收出涨停，可以吸引大量的市场跟风盘。

但是高位出现涨停是上升行情走到末期的信号，是主力在为拉高出货做准备，待庄家出货完成后，股价将迎来快速下跌。

【实战案例】长城电工(600192)——高位涨停见顶

如图 2-5 所示为长城电工 2015 年 3 月至 7 月的 K 线图。

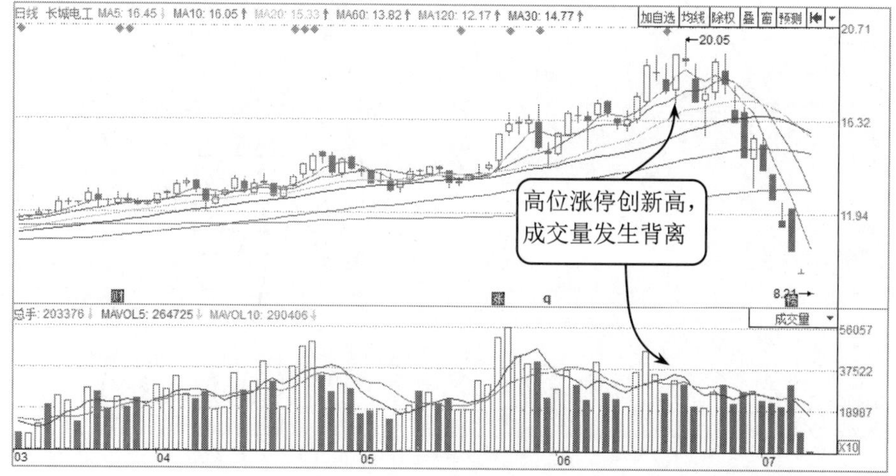

图 2-5 长城电工 2015 年 3 月至 7 月的 K 线图

长城电工的主营业务包括输配电、用电装置及低压电器元件、自动化装置等三大系列产品的生产、加工和销售，2014 年的营业收入达到 4.65 亿元，从基本面来看，长城电工较为完好。

这类基本面完好的个股在牛市中也受到不少投资者的青睐，股价从 2015 年 3 月的 12 元左右上涨到 6 月下旬的 20 元附近。

当股价上涨至 20 元附近时，在 6 月 17 日收出涨停。此时股价经过前期的大幅上涨已经处于高位。

在 6 月 17 日涨停的同时，成交量却没有同步创出新高，而是出现缩量，与股价发生背离。由此也显示出，主力资金拉高出货的目的。

从图 2-5 中也可以看到，在 6 月 17 日涨停后，下一个交易日股价继续冲高，在高位收出代表着行情反转的十字星，当天也是主力出货的最后阶段。在十字星出现之后，股价开始快速下跌，不到半个月的时间里，股价已经腰斩。

【实战案例】华远地产(600743)——高位出现涨停

如图 2-6 所示为华远地产 2015 年 3 月至 7 月的 K 线图。

华远地产作为老牌的北京房地产企业，在近年的房地产发展中落后了一大截，2014 年的营业收入仅有 5.04 亿元，同期的万科达到了 88.9 亿元。

但经营业绩的不佳，并不影响主力对该股的介入和操作。2015 年 3 月前后，华远地产的股价保持在 4 元左右，而当时沪深两市处于 5 元以下的股票数量已经不多，由此也可以推测，华远地产被严重低估。

进入 3 月后，股价在成交量的推动下不断上涨，在 3 个月的时间里，由 4.2 元上涨至 10 元左右，涨幅远远超过 100%。

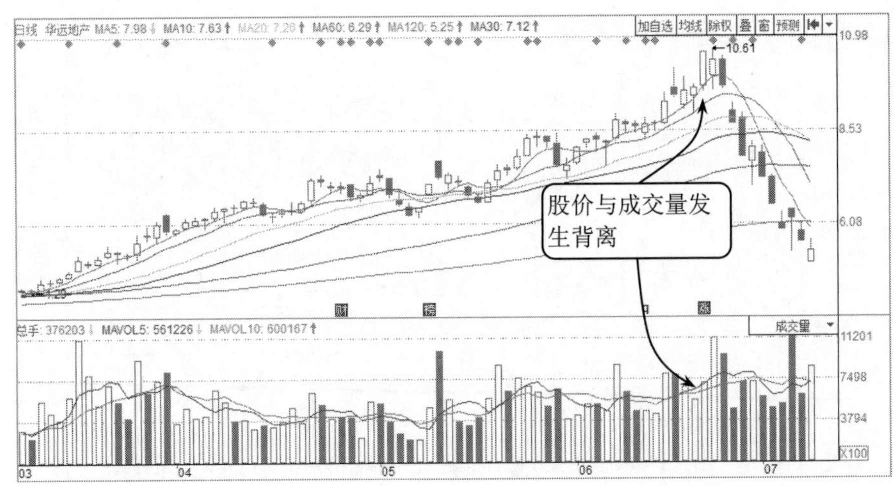

图 2-6　华远地产 2015 年 3 月至 7 月的 K 线图

6 月 18 日，股价在高位收出涨停板，投资者此时不得不谨慎分析。当天的成交量并未超过前期高点，与股价发生背离。最奇怪的是，在华远地产前期超过 100%的涨幅中，仅在 5 月 11 日收出过一次涨停，而 6 月 18 日是第二次涨停。

涨停的次数极少，表明每一次涨停都有着不同寻常的意义。5 月 11 日，第一次涨停，是股价结束回调再次上涨的象征，那么 6 月 18 日第二次涨停，就值得追涨的投资者仔细考量了。

从后市的走势来看，华远地产在 6 月 18 日的涨停后，股价便进入快速下跌通道，在半个月的时间里，跌幅达到 50%以上。

2.2　涨停的方式

涨停除了出现的区域不同，所代表的意义不同之外，股价以何种方式涨停，所预示的含义也大不相同。

股价涨停按其方式不同，可以分为一波拉涨停、二波拉涨停、三波收涨停、突破箱体拉涨停、低开拉涨停、尾盘涨停。

2.2.1　一波拉涨停

一波拉涨停是指股市开盘后，股价沿着某一角度快速上扬，中途没有回落的表现，直接将股价拉至涨停。一波拉涨停也分下几种情况。

1)　开盘直接涨停

开盘直接涨停在分时走势图中的轨迹非常简单，就是一条平行线。

【实战案例】中茵股份(600745)——开盘直接涨停

如图 2-7 所示为中茵股份 2015 年 4 月 20 日的分时图。

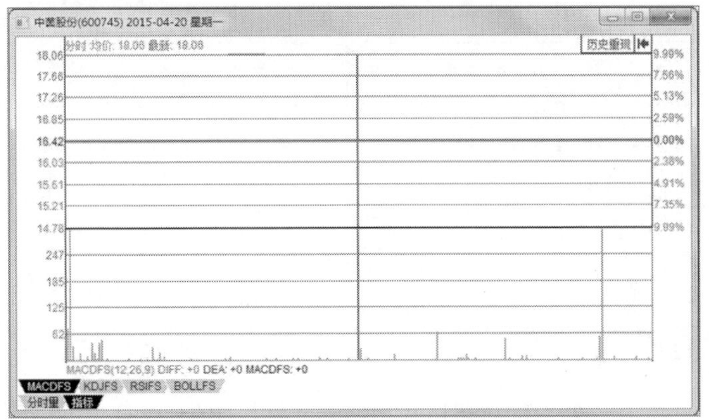

图 2-7 中茵股份 2015 年 4 月 20 日的分时图

而在 K 线图中，开盘直接涨停就表现为一字涨停的形态，如图 2-8 所示为中茵股份 2014 年 10 月至 2015 年 6 月的 K 线图。

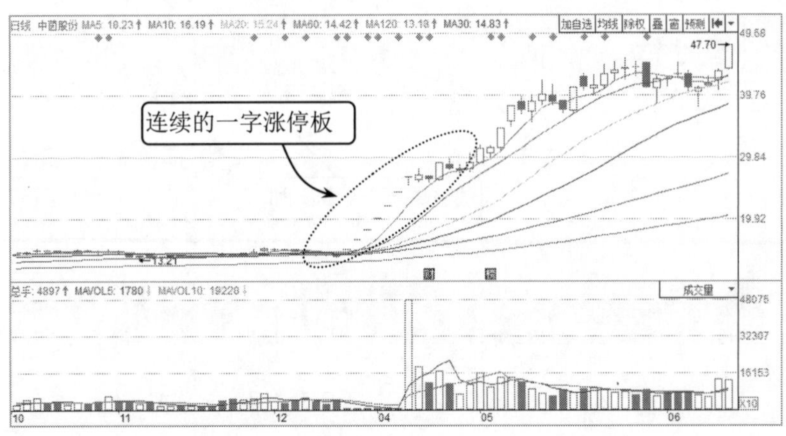

图 2-8 中茵股份 2014 年 10 月至 2015 年 6 月的 K 线图

中茵股份连续出现一字涨停板，说明股价非常强势。短线投资者如果在实战中遇见这类走势的个股，只要当时的股价没有处于大幅上涨的高位，就可以挂涨停价进行追涨买入。

2) 跳空高开不回档

股价在某个交易日里跳空高开，一路高走直至涨停。这种涨停方式的股票，分时图中的运行轨迹呈现为一条斜线。跳空高开是股价强势的表现，说明投资者对后市一致看好，愿意以高于昨日收盘价的价格买进。

【实战案例】沙隆达 A(000553)——跳空高开不回档

如图 2-9 所示为沙隆达 A 2015 年 6 月 8 日的分时图。

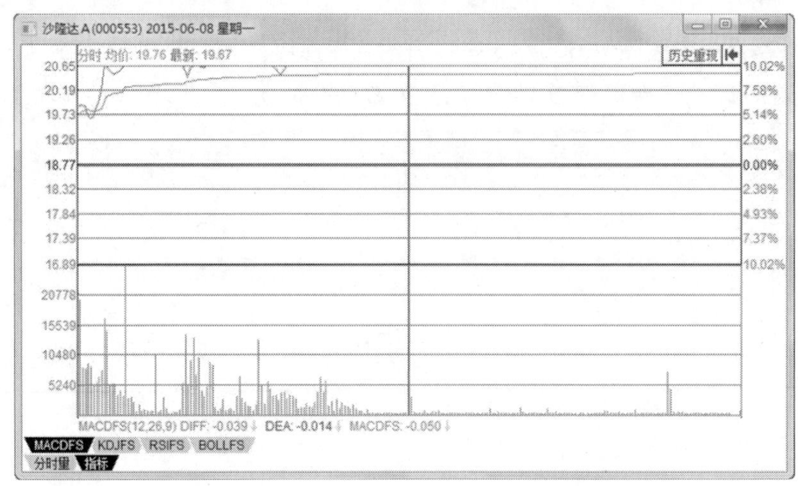

图 2-9　沙隆达 A 2015 年 6 月 8 日的分时图

与开盘涨停不一样，跳空高开不回档涨停不是呈现一字板，而是带有大小不一的 K 线实体，但不会有上下影线。如图 2-10 所示为沙隆达 A 2015 年 4 月至 7 月的 K 线图。

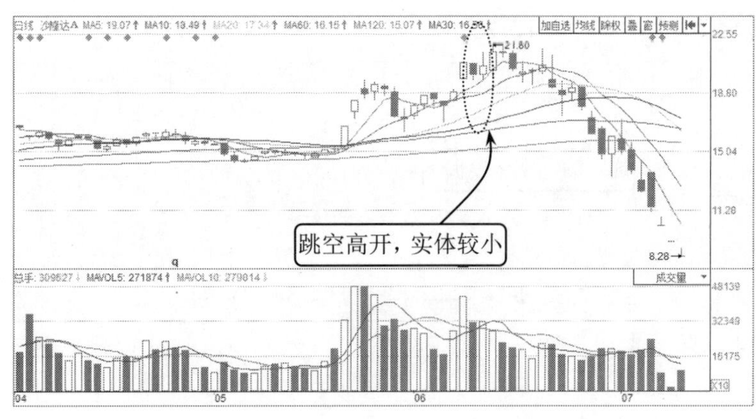

图 2-10　沙隆达 A 2015 年 4 月至 7 月的 K 线图

沙隆达 A 高开不回落，反映多头较为强势，买盘能力巨大，空头短期内没有表现的机会。这种情况大多是在承接上一交易日的强势中出现。

这种走势如果出现在股价从低位启动或处于股价上涨的途中，短线投资者可以大胆追涨买进。当出现在上涨之后的高位，投资者则需要谨慎一些。

3)　在前一交易日收盘价附近开盘

当股价在前一交易日收盘价附近开盘后，一路走高直至涨停。这种涨停方式的股票，在分时图中的轨迹也表现为一条斜线。

【实战案例】西藏药业(600211)——在前一交易日收盘价附近开盘

如图 2-11 所示为西藏药业 2015 年 2 月 25 日的分时图。

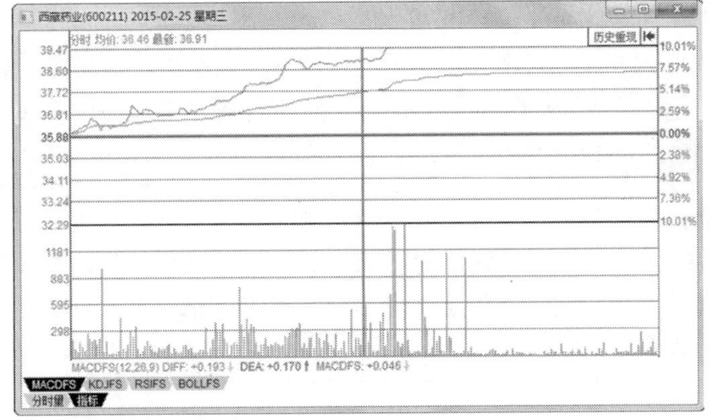

图 2-11 西藏药业 2015 年 2 月 25 日的分时图

在前一交易日收盘价附近开盘，说明开盘时该股的供求与前一交易日相当，多空双方的力量没有发生太大变化，只是随着交易的进行，多方力量在运动中得到了增强，空方力量受到削弱。

如图 2-12 所示为西藏药业 2015 年 1 月至 4 月的 K 线图。

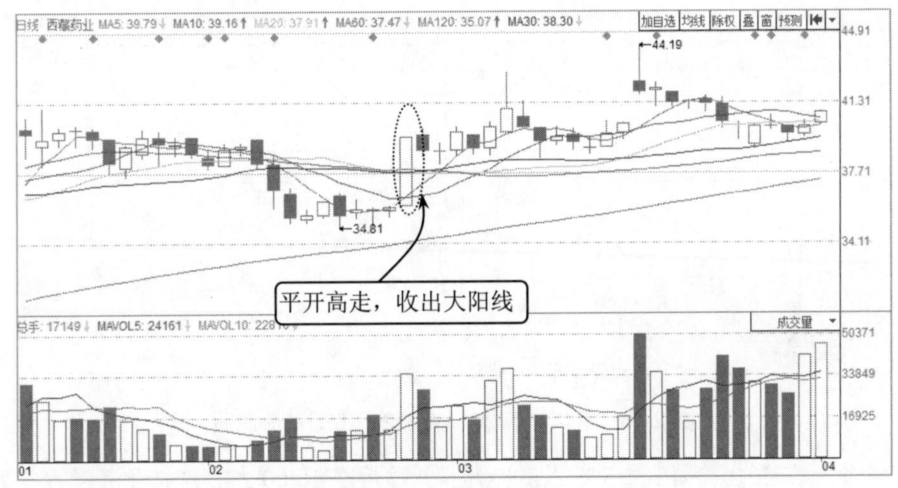

图 2-12 西藏药业 2015 年 1 月至 4 月的 K 线图

从形态上来看，在前一交易日收盘价附近开盘，随后拉至涨停的情况，K 线实体较大，收出大阳线，通常会突破前期的下跌或横盘状态，呈现出突破上涨的状态。

2.2.2 二波拉涨停

二波拉涨停是指股市开盘，股价在回落中得到支撑，掉头沿着一定的角度上扬，直至涨停。二波拉涨停有以下几种情况。

1) 涨停开盘后被打开，而后再度涨停

涨停开盘往往意味着投资者对该股票的一致看好，是多头力量强势的表现。但盘中有少数获利投资者选择卖出，导致涨停被打开，但不影响其他看多投资者的信心。

【应用技巧】高开低走大阴线

> 股价如果以涨停开盘，在随后的走势中快速下滑，丝毫没有再次上攻涨停的迹象。此时投资者应保持清醒，认识到股价可能已经阶段见顶了。这种走势反映在K线图上，就是连续上涨之后的一根高开低走的大阴线，意味着上涨的阶段行情结束。

【实战案例】宜华健康(000150)——涨停开盘后打开再度涨停

如图2-13所示为宜华健康2014年12月5日的分时图。

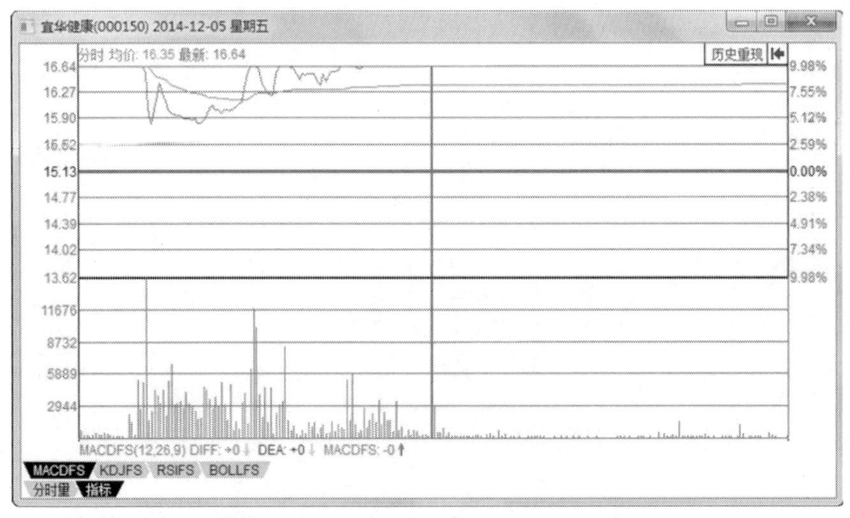

图2-13 宜华健康2014年12月5日的分时图

宜华健康在2014年12月5日以涨停开盘，随后在10:00左右被打开涨停，一度回落至5%，但盘中多方力量强大，再次将股价拉升至涨停，虽然在接下来的交易日时间里，股价多次被打开涨停，但最终仍以涨停收盘。

如图2-14所示为宜华健康2014年10月至2015年2月的K线图。

宜华健康在12月5日以涨停价开盘，随后被打开。盘中被强势的多方力量继续拉升，直至涨停。因此，这种涨停方式表现在K线图上就会形成T字线。在T字线之前，如果是连续的一字涨停，则意味着涨停被打开，后市将难以延续涨势。

如果在T字线之前已经出现过涨停或者较大的涨幅，则意味着股价将在短期内迎来阶段顶部，投资者追涨时应多加注意。

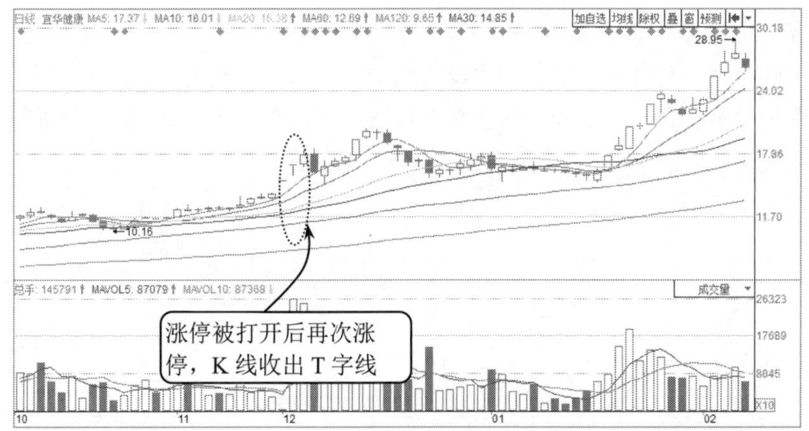

图 2-14　宜华健康 2014 年 10 月至 2015 年 2 月的 K 线图

2)　跳空高开，大幅回落后获得支撑直至涨停

股价在某个交易日里跳空高开，随后在盘中被空方打压大幅回落，在一定价位得到支撑后，多方开始发力，将股价拉至涨停。

这种涨停方式的股票，在分时图中的轨迹就像一个“√”形。

【实战案例】万向钱潮(000559)——跳空高开，大幅回落后涨停

如图 2-15 所示为万向钱潮 2015 年 6 月 4 日的分时图。

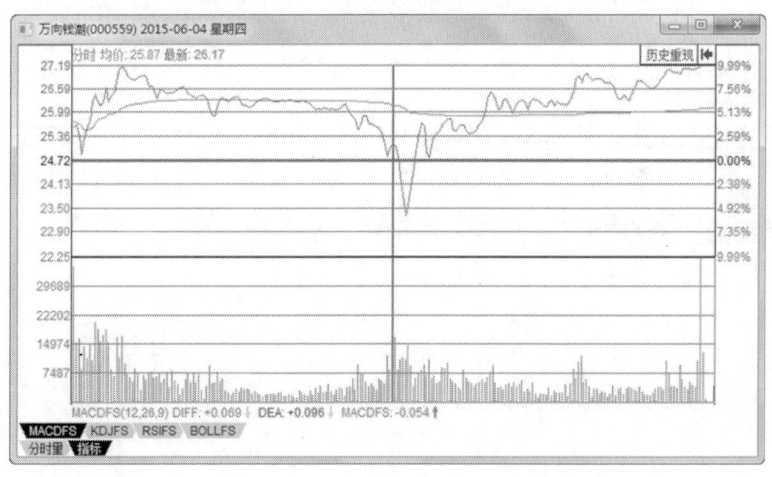

图 2-15　万向钱潮 2015 年 6 月 4 日的分时图

万向钱潮在 6 月 4 日跳空高开，随后一路走高，试图冲击涨停，随着股价的上涨，部分获利盘开始获利出场，从而导致股价回落。

当股价回落至跌幅 5%左右时，仍存在其中的多方力量重新聚集，将股价一路拉升，直至在收盘前涨停。

如图 2-16 所示为万向钱潮 2015 年 5 月至 7 月的 K 线图。

2015 年 6 月 4 日，万向钱潮高开低走，最终仍然收出涨停。从 K 线图来看，当天收出了较长的下影线，说明股价下档的支撑力较强。后市往往还有一定的上涨空间，这对追涨停板的投资者而言是较好的机会，且在股价回升至涨停的时间里，投资者有充足时间进行分析和决策。

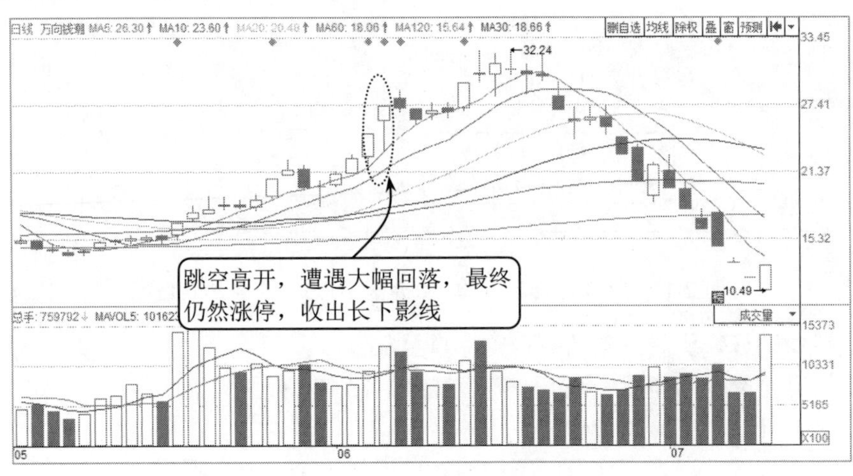

图 2-16　万向钱潮 2015 年 5 月至 7 月的 K 线图

3)　在前一交易日收盘价附近开盘，回落得到支撑后涨停

在前一交易日收盘价附近开盘，说明多空双方的力量仍处于均衡状态，在交易进行的过程中，空方突然发力打压股价，而多方不甘示弱在支撑价位发起反攻，将股价拉升至涨停。

由于多空双方力量均衡，因此在打压和拉升的过程中定然是异常纠结，以这种方式涨停的股票，在分时图中的轨迹较为复杂。

【实战案例】珠江控股(000505)——平开，回落得到支撑后涨停

如图 2-17 所示为珠江控股 2015 年 5 月 27 日的分时图。

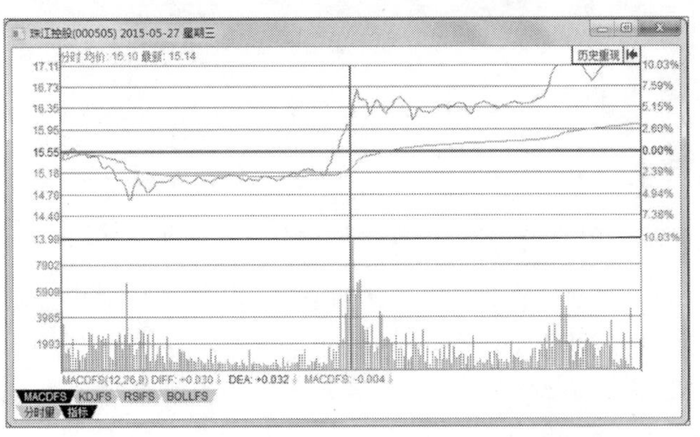

图 2-17　珠江控股 2015 年 5 月 27 日的分时图

从图 2-17 中可以看到，在 5 月 27 日当天的多数时间里，股价都在横向震荡中发展。空方刚发力打压股价，多方迅速反应抬升股价。

在早上刚开盘时，空方突然发力，打了多方一个措手不及，将股价打压至跌幅 5%左右。待多方反应过来与空方慢慢缠斗，在上午临收盘前，猛然发力将股价拉升至涨幅 5%左右。下午开盘，仍是多空双方毫不退让的对抗，股价在高位展开横向震荡，直到 14:30，多方再次发力，一举将股价拉升至涨停。

在 5 月 27 日当天的对抗中以多方的胜利告终，由此也显示了多方的力量处于优势地位，且优势较大。

如图 2-18 所示为珠江控股 2015 年 4 月至 7 月的 K 线图。

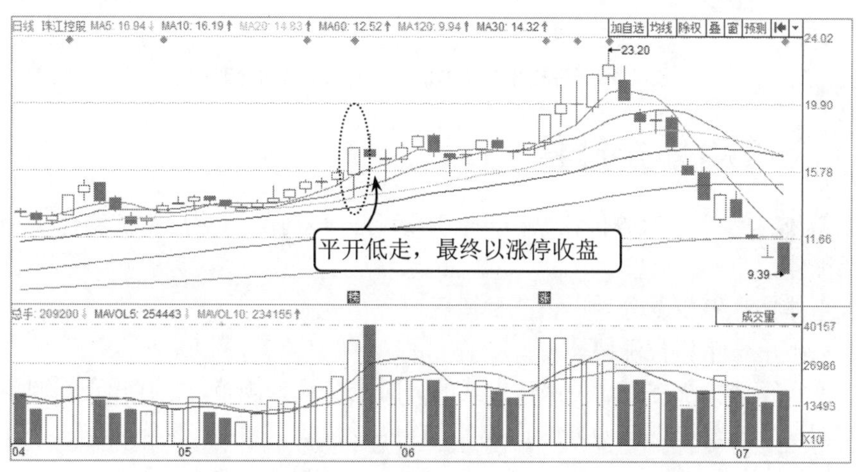

图 2-18 珠江控股 2015 年 4 月至 7 月的 K 线图

在 2015 年 5 月 27 日当天的对抗中，以多方的明显优势告终。股价被拉至涨停，意味着继续上攻的愿望强烈。这种走势只要不是出现在大幅上涨后的高位，对追涨的投资者而言都是不错的短线机会。珠江控股在 5 月 27 日之后呈现继续上涨，并且收出两次涨停。

2.2.3 三波收涨停

三波收涨停是指股市开盘后，股价冲高回落，在获得支撑后，掉头沿着某一角度上涨直至涨停。

【实战案例】福田电子(600203)——三波收涨停

如图 2-19 所示为福田电子 2015 年 5 月 29 日的分时图。

三波收涨停的 K 线图与二波拉涨停的类似，也会收出长下影线和较大的 K 线实体。在三波收涨停的情况下，仍是多方取得了当天的胜利，对短线追涨停的投资者而言，存在着不错的短线机会。

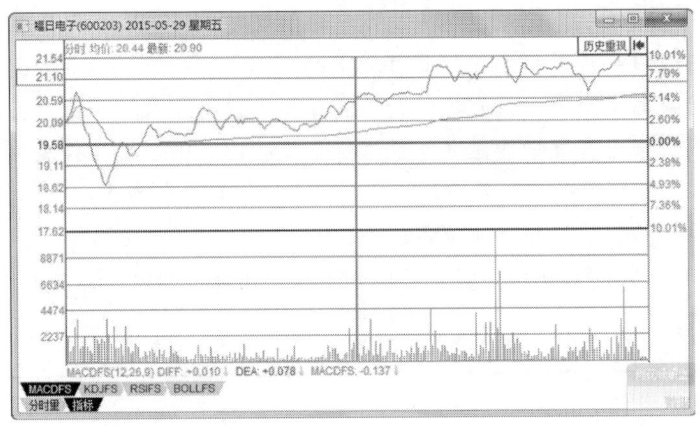

图 2-19　福田电子 2015 年 5 月 29 日的分时图

2.2.4　突破箱体拉涨停

突破箱体拉涨停是指股价在某一箱体中运行一段时间，然后突破箱体上沿开始上涨，直至涨停。

突破箱体拉涨停主要分为以下三种情况。

1)　突破单一箱体拉涨停

突破单一箱体拉涨停，这种涨停方式的分时走势较为规范，往往出现在股票价格发生反转的初期，或是出现在明显的止跌 K 线组合之后。

【实战案例】大唐电信(600198)——突破单一箱体拉涨停

如图 2-20 所示为大唐电信 2015 年 5 月 18 日的分时图，即突破单一箱体拉涨停的分时图。

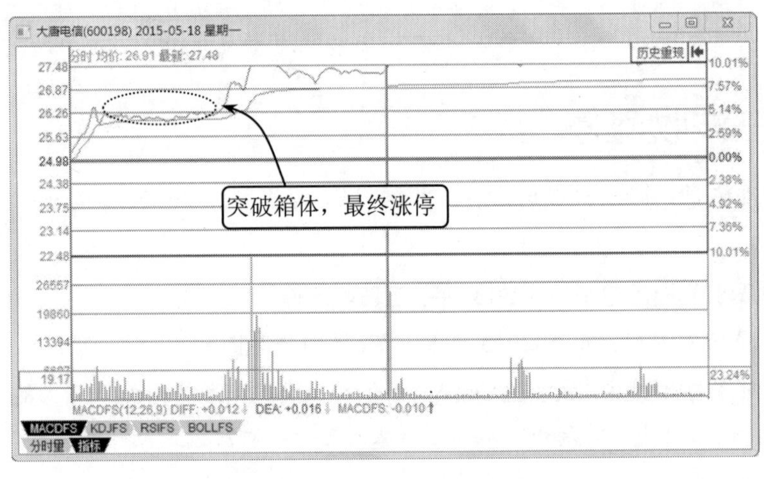

图 2-20　大唐电信 2015 年 5 月 18 日的分时图

大唐电信在2015年5月18日平开高走，在涨幅达到5%左右时开始横盘发展，形成单一箱体。在箱体内的这段时间，是多方与空方互不相让的对抗阶段，股价最终在10:30左右突破箱体，并一举涨停，这意味着多方赢得了当天的战斗。

虽然在涨停后多次被打开，但并不妨碍多方对该股的一致看好，最终死死封住涨停板。如图2-21所示为大唐电信2015年3月至6月的K线图。

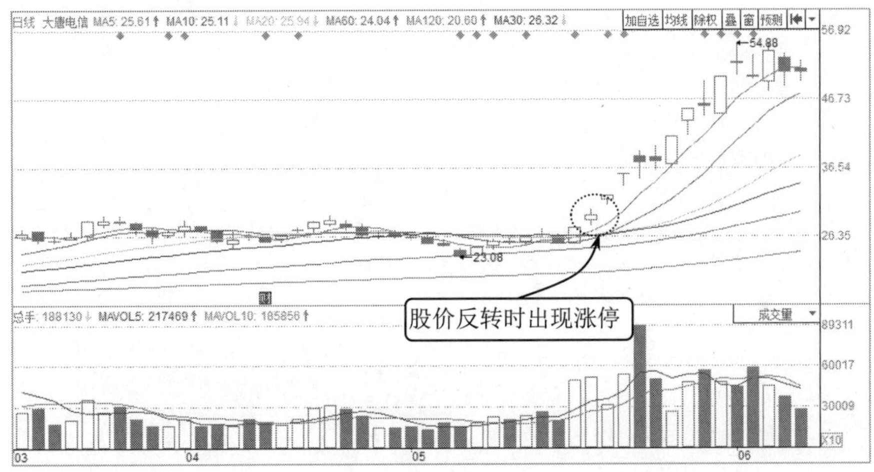

图2-21 大唐电信2015年3月至6月的K线图

大唐电信在2015年5月18日涨停之前，股价都出横盘波动状态，每个交易日K线的实体都极小，成交量也保持在较低的水平。

2015年5月18日出现涨停，意味着股价发生了反转，是上涨行情开始的序幕。这也是所有追涨停板的投资者梦寐以求的机会。从大唐电信后市的走势来看，股价间断性地收出了5个涨停板，投资者获利丰厚。

2) 突破复合箱体拉涨停

以这种方式涨停的股票，在分时图上的轨迹显示为逐渐向上攀升的双层台阶。股价先后运动在两个明显不同的箱体之内。

【实战案例】法拉电子(600563)——突破复合箱体拉涨停

如图2-22所示为法拉电子2015年6月1日的分时图。

法拉电子在6月1日的走势中，分别出现了两次箱体，股价在运行中成功突破了两次箱体，最终以涨停收盘。与其他涨停方式一样，这种走势形态如果出现在股价刚刚启动的初期，或者是出现在股价上涨过程中，投资者都可以大胆地追涨买入。

如图2-23所示为法拉电子2015年3月至7月的K线图。

法拉电子在6月1日出现涨停时，已经处于大幅上涨之后的高位，追涨停板的短线投资者不宜在此时买入。

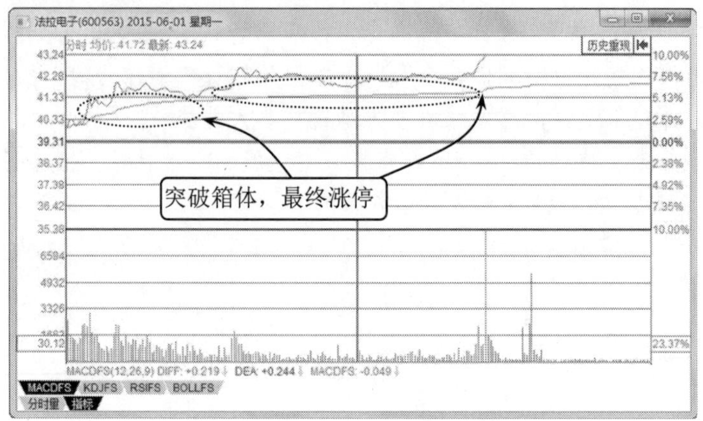

图 2-22　法拉电子 2015 年 6 月 1 日的分时图

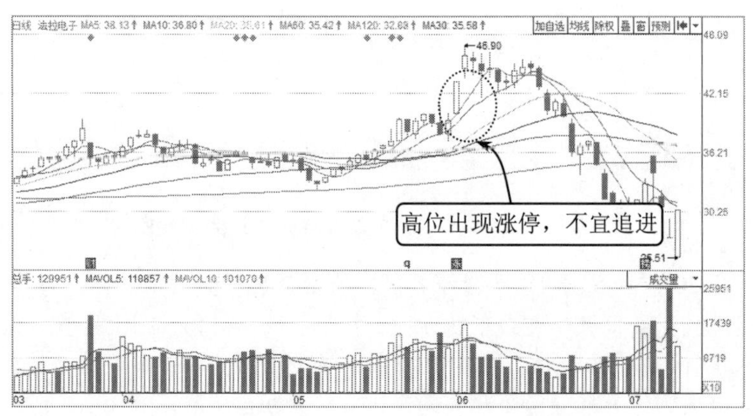

图 2-23　法拉电子 2015 年 3 月至 7 月的 K 线图

3)　突破多重箱体拉涨停

多重箱体，表明股价在当天的运行过程中形成了两个以上的箱体。股价随着逐渐上升的台阶上涨，最终达到涨停。这种方式拉出的涨停，很直接地暴露了主力操作的痕迹，是主力开始向上发力的直接表现。

【实战案例】龙溪股份(600592)——突破多重箱体拉涨停

如图 2-24 所示为龙溪股份 2015 年 4 月 13 日的分时图。

龙溪股份在 4 月 13 日当天突破了 3 次箱体，最终以涨停收盘。当天的成交量显示出明显的放量形态，也显示出了主力资金开始发力的迹象。

如图 2-25 所示为龙溪股份 2015 年 2 月至 6 月的 K 线图。

龙溪股份在 4 月 13 日涨停之前，已经有不错的涨幅。当天的涨停暴露了主力试图发力的行为，追涨停板的投资者纷纷嗅到了机会，果断追进的投资者即可获得丰厚的短期收益。

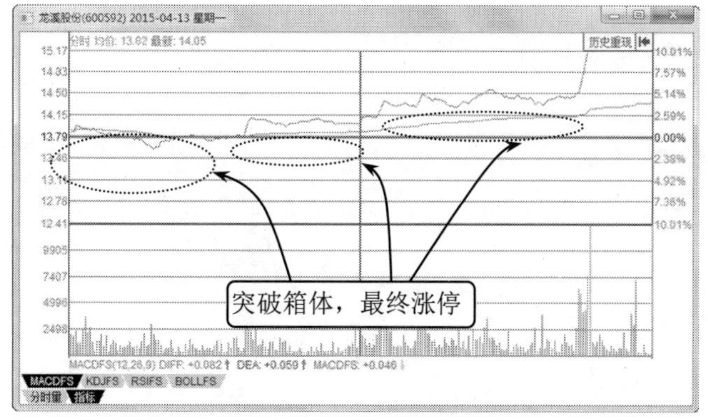

图 2-24 龙溪股份 2015 年 4 月 13 日的分时图

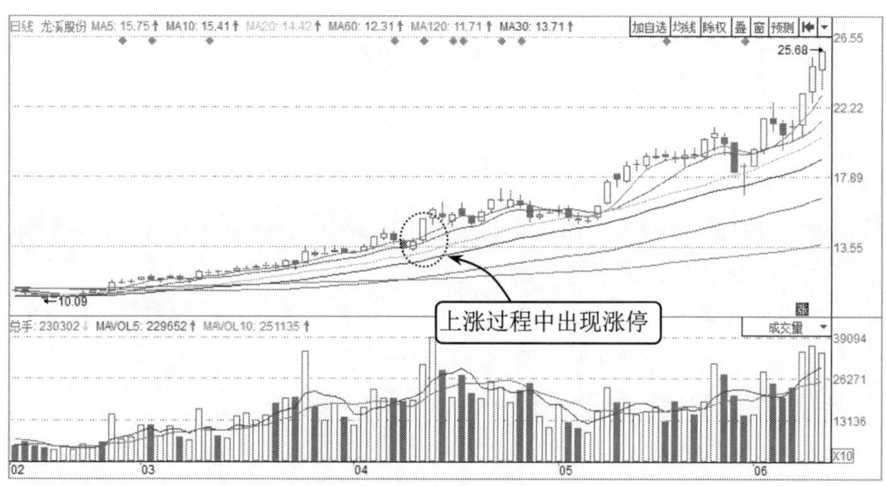

图 2-25 龙溪股份 2015 年 2 月至 6 月的 K 线图

2.2.5 低开拉涨停

低开拉涨停是指股票以低于前一交易日的价格开盘，而后拉至涨停。这种涨停方式的股票，是主力资金为了避开空头抛压采取的一种操作手法。这种操作手法可以较好地隐蔽主力的操作意向，使其在投资者不明所以的情况下实现自己的意图。

【专家提醒】主力资金的意图

当股价在低开的情况下收出涨停，追涨停板的短线投资者一定要多加注意。因为这是主力资金在掩饰其不可示人的意图，这些意图无非是出货、拉升前的洗盘等。一切分析都应落在前期的涨幅上来，前期涨幅不大，可以谨慎追涨；前期涨幅很大，坚决不追涨。

【实战案例】市北高新(600604)——低开拉涨停

如图 2-26 所示为市北高新 2015 年 4 月 24 日的分时图。

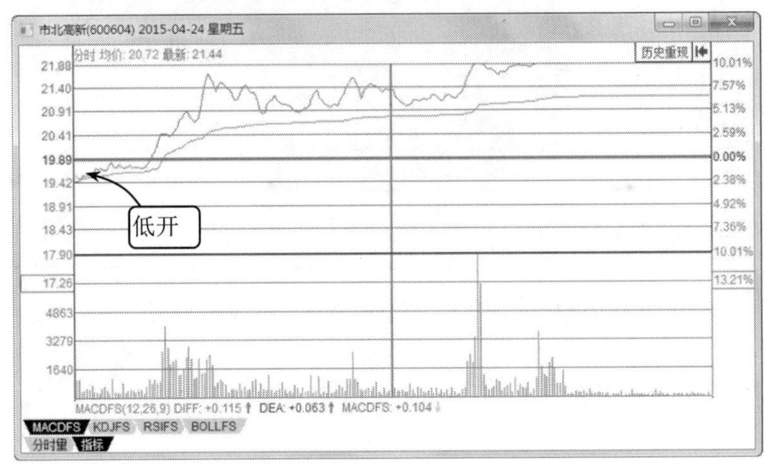

图 2-26　市北高新 2015 年 4 月 24 日的分时图

市北高新在 2015 年 4 月 24 日当天以跌幅 2.38%低开，随着交易的进行，股价逐渐走高。在股价上涨的过程中，成交量不断放大。

在高水平的成交量支撑下，股价在 14:00 左右收出涨停，并保持到最终收盘。要想分析出主力不可告人的意图，还需要结合 K 线图进行分析。

如图 2-27 所示为市北高新 2015 年 1 月至 6 月的 K 线图。

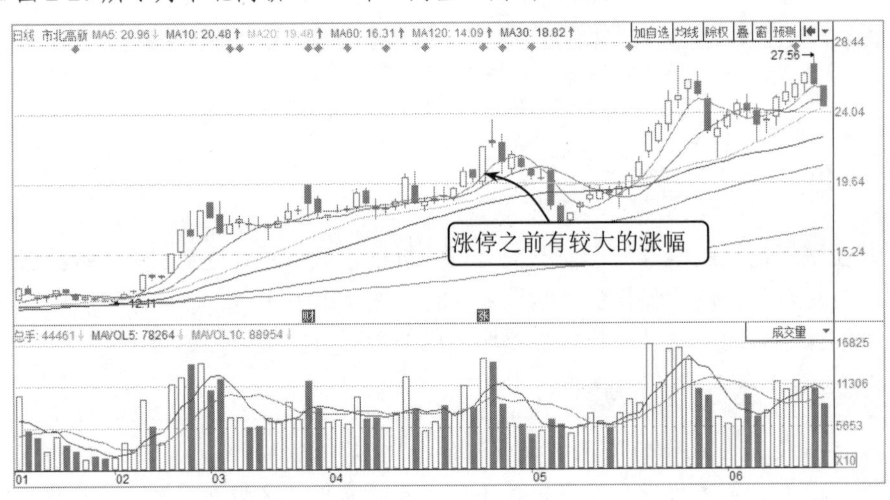

图 2-27　市北高新 2015 年 1 月至 6 月的 K 线图

市北高新在 2015 年 4 月 24 日涨停之前，股价已经由 12 元上涨到 20 元附近，涨幅达到 67%。在已经有了较大涨幅的前提下，股价在主力的操作下，低开拉出涨停，需要掩盖的无非是出货，或者拉升式洗盘的意图。

无论是哪一种目的，都不利于短线投资者追涨停板买入，不然只会中了主力故意布下的陷阱。

从后市的走势来看，股价在 2015 年 4 月 24 日之后迎来一段时期的调整，而后再次上攻，并创出新高。由此可见，此次低开涨停是为了掩盖主力洗盘的意图。

2.2.6 尾盘涨停

某个交易日内，股价在全天多数时间里表现平平，直到收盘前半个小时甚至前几分钟，股价被巨大的资金强势拉起，直至涨停。

尾盘拉出涨停，让试图追涨停板的投资者措手不及，避免了市场中短期内的跟风盘买入。从另一方面来看，尾盘拉涨停是最节约成本的手法，也是主力资金实力不够雄厚的表现。

【实战案例】外高桥(600648)——尾盘涨停

如图 2-28 所示为外高桥 2015 年 6 月 5 日的分时图，股价在当天临近尾盘时被拉出涨停。

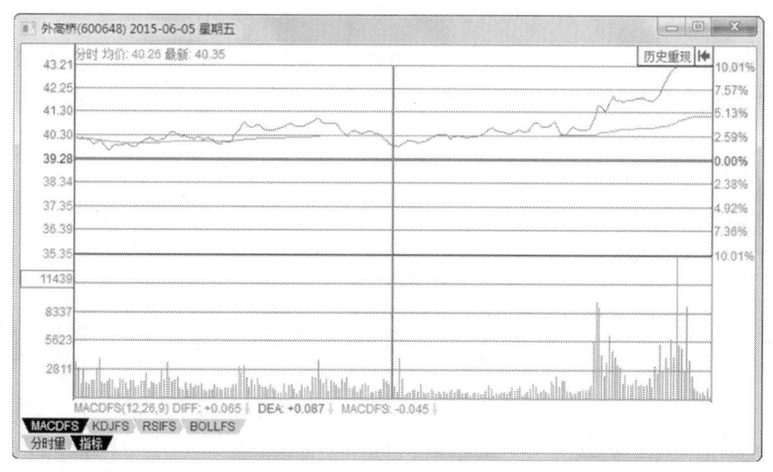

图 2-28 外高桥 2015 年 6 月 5 日的分时图

外高桥是上海自贸区概念板块中较为强势的个股，同时又具有上海国资改革的概念，自 2015 年以来备受投资者的关注。

从分时图中可以看出，在 6 月 5 日涨停之前，外高桥的股价就已经处于 40 元附近的高位。

股价在 6 月 5 日当天高开 2.59%，但随后的走势让投资者大失所望。股价在开盘后一直保持横向发展的趋势，虽然成交量不断放大，但股价始终无动于衷。

直到 14:30 左右，成交量再次放大，推动着股价快速上攻，最终在收盘 10 分钟前封住涨停。

如图 2-29 所示为外高桥 2015 年 3 月至 7 月的 K 线图。

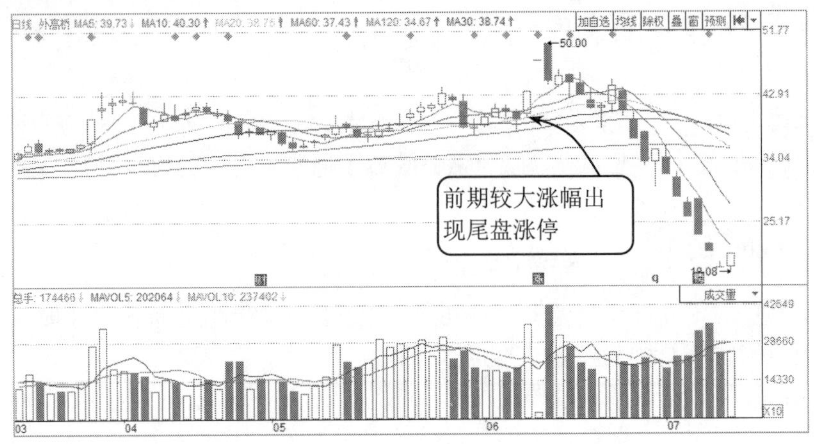

图 2-29　外高桥 2015 年 3 月至 7 月的 K 线图

外高桥是上海自贸区为数不多的几只概念股之一，在牛市中自然会受到投资者的欢迎。自 2015 年以来，股价的涨幅也接近 100%，在 6 月初创出了 50 元的新高。

在创出新高之前，股价在 6 月 5 日出现尾盘涨停。根据涨停出现的区域进行分析，随着股价的不断上涨，主力拉升股价的成本也在提高，尾盘涨停本就可以说明主力的实力不足。

因此，短线投资者对于这类在高位出现的尾盘涨停，在追涨时就应保持冷静。从后市的走势来看，虽然在 6 月 5 日的下一个交易日里，股价一字涨停，但后市根本没有投资者出货的机会，股价就一路下跌，跌至 18 元附近。

2.3　介入涨停板

追涨停板是一项高风险、高收益的投机操作，也是一门对技术要求很高的短线操作艺术。因此，追涨停板时的介入点非常重要。

介入点的选择，应该尽量在涨停个股最后一分钱价位快被吃尽时快速挂单买进。涨停板的介入，最忌讳股价还差一定的涨幅才停板，投资者就急不可耐地追进，结果很可能当天就被套。

2.3.1　盘整后的涨停板

股价经过下跌，在底部充分横盘调整蓄势后出现涨停板，这是短线投资者不错的介入机会，应该及时介入。

股价在底部蓄势时，通常表现出缩量，整理接近尾声，成交量便会温和放量，随后出现一根量价齐升的涨停大阳线，短线投资者应该在涨停的瞬间追入。

【实战案例】东睦股份(600114)——盘整后的涨停板

如图 2-30 所示为东睦股份 2014 年 12 月至 2015 年 6 月的 K 线图。

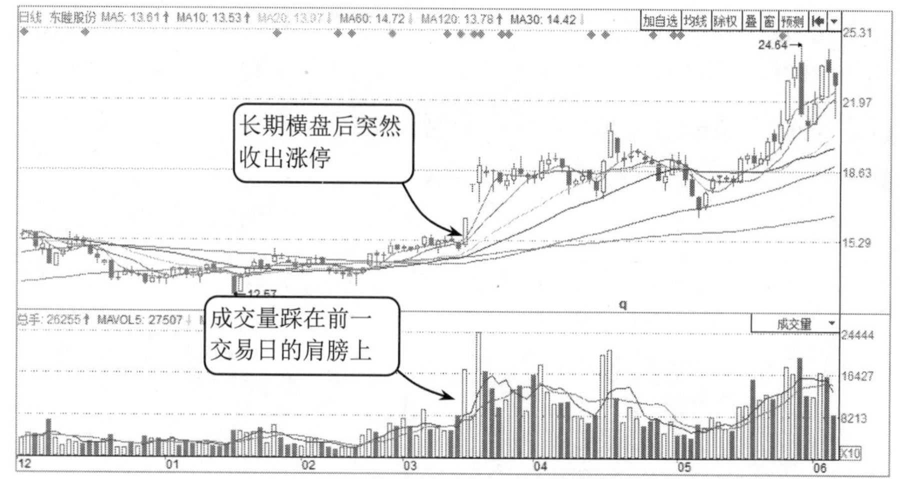

图 2-30　东睦股份 2014 年 12 月至 2015 年 6 月的 K 线图

东睦股份是一家新材料公司，主营业务有机械通用零部件的粉末冶金制品生产和销售，主要涉及的概念有特斯拉和 3D 打印。自 2015 年以来，这些概念都没有受到市场的热捧。

但东睦股份的流通盘仅为 2.39 亿股，属于典型的小盘股，容易受到主力的关注，拉升时也更轻松。

在 2014 年 12 月至 2015 年 3 月，东睦股份处于下跌和缩量筑底的阶段。股价在底部横盘发展两个月后，于 2015 年 2 月中旬开始放量回升。

3 月 13 日，成交量继续放量，且幅度较大，从形态上来看，就像踩在前一交易日的肩膀上。股价在成交量的推动下，高开高走，最终稳稳地封住涨停板。

在临近涨停时，低位的大阳线已经形成，呈现出破位上涨的趋势，追涨停板的投资者应该在涨停前的最后一分钱时挂单买入。

交易频繁的投资者在 3 月 13 日的涨停价位追涨买入，下一个交易日继续收出涨停，第二个交易日涨停被打开，此类投资者会选择果断卖出，在两个交易日内将 15%左右的利润收入囊中。

而有的投资者喜欢持有更长时间，而东睦股份在 3 月 13 日连续两个涨停后，在相对高位展开调整，于 5 月再次上攻，股价达到 24 元上方，涨幅达到 45%。

这两种操作方式哪一种更好，其实没有准确的答案。不同的投资者会选择不同的操作方式，但肯定会选择最适合自己的。

2.3.2　大阴线后的涨停板

股价在行情启动不久后出现一根大阴线，甚至会出现跌停大阴线，但是下一个交易日出现一根涨停的大阳线，并且这个大阳线包容了前一交易日的大阴线，那么短线投资者可以在涨停瞬间追进。

第一个交易日的下跌大阴线，极有可能是主力资金的打压式洗盘，其目的是造成恐慌，让市场中的投资者跟风抛售，以便其吸收更多筹码，方便以后的拉升。

【实战案例】宏图高科(600122)——大阴线后的涨停板

如图 2-31 所示为宏图高科 2015 年 3 月至 6 月的 K 线图。

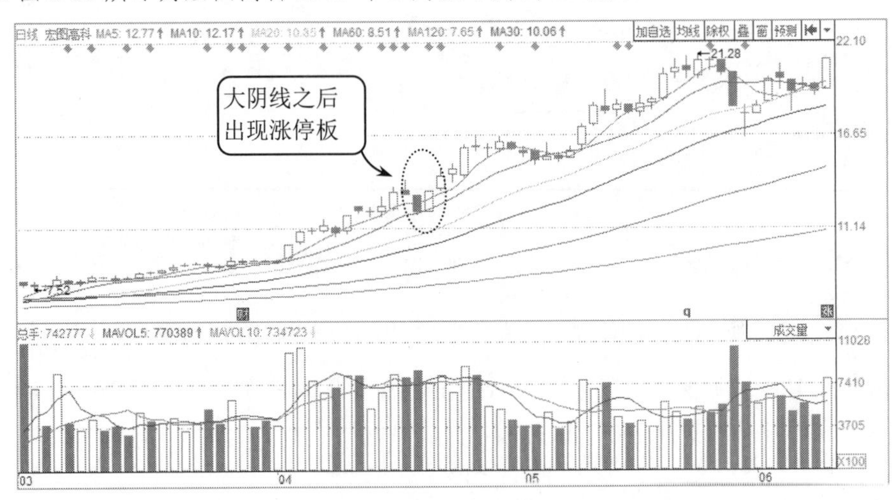

图 2-31　宏图高科 2015 年 3 月至 6 月的 K 线图

宏图高科就其公司名称也可以看出这是一家高科技公司，其主营业务有计算机、打印机、网络设备、通信设备等产品的开发与销售。

该企业最新涉及的概念有智能穿戴概念、民营银行概念等。这些概念自 2015 年以来有一定的市场关注度，但都不是近期最为热门的概念。

从宏图高科的流通盘来看，11.4 亿股属于大盘股。但其经营业绩良好，市盈率与市净率表现优异，因此股价上涨也是情理之中的。

2015 年 4 月 20 日，股价放量下跌，当天的跌幅达到 7.67%，收出大阴线。而在前一个交易日，股价收出带长上影线的 K 线，似乎是明显的见顶信号。

4 月 20 日的破位下跌，让市场中的投资者恐慌不已，在已经获利的情况下纷纷选择卖出，也造成了当天的成交量有所放大。

4 月 21 日，宏图高科高开高走，在收盘之前拉至涨停。从形态上看，当天收出的大阳线将前一交易日的大阴线全部吞没，显示出主力资金并未出货，而是进行洗盘，且此时股价较前期并没有太大涨幅，投资者可以放心追涨。

从后市的走势来看，股价在涨停之后继续上扬，直到在 21 元附近才停下脚步。与 3 月的 7.52 元相比，涨幅接近 300%。

2.3.3　涨停板后的十字星

股价在上涨中期出现量价齐升的涨停板后，紧跟着出现了十字星的 K 线形态，投资

者可以在十字星的当天买入。

第一个交易日涨停，而第二个交易日股价走势先上涨后回落，最后出现带长上影线的十字星，不论阴阳，在成交量同步放大的同时，投资者可以积极买入。往往在第三个交易日会出现大阳线，将十字星的上影线吞没，这也是短线追涨投资者的利润主要来源。

【实战案例】首航节能(002665)——涨停后的十字星

如图 2-32 所示为首航节能 2014 年 12 月至 2015 年 5 月的 K 线图。

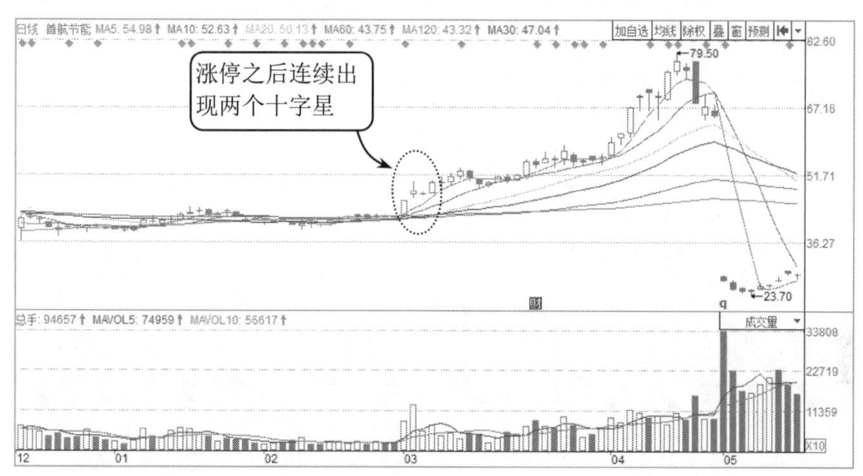

图 2-32　首航节能 2014 年 12 月至 2015 年 5 月的 K 线图

首航节能属于电气设备行业中的企业，其主营业务是空冷系统的研发、设计、生产和销售。由于仅仅涉及节能环保的概念，它在市场中并不热门。

首航节能的流通股达到 5.8 亿股，流通盘较大，似乎不是多数主力资金喜欢关注的类型，但首航节能在 2014 年 12 月至 2015 年 3 月的走势显示出，有主力在低位横盘时进行吸筹建仓。

在低位横盘的阶段内，成交量多数时间保持在极低的水平。2015 年 3 月 2 日，成交量突然放大，创出前期新高。股价同步上涨，在开盘后不久便涨停，并在接下来的大部分交易时间里死死封住涨停。

涨停当天的大阳线呈现出突破上涨的形态，打开了新一轮上涨行情的序幕。但在涨停之后，连续两个交易日都没有太大收获，仅仅是收出了两个阳十字星。

但对短线追涨的投资者来说，这却是最佳的买入建仓时机。从后期的走势来看，在涨停后的第三个交易日，股价就收出大阳线，让前期追涨的投资者获利不少。后续的行情更是连番上涨，直到涨至 79 元附近才停下脚步，前期追涨投资者的成本仅为 47.5 元左右。

2.3.4　均线支撑上的涨停板

股价在遭遇持续下跌或短期回调后，在低位出现了止跌信号，接着出现了涨停的大阳线，且这根大阳线得到了多条均线的支撑，在下一个交易日股价回探时，短线追涨投资者可以买进。

【实战案例】新华保险(601336)——均线支撑上的涨停板

如图 2-33 所示为新华保险 2015 年 3 月至 7 月的 K 线图。

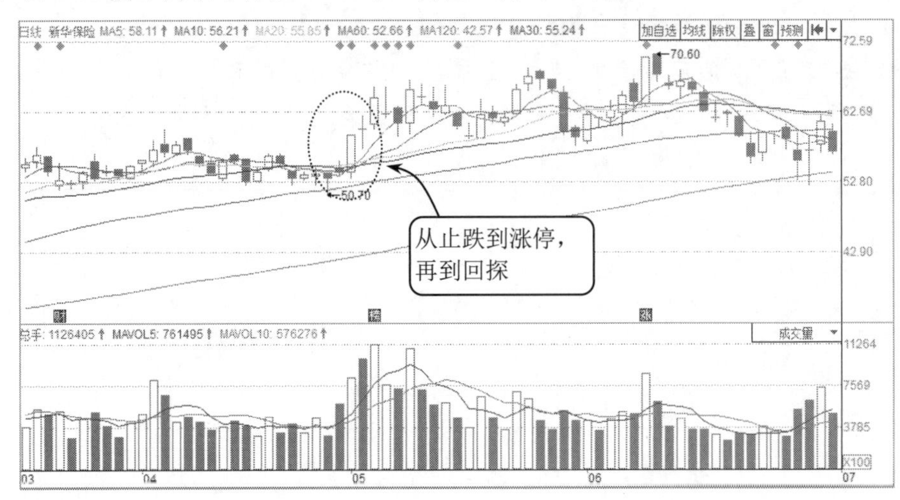

图 2-33 新华保险 2015 年 3 月至 7 月的 K 线图

新华保险作为我国较为大型的保险公司，主要经营寿险业务和资产管理业务。虽然仅仅涉及央企国资改革概念，但作为保险行业几大龙头之一，新华保险尤其受到偏向价值投资者的关注。

新华保险的流通股也仅有 20.85 亿股，与其他保险公司动辄上百亿流通股相比，盘子已经算是小的。

在 2015 年 3 月之后，新华保险暂时处于小幅回调之中。4 月 29 日，股价继续下探，在盘中创出 50.7 元的新低。当天的 K 线形态收出了长下影线，意味着下方的支撑力强大，这也是较为明显的止跌信号。

在止跌后的第二个交易日，即 5 月 4 日，股价高开高走，最终以涨停收盘。当天收出的大阳线成功地将前期的压力线突破，并受到多条均线的支撑。

5 月 5 日，股价高开低走，盘中一度被猛烈打压，最终在多方的努力下收出阴十字星。而当天的下探时间，正是短线追涨投资者的机会。因为前一日的涨停得到多条均线的支撑，绝对不会被轻易突破。

从后市的走势来看，在十字星后的一个交易日继续上涨 7.48%，短线投资者也能获得不错的利润。

Chapter 03

根据主力和盘口信息抓涨停

在市场交易中，涨停板是巨量资金的突出表现，也是主力操盘技术的完美发挥。涨停板体现的是股市强者恒强的规则。投资者只有跟随主力，力图追上涨停板，才能在股市中保持获利。

本章要点

- ✧ 主力的特点及分类
- ✧ 主力控盘过程和手法
- ✧ 主力对待题材股
- ✧ 分析盘口买卖发现涨停信号
- ✧ 通过盘口特征捕捉涨停板
- ✧ 盘口信息

3.1 市场中的主力

市场中的主力是股票交易中的主要力量，是主导个股或整个市场走势的主导力量。正是由于主力的存在，个股往往会与大盘走出不同的行情。

在多数情况下，个股的走势会与大盘走势基本同步。如果个股与大盘走势差异太多，容易引起市场投资者的关注。

无论是中长线的个股投资，还是短线的个股交易，有主力在其中运作的个股与没有主力的个股差别极大。因此，能不能把握主力的动向，是短线追涨投资者进行技术分析的关键。

所谓主力，指资金量大、仓位重、可以在很大程度上引导股价走势的投资者，我们将这些主力又称为趋势的制造者。

趋势的制造者总会走在趋势前面，而市场中的其他投资者总是后知后觉，只能走在趋势的后面，多数时间处于被动之中。

主力除了资金量的优势之外，在信息收集、大盘趋势的判断、操作手法、操作纪律等方面，也占据明显优势。

投资者在市场中除了主力之外，应该还听说过庄家这一词汇。庄家并不等于主力，两者有什么区别呢？市场中的每只个股都存在主力，但不一定都有庄家。庄家可以完全控制个股股价的走势，而主力不行。

庄家的持仓力度要大于主力，因此可以控制股票的价格。主力只是持股数较多的机构或大户，只能在短期内影响股价的波动。

虽然主力的控盘程度不如庄家，但主力更为擅长借趋势引导股价运行，在盈利之后的出货阶段也可以顺利逃脱。而庄家的持仓数多，控盘程度高，可以无限制地拉升股价，但总需要投资者来接盘，因此在盈利出货的阶段，更加考验庄家的操盘技术。

3.1.1 主力的特点及分类

在股票市场中，主力比散户投资者自己更了解他们，比如散户喜欢追涨买入，主力就会利用这一心理，在大盘趋势良好的情况下，不断拉升个股股价，直到散户禁不住诱惑，开始抱着侥幸心理入场，主力则开始悄悄出货。

另外，散户较为关注成交量这一指标，特别是很相信放量上涨这一原理，为了制造要上涨的气氛，主力会使用对倒的交易方式，将成交量放大，达到诱多的目的。

主力资金特点的主要表现如图 3-1 所示。

1) 资金雄厚

主力的资金量有多大，决定了他能控盘什么样的个股、控盘的程度能达到多高。资金雄厚的主力会选择市场热门的大盘股，而市场中的多数主力资金并不那么雄厚，则会更加偏好那些小盘股。

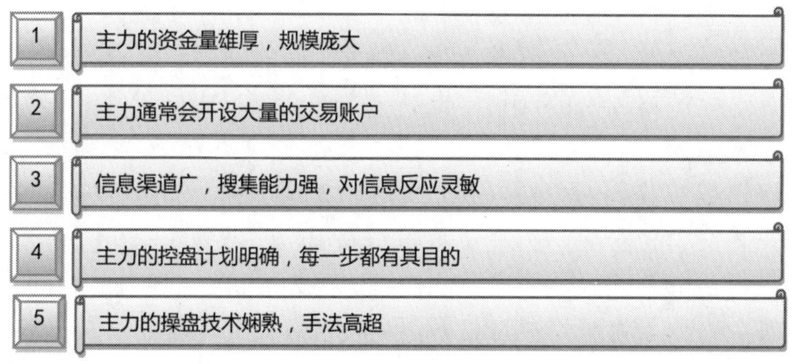

图 3-1　主力的特点

主力在运作一只股票的过程中，不会将全部资金都用于建仓，而是会根据实际情况来分配资金的使用。

例如，将多少资金用于吸筹、多少资金用于洗盘、多少资金用于拉升等。因为资金总量是有限的，如果吸筹的资金过多，那么就没有太多资金可以用在洗盘、护盘及拉升的过程中。

市场中那些偏好中长线持仓的主力，就会选择将多数资金用于建仓，而留相对更少的资金用于洗盘和拉升。而那些短线持仓的主力，用于吸筹持仓的资金会更少，因为吸筹的时间有限，手里的筹码少，短线主力就需要准备更多资金去护盘和拉升。

2)　主力会开设大量交易账户

交易所会定期公布个股的“前十大流通股东情况”的信息，同时证监会也会对持仓巨大且交易频繁、交易金额巨大的证券账户进行严密监控。

所以主力想要在建仓过程中充分吸筹而不被发现，就必须开设大量交易账户。这样一来，主力的建仓、对倒等操作动作就会隐藏在大量交易账户中，不仅逃过监管机构的监控，避免了自己出现在前十大流通股东这样的信息中，也满足了操作过程中的各种需求。

3)　信息渠道广

个股在发出利好消息之前，嗅觉灵敏的主力早已得到消息，因此会在停牌之前的一段时间内连续大量地买进。

而在个股因为利好消息复牌后，总是出现连续的涨停板。后知后觉的散户投资者可能认为这样的涨停板莫名其妙。

而这也是主力利用信息渠道广的优势赚取利润的重要方式，也是散户投资者的主要劣势之一，即信息不对称。主力在提前知道利好消息之后，进行大量吸筹，在复牌之后的连续涨停中获取了大量利润，同时远离了主力的成本区，给主力提供了更大的操作空间。

4)　控盘计划明确

主力通常会专心地做好一只股票，不会像散户一样追涨杀跌的随意。所以主力在对目标股的选择、控盘过程的时间安排、各种操作时间的选择都会有预先做好的计划，主力只需要将这些计划严格实施就足以盈利。

主力的控盘计划主要包括个股的选择、控盘时间的长短、资金的分配以及止损止盈点的设置。正是这些严格周密的计划，提高了主力在市场中的胜算。

5) 操盘技术娴熟

主力在二级市场中获利的主要方式，与散户大同小异，都是高抛低吸。主力需要在低位大量吸筹，将股价拉升后，在高位将筹码抛出，赚取差价。

主力要想吸收足够筹码，需要一定的技术。因为股价在低位时，散户投资者的抛售欲望不大。此时主力要么将股价进行拉升，让投资者盈利，从而使其抛售筹码；要么将股价大力打压，制造恐慌的市场气氛，造成投资者跟风抛售。

在拉升或出货时，主力为了达到某一目的，都会使用各种操盘技术，通过这些手法迷惑散户投资者，使其做出错误的判断，从而达到自己的目的。

【知识拓展】主力的吸筹阶段

> 主力在进行低位吸筹时，往往会一边吸筹一边压制股价，投资者从K线上无法发现主力的踪迹。但此时的成交量在保持较低水平的同时，偶尔会出现放量的情况。主力吸筹的时间与其资金量有关，长则3个月以上，短则1个月。
>
> 主力操作一只股票的全过程是：吸筹、试盘、洗盘、拉升、出货。

主力根据其资金来源不同，造就了他们不同的身份。市场中主力的分类如图3-2所示。

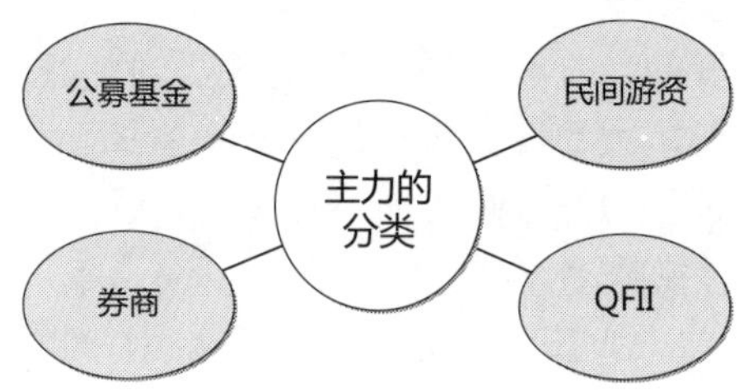

图3-2 主力的分类

不同的主力，其资金来源不同，从而造成了其投资风格的迥异，具体内容如下。

- ✧ **公募基金**：基金作为一种间接投资方式，由基金公司发行基金份额，将投资者的资金集中起来由基金托管人托管，基金管理人进行管理，从事股票、债券等金融工具的投资。这里所说的基金特指股票型基金，投资者可以查看基金的详细信息，对其重仓持股进行了解。
- ✧ **券商**：在提供证券经纪和交易等其他业务时，券商也有自营业务。面向公众发行理财产品募集资金，将这些资金交给专业人士运作。其所选的个股都是业绩较为优秀、行业发展前景好的股票。
- ✧ **民间游资**：这些游资的炒作方式较为极端，往往以疯狂的连续涨停为主。市场中常出现某个题材板块内的许多股票，在没有重大利好消息的情况下，也能短

时间内出现连续涨停飙升。这些个股的暴涨与业绩无关，多是游资利用市场热点进行炒作导致的。

- QFII：是指合格境外机构投资者，这些机构虽然资金雄厚，但无法主导个股股价的走势，因此 QFII 的获利，主要是通过其布局的个股出现价值低估或业绩持续增长。股价终究会与业绩产生联系，在业绩增长的情况下，股价也会随之上涨。

主力最为明显的表现，就是每个交易日的买入卖出排行榜。以同花顺行业软件为例，每个交易日都会统计连续三个交易日内，涨幅偏离值累计大于 20%的个股，并罗列出买入卖出前 5 名的机构名称，将其统称为“龙虎榜”。

【实战案例】中国中铁(601390)——龙虎榜的应用

如图 3-3 所示为中国中铁在 2015 年 4 月 15 日登上龙虎榜的详细信息。

【上榜类型】连续三个交易日内,涨幅偏离值累计达20%的证券

买入金额最大的前5名　买入总计 439655.97 万元

机构名称	买入(万)
中信证券股份有限公司上海溧阳路证券营业部 2	182261.73
海通证券股份有限公司上海建国西路证券营业部	80102.46
光大证券股份有限公司宁波解放南路证券营业部 2	63802.51
中国中投证券有限责任公司无锡清扬路证券营业部	59121.91
中国银河证券股份有限公司绍兴证券营业部	54367.36

卖出金额最大的前5名　卖出总计 305286.97 万元

中信证券股份有限公司上海溧阳路证券营业部 2	0.00	88555.11	-88555.11
光大证券股份有限公司宁波解放南路证券营业部 2	0.00	67639.56	-67639.56
中国中投证券有限责任公司无锡清扬路证券营业部	0.00	51088.68	-51088.68
海通证券股份有限公司上海建国西路证券营业部	0.00	49120.59	-49120.59
华泰证券股份有限公司上海国宾路证券营业部	0.00	48883.03	-48883.03

2015-04-15　连续三个交易日内,涨幅偏离值累计达20%的证券　买卖净差：134369.00 万元

图 3-3　中国中铁 2015 年 4 月 15 日登上龙虎榜

从图 3-3 中可以看到，4 月 15 日当天，买入与卖出中国中铁排名第一的机构都是中信证券上海溧阳路营业部。而卖出金额明显少于买入金额，说明该机构在一边卖出前期获利筹码，一边继续吸收筹码进行炒作。

如图 3-4 所示为中国中铁 2015 年 1 月至 6 月的 K 线图。

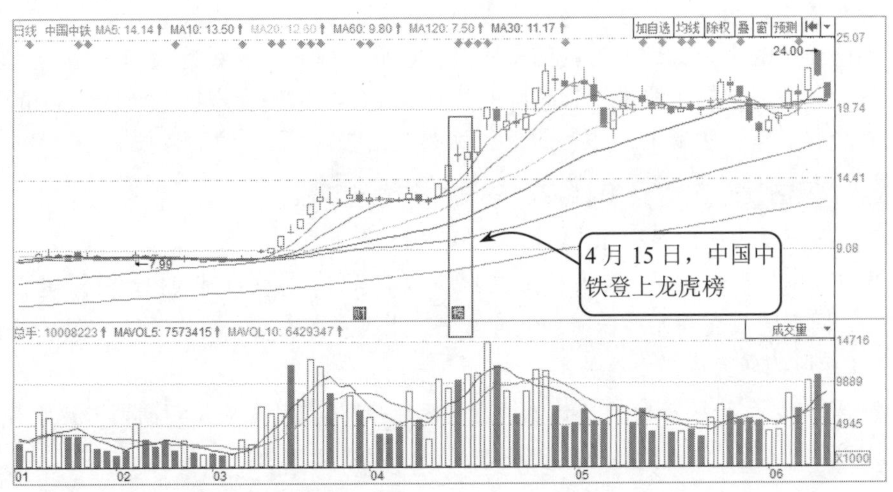

图 3-4　中国中铁 2015 年 1 月至 6 月的 K 线图

4 月 15 日，在机构大笔买入和大笔卖出的情况下，股价在当天高开低走，最终在高位收出阴十字星。

从 4 月 15 日之前的走势来看，中信证券上海溧阳路营业部应该已经获得了不少利润。在 4 月 15 日当天仍进行大量买入，应该是为了保证收益和进行更大幅度的炒作。

因此在 4 月 15 日登上龙虎榜之后，股价继续上扬，后期的涨幅达到 35%以上。短线投资者如果能果断追入，也能获得不少短期利润。

3.1.2 主力控盘过程和手法

主力的控盘过程是指其对于个股股价的整个控制过程，是主力获利的主要方式。由于我国股市不存在做空机制，所以主力只能通过高抛低吸进行盈利。

当然也有资金雄厚的主力，在股票市场做多时，会选择在股指期货市场中进行做空，将风险进行对冲，这种套利交易是符合国家法律的。

主力的详细控盘过程可以细分为七个阶段，即控盘前的准备阶段、建仓阶段、震仓(试盘)阶段、拉升阶段、洗盘或整理阶段、拉高阶段以及最后的出货阶段。不同的主力，因其资金量或投资风格等的差异，控盘过程可能会简化，也可能会更加复杂化，因此在分析个股时，应做到具体情况具体分析。

1) 控盘前的准备阶段

主力控盘讲究运筹帷幄，需要将所有可能性都考虑到。在没有足够的胜算之前，主力不会选择介入。主力在控盘前需要募集足够的资金，选用优秀的操盘手，建立信息渠道，选择目标股，分析大盘行情，制订控盘计划等。这些准备活动，都是投资者无法发现的。

2) 建仓阶段

建仓是主力控盘的第一步，这一阶段的目的很单纯，就是以最低的价格吸收最多的筹码。不同类型的主力会选择不同的个股进行建仓，偏好中长线持股的主力，会选择基本面完好、业绩优异的个股进行长时间的建仓；短线主力则会根据不断变化的市场热点题材进行个股布局，吸筹时间短，股价上涨爆发力强。

【实战案例】宁波银行(002142)——主力的建仓阶段

如图 3-5 所示为宁波银行 2014 年 7 月至 2015 年 1 月的 K 线图。

从图 3-5 中可以看出，宁波银行在 2014 年 7 月至 11 月这段时间内，股价处于低位的横盘状态。同期的成交量始终保持较低的水平，此次主力的建仓时间长达 4 个月，也与宁波银行 34 亿股的超大流通盘有关。

长时间的吸筹，说明该主力是长线持有的操作战略，投资者在后市随时可以选择买入，跟随主力的脚步。

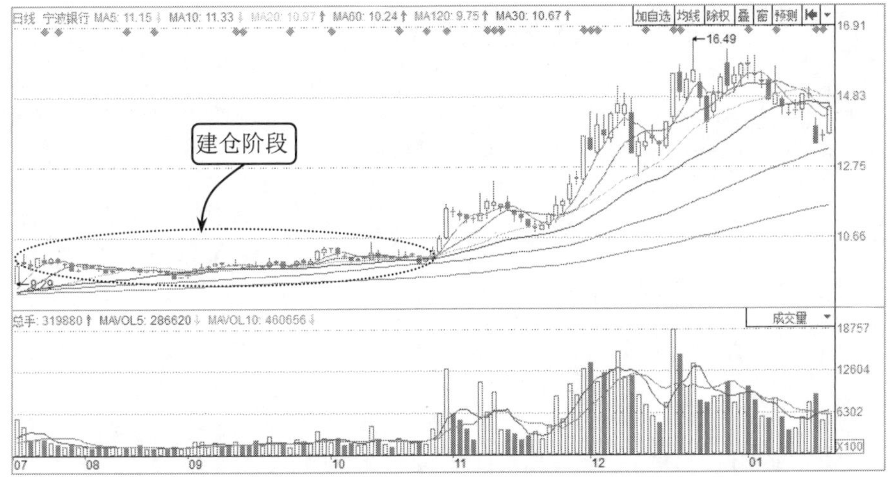

图 3-5 宁波银行 2014 年 7 月至 2015 年 1 月的 K 线图

【实战案例】秦川机床(000837)——主力短线建仓

如图 3-6 所示为秦川机床 2015 年 1 月至 6 月的 K 线图。

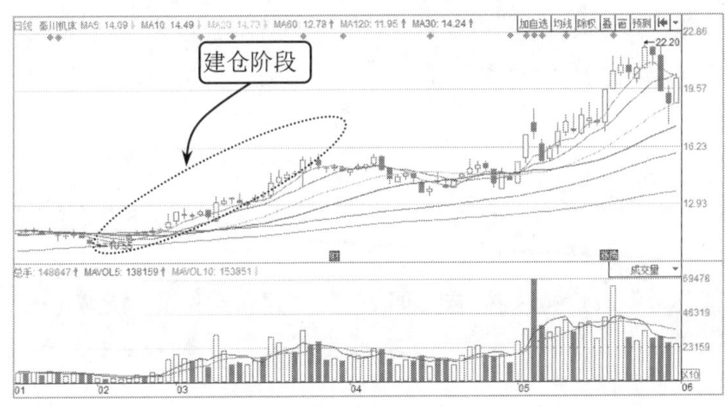

图 3-6 秦川机床 2015 年 1 月至 6 月的 K 线图

秦川机床在 2015 年 2 月至 4 月这段时间内，处于不断上涨的过程中。在上涨过程中，成交量不断放大，可见主力是在短线内快速建仓。对于这类短线持仓的主力，一旦确定其建仓阶段，就应该快速介入，或者等待其洗盘结束再买入跟进。

3) 震仓阶段

主力在吸筹完成后，不会直接进行拉升，通常情况下会有一个震仓阶段。震仓是指将底部跟进的筹码清洗出去，吸引另外一批坚定持股的投资者进入，目的都是使股价在拉升阶段更轻松地上涨。

主力在震仓过程中可以确认自己的主力身份，也可以让市场中的投资者清楚该股中有主力存在，可以放心跟入；另一方面，通过震仓，主力可以查看该股中是否还有其他主力存在。

【实战案例】西藏珠峰(600338)——震仓阶段

如图 3-7 所示为西藏珠峰 2015 年 1 月至 5 月的 K 线图。

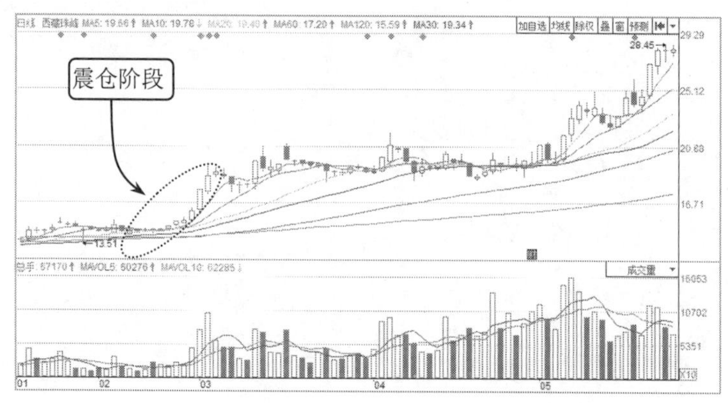

图 3-7　西藏珠峰 2015 年 1 月至 5 月的 K 线图

主力在 2015 年 2 月之前的几个月里，都在低位进行吸筹。当主力在 2 月底完成吸筹阶段后，随即展开震仓阶段。

要想将低位跟进的筹码洗出，最好的办法便是进行小幅拉升。在西藏珠峰的震仓阶段，股价由 15 元拉升至 19 元附近。随后在前期获利盘出逃的情况下，主力借势进行横盘震荡，同时吸取更多筹码。进入 2015 年 5 月后，西藏珠峰开始了正式的拉升阶段。

4)　拉升阶段

主力为了能在高位将手中的筹码抛售，以达到高抛低吸最终获利的目的，就必须将股价向上拉升。

拉升阶段是主力将股价持续拉高的阶段，主力建仓的目的就是实现低买高卖，从而获得经济上的收益。为了达到高卖的目的，股价就必须上涨，这也是主力拉升股价的目的所在。

如果主力直接进行拉升股价，则会耗费过多资金，且拉升效果不一定很好。所以主力在拉升时，通常会借助一些市场中传出的利好消息，一方面吸引投资者跟进，另一方面减少市场中的抛售压力，将拉升效果最大化。

【实战案例】航天动力(600343)——拉升阶段

如图 3-8 所示为航天动力 2015 年 3 月至 7 月的 K 线图。航天动力在经过了 2015 年 3 月至 5 月的震荡走高后，正式迎来了拉升阶段。

拉升阶段是股价的主升行情，航天动力的股价由 23 元上涨到 40 元上方，涨幅达到 74%。对短线投资者而言，拉升阶段初期是可以介入的阶段，当股价在拉升阶段中运行了一段时间后就不宜再介入。

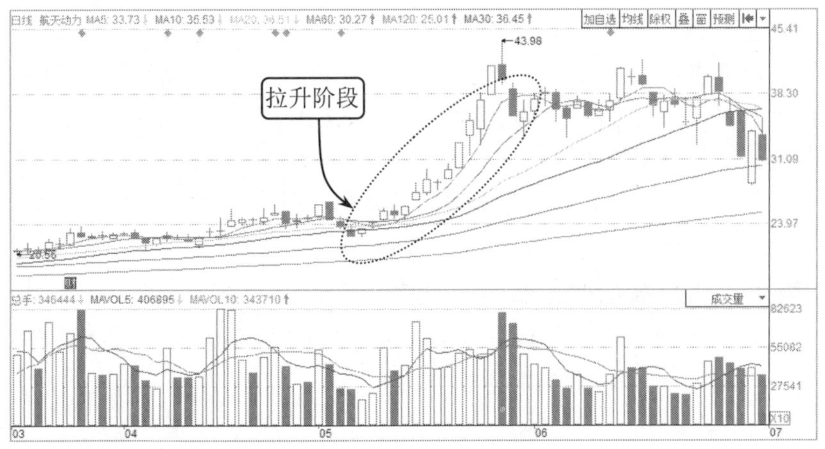

图 3-8 航天动力 2015 年 3 月至 7 月的 K 线图

5) 洗盘或整理阶段

洗盘阶段通常会出现在拉升的途中，主要目的是提高市场的平均持仓成本，将前期获利的部分筹码清洗出局，吸引更多场外看多的投资者进入。

市场的平均持仓成本提高后，在后市的拉高过程中所面对的抛压会相对低很多，这也是主力的目的所在。

【实战案例】五洲交通(600368)——洗盘阶段

如图 3-9 所示为五洲交通 2015 年 2 月至 6 月的 K 线图。

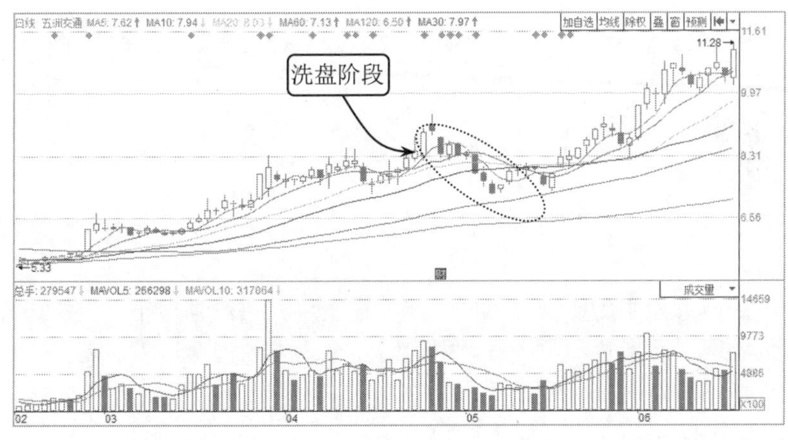

图 3-9 五洲交通 2015 年 2 月至 6 月的 K 线图

五洲交通经过 2015 年 3 月至 4 月底的拉升后，市场中出现了大量获利盘，在后市的运行过程中随时会进行抛售。

因此，主力在 4 月底选择进行一次洗盘操作，股价由 9 元跌至 7.5 元附近，短期跌幅超过 15%。在下跌初期，股价出现跳空缺口时，不少获利筹码选择出逃，洗盘的目的基本达到。5 月初，主力结束洗盘后，股价进入拉高阶段。

6) 拉高阶段

拉高阶段通常出现在洗盘之后，是主力对股价进行的又一次拉升。此次的拉高与前期的拉升阶段不同，拉高的出现多是在大盘较好的情况下，主力借大盘的强势再次将股价拉高，为后期出货争取更多空间。

因为主力在出货阶段，股价会在高位震荡滞涨，但通过拉高之后，主力可以在出货阶段处于更主动的地位。

【实战案例】青海春天(600381)——拉高阶段

如图 3-10 所示为青海春天 2015 年 2 月至 6 月的 K 线图。

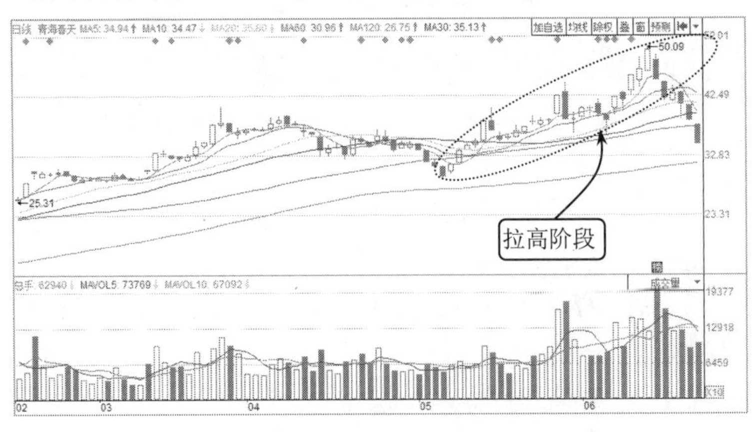

图 3-10 青海春天 2015 年 2 月至 6 月的 K 线图

青海春天于 2015 年 3 月底至 5 月，在高位迎来了一次震荡洗盘的行情。进入 5 月后，大盘指数由 4100 点直冲 5100 点。在大盘向好的情况下，主力借势继续拉高股价，以便在后期的出货阶段中处于主动。

7) 出货阶段

出货阶段是主力对一只股票进行控盘的最后一步，也是关系到主力此次控盘成功与否的关键一步。

出货阶段是最考验主力操盘技术的一步。在资金充裕的情况下，吸筹、洗盘、拉升都可以按计划实现。而出货却不一样，主力需要市场中的资金进入，在高位有足够的资金进行接盘，最终才能套现获利出局。

【实战案例】郑煤机(601717)——出货阶段

如图 3-11 所示为郑煤机 2015 年 3 月至 7 月的 K 线图。

郑煤机在经过长时间的上涨之后，股价在 17 元附近停步。股价上涨受阻后，在高位呈现震荡走势，同时成交量继续保持在历史高水平，而股价却无法创出新高，这是明显的主力出货信号。

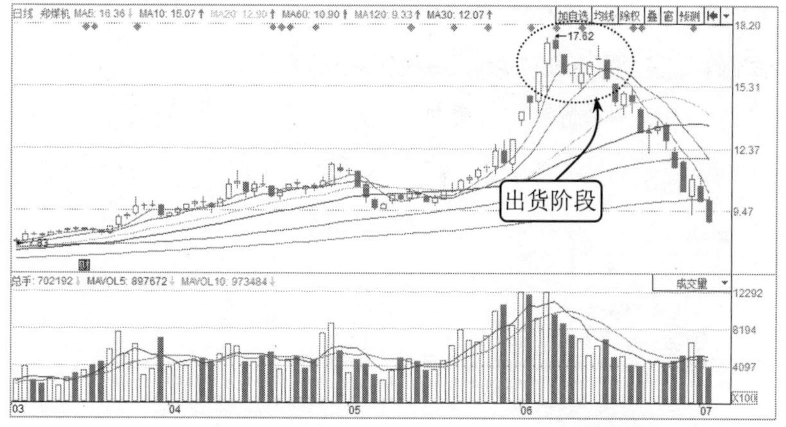

图 3-11 郑煤机 2015 年 3 月至 7 月的 K 线图

3.1.3 主力对待题材股

题材的产生源自市场消息的出现，将这些市场消息进行抽象化之后，就能得出其中的共性，成为题材。

2013 年 9 月和 10 月，由中国国家主席习近平分别提出建设“新丝绸之路经济带”和“21 世纪海上丝绸之路”的战略构想。由此也形成了 2014 年至 2015 年市场中热炒的“一带一路”概念。

可以这么说，只要某一消息可以形成热点、引起市场共鸣，它就会形成一个很好的题材。题材的作用在于号召市场资金投向某一热点，也可以说，题材是造就个股行情的主要动力之一。

那些与这一题材相关的个股则成为主力炒作的首选，是标准的题材股，在主力的炒作下，往往会演变成短期内翻倍的黑马股。

国内股市经过很多年的发展，有一些题材经久不衰，这些题材可以聚集良好的市场人气，从而受到主力的反复炒作。

主力对待这些题材股，有着不同的控盘手法。下面就来简单了解一下主力如何控盘这些题材股。

1) 挖掘题材股

沪深两市中的绝大多数个股都有题材，如涉及央企国资改革概念的股票就有 304 只，互联网金融概念股 99 只，上海国资改革概念股 55 只，高送转概念股 50 只，一带一路概念股 73 只等。

只有当题材与当前市场热点相结合，才能引发市场人气，从而成为主力炒作的目标。普通投资者对于哪些题材在哪段时间内成为市场热点则是很难把握的。

对于不同的题材也有不同的挖掘方法，如高送转题材概念就是明显属于主力内幕消息的挖掘方式，而业绩预增则是取决于主力对基本面、行业基本面等情况的分析能力，对普通投资者而言，由于消息闭塞、分析能力不强，所以很难准确地提前挖掘这些题材。

【实战案例】山东路桥(000498)——挖掘题材股

如图 3-12 所示为山东路桥的题材解析。

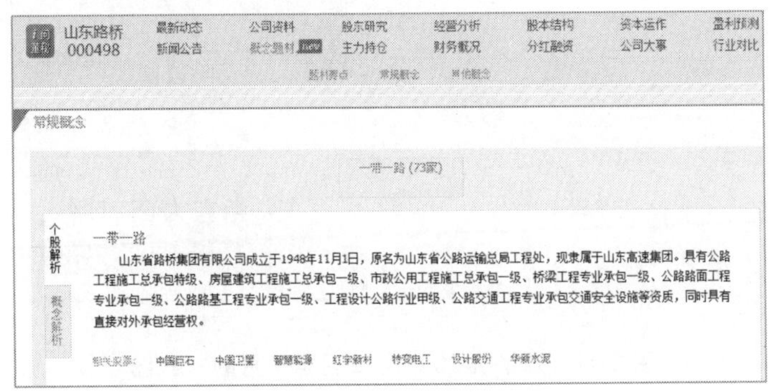

图 3-12　山东路桥题材解析

可以看到山东路桥涉及的常规概念，只有一带一路的概念，也是一带一路概念较为热门的概念股。

山东高速集团是集公路、高速公路、铁路、机场、港口等交通基础设施投资、建设、经营、管护于一体的现代化、国际化、高效化综合型企业集团。

集团注册资本为 150 亿元，年经营收入近 300 亿元。高速集团还拥有另外一家路桥类上市公司——山东高速。

在一带一路概念的规划中，山东省积极参与，临沂打造商贸丝绸之路，青岛打造海上丝绸之路的枢纽，另外有烟台、潍坊和日照等地积极参与。

【实战案例】秦川机床(000837)——查看题材股信息

如图 3-13 所示为秦川机床的题材解析。

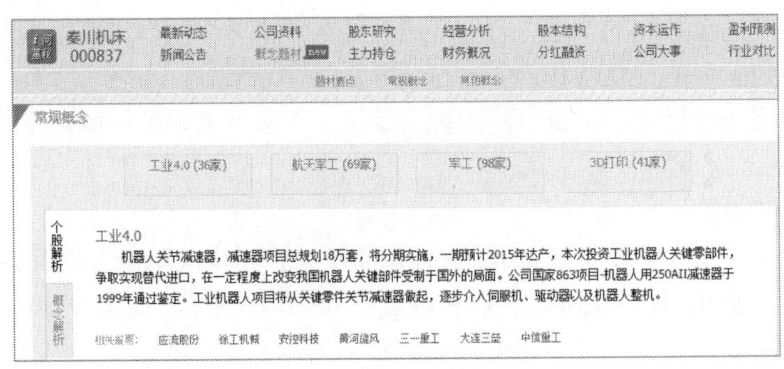

图 3-13　秦川机床题材解析

秦川机床涉及的概念有工业 4.0、航天军工、军工、3D 打印等。而在这些概念中只有工业 4.0 多次受到市场热炒。

秦川机床工具集团股份公司是一家齿轮磨床企业，其主要产品有机床类、进出口贸易、

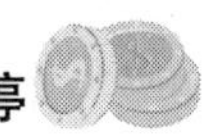

原材料贸易等。

公司作为国家唯一定点生产磨齿机的企业，精密磨齿机已经形成七大系列产品，磨齿机产量占国内企业总产量的75%左右，价值份额在50%左右。

中国制造要想成功转型，就必须提升制造业的智能化水平，建立具有适应性、资源效率及人因工程学的智慧工厂，在商业流程及价值流程中整合客户及商业伙伴。其技术基础是网络实体系统及物联网。

2)　散播消息

短线主力炒作的题材股都与当前市场的热点有关，当主力在前期进行了短时间的布局后，已经在相对低位吸取了足够筹码，接下来就轮到拉升和出货阶段。

再火爆的题材也不可能一直受到市场的关注，所以主力在超过题材股时多选择在得到市场关注时快速拉高，随后借助跟风盘的追入完成出货。

主力在拉升时，为了减轻抛售压力，会主动使用各种媒体渠道向市场投资者散布利好消息。

如图 3-14 所示为某互联网媒体发布的上市公司的相关新闻。投资者可以在各类信息渠道中查看到类似消息。

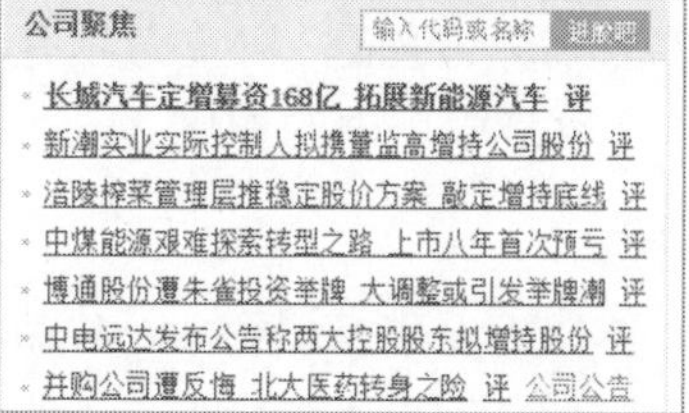

图 3-14　上市公司的相关新闻

3)　打开想象空间

当个股在主力的炒作下、市场跟风盘的推动下，出现大幅度的上涨，必然会引起市场中更多投资者的关注。如果此时有炒股名家、股评分析等舆论为该股的题材添油加醋，在股价不断上涨和题材满天飞的情况下，投资者会对该股未来的发展空间展开想象。

利用新材料概念，不断有研发成果的发布，各种新材料行业大会的召开，鼓吹着新材料可以改变世界等观点。此时股价不断上涨，就会让投资者对涉及新材料的企业展开想象。

3.1.4　主力控盘不同业绩个股的手法

市场中常常将个股按业绩划分，主要分为绩优股、成长股和垃圾股。不同的主力有不同的操作风格，炒作个股的目标也不同。

1) 主力如何控盘绩优股

所谓绩优股，是指那些业绩优秀、基本面完好的上市公司。这些公司形成了规模经营优势，在行业内有较高的占有率，利润长期处于增长中。其拥有的产品品牌有一定的知名度。

绩优股的公司，现金流较为充裕，生产技术水平高，公司管理效率高，能很好地适应市场经济的变化。所以在长期的经营过程中，这些公司会呈现稳定的上涨趋势。

主力在控盘绩优股时，通常会在股价被低估时买入、被高估时再抛出。而主力要想在低位建仓绩优股，只有等待大盘出现雪崩式下跌后，市场投资者对绩优股的信心逐渐丧失，绩优股逐渐被低估。

只有大盘整体性下跌时，主力才有建仓绩优股的机会。主力的眼光总是比散户投资者更为长远，从长远的角度来看，业绩与股价始终要联系到一起，而市场也不可能一直冷清下去。

当主力建仓完毕，待市场回暖，绩优股在主力的炒作下再次得到了投资者的追捧，股价将不断创新高。

在主力对绩优股进行建仓时，如果大盘配合震荡，通常会采取较长时间的横盘震荡来持续建仓。

因为主力炒作绩优股，势必会长期持股，所以建仓成本越低，对主力越有利。在低位横盘建仓的时间越久，后期上涨的幅度就越大，这也是股市中的原则之一。

【实战案例】格力电器(000651)——控盘绩优股

格力电器是一家集研发、生产、销售、服务于一体的专业化空调企业，其品牌在空调和其他家电领域具有很强的影响力。2014 年的营收达到 245 亿元，净利润为 27.75 亿元，是典型的绩优股。

如图 3-15 所示为格力电器 2014 年 5 月至 2015 年 6 月的 K 线图。

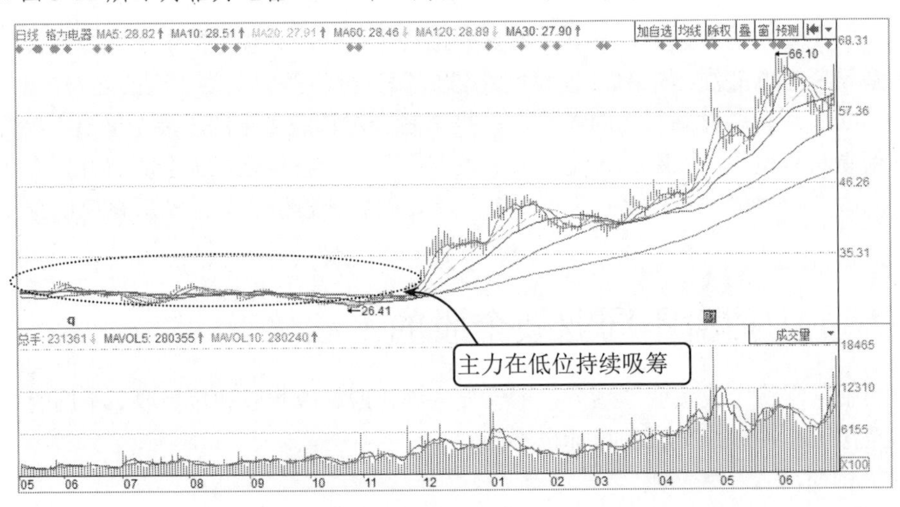

图 3-15 格力电器 2014 年 5 月至 2015 年 6 月的 K 线图

主力在 2014 年上半年大盘行情仍处于低位时开始建仓格力电器，进入 2014 年 11 月后，大盘行情开始爆发，主力也在牛市中开始炒作格力电器，使其重新受到投资者的关注，股价在多种力量的推动下不断创出新高，最终在 66 元附近停下脚步。

主力通常会在大盘回暖时开始拉升绩优股。如果大盘持续低迷，主力不会冒着提高持仓成本的风险进行拉升。

在拉升之后，一旦绩优股出现滞涨，就是其高估的表现，主力很可能已经开始出货了，因此，投资者需要注意。

2) 主力如何控盘成长股

所谓成长股，是指那些可以在未来一段时间内实现高速成长的上市公司，这些公司可能在未来几年内实现每年 30%以上的业绩增速，其业绩增幅远大于其他上市公司的平均水平。

优秀的成长型企业一般是指那些总股本规模不大的上市公司，随着业绩的增长，其股本规模也不断放大。因此，那些流通盘很大的企业就很难再实现快速增长。

而主力要做的关键一步，就是判断成长型企业是否具有高成长性。如果主力判断失误，看好的公司没有快速增长的业绩支持，主力就很难炒作此类股票。

【实战案例】爱尔眼科(300015)——控盘成长股

如图 3-16 所示为爱尔眼科 2013 年 12 月 31 日至 2015 年 3 月 31 日的财务数据。

科目\年度	2015-03-31	2014-12-31	2014-09-30	2014-06-30	2014-03-31	2013-12-31
基本每股收益(元)	0.13	0.47	0.39	0.22	0.15	0.52
净利润(万元)	8,775.34	30,918.63	25,492.75	14,408.76	6,558.15	22,349.56
净利润同比增长率(%)	33.81	38.34	40.03	41.32	34.60	22.43
营业总收入(万元)	65,196.54	240,204.76	183,835.27	111,622.32	51,934.61	198,496.73
营业总收入同比增长率(%)	25.54	21.01	21.94	23.85	25.64	21.02
每股净资产(元)	3.24	3.09	2.99	2.78	4.02	3.85
净资产收益率(%)	4.15	16.91	14.57	7.95	3.83	14.02
净资产收益率-摊薄(%)	4.13	15.27	13.04	7.94	3.76	13.41
资产负债比率(%)	17.66	17.76	18.93	18.26	17.31	17.94
每股资本公积金(元)	0.67	0.65	0.63	0.59	1.25	1.23
每股未分配利润(元)	1.41	1.28	1.24	1.08	1.59	1.44
每股经营现金流(元)	0.19	0.69	0.63	0.29	0.21	0.95
销售毛利率(%)	44.06	44.91	46.55	45.07	43.91	45.89
存货周转率	2.59	10.27	7.60	4.87	2.49	10.16

图 3-16 爱尔眼科 2013 年 12 月 31 日至 2015 年 3 月 31 日的财务数据

从爱尔眼科的净利润来看，2013 年全年达到 22 349.56 万元，到了 2014 年年底，净利润增长到了 30 918.63 万元，增长率达到了 38%，显示出该企业良好的成长性，主力极有可能对其进行控盘。如图 3-17 所示为爱尔眼科 2014 年 9 月至 2015 年 5 月的 K 线图。

爱尔眼科是一家眼科医疗机构，公司主要为患者提供各种眼科疾病的诊断、治疗及医学验光配镜等眼科医疗服务。该公司是我国规模最大、发展速度最快的眼科医疗机构之一。而随着时代的发展，生活节奏的加快，居民的眼部疾病发病率不断升高，因此爱尔眼科的业绩有着不断增加需求的保证。

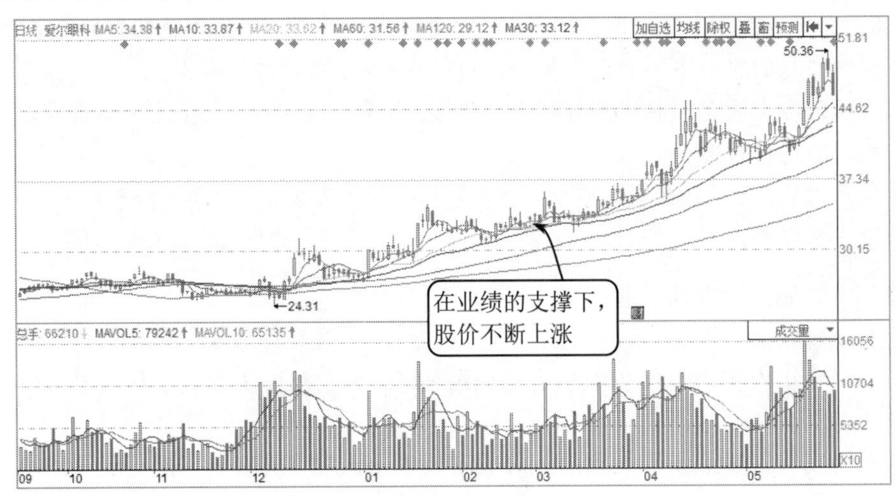

图 3-17　爱尔眼科 2014 年 9 月至 2015 年 5 月的 K 线图

3)　如何控盘垃圾股

垃圾股是指那些业绩表现差，公司的每股收益仅为几分钱甚至为负，每年也没有固定的分红派息，因此这些企业的股票统称为垃圾股。

垃圾股为什么会对主力有吸引力呢？一方面，是因为垃圾股容易建仓布局，主力可以很轻松地进行吸筹；另一方面，是由于垃圾股有时会产生一些意想不到的题材，如资产重组。这些题材可以充分打开投资者的想象空间，主力也会在题材出现后对其进行炒作，进一步推动股价上涨。

【实战案例】西安饮食(000721)——控盘优质股

如图 3-18 所示为西安饮食的基本资料。

西安饮食 000721　最新动态　新闻公告　公司资料　概念题材 new　股东研究　主力持仓　经营分析　财务概况　股本结构　分红融资　资本运作　公司大事　盈利预测　行业对比

公司概要　近期重要事件　新闻公告　财务指标　主力控盘　题材要点　龙虎榜　大宗交易　投资者互动

公司概要

主营业务：传统餐饮服务和工业化食品的生产、加工及销售　所属行业：酒店及餐饮

涉及概念：并购重组，西安自贸区，职业教育　详情>>

市盈率(动态)：--	每股收益：-0.01元	净资产收益率：-0.44%	分类：小盘股
市盈率(静态)：365.93	营业收入：1.19亿元　同比下降7.05%	每股净资产：1.38元	总股本：4.99亿股
市净率：5.87	净利润：-0.03亿元　同比下降155.28%	每股现金流：-0.04元	流通A股：4.36亿股

图 3-18　西安饮食的基本资料

西安饮食的净利润为-0.03 亿元，每股收益为-0.01 元，可见该公司当年处于亏损之中。就是这样一家企业，在 2015 年 3 个月的交易时间里，股价翻了 3 倍。

其主要原因就是西安自贸区在 2014 年 3 月开始申报，在当年年底又传出申请获批的

消息，瞬间点燃了西安本地的上市公司，市场中也应运而生“西安自贸区”概念。

西安饮食作为西北地区最大的餐饮企业，旗下有 14 家分公司，10 家控股子公司，国内外开设联营企业 18 家，市内营业网点近 40 个，其地理位置均处西安市黄金繁华地段。

西安自贸区如果真的获批，那么作为西安地区最大的餐饮企业，受益肯定是必然的，但绝对不是直接受益者。

如图 3-19 所示为西安饮食 2014 年 11 月至 2015 年 6 月的 K 线图。

从图 3-19 中可以看到，西安饮食在 2015 年 1 月因为重大事项进行了一次停牌，再复牌时便迎来了连续的一字涨停。在涨停被打开后，主力顺势进行洗盘吸筹操作，进入 5 月，西安饮食迎来第一轮上涨行情。

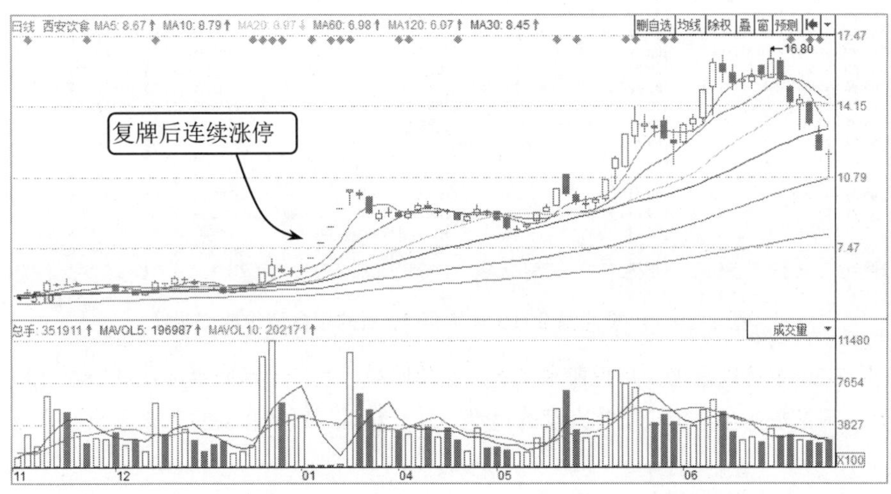

图 3-19　西安饮食 2014 年 11 月至 2015 年 6 月的 K 线图

3.2　盘口信息

我们将大盘中主力的操作方式称为盘口。因此，盘口的信息就是主力在市场中的行为表现。对盘口信息而言，有时候正常，有时候会出现异常，但这些都只是表面现象而已。投资者需要关注怎样发现股价的走势，从中发现涨停信号。

3.2.1　分析盘口买卖发现涨停信号

开盘价是集合竞价的结果，包含了大量信息，其中就包括涨停信号。这些信息仅仅在每个交易日 9:15～9:25 的集合竞价中形成，所以具有一定的时效性。

投资者可以从开盘价中得到主力隐藏的盘口，但是必须在很短时间内做出判断，并严格执行。

当开盘价与上一个交易日的收盘价相比，仍然处于高位，且保持时间在 30 分钟以上，则说明当天主力没有做空的意愿，有涨停的可能。

如果在 30 分钟内股票回落至前一日收盘价下方波动，且在分时图中，股价无法超越均线，那么说明该股处于不正常的走势中，有继续走弱的趋势。

【实战案例】川投能源(600674)——盘口买卖中的涨停信号

如图 3-20 所示为川投能源 2015 年 7 月 13 日的集合竞价阶段成交明细。

川投能源 600674 成交明细

时间	成交	现手	笔数	时间	成交	现手	笔数	时间	成交	现手	笔数	时间	成交	现手	笔数
09:19	11.84	35624←	1	09:21	11.84	54680←	1	09:23	11.80	73043←	1	09:30	11.50	11862↑	1
09:20	11.84	42319←	1	09:21	11.84	55358←	1	09:23	11.80	73672←	1	09:30	11.50	5343↑	1
09:20	11.84	42885←	1	09:22	11.84	55567←	1	09:23	11.80	74393←	1	09:30	11.50	2929↑	1
09:20	11.84	42998←	1	09:22	11.84	55907←	1	09:24	11.80	74731←	1	09:30	11.36	4177↑	1
09:20	11.84	43191←	1	09:22	11.84	56095←	1	09:24	11.80	75051←	1	09:30	11.36	2345↑	1
09:20	11.84	43885←	1	09:22	11.84	56461←	1	09:24	11.78	75792←	1	09:30	11.35	3296↑	1
09:20	11.84	44506←	1	09:22	11.84	56961←	1	09:24	11.78	76501←	1	09:30	11.54	1912↑	1
09:20	11.84	44560←	1	09:22	11.84	56987←	1	09:24	11.72	77018←	1	09:31	11.50	1300↓	1
09:20	11.84	45625←	1	09:22	11.84	57215←	1	09:24	11.72	77357←	1	09:31	11.36	2259↓	1
09:20	11.84	45956←	1	09:22	11.84	57824←	1	09:24	11.70	77759←	1	09:31	11.42	1799↑	1
09:20	11.84	46363←	1	09:22	11.84	58270←	1	09:24	11.70	78040←	1	09:31	11.36	2317↓	1
09:20	11.84	46724←	1	09:22	11.84	58610←	1	09:24	11.69	78257←	1	09:31	11.55	3671↑	1
09:20	11.84	46996←	1	09:22	11.84	58818←	1	09:24	11.66	78769←	1	09:31	11.50	2237↓	1
09:21	11.84	47830←	1	09:22	11.84	59025←	1	09:24	11.61	79490←	1	09:31	11.54	1230↑	1
09:21	11.84	47968←	1	09:23	11.84	65423←	1	09:24	11.60	80610←	1	09:31	11.50	2495↓	1
09:21	11.84	48880←	1	09:23	11.84	[illegible]	1	[illegible]	11.60	80610←	1	09:31	11.50	1232↑	1
09:21	11.84	49530←	1	09:23	11.84	[illegible]	1	[illegible]	11.60	80610←	1	09:31	11.50	2934↑	1
09:21	11.84	50874←	1	09:23	11.84	66778←	1	09:25	11.59	80749↑	1	09:31	11.50	3919↑	1
09:21	11.84	50616←	1	09:23	11.84	67990←	1	09:30	11.58	3022↑	1	09:31	11.53	2227↑	1
09:21	11.84	50805←	1	09:23	11.83	68253←	1	09:30	11.54	15552↓	1	09:32	11.49	4377↓	1
09:21	11.84	51066←	1	09:23	11.83	68727←	1	09:30	11.40	14108↓	1	09:32	11.53	12007↑	1
09:21	11.84	51153←	1	09:23	11.83	71295←	1	09:30	11.50	9556↑	1	09:32	11.53	12007↑	0
09:21	11.84	64377←	1	09:23	11.82	71587←	1	09:30	11.50	9196↑	1	09:32	11.50	1852↓	1

开盘大卖单

图 3-20　川投能源 2015 年 7 月 13 日的集合竞价成交明细

从图 3-20 中可以看出，川投能源在集合竞价阶段，股价不断回落，从 11.84 元跌至开盘 11.59 元，可见在集合竞价阶段有大盘的抛盘。从开盘后连续的抛盘也可以看出，市场中的抛压较大。

即使市场中的抛压再大，7 月 13 日当天，川投能源依旧大幅高开。如图 3-21 所示为川投能源 2015 年 5 月至 7 月的 K 线图。

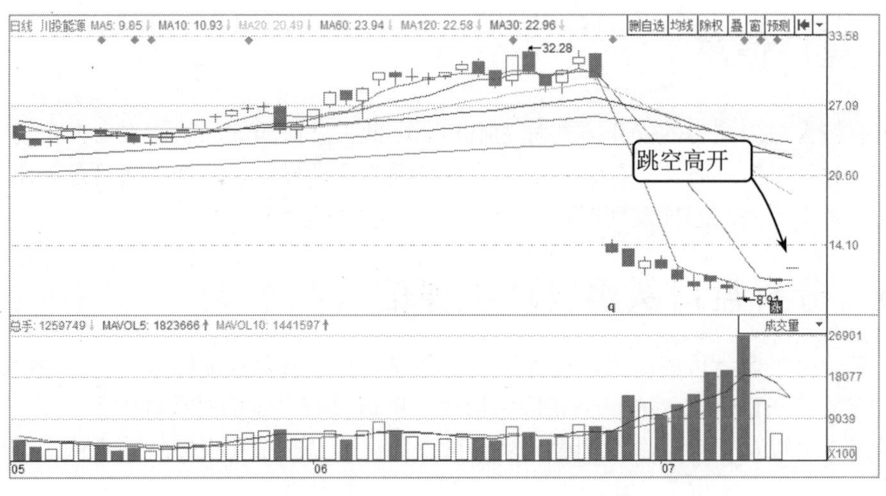

图 3-21　川投能源 2015 年 5 月至 7 月的 K 线图

从图 3-21 中可以看出，川投能源在 2015 年 5 月底除权后，股价连续下跌，最终在创出 8.91 元的新低后企稳。

7 月 9 日与 7 月 10 日，股价连续收出涨停。7 月 13 日，股价惯性高开，但在开盘后 30 分钟仍能保持在前一交易日收盘价上方，表明主力没有做空意图，有涨停的可能。

如图 3-22 所示为川投能源 2015 年 7 月 13 日的分时图和盘口信息。

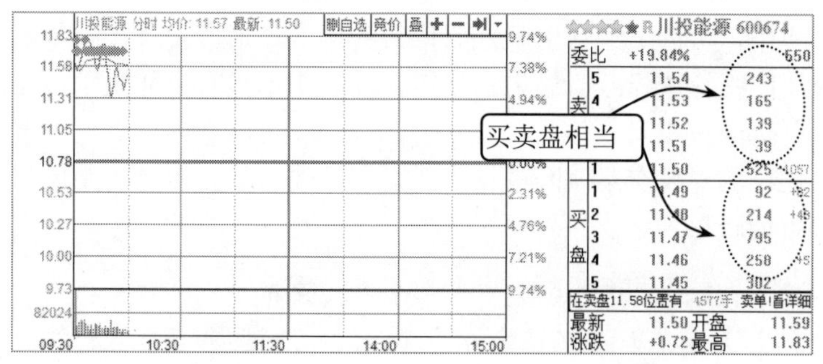

图 3-22 川投能源 2015 年 7 月 13 日的分时图和盘口信息

从川投能源的分时图来看，股价在开盘后逐渐走弱，买盘与卖盘几乎相当。在开盘大量卖盘消化殆尽后，股价有逐渐反弹的趋势。此时应结合 K 线走势、大盘行情与成交量等多方面进行综合判断。

在盘口反复出现大买单吃进小卖单这类多空对抗的情况时，表明主力正在吃货；反之，则表明主力正在出货。那么应该怎样分析盘口买卖发现涨停板信号呢？这主要需要从以下几个方面入手。

1) 大买单的情况

通常情况下，几笔大买单就可以吃完所有卖单，这是典型的主力行为。因为主力的资金量大，挂单价位集中，不可能像散户一样几十手几十手地挂单，都是上千手的大买单。

【实战案例】东北制药(000597)——查看成交量明细

如图 3-23 所示为东北制药 2015 年 7 月 13 日的成交明细。

东北制药 000597 成交明细

时间	成交	现手	笔数	时间	成交	现手	笔数	时间	成交	现手	笔数	时间	成交	现手	笔数
09:55	9.25	97↓	14	09:56	9.19	2↓	1	09:57	9.15	22↑	2	09:58	9.17	62↑	7
09:55	9.24	62↓	3	09:56	9.20	13↑	[illegible]	[illegible]	[illegible]	39↑	5	09:58	9.17	31↓	1
09:55	9.24	72↓	9	09:56	9.19	72↓	[illegible]	[illegible]	[illegible]	96↑	4	09:58	9.17	35↓	1
09:55	9.23	17↓	5	09:56	9.19	34↑	7	09:57	9.15	104↑	7	09:58	9.17	105↓	4
09:55	9.24	6↑	1	09:56	9.19	68↑	10	09:57	9.15	34↑	1	09:58	9.18	197↑	9
09:55	9.23	25↓	5	09:56	9.18	615↓	16	09:57	[illegible]	14↓	3	09:58	9.18	16↓	4
09:55	9.23	213↓	11	09:56	9.18	32↓	4	09:57	9.16	1006↑	26	09:59	9.19	18↑	3
09:55	9.23	40↑	4	09:56	9.18	7↓	2	09:57	9.14	135↓	6	09:59	9.18	101↓	6
09:55	9.23	23↑	6	09:56	9.18	26↓	6	09:57	9.15	121↑	8	09:59	9.18	99↓	6
09:55	9.23	55↑	5	09:56	9.18	37↑	5	09:58	9.13	22↓	6	09:59	9.17	988↓	35
09:55	9.23	333↑	10	09:56	9.17	101↓	5	09:58	9.16	1↑	1	09:59	9.17	155↑	5
09:55	9.22	27↑	4	09:56	9.17	18↑	3	09:58	9.16	45↑	11	09:59	9.17	377↑	7
09:55	9.23	23↑	5	09:57	9.16	14↓	3	09:58	9.16	2↑	2	09:59	9.17	142↑	8
09:55	9.21	330↓	3	09:57	9.16	49↓	8	09:58	9.16	15↑	4	09:59	9.17	188↑	5
09:55	9.21	129↓	2	09:57	9.16	36↓	7	09:58	9.16	38↑	5	09:59	9.16	14↓	3

千手大买单

图 3-23 东北制药 2015 年 7 月 13 日的成交明细

东北制药在 7 月 13 日大幅高开，随后快速拉涨停，又被多次打开。在 9:57 盘中出现 1006 手的大买单，将盘中多数卖单吃完。且在其他时间里，也多次出现上千手的大买单，说明主力做多意愿强。

主力在正常情况下介入，股价前期的下跌幅度极小，下跌空间被锁定，跌无可跌。此时主力介入，一旦出现大买单，股价就会快速反弹。

在盘口买卖中，卖盘中经常出现三四位数的大卖单对股价进行打压，给散户造成极大压力，导致他们纷纷选择跟风抛售。其实这种大卖单极有可能是主力在洗盘，其目的是清洗持股不坚定的投资者。

主力经过这样的对倒交易，既进行了洗盘，又吸引了投资者的跟风买入，后市的拉升过程将变得更为轻松。

【实战案例】亚泰集团(600881)——大买单的情况

如图 3-24 所示为亚泰集团 2015 年 7 月 13 日的分时图和盘口信息。

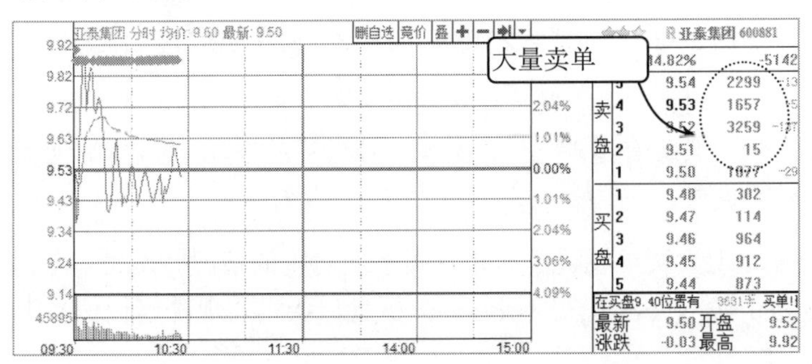

图 3-24 亚泰集团 2015 年 7 月 13 日的分时图和盘口信息

在 2015 年 7 月 13 日当天，上证指数高开 0.85%，随后保持较为平稳的走势。在这样的大盘行情下，亚泰集团出现大卖单是不正常的情况。由此判断主力在进行洗盘操作，投资者可以趁机低吸。

2) 观察主动性买盘和卖盘

在成交量的配合下，不断上涨的股价在分时图中会呈现出波浪形的 N 字走势，这就是主动性买单，预示着股价上涨趋势的延续。当股价在分时图中，不断被打压至均线下方，且无法突破均线，出现了主动下跌的趋势，这就是主动性卖盘。

这种主动性卖盘杀伤力极大，如果股价下方出现三四位数的买单，投资者千万不能因此判断股价下方支撑强烈，只要股价尚未突破均线，股价的下跌趋势就不会改变，这些大单极有可能是主力设置的陷阱。

【实战案例】交通银行(601328)——观察主动性买盘和卖盘

如图 3-25 所示为交通银行 2015 年 7 月 13 日的分时图和盘口信息。

2015 年 7 月 13 日，在市场行情整体走强的情况下，交通银行却在当天长时间保持低迷。股价始终在 4%的跌幅上下波动。此时买盘上出现大量五位数的买单，让投资者误以

为股价在下方的支撑力强，做出趁机低吸的决策，这就会误中主力的陷阱。

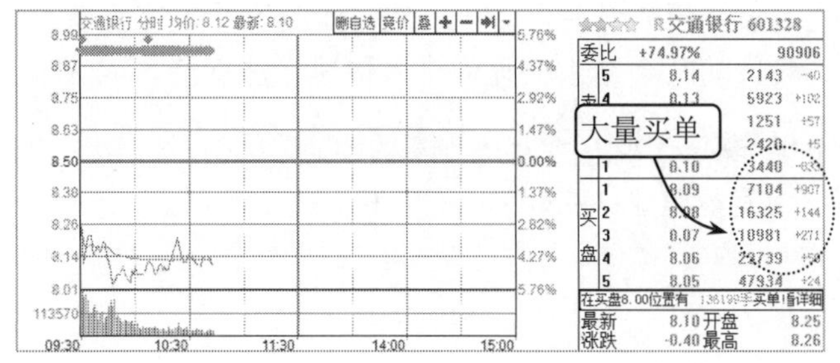

图 3-25 交通银行 2015 年 7 月 13 日的分时图和盘口信息

3.2.2 通过盘口特征捕捉涨停板

主力在建仓时会提前布局，盘口中会显示出特定的信息；在拉升时会选择不同的方式，显示出不同的盘口特征；不同的阶段，主力的不同操作会反映出不同的盘口特征，投资者需要仔细分辨。

1) 上涨时间长而下跌时间短

股价在短期内表现为上涨时间长于下跌时间，即牛长熊短。个股由于持续性的买盘介入，股价缓慢上涨。在上涨过程中，成交量不断放大，然而在突然下跌的过程中，成交量迅速萎缩，说明在下跌过程中并没有恐慌性抛售的出现。

【实战案例】冠城大通(600067)——上涨时间长而下跌时间短

如图 3-26 所示为冠城大通 2014 年 12 月至 2015 年 4 月的 K 线图。

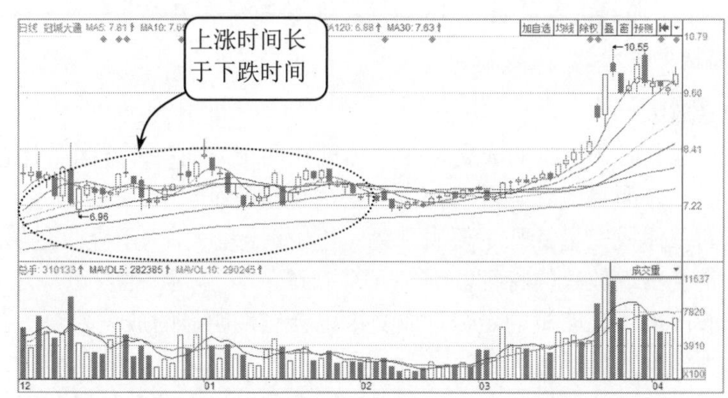

图 3-26 冠城大通 2014 年 12 月至 2015 年 4 月的 K 线图

这种震荡多是主力借助大盘回调进行的洗盘，从而引发前期获利盘卖出手中的筹码。这种方式主要出现在建仓阶段，主力为了达到在低位继续吸筹的目的而进行的。

冠城大通在低位震荡时，大盘也正处于震荡中，主力在低位不断拉高股价，促使获利盘回吐筹码，又不断地打压股价，使得持仓成本更低。

2) 阳线多而阴线少

在一段时间内，阳线的数量明显多于阴线，而股价并未有太多的波动，表明主力在不断地积蓄力量，股价随时会结束横盘而进入快速上涨行情。

【实战案例】京能置业(600791)——阳线多而阴线少

如图 3-27 所示为京能置业 2015 年 1 月至 3 月的 K 线图。

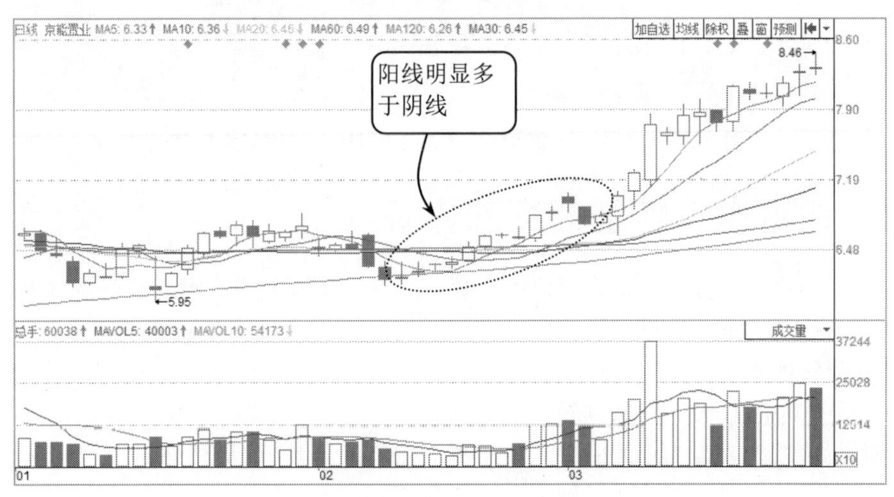

图 3-27 京能置业 2015 年 1 月至 3 月的 K 线图

在 2015 年 1 月至 2 月，京能置业长期处于低位震荡走势中。进入 2015 年 2 月后，股价连续收出阳线，呈现缓慢上涨的趋势。

在这段时间内，阳线的数量明显多于阴线，股价随时有突破上涨的可能。不久之后的 3 月，股价果然快速上涨。

3) 成交量放大

在主力进行建仓时，个股的成交量主要体现在两个方面：一方面是建仓阶段的总体成交量特征；另一方面是建仓阶段局部走势的成交量特征。

建仓阶段的总体成交量特征主要表现为：主力资金量大，为了吸收足够的低位筹码，个股在低位肯定会出现放量的特征。

伴随着个股出现牛长熊短的走势，成交量也会呈现明显的放大趋势。在成交量放大的背后，有不少资金是属于主力的。

而成交量明显放大，则是主力迫切需要完成建仓以进入拉升阶段的表现。个股在上涨时大幅放量，而在下跌时快速缩量，这就是建仓阶段局部最主要的成交量特征。

【实战案例】宜昌交运(002627)——成交量放大

如图 3-28 所示为宜昌交运 2014 年 12 月至 2015 年 4 月的 K 线图。

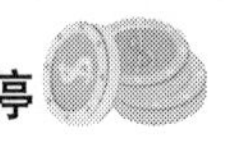

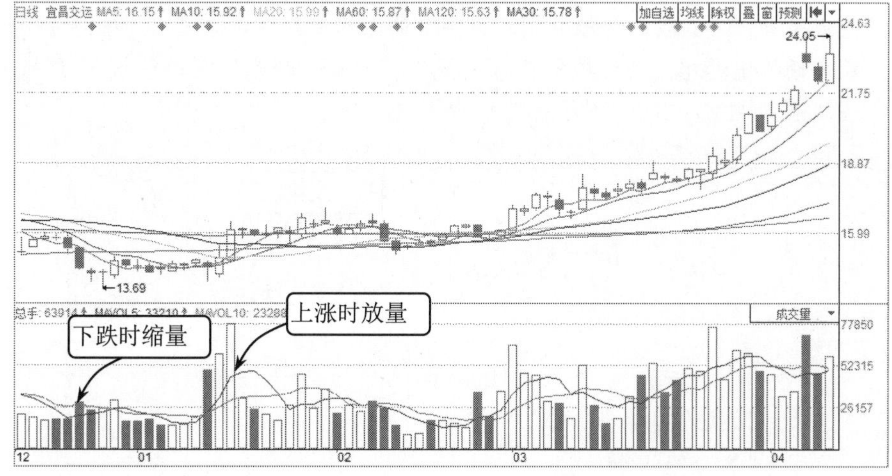

图 3-28 宜昌交运 2014 年 12 月至 2015 年 4 月的 K 线图

2014 年 12 月至 2015 年 3 月，宜昌交运处于低位震荡走势中，在震荡过程中，成交量总量不断放大。

另外，股价在下跌过程中，呈现明显的缩量；而在上涨过程中，成交量总会快速放大，且上涨时间明显长于下跌时间。

4) 火箭式的 K 线走势

当个股的题材在短期内爆发时，股价就会呈现直线拉升状态，K 线形态如同火箭般不断向上。

这类个股的主力实力都比较强大，借助个股题材的爆发机遇快速拉升股价，从而引发市场投资者的关注和跟进热情。个股在主力的拉升下，往往是跳空高开或连续涨停。通常而言，涨幅达到 30%以上，日 K 线图呈现出连续的放量大阳线，股价迅速提升到新的平台，是这种拉升手法最直接的 K 线表示。

在经过大幅拉升后，股价通常会出现短期到顶的情况。当股价上升到新的平台后，主力就会结束拉升，而转向护盘的操作，让股价尽量保持在高位运行。

主力让股价保持在高位运行的目的，无非是利于自己出货。另一种情况是，股价在第一波快速拉升后迎来调整，在调整后迎来第二波拉升。

【实战案例】新北洋(002376)——连续两波拉升

如图 3-29 所示为新北洋 2015 年 1 月至 6 月的 K 线图。

新北洋在 2015 年 3 月之前，都处于低位横盘状态，股价在这段时间内收出的 K 线实体都非常小。

3 月 2 日，新北洋发布定增方案，因此也停牌。随后在 5 月 8 日复牌，当天巨单封住涨停，在接下来几个交易日更是连续一字涨停。

在涨停被打开之后，股价仍然处于较为强势的上涨趋势中，但收出几根阴线，整理意图明显。在短期的整理结束后，股价在 5 月底再次上攻，连续的涨停让 K 线看起来像火箭升空一般，涨势凶猛。

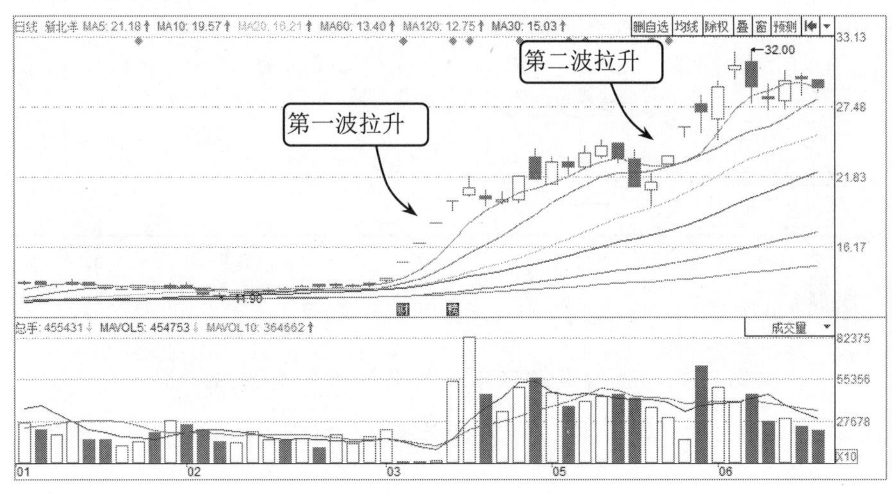

图 3-29　新北洋 2015 年 1 月至 6 月的 K 线图

3.2.3　盘口信息

盘口信息是多空双方在交易日内实时交易的反映，主要的盘口信息包括分时线、均价线、买单与卖单、内外盘、大笔成交、资金流向等。

正确解读盘口信息可以帮助投资者及时发现个股中多空双方的变化，领会主力的意图，从而为抓住涨停板提供准确依据。

1)　关注集合竞价和开盘价

集合竞价是指在当天正式交易之前，即在 9:15～9:25 这段时间内，投资者依据前一交易日的收盘价以及对股价在当天走势的预判，进行申报买入或卖出的行为。

集合竞价是投资者对个股在当天表现的预判，主力也常用集合竞价来达到某些目的。依据集合竞价的结果不同，即开盘价不同，可以分为高开、低开和平开。

如果在没有利好或利空消息传出的情况下，股价呈现出高开或低开，则很有可能是主力在进行操作。

【实战案例】冀东水泥(000401)——关注集合竞价和开盘价

如图 3-30 所示为冀东水泥 2015 年 5 月至 7 月的 K 线图。

冀东水泥在 2015 年 6 月至 7 月初的快速下跌之后，在 7 月中旬迎来了反弹，股价连续多个交易日高开，而此时基本面并未传出利好消息，表明这些高开都是主力故意为之，其目的是快速拉升股价。

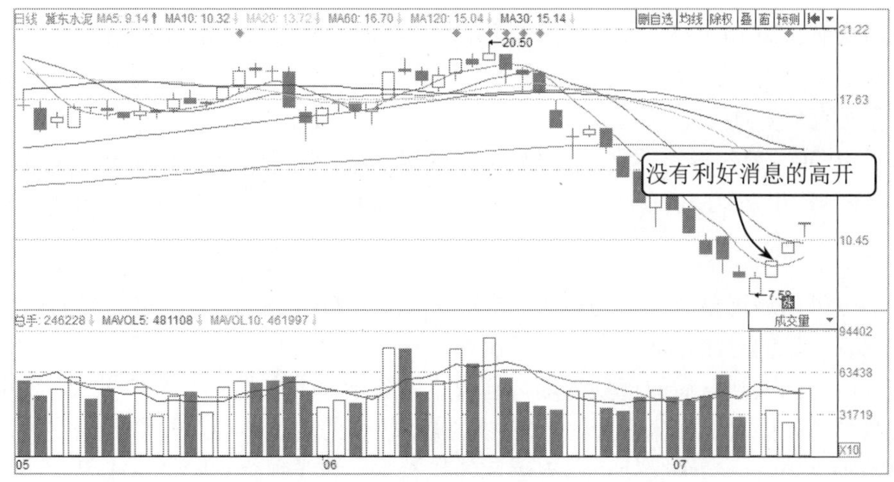

图 3-30 冀东水泥 2015 年 5 月至 7 月的 K 线图

2) 关注分时线

分时线是所有盘口信息中最为重要的一种。大盘分时线反映了大盘指数的波动情况；个股的分时线反映了股价的变化情况。

在关注分时线时，主要关注分时线运行过程中的量价配合关系，以及分时线与均线的位置关系。

如果分时线出现上涨时，成交量同步放大，说明股价的上涨得到了买盘的支撑，预示着上涨较为牢靠；如果分时线上涨时，没有成交量的同步配合，则说明买盘并未跟进，股价的上涨动力并不是充足的买盘，而是因为市场中的抛盘较少，这样的上涨是极不可靠的。

【实战案例】四川成渝(601107)——分时线与成交量

如图 3-31 所示为四川成渝 2015 年 5 月 25 日的分时图。

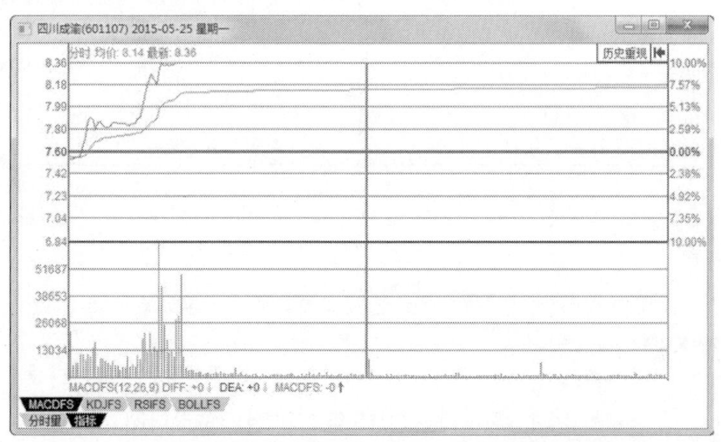

图 3-31 四川成渝 2015 年 5 月 25 日的分时图

四川成渝在2015年5月25日当天低开，开盘后迅速翻红，并上攻至涨幅3%附近，随后展开短暂的横盘波动。在开盘后的上攻阶段，成交量一直保持在较高的水平，说明上涨得到了买盘的支撑。

临近10:30，股价再次上攻，此次的力度更甚于开盘后的上涨，成交量迅速放大至天量，用了不到10分钟，股价迅速封住涨停，成交量在涨停之前明显放大。因此，可以预见封住涨停不成问题。

我们也可以通过分时线与均价线的位置关系，来判断个股当天走势的强弱以及短期内多空双方力量的对比，从而做出投资决策。

均价线是当天开盘后的市场平均持仓成本的表示，计算方法是当前成交总额除以总成交股数。当股价处于强势运行的状态中，波动较小的均价线会对股价形成支撑，表明市场中的买盘强大；当个股处于弱势运行的状态中，均线则会对股价形成阻力，表明市场中的卖盘更强。

分时线与均价线在实际运行的过程中，还会出现互相缠绕的关系，即分时线迅速脱离均价线后，往往会再次向均价线靠拢。

利用分时线与均价线之间的这些关系，投资者可以在短期内做出是卖出离场还是买入的决策。

如果当天的股价处于突破前期盘整走势的位置上，股价在分时图中呈现良好的上扬形态，均价线对股价的上涨形成有力的支撑，且在股价的上涨过程中，其量价配合也较好，这说明该股的做多力量充足，短期内机会不错。

【实战案例】西宁特钢(600117)——分时线与均价线

如图3-32所示为西宁特钢2015年3月24日的分时图。

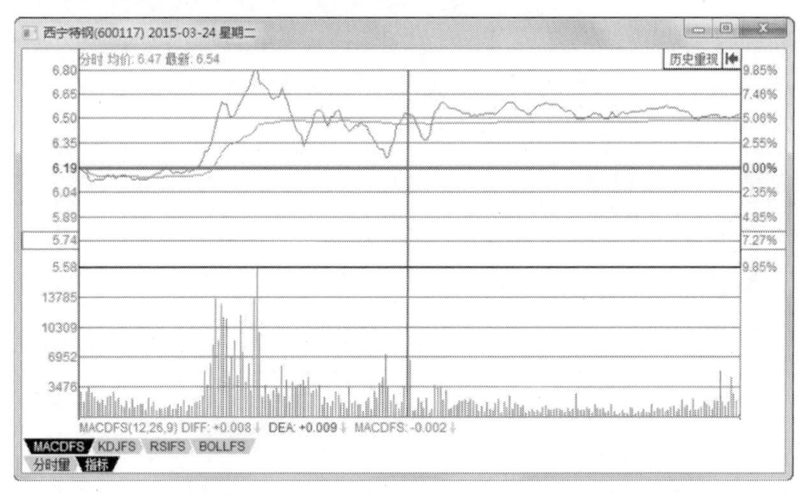

图3-32　西宁特钢2015年3月24日的分时图

2015 年 3 月 24 日，西宁特钢平开低走，在开盘一个小时的时间里，表现低迷，分时线与均价线始终互相缠绕在一起。

在 10:30 之后，股价在成交量的支撑下快速冲高，分时线远离均价线，并在均价线的支撑下稳稳地上涨。

随着一波冲高，盘中卖盘再次汹涌，分时线逐渐向均价线靠拢，股价也开始横向发展，最终以 5.06%的涨幅收盘。

Chapter 04

涨停板的分时图解析

分时图是股价在一个交易日内走势的详细显示，最能表达股价在一个交易日内的波动情况。短线投资者的操作周期较短，因此分时图是必须要了解和掌握的追涨停板知识之一。

本章要点

- ✧ 开盘定价
- ✧ 大单托盘
- ✧ 五档小单
- ✧ 对敲和对倒
- ✧ 心电波
- ✧ 瀑布波
- ✧ 钓鱼波
- ✧ 分时箱体

4.1 分时图知识

分时图全程展现了股价当天的走势，展现了市场中多空双方当天力量对比的变化，对投资者分析整个大盘或个股的走势有重要的参考意义。

在分时图的页面中，包含黄色曲线、白色曲线和黄色柱线，在大盘的分时图中还具有独特的红绿柱线，其主要代表意义分别如下。

- **黄色曲线**：大盘未经过加权处理的指标，即不考虑股票对大盘指数的影响，将所有的股票对大盘指数的影响视为相同而计算出来的指数。
- **白色曲线**：表示大盘经过加权处理的指数，证券交易所每日公布的实际指数指的就是这个。
- **黄色柱线**：表示盘中所有股票的即时成交量。
- **红绿柱线**：反映了盘中所有股票即时买盘与卖盘数量的比率。红柱线增长，表示盘中的买盘量大于卖盘量，股价指数将逐渐上涨；绿柱线增长，表示盘中的卖盘量大于买盘量，指数将逐渐下跌。

【知识拓展】大盘指数分时图

当大盘指数处在上涨阶段时，黄色曲线运行在白色曲线之上，表示流通盘较小的股票涨幅较大；如果黄线在白线之下，则说明盘小的股票涨幅落后于大盘股。

当红柱线增长、绿柱线减短时，表示买盘力量的增加；当绿柱线增长、红柱线缩短时，表示卖盘力度的增加。

4.1.1 开盘定价

集合竞价与正式交易时间的规则有所不同，正式交易时间，即 9:30 之后，交易按照价格优先、时间优先的原则进行交易。

而在集合竞价期间，按照买单和卖单数量优先的原则进行交易，即谁的数量大谁先交易。系统根据这个原则进行撮合交易，数量最大的优先成交，成交的价格就称为当天的开盘价。

总而言之，在集合竞价期间，谁手里的筹码多，谁就可以决定开盘价。那么市场中谁的筹码最多？很明显是主力。例如，某只股票主力有 A 和 B 两个账户，在集合竞价阶段，主力用 A 账户卖出 100 万股，再用 B 账户买入 100 万股，如果主力想将开盘价定在 22 元，只需要将卖出和买入的价格都定为 22 元即可，那么 9:25 显示的当天的开盘价就为 22 元。原因就是主力的筹码数量庞大，优先成交。

在实战中，主力不可能仅仅用两个账户对敲完成定价，这样太过于明显，会引起监

管机构的注意。所以主力会选择多个账户进行对敲，完成定价。

【实战案例】西宁特钢(600117)——开盘定价

如图 4-1 所示为西宁特钢 2015 年 7 月 13 日的分时图和盘口信息。

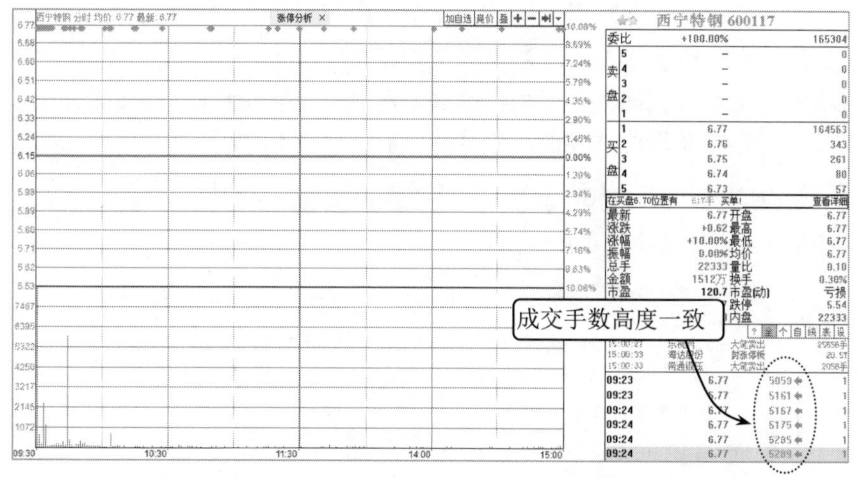

图 4-1　西宁特钢 2015 年 7 月 13 日的分时图和盘口信息

在 2015 年 7 月 13 日当天，西宁特钢在集合竞价阶段，出现数量几乎完全一致的大买单和大卖单，且这些大单的价格都是当天的涨停价，由此可见当天主力的目标非常明确，就是要将开盘价定在涨停价上。

在开盘涨停的情况下，还有巨量买单挂在买一的位置，试图进行买进。但在开盘涨停的情况下要想买入，只能看投资者的运气了。

既然可以肯定开盘涨停是主力的刻意为之，那么主力是出于什么目的呢？此时就需要投资者进行看盘，主要是 K 线图。

如图 4-2 所示为西宁特钢 2015 年 2 月至 7 月的 K 线图。

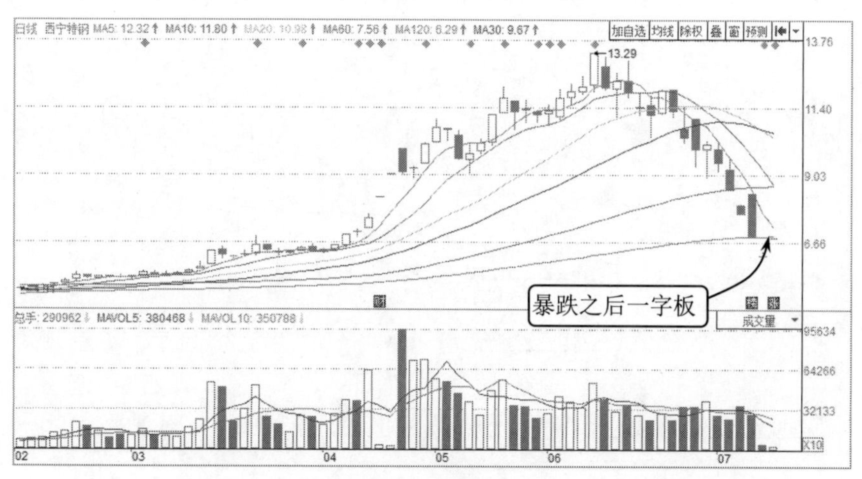

图 4-2　西宁特钢 2015 年 2 月至 7 月的 K 线图

从西宁特钢的走势图来看，在7月13日之前，股价刚面临一场暴跌，跌幅超过了50%，前期被套者众多。

西宁特钢在7月7日宣布停牌，并在7月13日，大盘风向发生转变后复牌，主力借助大盘的强势反弹，顺势开盘收出涨停，上攻愿望强烈。

主力通过开盘定价就牢牢地控制了当天以及接下来的几个交易日的走势，巨量的集合竞价成交一旦出现在突破某一阻力位或底部区域时，往往是行情启动的标志，所以追涨投资者应该对那些在低位涨停的个股特别留心。

【实战案例】长江投资(600119)——突破涨停的开盘定价

如图4-3所示为长江投资2015年5月8日的分时图。

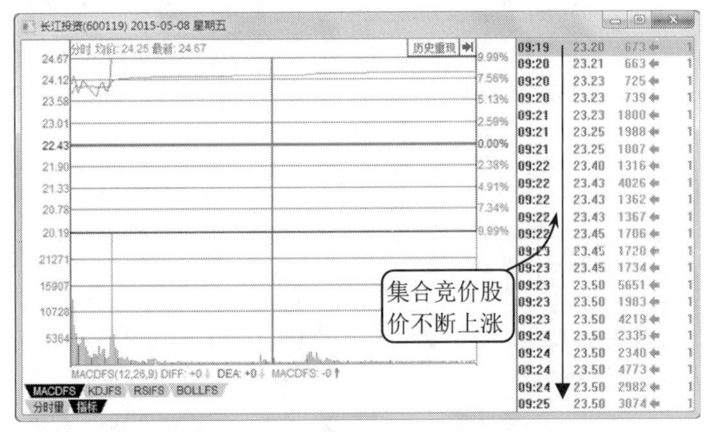

图4-3　长江投资2015年5月8日的分时图

从长江投资的分时图来看，在集合竞价阶段，连绵不断的大单将股价快速拉高，从9:19的23.2元提高至9:25的23.5元，最终在主力的努力下，股价高开7.03%。

如图4-4所示为长江投资2015年3月至6月的K线图。

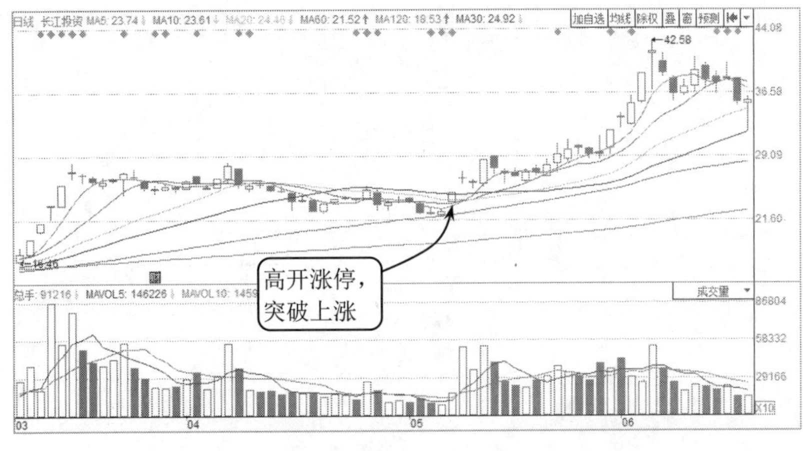

图4-4　长江投资2015年3月至6月的K线图

主力在 5 月 8 日高开并拉出涨停，从 K 线图来看，在 5 月 8 日之前，股价都处于震荡下行的走势中。5 月 8 日突然收出的涨停，将前期被套的投资者解放出来，那么主力会这么好心地为散户投资者解套吗？会仅仅满足于一个涨停吗？

显然是不可能的，5 月 8 日的涨停必然预示着回调行情的结束，新一轮上涨行情的开始，对短线投资者而言是不错的机会。

4.1.2 大单托盘

在实战中，经常看到在五档盘口中的买一到买五的位置上出现大单，这类情况称为大单托盘。

如果短时间内出现大单托盘可能是中户、大户所为，如果盘口连续出现大单托盘，那么就可以断定这是主力在进行刻意操作，因为除了主力没有谁有如此强大的资金实力和实际需求。

1) 下跌途中大单托盘，诱多

当股价在分时图中的走势呈现不断下跌，此时在买一至买五出现连续的大单托盘，极有可能是主力的诱多行为。诱多是为了让投资者认为下档有强力支撑，股价下跌空间有限，从而选择抄底买入，而事实上主力已经在偷偷出货了。

【实战案例】中国中冶(601618)——下跌途中大单托盘，诱多

如图 4-5 所示为中国中冶 2015 年 7 月 14 日的分时图和盘口信息。

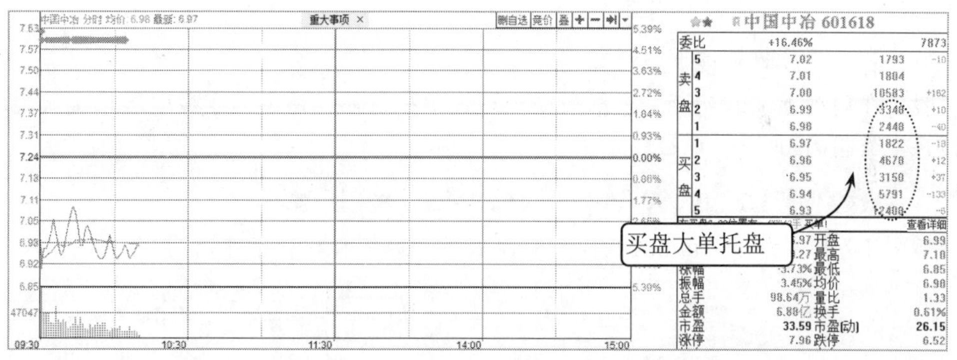

图 4-5 中国中冶 2015 年 7 月 14 日的分时图和盘口信息

中国中冶在 2015 年 7 月 14 日当天大幅低开，随后在低位持续震荡，但股价重心不断下移，在下跌的过程中，买盘始终有数量不少的大单进行托盘。

由于持续时间长，大单数量稳定，可以断定是主力的诱多行为，偏好抄底的投资者应特别注意这类陷阱。

2) 高位出现大单托盘

股价在高位时出现大单托盘，这类情况需要具体分析。一般来说，主力的目的有两个：一是部分出货；二是清洗获利筹码，吸引新的投资者进入，通过提高散户的持仓成本，从而提高筹码的锁定程度。

如果股价在后市没有出现放量突破盘整中枢，投资者没必要买进；如果放量跌破盘整中枢，则需要果断离场。

【实战案例】穗恒运 A(000531)——高位大单托盘

如图 4-6 所示为穗恒运 A 在 2015 年 7 月 14 日的分时图和盘口信息。

图 4-6　穗恒运 A 2015 年 7 月 14 日的分时图和盘口信息

2015 年 7 月 14 日，穗恒运 A 大幅低开，开盘后走势偏强，没过多久便上涨翻红，在涨幅 1%附近经过短期震荡后，再次拔高。

在涨幅达到 5%以上后，买盘上的大单渐多，支撑着股价继续走高，市场中的获利盘开始回吐，表现在卖盘上的大盘也在逐渐增加。

3)　行情启动时出现大单托盘

股价在启动上涨的初期，在盘口中出现大单托盘，这是主力在吸引散户买入跟进，以减轻上升阻力。

【实战案例】祁连山(600720)——行情启动时大单托盘

如图 4-7 所示为祁连山 2015 年 7 月 14 日的分时图和盘口信息。

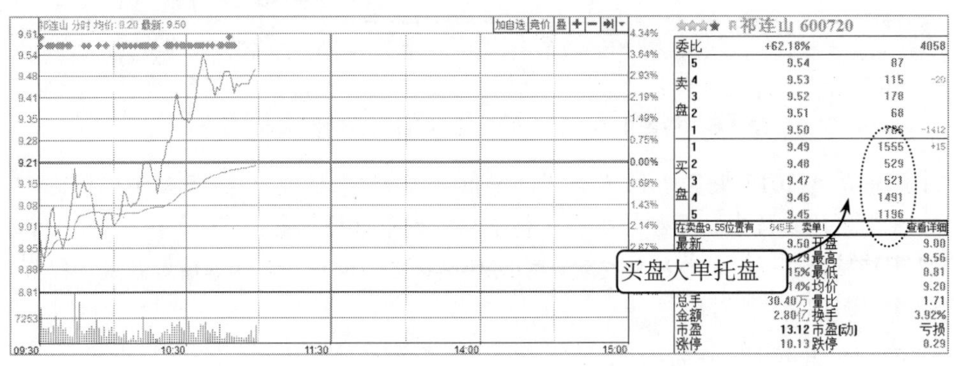

图 4-7　祁连山 2015 年 7 月 14 日的分时图和盘口信息

祁连山在 2015 年 7 月 14 日大幅低开，开盘后震荡走高，在 10:30 之前翻红。在翻红

后股价继续走高，上攻愿望强烈，且在买盘中有大量买单支撑。

从 K 线图中可以看出，祁连山的股价仍处于低位，股价经过前期三个涨停不过是刚刚启动而已。如图 4-8 所示为祁连山 2015 年 6 月 10 日至 7 月 14 日的 K 线图。

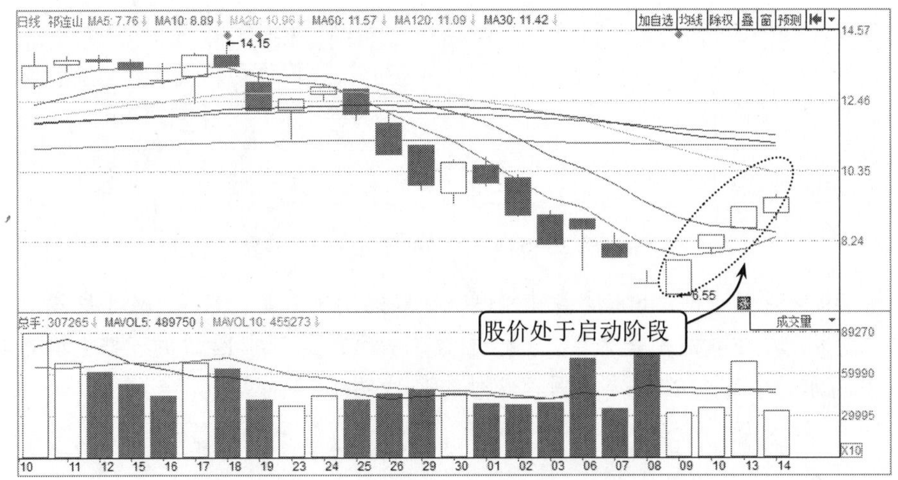

图 4-8　祁连山 2015 年 6 月 10 日至 7 月 14 日的 K 线图

从图 4-8 中可以看到，祁连山在 6 月 17 日至 7 月 8 日这段时间里，经历了大幅下跌，股价从 14 元跌至 6 元附近，跌幅超过 50%。

在 6 月 9 日企稳后，连续的涨停让祁连山重回上涨通道，7 月 14 日当天的上涨过程中出现了大单托盘，也显示出主力为吸引投资者买入的意图。

4.1.3　五档小单

五档小单是指在买卖五档盘口中出现不超过 100 手的买卖盘挂单的情况，这是针对多数流通盘不大的个股而言的。

对于大盘股，只要买卖盘挂单不超过 1000 手，就可以认为是五档小单。对短线投资者而言，中小盘股一直是主要目标。

五档小单主要有以下几个作用。

1)　观察是否有其他主力

主力通过小单挂盘这种方式可以在暗中观察个股中是否还有其他主力在场内，这种情况多出现在下跌趋势末期和主力建仓完成时。

【实战案例】中青旅(600138)——五档小单

如图 4-9 所示为中青旅 2015 年 7 月 14 日的分时图和盘口信息。

中青旅的流通股达到了 7.03 亿股，而在 2015 年 7 月 14 日当天的交易时间里，买盘和卖盘的五档中却同时出现远远低于 1000 手的小单，最大的买单仅为 207 手。

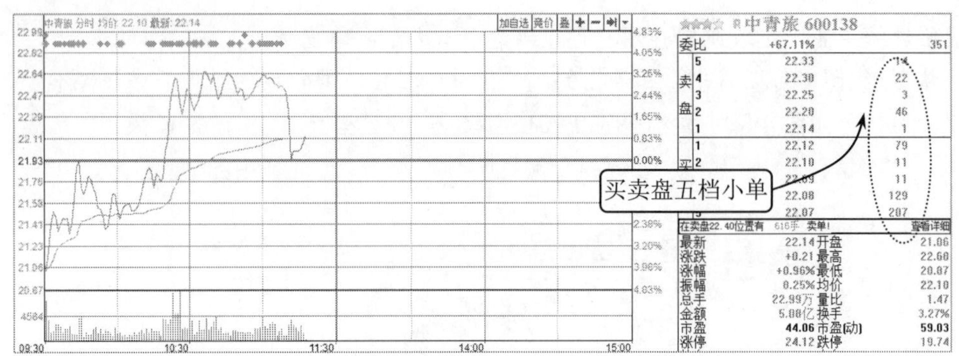

图 4-9　中青旅 2015 年 7 月 14 日的分时图和盘口信息

从图 4-9 中可以看出，此时中青旅刚刚从大跌的阴影中走出来，正处于反弹上涨的初期，主力需要观察中青旅中是否存在其他主力，从而有了 7 月 14 日的五档小单的出现。如图 4-10 所示为中青旅 2015 年 5 月至 7 月的 K 线图。

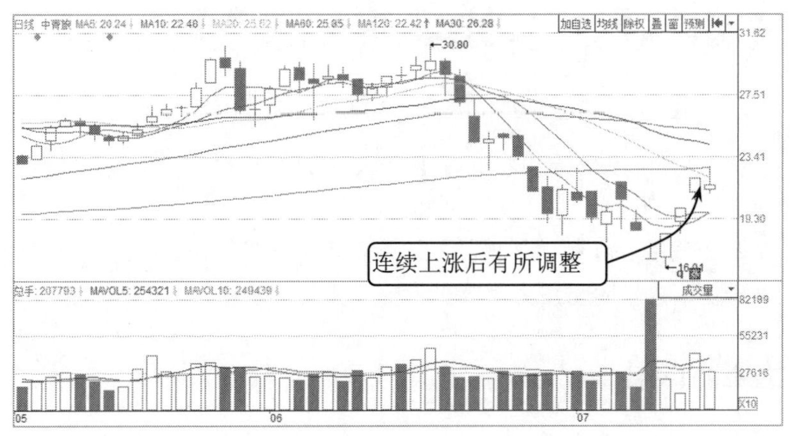

图 4-10　中青旅 2015 年 5 月至 7 月的 K 线图

从图 4-10 中可以看到，中青旅在经过 50%的跌幅后，于 7 月 9 日企稳回升，经过连续 3 个交易日的涨停，在 7 月 14 日，主力放缓了上涨的脚步，在盘中挂出五档小单，试探个股中是否有其他主力。

2)　测试股价上档阻力情况

股价在上涨前或上涨过程中，通过五档小单来测试股价上方的阻力情况，是主力在短期内常用的手法。

如果在挂出五档小单时，股价保持上攻并没有受到大卖单的阻碍，则可以认为筹码锁定程度高，阻力小；如果有大卖单砸盘，则说明筹码锁定程度有待提高，股价继续上攻会耗费过多的力量。

【实战案例】富煌钢构(002743)——测试股价上档阻力情况

如图 4-11 所示为富煌钢构 2015 年 7 月 14 日的分时图和盘口信息。

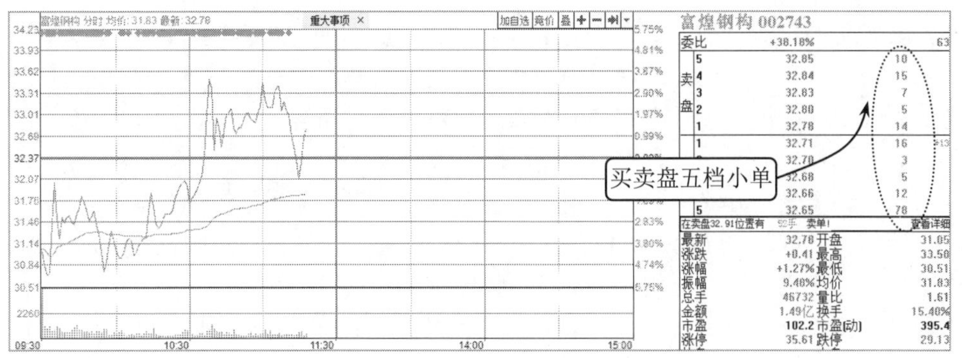

图 4-11　富煌钢构 2015 年 7 月 14 日的分时图和盘口信息

在 2015 年 7 月 14 日，富煌钢构大幅低开，开盘之后，股价波动幅度较大，终于在 10:30 之后翻红。在股价上涨的过程中，主力挂出了五档小单，为了试探上档的阻力大小，在小单挂出后，并未受到大卖单的砸盘，表明股价上方的阻力不大。

3)　测试下方的买盘情况

当股价处于下跌趋势中，主力通过五档小单对下方的接盘情况进行了解。如果在下跌过程中，接盘踊跃，表明多头未死，股价将继续打压，直至主力完全控盘为止。

【实战案例】张裕 A(000869)——测试下方的买盘情况

如图 4-12 所示为张裕 A 2015 年 7 月 14 日的分时图和盘口信息。

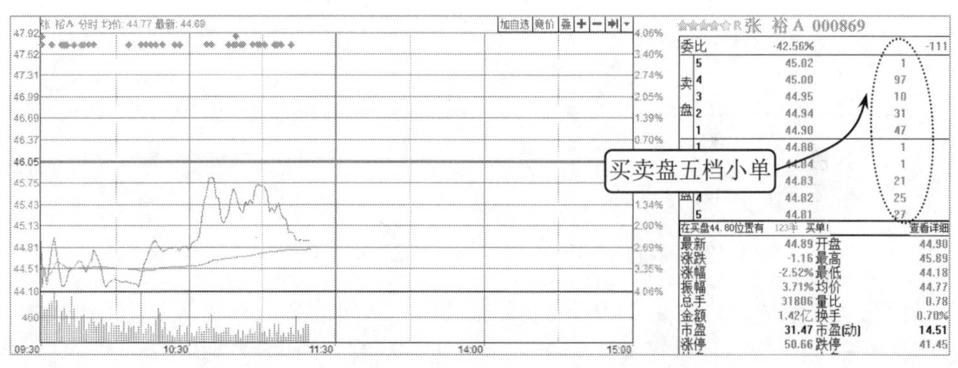

图 4-12　张裕 A 2015 年 7 月 14 日的分时图和盘口信息

2015 年 7 月 14 日，张裕 A 与市场中多数个股一样，大幅低开。但其他个股在低开后迅速走强，张裕 A 却始终保持弱势，在短暂冲高未能翻红后，股价再次回落。

当股价处于下跌趋势中，买卖盘中突然全部挂上小单，而买盘并未出现活跃的接盘情况，表明主力的打压初见成效，控盘程度已经很高了。

4.1.4　盘口博弈

盘口博弈出现在大盘股的情况较多，因为流通盘太大的蓝筹股是某一个主力无法掌控的，其股价的走势只能是多方主力的博弈结果。盘口博弈主要注意以下几点。

第一，买一和卖一位置的盘口中最重要，是盘口博弈中首先需要关注的。这是多空对峙的先锋，直接体现了买方和卖方的实力。对大盘股而言，买一和卖一的位置是分毫必争的。

第二，买一至买五的位置显示买方的力量递减，卖一至卖五的位置显示卖方的力量递减。例如，同样是 2000 手买单，挂在买一的位置上比挂在买二的位置上所显示的多方力量更强，卖盘上同样适用。

第三，在投资实战中，买一和买二，卖一和卖二是最容易率先成交的位置，盘中挂单真实有效。买三到买五，卖三到卖五往往会根据盘面快速波动，虚假成分更浓。

第四，将买一与买二之和，与卖一与卖二之和进行直接对比，可以清楚地判断多空双方的实力差距。

以上面的四个要点为依据，可以将分时盘口通过博弈分为多方占优、空方占优和多空平衡三种状态。

【实战案例】国投新集(601918)——空方占优

如图 4-13 所示为国投新集 2015 年 7 月 14 日的分时图和盘口信息。

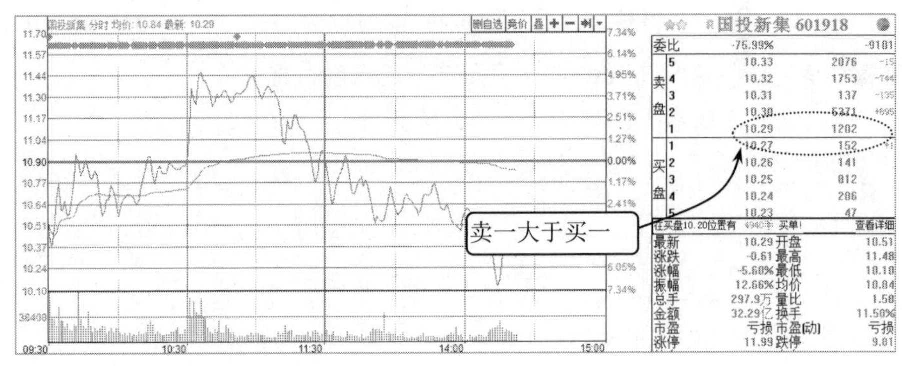

图 4-13　国投新集 2015 年 7 月 14 日的分时图和盘口信息

国投新集的流通股达到了 25.91 亿股，在上午冲高回落之后，卖一位置上的挂单在多数时间里都比买一上的挂单更大，对于大盘股出现这样的盘口特征，发出的是什么信号呢？毫无疑问是冲高回落，持续走低的信号。

【实战案例】海正药业(600267)——买一大于卖一

如图 4-14 所示为海正药业 2015 年 7 月 14 日的分时图和盘口信息。

海正药业是医药板块中的个股，流通盘不能与煤炭等能源股相比，但也达到了 8.4 亿股，是医药板块中的大盘股。

受大盘走强的影响，海正药业小幅高开，在开盘后持续走高，一度打开涨停板，但大盘转向震荡，海正药业受其影响，未能封住涨停，但在震荡过程中买一挂的单数始终大于卖一，意味着多方处于强势中。

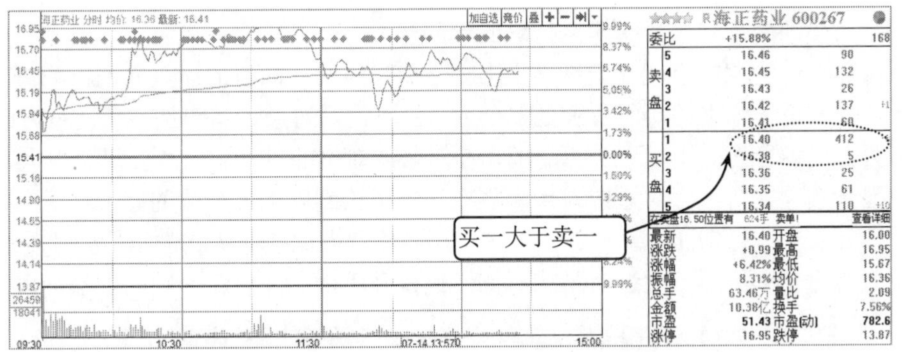

图 4-14 海正药业 2015 年 7 月 14 日的分时图和盘口信息

【实战案例】津膜科技(300334)——买卖双方实力相当

如图 4-15 所示为津膜科技 2015 年 7 月 14 日的分时图和盘口信息。

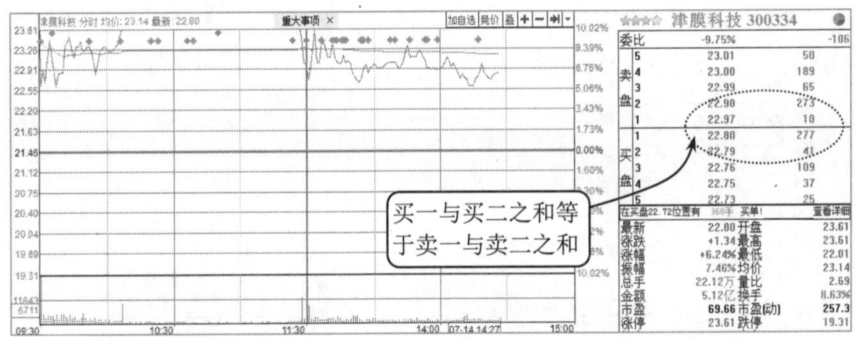

图 4-15 津膜科技 2015 年 7 月 14 日的分时图和盘口信息

津膜科技全天走势偏强，在上午的大部分交易时间里都封住了涨停，但午后受大盘震荡回调的影响，涨停被打开。在涨停被打开之后，股价开始在高位震荡，在震荡的过程中，买一与买二之和几乎等于卖一与卖二之和，表明多空双方实力相当，津膜科技可以稳住当天的涨幅。

【专家提醒】盘口博弈

盘口博弈多出现在大盘股中，是因为市场中存在不少价值投资者，他们奉行价值投资理念，喜欢买入持有类似银行股的大盘股，如果能阅读和分析盘口，多做做短线价差，收益将会更高。虽然盘口博弈多出现在大盘股中，但中小盘股中也偶尔会有多个主力抢筹的情况出现。

4.1.5 对敲和对倒

对敲和对倒其实是两个不同的概念，投资者在实战中总是容易将两者混淆使用。对敲是同一主力使用自己的不同账户进行买卖，达到操纵股价的目的。而对倒是指多个主力之间使用不同的账户进行买卖来操纵股价的行为。

对敲和对倒的相同点就在于都是主力为达到操纵股价的目的而采取的行为；不同点就在于，前者是一个主力，而后者是多个主力。不论是对敲还是对倒，都是主力操纵股价的行为。这种行为并不是无迹可寻的，在对敲或对倒的过程中，成交量会放大，换手率会明显升高。主力进行对敲或对倒，主要是为了达到以下三个目的。

1) 开启上涨行情

主力在建仓完毕后，通过对敲或对倒迅速拉升股价，开启新一轮的上涨行情。

【实战案例】如意集团(000626)——对敲或对倒开启上涨行情

如图 4-16 所示为如意集团 2014 年 12 月至 2015 年 3 月的 K 线图。

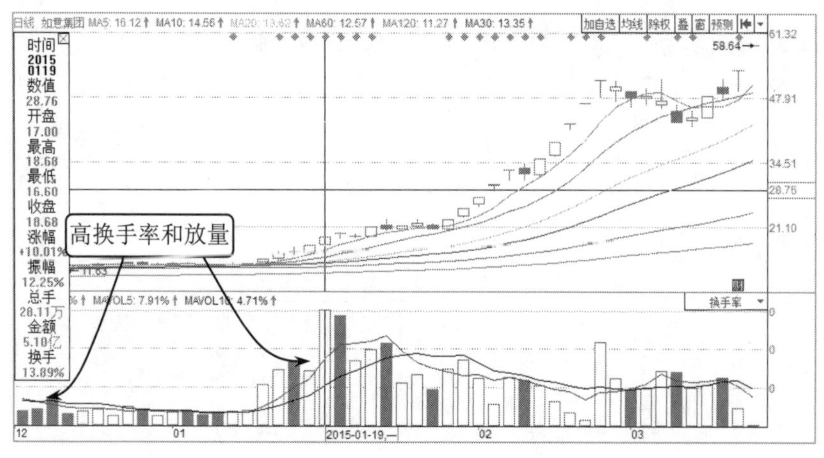

图 4-16　如意集团 2014 年 12 月至 2015 年 3 月的 K 线图

如意集团在 2015 年 1 月中旬之前，股价处于低位横盘状态中，此时的 K 线实体极小，成交量水平长期保持在低位。进入 2015 年 1 月中旬后，成交量开始放大，股价缓慢上涨。2015 年 1 月 19 日当天，成交量放出巨量，股价在高位横盘一上午之后，在下午开盘后收2015 年出涨停。

2015 年 1 月 19 日当天的换手率达到 13.89%，成交量较前一个交易日几乎放大了 1 倍。很明显，是主力通过对敲或对倒，将股价快速拉升，脱离低位的成本区，开启新一轮的上涨行情。

2) 中继洗盘

主力在经过一轮的拉升后，市场中的获利盘越来越多，有了获利离场的需求。而且随着股价的走高，主力想要拉升股价就必须付出更大代价，这是任何主力都不想面对的，因此主力会选择通过对敲或对倒进行洗盘。

【实战案例】风华高科(000636)——通过对敲或对倒进行洗盘

如图 4-17 所示为风华高科 2014 年 12 月至 2015 年 6 月的 K 线图。风华高科在这段时间内，主力通过对敲或对倒进行了洗盘。

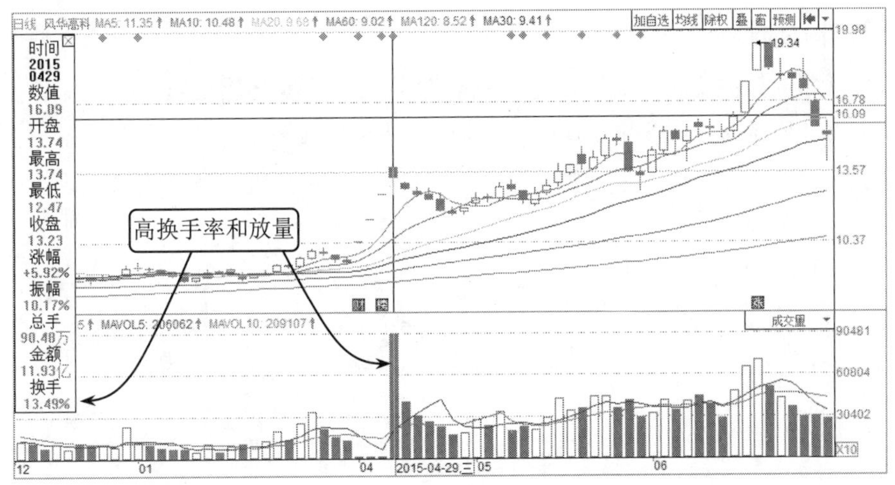

图 4-17 风华高科 2014 年 12 月至 2015 年 6 月的 K 线图

主力在 2014 年 12 月至 2015 年 1 月的低位建仓后，风华高科在 1 月 30 日因为重大资产收购事项进行停牌。

风华高科在 4 月 24 日复牌交易，连续 3 个交易日收出一字涨停，最终在 4 月 29 日打开涨停。

在 4 月 29 日当天，股价依旧高开，但盘中主力开始进行对敲或对倒，使股价打压回落。从当天的成交量来看，较前期有几倍的放大，换手率也达到了 13.49%。

虽然从 K 线图上来看，当天收出阴线，但较前一交易日股价仍上涨了 5.92%，由此可见此次主力的刻意洗盘，是针对前期获利盘进行的。

那么投资者如何判断 4 月 29 日的阴线是洗盘而不是见顶呢？在接下来的交易日，股价连续收出阴线，但同期的成交量却迅速萎缩。如果是见顶回落，成交量不应萎缩得如此快，且换手率也回归至 5%左右的正常水平，毫无主力出逃的迹象。

因此，可以判断 4 月 29 日以及接下来的下跌，是主力刻意进行的洗盘操作，目的是清洗获利盘，吸引新的投资者买入，提高市场持仓成本。

而主力进行洗盘的目的，只是为了在后期的再次拉升过程中能够拉升得更轻松。洗盘的幅度越大，后期上涨的空间也越大。

【应用技巧】主力洗盘的两大信号

在股价波动幅度大的行情中，经过快速上涨后，主力突然在某个交易日内对敲或对倒进行洗盘，在相对高位收出大阴线，但是大阴线却有效地突破了前期的平台压力线，这也是主力刻意洗盘的信号之一。其二便是，大阴线之后，成交量与换手率都快速萎缩。

3) 高位出货

当股价上涨至高位，推动继续上涨的动力不足，主力就会在高位进行对敲或对倒，以达到顺利出货的目的。

【实战案例】中元华电(300018)——通过对敲或对倒进行出货

如图 4-18 所示为中元华电 2015 年 4 月至 7 月的 K 线图。

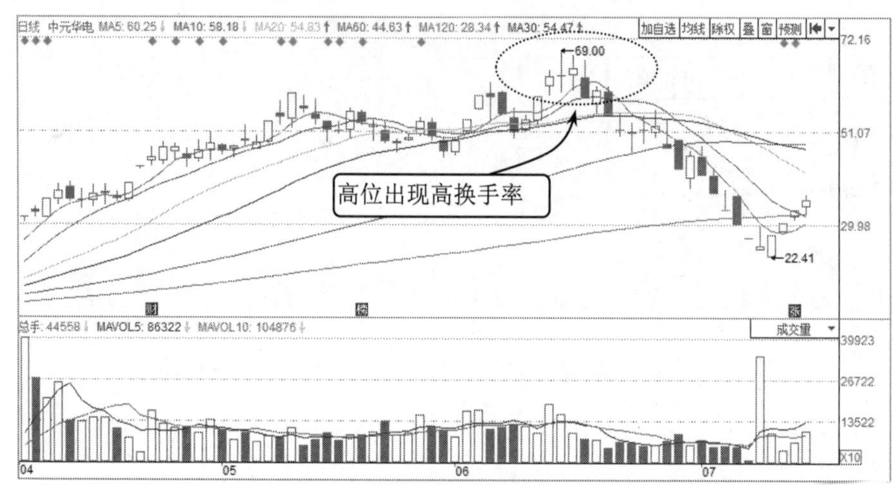

图 4-18　中元华电 2015 年 4 月至 7 月的 K 线图

从图 4-18 中可以看出，中元华电在 2015 年 4 月就已经处于上涨趋势中，股价从 30 元上涨至 69 元，涨幅超过 100%。

在股价达到 65 元附近，上涨明显受阻，多个交易日收出带长上影线的 K 线，而同时期的换手率也多次超过 10%，成交量仍然保持在较高的水平，由此可以判断主力已经在通过对敲或对倒进行出货。

在创出 69 元的新高之后，主力出货基本完成。股价受大盘的影响应声下跌，在半个月的时间里，从 69 元跌至 22 元附近，跌幅达到 68%。

因此，股价在高位出现高换手率，同时成交量也保持较高水平时，很有可能是主力在对敲或对倒出货，投资者应注意逢高卖出。

4.2　分时图形态

K 线有各种形态，分时图在运行中也会走出各种各样的形态。这些分时图形态对短线投资者而言，有着非同寻常的意义。

因为分时图形态所反映出的信息更快速更直接，对短线追涨有着更大的帮助。

4.2.1　心电波

心电波又叫脉冲波，是指股价在分时图中的运行轨迹如同心电波一般，这是主力高度控盘的一种特征。

股价在形成心电波时，主要有以下两个特征。

第一，成交量少，分时图上只有稀稀疏疏的单子成交，换手率很低。

第二，波形呆滞，如同心电图一般不流畅。

分时图中的心电波，对于短线投资者的作用主要有三个。

1) 低位心电波，主力建仓完毕并高度控盘

当股价仍处于低位时，在分时图中出现了心电波形态，是主力完成建仓并达到高度控盘的征兆。

对短线投资者而言，可以逢低买入，分批次进场。而对偏好风险的短线投资者，则可能会在突破上涨形态出现后，再进行跟进。

【实战案例】建投能源(000600)——低位心电波

如图 4-19 所示为建投能源 2015 年 2 月 17 日的分时图。

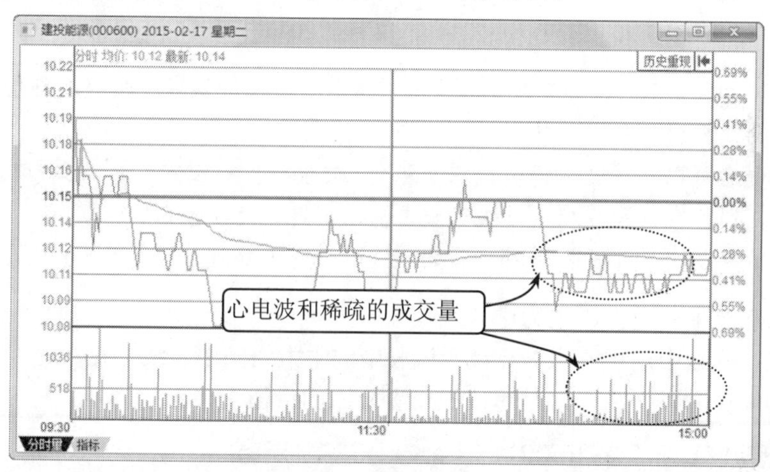

图 4-19 建投能源 2015 年 2 月 17 日的分时图

在 2015 年 2 月 17 日当天，建投能源高开低走，股价在大部分的交易时间里的走势都呈现为心电波。

当天的交易量也很低迷，全天超过 1000 手的大单屈指可数，要知道建投能源的流通股达到了 9.14 亿股，而当天的成交量仅仅 68 252 手，可见当天的成交量有多低。

更多的分析则需要在 K 线图中寻找信息。如图 4-20 所示为建投能源 2014 年 12 月至 2015 年 6 月的 K 线图。

建投能源是河北的一家火力发电上市公司，涉及的概念有电力改革和京津冀一体化，都是 2015 年以来市场中热门的概念题材。

2015 年 2 月 17 日，股价在低位收出十字星，没有明显的指示意义。但在此之前，股价在低位震荡，且震荡幅度逐渐缩小。

到了 2 月 17 日，股价已经结束震荡开始横盘发展，而此时股价在分时图中走出了心电波。

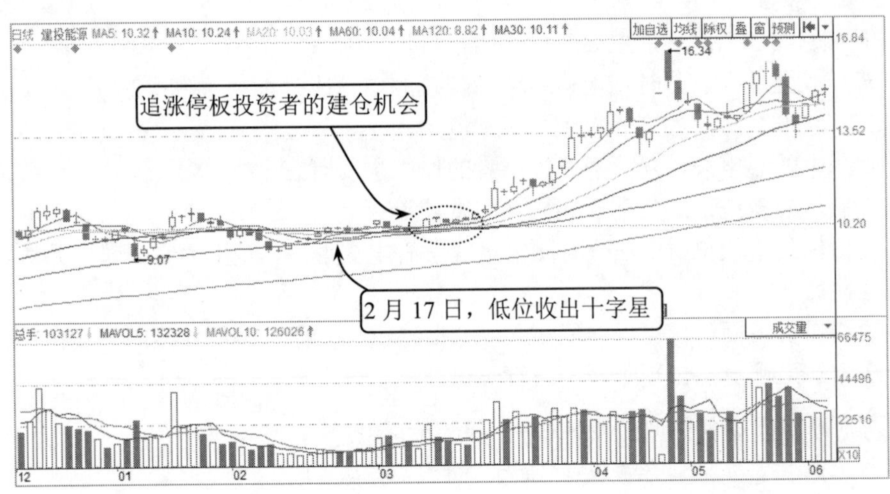

图 4-20　建投能源 2014 年 12 月至 2015 年 6 月的 K 线图

因此可以判断，主力通过前期的震荡和短暂横盘，已经吸取了足够的筹码，控盘程度已经很高，随时将会进入拉升状态。

短线投资者可以在此之后伺机试探性建仓，而投机性更强的追涨停板的投资者，则会在 3 月 9 日，股价在低位收出大阳线突破上涨后，再进行建仓。

从后市的走势来看，不论是哪种建仓方式，投资者都可以获得丰厚的投资回报。

2)　上涨途中心电波，主力中长线控盘

股价在拉升途中出现心电波，说明该股中的主力偏向中长线控盘，此时的心电波属于主力滚动操作的盘面特征，是短线投资者介入的最佳机会。

【实战案例】浙江东日(600113)——上涨途中心电图

如图 4-21 所示为浙江东日 2015 年 2 月 12 日的分时图。

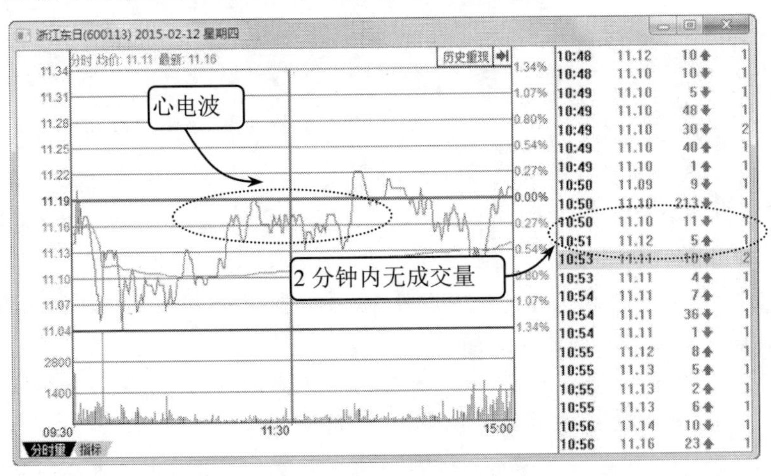

图 4-21　浙江东日 2015 年 2 月 12 日的分时图

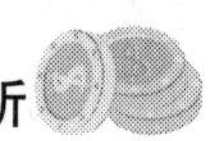

浙江东日在2月12日低开低走，且当天的成交量在多数时间内都非常低迷。在10:51～10:53中间的这2分钟没有任何成交量，其他的时间里也多是个位数的成交量，这显示出主力偏向中长线控盘的特征。

而分时图中的心电波，也只是主力自拉自压滚动操盘的体现，由于心电波的震荡幅度较大，可以达到一定的洗盘效果。

如图4-22所示为浙江东日2014年6月至2015年4月的K线图。

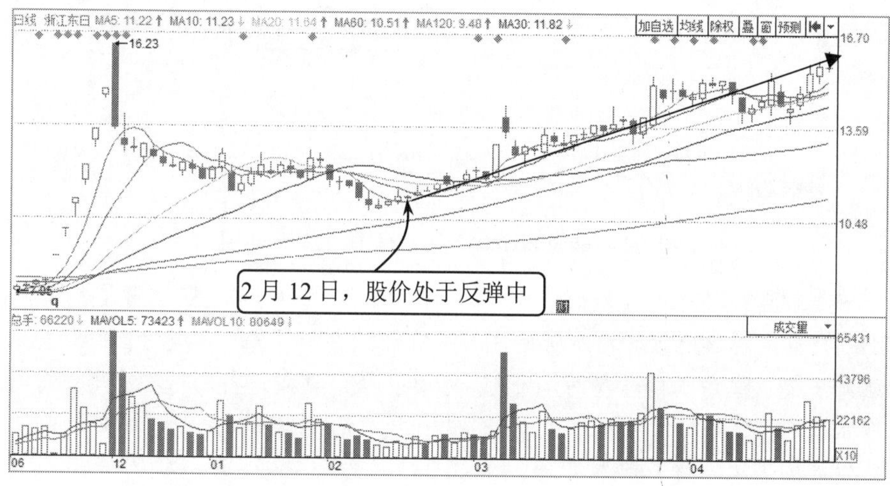

图4-22 浙江东日2014年6月至2015年4月的K线图

2014年6月，浙江东日发布重大资产重组预案，因此停牌。经过6个月的时间，最终在12月22日复牌，在复牌后连续收出6个涨停，将股价拉升至16.23元附近的高位。

2014年12月23日，股价在高位收出放量大阴线，开启了一轮回调的行情。进入2015年2月，股价有结束下跌的迹象。

2015年2月12日，股价在分时图中多数时间走出心电波形态，表明主力在回调行情中充分建仓，手中已经掌握了足够的筹码，且操盘风格偏向中长线。

上涨途中出现心电波，只能说明主力控盘程度高，主升行情尚未到来，投资者可以积极建仓，持股待涨。

3) 高位心电波，主力未出货

股价在高位仍然出现了心电波，一方面说明主力控盘程度保持得很好；另一方面也暗示主力在高位还未大规模出货。

喜欢追涨停板的投资者可以谨慎地建仓试探，如果主力未出货，股价在不久之后应该还会有一波快速拉升。

【实战案例】碧水源(300070)——高位心电图

如图4-23所示为碧水源2015年5月15日的分时图。

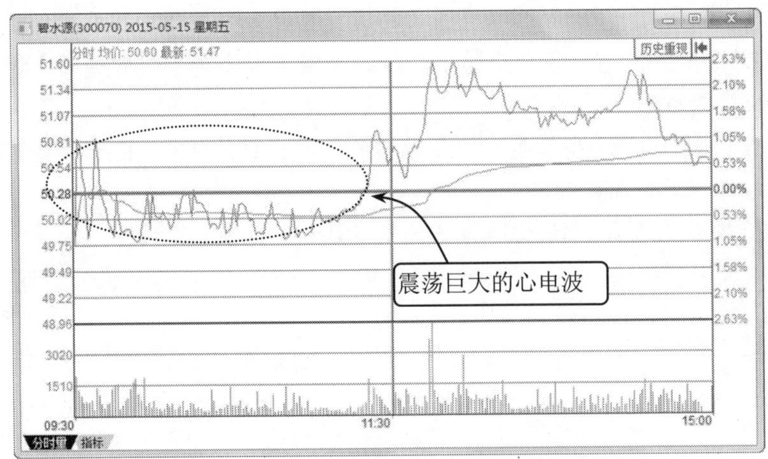

图 4-23　碧水源 2015 年 5 月 15 日的分时图

碧水源是创业板环保行业较有代表性的个股。在环保行业内，碧水源是我国膜生物反应器(MBR)技术大规模应用、污水资源化技术的开拓者和领先者，处于国际领先水平。

碧水源主要从事污水处理与污水资源化技术开发、核心设备制造和应用、研发、生产与销售净水器产品，并提供给排水工程服务，从生命周期来看，是属于朝阳产业，也符合我国经济发展的需求，行业前景良好。

对基本面阐述这么多，主要是针对环保行业发展潜力大，股票估值偏高的原因进行解析。从分时图中也可以看到，碧水源在 5 月 15 日的股价已经达到 50 元附近，同时它的流通股达到 6.58 亿股，也就说明碧水源的市值在 300 亿元以上。

碧水源在 5 月 15 日大幅低开，随后在盘中多次巨幅震荡，但整体呈现心电波的走势，表明是主力在高位高度控盘的情况下，进行的震荡洗盘操作。

如图 4-24 所示为碧水源 2015 年 3 月至 6 月的 K 线图。

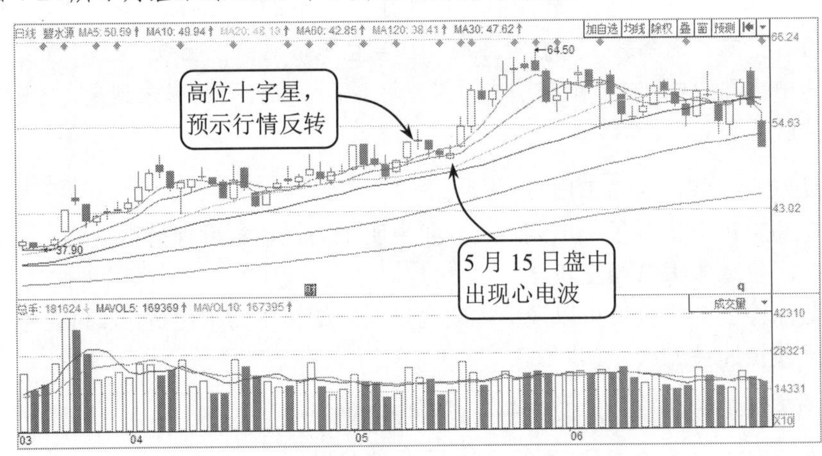

图 4-24　碧水源 2015 年 3 月至 6 月的 K 线图

碧水源这类行业前景好，企业经营合理，业绩稳定的创业板股票，在牛市中自然会受到主力和投资者的参与。

在2015年3月之前，碧水源就已经处于上涨行情。股价在5月初从37.9元上涨至52元附近。5月12日，股价在大幅上涨之后的相对高位收出十字星，是行情反转的信号。

如果单从K线形态和技术指标上分析的投资者，可以在此时选择卖出。而在接下来的两个交易日，股价也确实有所下跌，但跌幅很小。

在5月15日，股价呈现心电波形态的震荡走势，成交量仍然保持萎缩，表明主力尚未出货，而是在进行最后一次洗盘。

投资者不管是对于心电波形态的信任，还是对碧水源行业前景的看好，都应该选择介入或继续持有。股价在5月15日之后再次迎来拉升，从50元上涨至最高64.5元，涨幅在短期内达29%。

【知识拓展】趋势与细节

股价处于底部时，不一定就会出现心电波，即使出现心电波也不一定代表着底部的出现。在快速杀跌的行情中，底部永远在底部的下方，不能无视趋势只谈细节，因为任何短线细节都无法与趋势抗衡，只有趋势发生转变，细节才有效。

4.2.2 瀑布波

瀑布波又称为攻击性杀跌波、出货波。所谓瀑布波，就是空头慌不择路，进行杀跌出货形成的分时图形态。

并不是每一个顶部都会出现瀑布波，但一旦出现瀑布波就意味着顶部的形成，这一点与心电波有所区别。

瀑布波的特点如图4-25所示。

1 杀跌时成交量面积不断放大，全天分时成交量呈现下跌放量趋势

2 在分时图中，下跌时放量，反弹时无量，二者的量能之比保持在2：1以上

3 杀跌时成交明细上多次出现大单和特大单

4 瀑布波当天的K线是放量而非缩量，如果瀑布波当天极度缩量，则为诱空陷阱

图4-25 瀑布波的特点

【实战案例】珠海港(000507)——快速下跌

如图 4-26 所示为珠海港 2015 年 4 月 21 日的分时图。

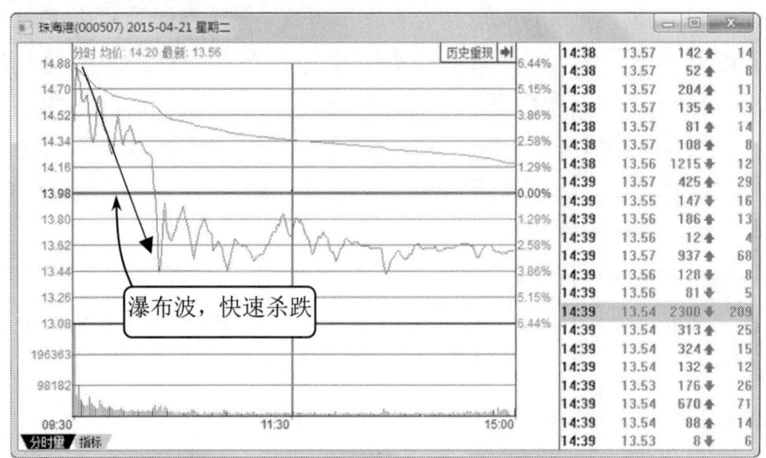

图 4-26　珠海港 2015 年 4 月 21 日的分时图

珠海港在 2015 年 4 月 21 日当天大幅高开，在开盘之后便受到空方的打压而快速滑落，盘中出现连续的大卖单，空方争相出货，股价快速杀跌。

在下跌的过程中，市场已经开始弥漫恐慌情绪，不论是主力还是有察觉的投资者都开始恐慌性抛售，市场被践踏得一片狼藉。

分时图中的成交量之所以看起来很小，是因为横坐标数值被放得很大，实际上当天每分钟的成交量都在几千手左右，成交量总额达到 226.6 万手，创出了近期新高。

如图 4-27 所示为珠海港 2015 年 3 月至 7 月的 K 线图。

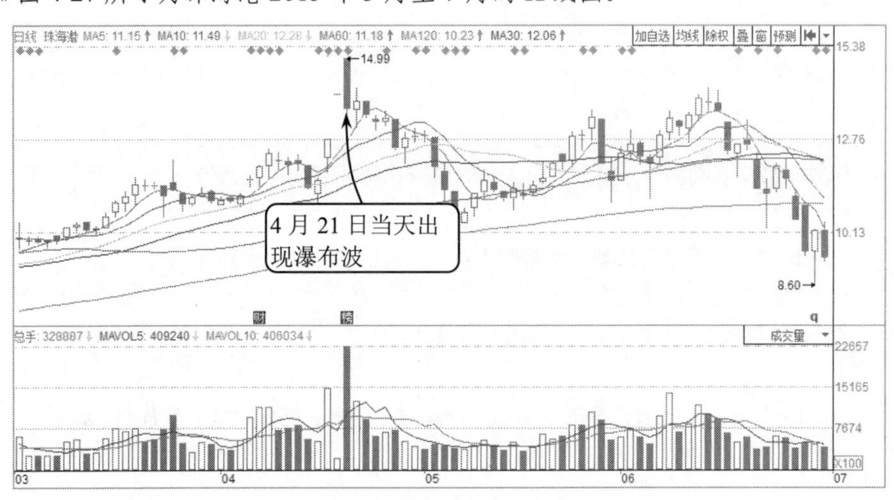

图 4-27　珠海港 2015 年 3 月至 7 月的 K 线图

从分时图上看，开盘之后股价快速杀跌，同期放出巨大的成交量，分时线呈直线下滑。

随后在 2%的跌幅附近站稳，试图反弹。但在随后的横盘反弹过程中，成交量快速缩小，呈现出缩量形态。

从 K 线图上看，4 月 21 日之前股价连续收出两个涨停，且前期有较大的涨幅。在 4 月 21 日当天，股价高开低走，放量收出大阴线，是明显的见顶信号。

既有 K 线见顶形态，又有分时图中瀑布波的杀跌形态，投资者基本可以据此判断顶部的形成。

在操作策略上，应该和多数投资者一样选择迅速出货，在杀跌中完成清仓，避免更大的损失。

【专家提醒】高位见顶的 K 线形态

典型的高位见顶 K 线形态有高位放量大阴线、十字星、连续收出带长影线的 K 线、成交量放量股价滞涨等形态。当股价上涨至高位后，是短线收益空间最小的位置，除非有极大的把握，否则不建议短线投资者在高位追涨停板。

【实战案例】广宇发展(000537)——震荡下跌

如图 4-28 所示为广宇发展 2015 年 6 月 16 日的分时图。

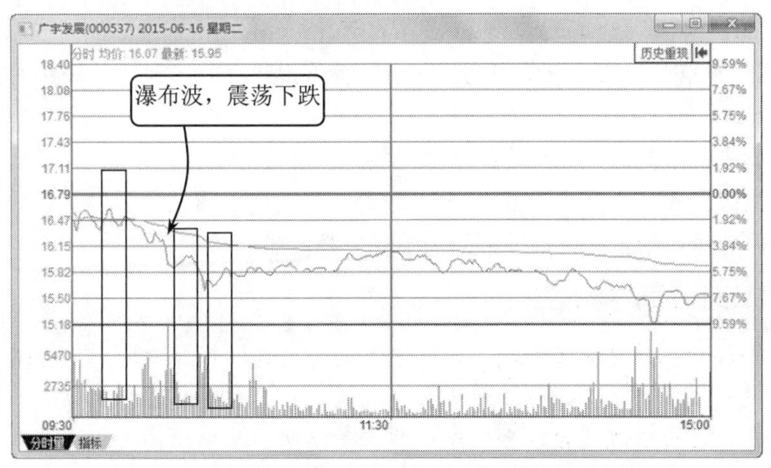

图 4-28　广宇发展 2015 年 6 月 16 日的分时图

广宇发展是房地产行业中比较不起眼的一家上市公司，流通股仅为 5.13 亿股。而房地产板块在 2015 年以来的牛市中，并未受到市场太多的关注和炒作。

2015 年 6 月 16 日，广宇发展小幅低开，开盘之后持续走低，同时放出巨量，在大量卖单的打压下，股价快速走低。

在下跌的过程中，股价多次反弹，仔细观察反弹时的成交量可以发现，明显低于下跌时的卖出数量，多空双方的力量对比显而易见。

如图 4-29 所示为广宇发展 2015 年 4 月至 7 月的 K 线图。

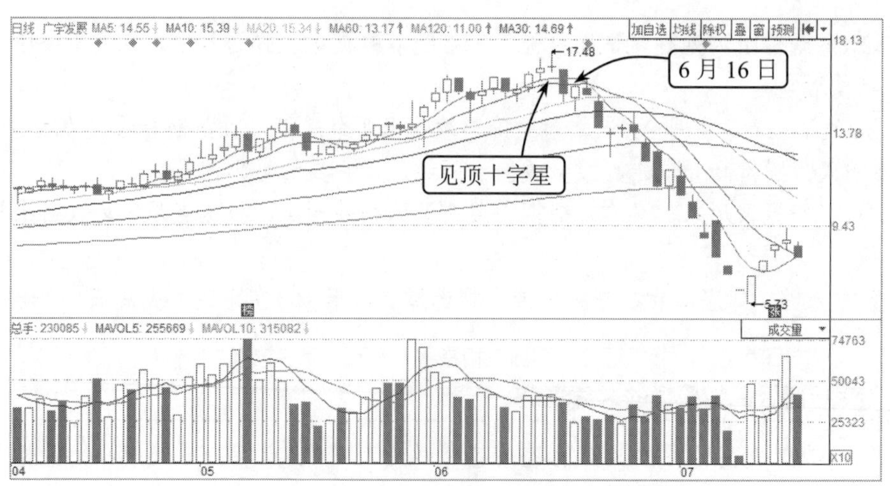

图 4-29 广宇发展 2015 年 4 月至 7 月的 K 线图

广宇发展由于流通盘在房地产行业中属于中盘股，经营业绩稳定，同时又带有央企国资改革概念、并购重组、土地流转等较为热门的概念，所以受到了一些主力和投资者的关注和参与。

股价在 2015 年 4 月至 6 月，由 11 元上涨至 17 元附近，涨幅达到了 54%。最终在 6 月 15 日出现见顶信号，当天股价冲高回落至开盘价附近，收出十字星 K 线形态，并创出新高 17.48 元。

在当天股价创新高时，成交量并未明显放量与之配合上涨。6 月 15 日已经出现明显的见顶信号提醒投资者，而在 6 月 16 日，分时图中出现瀑布波，通过观察成交量可以发现多空双方的力量已经悬殊，空方的恐慌性抛售将打压股价继续向下。

【专家提醒】主力与瀑布波

个股的下跌不是无根之水，在下跌之前都是有所征兆的。主力不会一开始就杀跌形成瀑布波，这样不利于自身利益。主力一般是通过高位盘整震荡来进行出货，在出货期间往往会制造一些诱多陷阱，其中以钓鱼波为最多。在主力出货接近尾声时，便是瀑布波出现之时。

4.2.3 钓鱼波

主力利用少数几笔大单吸引跟风盘买入，从而达到快速出货的目的，此时，股价运行的轨迹即称为钓鱼波。

主力之所以频繁地使用钓鱼波，且成功率极高，就是因为他们了解散户投资者，特别是其追涨杀跌的习惯，这也是人性的暴露。

操盘技术高超的主力，在出货完成后，股价仍有 10%左右的涨幅，而这些涨幅完全是由主力制造看多市场气氛而散户投资者跟风买入造成的。

钓鱼波的特点具体如图 4-30 所示。

1 钓鱼波通常出现在高位或阶段性高位

2 钓鱼波多出现在早上开盘后的半个小时内，很少出现在午盘或尾盘

3 钓鱼波由主力几笔大单拉高，容易出现量价背离现象

4 钓鱼波当天的成交量统计，卖出之和是买入之和的两三倍以上

5 钓鱼波后，K 线常出现经典的头部形态，最佳卖点随时出现

图 4-30 钓鱼波的特点

【实战案例】国际实业(000159)——钓鱼波，量价背离

如图 4-31 所示为国际实业 2015 年 6 月 15 日的分时图。

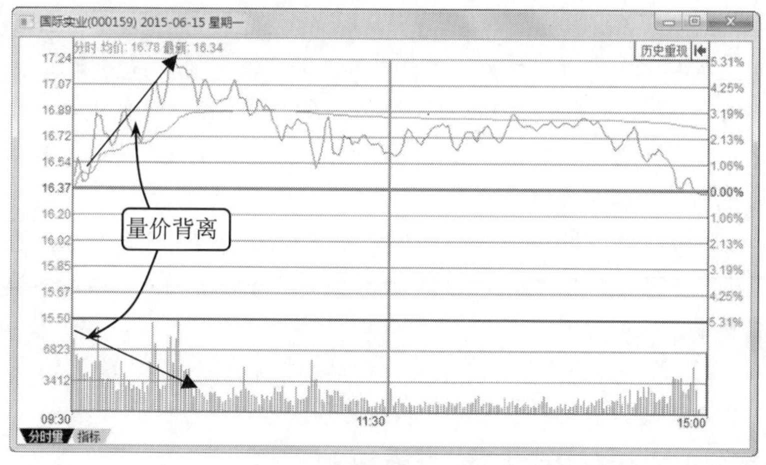

图 4-31 国际实业 2015 年 6 月 15 日的分时图

国际实业在 2015 年 6 月 15 日当天高开高走，在开盘后的半个小时内涨幅就达到 5%以上，大有一副冲击涨停的架势。不过 10:30 一过，风云突变，股价快速走低，让追涨的投资者措手不及。

其实在早盘冲高时就可以发现，同期的成交量呈现逐渐缩小的趋势，与股价发生背离，而不明所以的投资者选择了追涨买入，结果在钓鱼波结束当天被套。

如图 4-32 所示为国际实业 2015 年 4 月至 7 月的 K 线图。

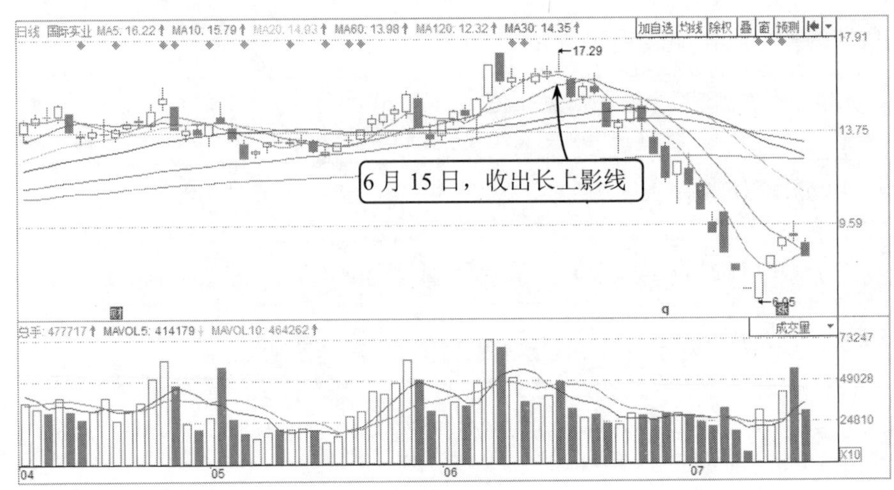

图 4-32　国际实业 2015 年 4 月至 7 月的 K 线图

国际实业虽然在分类上属于煤炭开采，但它其实是新疆的一家主营油品销售和房地产开发的上市公司。国际实业 2014 年的营业收入中油品销售占 72%，房地产开发行业占 23%。

在 2014 年至 2015 年，随着“一带一路”概念的兴起，新疆振兴概念也随之受到市场的关注，新疆的发展不仅得到了政府方面的关注，也得到了股票市场的关注。

国际实业在 2015 年 4 月至 6 月这段时间内，处于高位震荡的走势中。股价处于非常有规律的较长时间的小幅上涨之中，然后快速杀跌，将前期的涨幅全部吞没。由此可见主力的操盘节奏非常好，控盘程度也很高。

2015 年 6 月前后，成交量有序放大，股价缓慢拔高。6 月 15 日当天，股价在盘中创出 17.29 元的新高，同时走出钓鱼波，吸引场外的跟风投资者买入，随后即快速杀跌，跟风投资者当天被套。

如果 6 月 15 日前一天的十字星还不具有明显的指示意义的话，6 月 15 日当天的长上影线十字星，则很直接地告诉投资者股价已经见顶，操作策略自不必多说。

【实战案例】振芯科技(300101)——钓鱼波

如图 4-33 所示为振芯科技 2015 年 6 月 18 日的分时图。

振芯科技在 2015 年 6 月 18 日当天低开高走，在开盘不到 15 分钟就冲高至涨幅 5% 以上，一方面让前期的获利盘不舍得兑现筹码，获利出局；另一方面，又吸引更多场外投资者追涨买入，主力的操盘手法非常高明。

在涨幅即将达到 6.47%时，钓鱼波宣告结束，市场风向迅速发生变化。股价开始快速下跌，最终以 4.85%的跌幅收盘，当天的振幅超过 10%。

如图 4-34 所示为振芯科技 2015 年 1 月至 7 月的 K 线图。

振芯科技是创业板中数量较少的国防军工股，流通股仅 2.19 亿股，主要从事北斗卫星导航应用关键元器件、特种行业高性能集成电路、北斗卫星导航终端的设计、开发、生产和销售，以及北斗卫星导航定位应用系统的开发和建设。

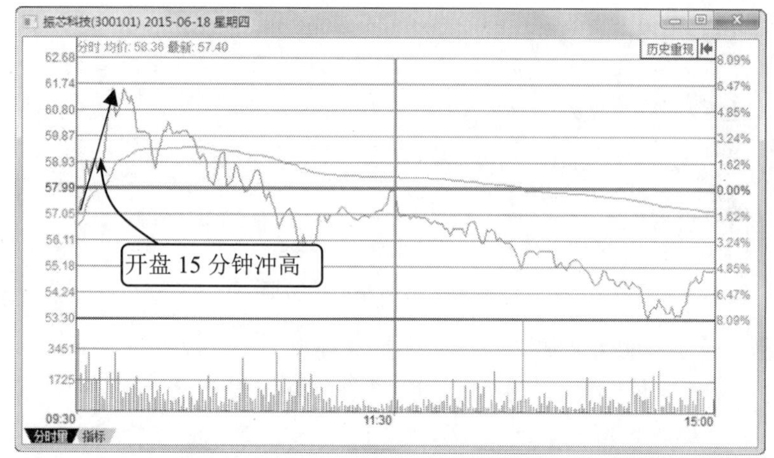

图 4-33 振芯科技 2015 年 6 月 18 日的分时图

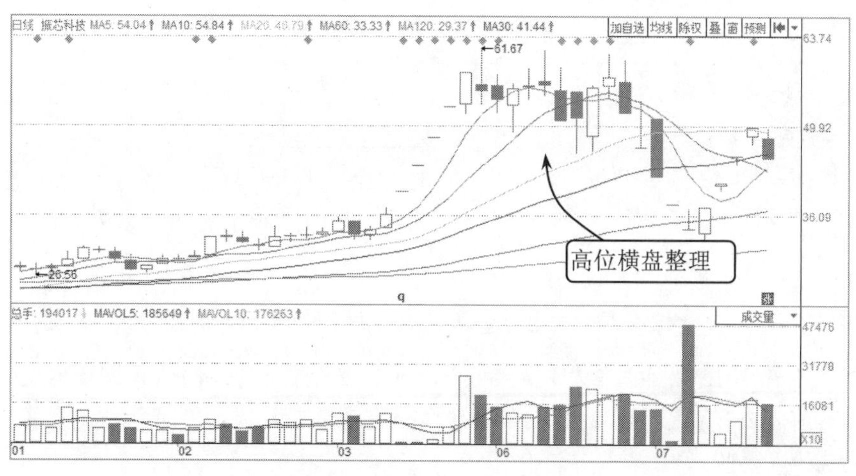

图 4-34 振芯科技 2015 年 1 月至 7 月的 K 线图

2015 年 3 月 10 日，振芯科技因为重大资产重组事项申请停牌，并在 6 月 11 日复牌交易，从复牌日起连续收出 5 个涨停，涨停最终在 6 月 18 日当天被打开。

股价被打开涨停的当天，早上开盘短暂冲高便迅速回落，形成钓鱼波。从 K 线形态上来看，当天收出带长上影线的阴线，而且阴线实体远远小于横盘中所有的 K 线实体，其对应的成交量也比较充足，因此股价突破横盘下跌已是必然。

4.2.4 分时箱体

分时箱体是指股价在分时图中有一段时间保持在箱体内波动，与 K 线形态的箱体整理是一个道理。分时箱体的特征如图 4-35 所示。

1. 分时箱体内的成交量通常呈现缩量
2. 突破分时箱体要有放量和高换手率
3. 分时箱体突破后一般会出现回踩或反扑
4. 均线向上时，分时箱体向上突破可加仓；均线向下时，分时箱体向下突破要减仓

图 4-35　分时箱体的特征

【实战案例】太原刚玉(000795)——分时箱体

如图 4-36 所示为太原刚玉 2015 年 4 月 29 日的分时图。

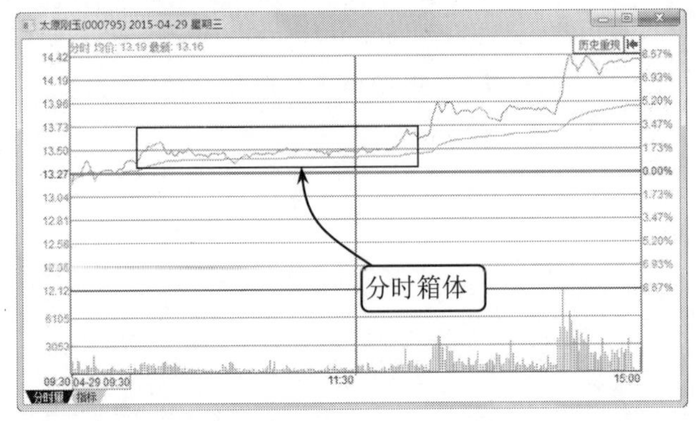

图 4-36　太原刚玉 2015 年 4 月 29 日的分时图

太原刚玉在 2015 年 4 月 29 日当天低开高走，在涨幅 1.73%附近开始横向发展，形成分时箱体，同时成交量很低，最终在午盘后向上突破分时箱体，伴随着成交量的放大，最终以 8.67%的涨幅收盘。

如图 4-37 所示为太原刚玉 2015 年 2 月至 6 月的 K 线图。

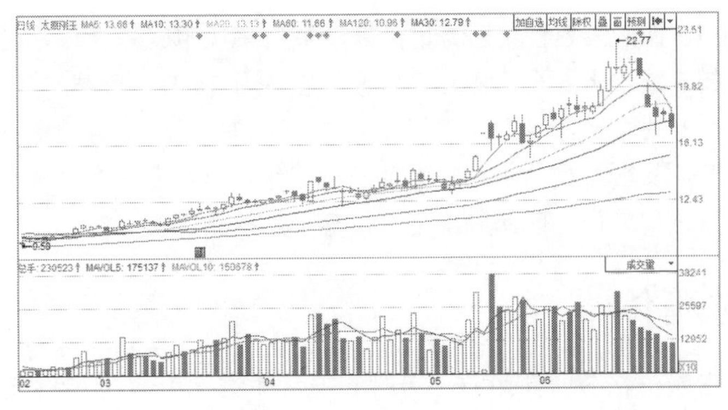

图 4-37　太原刚玉 2015 年 2 月至 6 月的 K 线图

太原刚玉在 2015 年 4 月 29 日突破分时箱体收出大阳线，在 K 线上来看，也突破了前期缓慢上涨的趋势，意味着后市将继续上涨，存在不错的短线机会。

Chapter 05

K 线与均线抓涨停

K 线是股价一个交易日下来最直接的反映，多个交易日的 K 线会形成各种各样的组合，这些组合对短线投资者进行短线分析，有着重要意义。而均线是指一定交易日内收盘价的平均价格，同样具有非凡的指示意义。

本章要点

- ✧ K线的市场意义
- ✧ 单根K线形态看涨停
- ✧ K线组合中的涨停机会
- ✧ 常见K线形态中的涨停板买卖点
- ✧ 均线理论
- ✧ 均线的应用法则

5.1 K线的涨停运用

K线又称蜡烛线，起源于日本的米市，在当时是用于记录米市的行情与价格波动，因其画法独到精致又通俗易懂而被引入到股市。

K线的结构分为三部分，分别为上影线、下影线与中间实体部分，通过实体的颜色我们可以分辨出K线是阴线还是阳线。若收盘价高于开盘价，其中间实体部分以红色来标示，表示当天收阳线；若开盘价高于收盘价，其中间实体部分则以绿色标示，表示当天收阴线。一根K线也可以包含很多信息，而短线投资者最为关心的可能就是K线中关于涨停方面的信息。

【知识拓展】上影线和下影线

从实体向上延伸的细线叫上影线，产生上影线的原因是空方力量大于多方而造成的。股票开盘后，多方上攻无力，遭到空方的打压，股价由高点回落，形成上影线。

从实体向下延伸的细线叫下影线，产生下影线的原因是多方力量大于空方力量而形成的。股票开盘后，股价由于空方的打压而一度下跌，但由于买盘旺盛，使股价回升，收于低点之上，产生下影线。

5.1.1 K线的市场意义

经过几百年的发展，K线图已经广泛应用于股票、外汇、期货等证券市场，也是当前市场分析中最常用的一种方法。K线的特点就是直观、立体感强，包含的信息量大。K线图一方面直接反映了股市成交量额成交额的情况，另一方面又会影响到股价的涨跌。

如图5-1所示为K线示意图。

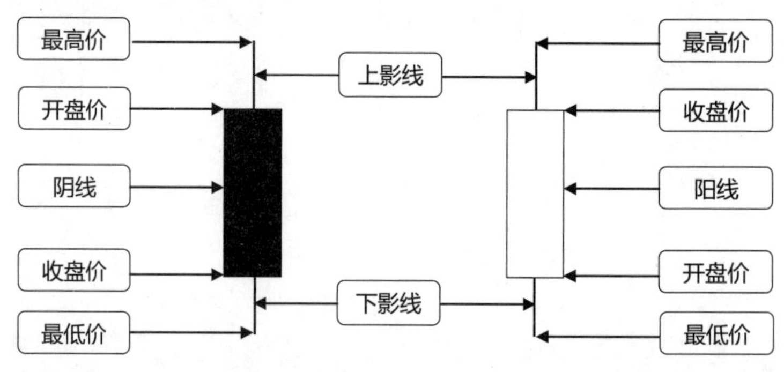

图5-1　K线形态

K线形态最能反映主力资金的操作心理，这在涨停板分时走势图中有集中而直接的

显示。例如主力在操盘时为了吸引市场投资者的关注，没有经过充分的洗盘就匆忙地拉升股价，暴露出主力短线持仓的操盘风格和资金实力不足，主力这样也是明显的利用资金优势进行的投机行为。

单日涨停的K线图可以分为以下两种情况。

✧ 第一种情况又可以分为无量空涨型和有量仍封死型。

✧ 第二种情况又可以分为吃货型、洗盘型和出货型的打开过涨停板。

第一种无量空涨型的含义是股价的上涨预期很高，不存在多空分歧，多方占据完全优势，所以会出现无量空涨；有量仍封死型是指有一部分的看空盘卖出，但市场中看多力量绝对强势，买盘始终很大，空方无法打开涨停板。

造成上述情况的原因是多种多样的，一是突发性的政策利好；二是阶段性的板块轮动；三是个股有潜在的重大利好消息；四是主力短线操盘，想要速战速决，因此有巨单封住涨停的现象。

第二种反复打开涨停的情况较为复杂，需要从股价涨幅和大盘行情两大方面进行综合分析。

吃货型：大多数处于近期没有太大涨幅的低位，大盘向好。其特点是刚封住涨停时在买一的位置可能有大量买单挂在那里，这是主力自己的筹码，然后抛售压力突然加重，主力开始对倒洗盘，造成市场恐慌，引诱散户投资者卖出，随后主力多次挂小单在买盘进行吸货，股价在临近涨停的高位反复震荡，主力达到吃货的目的。

洗盘型：股价处于上涨过程中，前期已经有了一定的涨幅，为了提高市场的持仓成本，有时也为了高抛低吸，赚取差价，主力会不惜成本地进行砸盘，致使股价在高位剧烈震荡，引起投资者的不安。

出货型：股价已经处于高位，大盘行情的好坏已经无所谓。主力不会在买盘中挂太多的买单，因为此时是真正的出货阶段。

因此，投资者在利用K线图进行追涨停板时，应注意以下三点。

✧ 一是不要认为股价涨停都是主力在全力操作。高明的主力善于吸引场外投资者的目光，借助追涨买入投资者的力量，仅用十分之一的力量就足以拉出涨停。

✧ 二是早盘冲高临近涨停，却没能涨停的，主力的目的在于吸引跟风盘买入，随后出现回落的概率较大。

✧ 三是今天封住涨停，在第二个交易日低开，此时是主力故意为之，目的是出货，让上一个交易日来不及追入的投资者以为机会来临。

K线图能充分显示股价趋势的强弱变化、买卖双方力量平衡的变化，也能预测后市走向，K线如何反映这些信息呢？投资者可以从三个方面看K线图，其具体内容如图5-2所示。

一看阴阳，K 线的阴阳代表趋势方向，阳线表示将继续上涨，阴线表示将继续下跌。
以阴线为例，在经过一段时间的多空交战，收盘价低于开盘价，表示股市不被看好，因此阴线预计下一阶段将会继续下跌，最起码下一阶段初期会呈现下跌状态。

↓

二看实体，K 线的实体长短代表的是 K 线的内在动力，实体越长，上涨或下跌的趋势越明显，反之则不明显。
阳线实体越长，上涨动力越强，阴线实体越长，下跌动力越强。

↓

K 线某一方向的影线越长，越不利于股价向这个方向变动。
上影线越长，越不利于股价上涨，下影线越长，越不利于股价下跌。

图 5-2　分析单根 K 线的方法

【实战案例】达安基因(002030)——单根 K 线

如图 5-3 所示为达安基因 2015 年 3 月至 5 月的 K 线图。

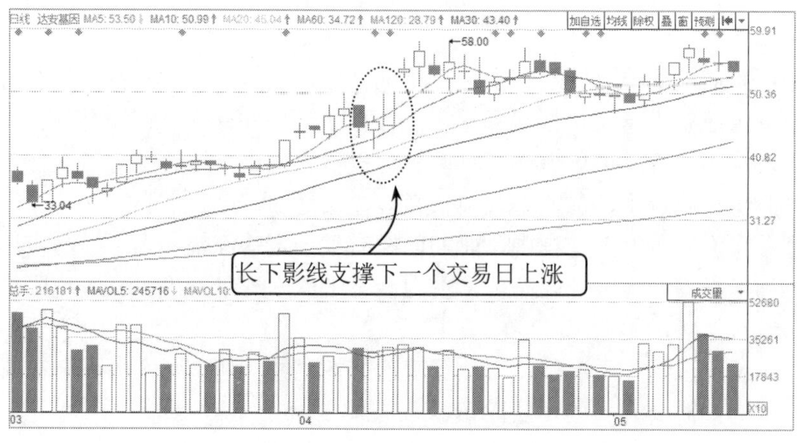

图 5-3　达安基因 2015 年 3 月至 5 月的 K 线图

从图 5-3 中可以清楚地看到，达安基因在 2015 年 3 月至 5 月这段时间内一直处于上涨行情中。4 月 9 日，股价在开盘后一度被打压至跌幅 7%，随后被多方拉起，最终收出带长下影线的阳线，这也说明了股价在下档的支撑力度强，极有可能继续上涨。

4 月 10 日，股价小幅低开，随后在前一交易日的支撑下一路走高，最终在下午开盘后不久封住涨停。这个例子很好地说明了下影线的支撑作用，对于短线追涨停板的投资者也是意义非凡。

5.1.2　单根 K 线形态看涨停

单根 K 线包含的主要信息有开盘价、收盘价、最高价和最低价，开盘价与收盘价之间形成 K 线实体，实体是当天股价涨跌幅的直观反映。

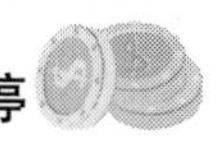

单根K线的实体以及影线部分往往是当天市场多空双方力量强弱的直观体现，我们可以将实体的长短看作是多空双方交战的结果。

阳线的实体越长，就说明多方在当天所取得的收获越大，其实力也越强；阴线的实体越长，就说明空方在当天所取得的收获越大，其实力也越强。

如果说实体长度是多空双方对抗的结果体现，那么影线长短就是多空双方对抗过程的反映。出现上影线代表多方曾经发起过攻击，而出现下影线则代表空方曾经发起过攻击。上影线越长，说明多方在盘中的攻击强度越大，空方有着更强大的抛压才将多方打压下去。

不同的单根K线形态具有不同的市场含义，下面以带上下影线的阳线、阴线和十字星等为例，对如何利用单根K线捕捉涨停板进行详细讲解。

1)　带上下影线的阳线

如图5-4所示为带上下影线阳线的四种情况。

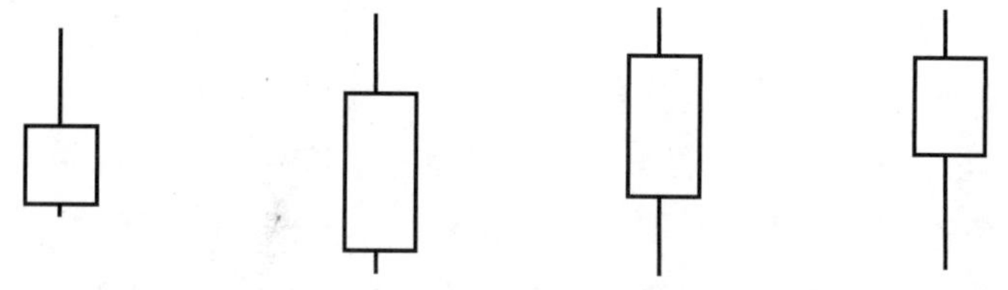

图5-4　带上下影线的阳线

从每个交易日的开盘起，多空双方以开盘价作为起点，展开对抗。在供求不平衡的情况下，股价会不断地波动，如果多空双方没有谁取得了完全的主动权，当天的交易中股价就会大幅度波动。

有时股价在高位无法维持，就会受到空方的打击，股价以低于开盘价成交，收盘前，买方再次发力，将收盘价格拉升至开盘价上方。有时空方在开盘后大力打压股价，股价始终在开盘价下方波动，盘中多方发动进攻，将股价拉升至开盘价上方，并意图继续上攻，扩大战果，但空方也毫不示弱，在收盘前将股价向下打压了一些。

上述情况反应在K线图上就会形成带上下影线的阳线，在图5-4中，第一个图形是上影线长于实体部分，意味着多方力量受到挫折；第二个图形是实体长于上影线部分，意味着多方虽然偶遇挫折，但仍处于优势中。

第三个图形是实体部分长于下影线，同样意味着多方虽然受挫，但仍处于主动；第三个图形是下影线长于实体部分，意味着多方仍需要考验，暂时处于被动中。

【实战案例】红日药业(300026)——阳线实体长于下影线

如图5-5所示为红日药业2014年11月至2015年3月的K线图。

红日药业是创业板中医药板块业绩较为出色的一家企业，流通股达到了6.37亿股，在2014年11月至2015年1月这段时间内，股价处于缓慢下跌的状态中。

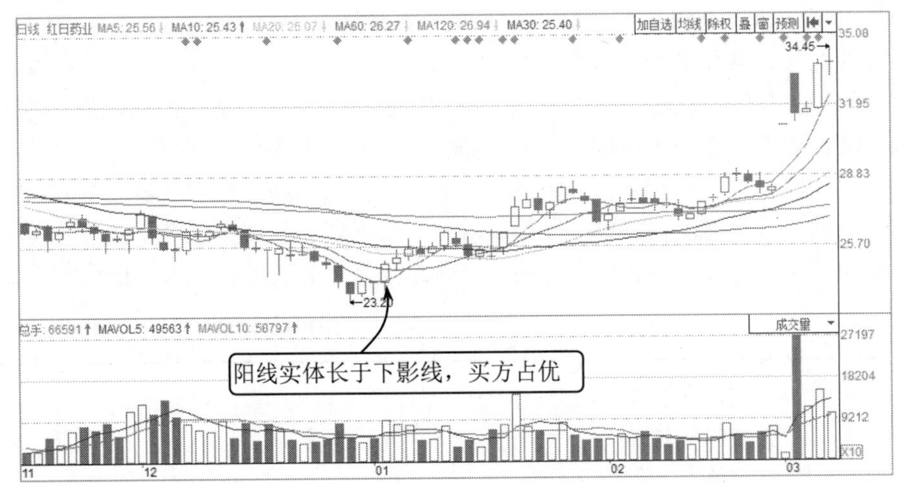

图 5-5　红日药业 2014 年 11 月至 2015 年 3 月的 K 线图

下跌行情最终在 2014 年 12 月底创出 23.2 元的新低后宣告结束，股价快速反转为上涨。2015 年 1 月 6 日当天，股价低开低走，被空方快速打压向下，多方快速反应集聚力量发起反攻，最终将股价保持在离开盘价很远的上方，当天以 3.58%的涨幅收盘。

从 K 线形态上来看，当天的阳线实体部分明显长于下影线，表明虽然空方仍有反抗，但多方已经明显占优，且此时正处于股价止跌反弹的初期，是投资者追涨买入的好机会，应当牢牢把握。

【实战案例】华平股份(300074)——阳线实体长于上影线

如图 5-6 所示为华平股份 2015 年 1 月至 4 月的 K 线图。

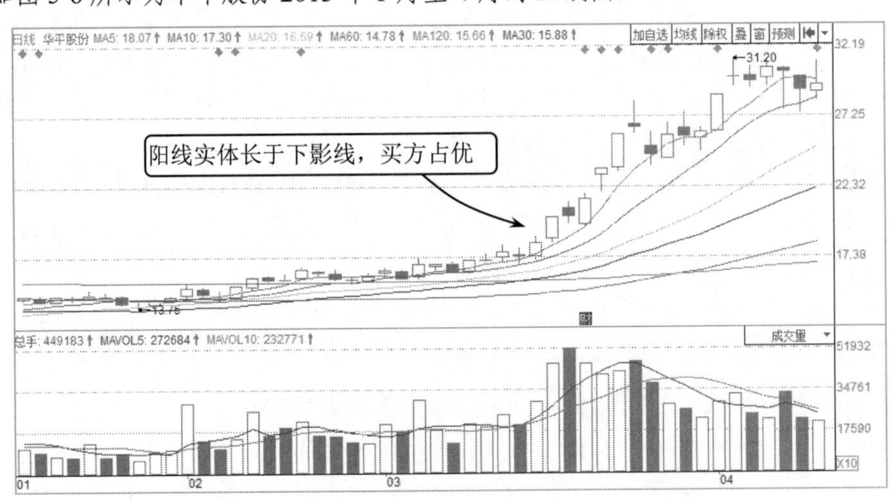

图 5-6　华平股份 2015 年 1 月至 4 月的 K 线图

2015 年 1 月至 3 月，华平股份的股价都处于低位横盘状态中，在股价横盘发展的同

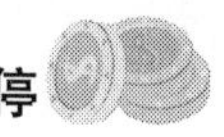

时，成交量却偶尔出现放量，显示出有主力在低位介入该股。

华平股份是计算机应用板块内的小盘股，主营业务是为各行业和组织提供多媒体通信系统的整体解决方案，流通股为3.58亿股。

进入3月份之后，股价上涨幅度加大，均线开始上扬。3月13日，股价在开盘后被空方迅速打压，下跌1.68%，随后被多方强势拉起，呈现台阶式上涨，最终以涨幅5.67%收盘。

从K线形态上来看，当天收出了带上下影线的K线，但K线实体比上影线更长，表明多方虽然受到挫折，但仍然处于优势地位。且3月13日之前的上涨幅度并不大，后市仍有上涨空间，投资者可以在收盘之前快速挂单买进。

在3月13日挂单买进的投资者，成本大约在18.2元左右。股价在后市连续上涨，连明显的回调行情都没有出现，追涨的投资者根本没有机会卖出，直到股价上涨至31元附近，股价与成交量发生背离，投资者选择卖出，可以获得超过70%的收益，是一次成功的追涨操作。

2) 带上下影线的阴线

在每个交易日开盘后，股价开始冲高，但随着股价的上涨，获利卖出的投资者渐多，而愿意追涨的投资者渐少，多空双方力量此消彼长，卖方开始占据主动，将股价打压至开盘价下方，收盘前，多方仍不甘失败发动反攻，但时间已经来不及，最终以阴线收盘。

有时在一个交易日内，多数时间股价都在开盘价下方波动，随后买方突然发力，将股价拉升，但临近收盘被凶猛的空方打个措手不及，最终股价仍收在开盘价下方。

上述情况现在K线图上，就是带上下影线的阴线。如图5-7所示为带上下影线阴线的四种情况。

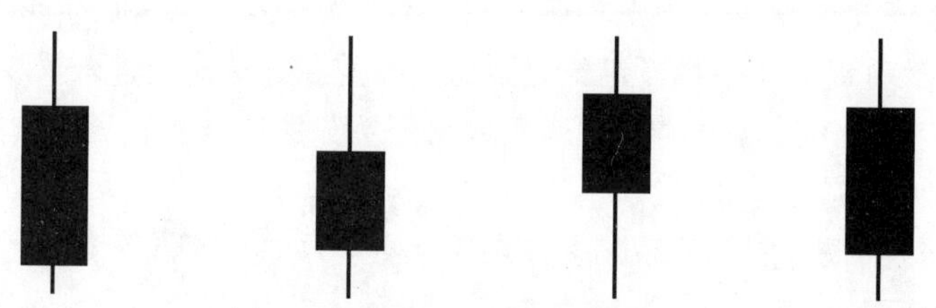

图5-7 带上下影线的阴线

图5-7中第一个图形是阴线实体长于上影线，意味着多方试图上攻，但空方占据着市场中的主动位置；第二个图形是上影线长于阴线实体，意味着市场中的多方力量在加强中，空方暂时可以压制多方，但多几个交易日就可以发生变化；第三个图形是下影线长于阴线实体，同样说明多方力量在不断增强中，多方已经有反攻的迹象；第四个图形是阴线实体长于下阴线，意味着空方占据着市场中的优势。

【实战案例】汇川技术(300124)——上影线长于阴线实体

如图5-8所示为汇川技术2015年3月至6月的K线图。

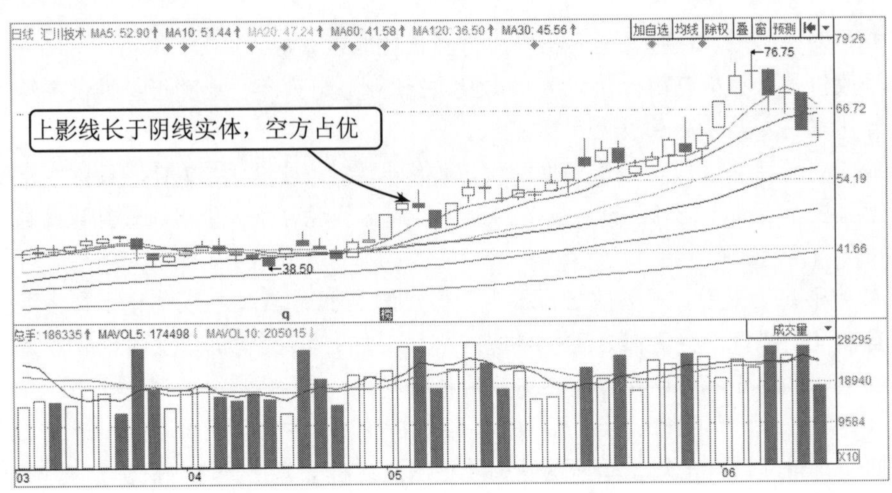

图 5-8　汇川技术 2015 年 3 月至 6 月的 K 线图

从图 5-8 中可知，汇川技术在 2015 年 3 月至 4 月底这段时间内，股价处于横盘之中，并没有明显的上涨趋势。

进入 4 月底，股价连续收出四根阳线，其中出现了一次涨停，将股价拉升至一个新的平台。随着股价的上涨，前期买入持有的筹码有了获利的需要，主力在此阶段也顺势地进行洗盘。

5 月 6 日，受前一个交易日十字星的影响，当天股价在开盘后短暂冲高便回落，在获利盘抛售的压力下，股价不断下跌，即使盘中出现反弹也较为乏力，在收盘时小幅回调，最终仍收在开盘价下方。

从 K 线图形态上来看，多方上攻形成的上影线长于空方打压股价形成的阴线实体，表明多方力量虽然暂时处于下风，但绝对不弱，只是在等待时间进入反攻。

5 月 7 日，空方继续占据主导，但当天收出光头光脚阴线，表明盘中完全是空方自导自演，并将空方力量完全释放。

在空方力量得到很好的释放后，多方在后市再次反攻，将股价猛烈拉升，股价从 50 元快速上涨至 70 元。

投资者应该在 5 月 6 日就有所察觉，提高关注度，在 5 月 7 日大跌之后保持关注，5 月 8 日股价反转迅速，直接收出涨停大阳线，将前一交易日的阴线全部吞没，是明显的短线追涨机会。

【实战案例】凯恩股份(002012)——下影线长于阴线实体

如图 5-9 所示为凯恩股份 2015 年 2 月至 4 月的 K 线图。

凯恩股份是一家造纸企业，流通股仅有 4.68 亿股。在 2015 年 2 月至 3 月底的这段牛市行情中，凯恩股份的上涨趋势非常稳定，即使涨幅明显落后于市场平均水平，但依旧值得关注。

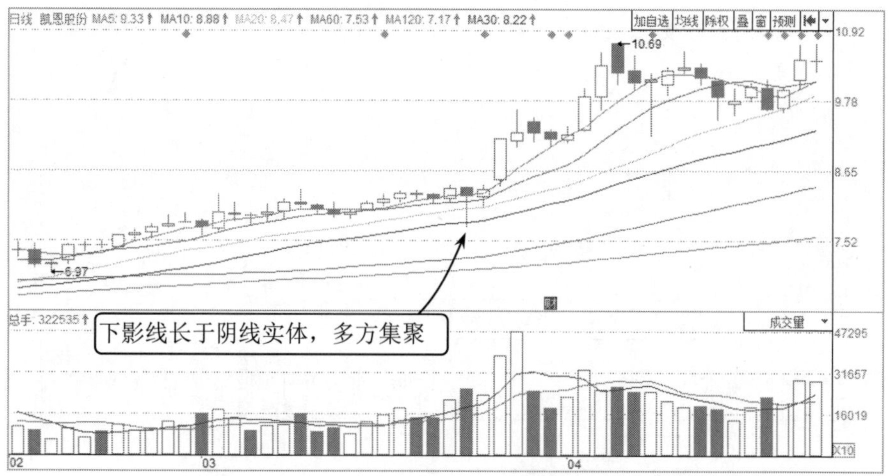

图 5-9 凯恩股份 2015 年 2 月至 4 月的 K 线图

3 月 24 日，股价低开低走，盘中出现异动，主力挂出大量卖单，将股价一度打压至 7%的跌幅，盘中不少获利筹码跟风卖出，正中了主力的诱空陷阱。午盘之后，股价被拉起，最终仅以 1.68%的跌幅收盘。

从 K 线形态来看，当天收出了长长的下影线，说明股价在下方支撑明显，上涨动力充足，而在当天跟风卖出的投资者还在后悔不已。

下影线长于实体部分，表明多方已经开始集聚，虽然盘中仍是空方占据优势，但是多方随时会发起反击。

凯恩股份在 3 月 24 日之后的第二个交易日便收出了涨停，后市更是快速上涨，股价上涨至 10 元上方。

3) 十字星

十字星形态表示交易过程中，股价出现高于及低于开盘价成交，收盘价却与开盘价相同或相近。十字星是阳线还是阴线影响不是太大，如果十字星的上影线长于下影线且出现在高位，是见顶回落的信号；如果十字星的下影线长于上影线且出现在低位，是见底回升的信号。如图 5-10 所示为十字星的两种情况。

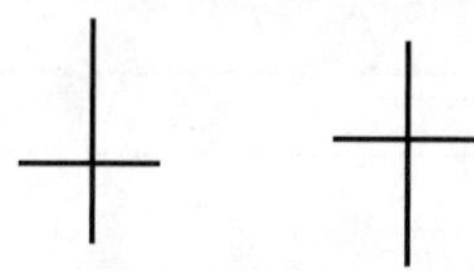

图 5-10 十字星

【实战案例】京新药业(002020)——低位十字星

如图 5-11 所示为京新药业 2015 年 1 月至 3 月的 K 线图。

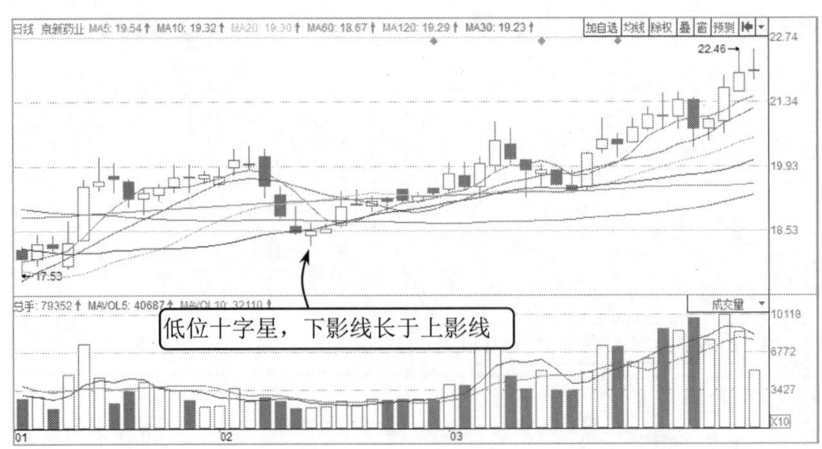

图 5-11　京新药业 2015 年 1 月至 3 月的 K 线图

从图 5-11 中可知，京新药业在 2015 年 1 月至 2 月，处于良好的上涨走势中，股价由 17.53 元上涨至 20 元附近，涨势良好。

股价在 20 元附近上涨受阻，在相对高位连续收出十字星，股价迅速回调。在 2 月 10 日的十字星出现之前，股价已经连续三个交易日收出阴线，并形成两个跳空缺口，股价跌势凶猛。

2 月 10 日，股价停止了下跌，在回调之后的低位收出十字星，且下影线比上影线稍长一些，意味着市场中的空方力量经过释放之后已经不如多方力量了。

十字星的出现，有行情发生反转的可能，对于短线投资者而言，则是试探性建仓的机会。待后市出现大阳线，正式确立上涨之后，投资者再进行加仓为宜。

【实战案例】中直股份(600038)——高位十字星

如图 5-12 所示为中直股份 2015 年 5 月至 7 月的 K 线图。

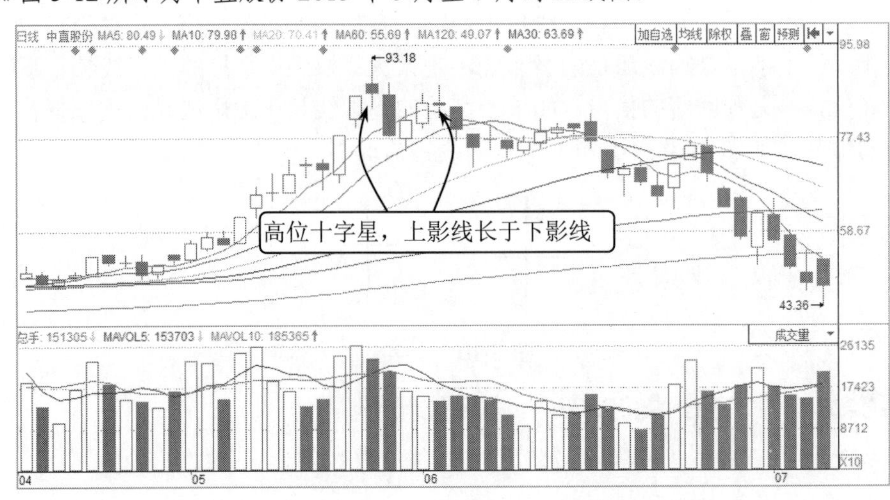

图 5-12　中直股份 2015 年 5 月至 7 月的 K 线图

中直股份属于无论牛熊市都很热门的军工板块，主要经营航空产品及零部件的开发、设计研制、生产和销售。中直股份的流通股仅有3.93亿股，是军工板块内少有的小盘股，因此其股价估值可能会很高。

从图5-12可知，在2015年4月之后的牛市中，中直股份的股价涨势惊人，在不到两个月的时间里，由48元上涨至最高93.18元，涨幅达到94%。

在上涨过程的末期，股价在5月27日冲高回落，创出新高93.18元的同时以阴十字星收盘，且上影线明显长于下影线，由此也可以判断上涨行情告一段落。

在5月27日的十字星出现后，股价停止上涨开始横盘震荡，随后又在6月2日形成实体更小的十字星，且上影线仍然长于下影线，表明市场中的空方力量并未得到释放，仍处于优势中，这也是股价将见顶回落的信号。

从后市的走势来看，中直股份的股价在6月2日的十字星出现后，就快速下跌，甚至将前期的涨幅全部吞没，最终创出新低43.36元。

5.1.3 K线组合中的涨停机会

K线是反映股价变化最为直观的图形之一，投资者可以从K线组合以及成交量变化所反映出的市场信息中寻找涨停机会。

K线组合是几个交易日甚至几周交易日内的K线集合，其形态变化可以直观地反映最近一段时间内股价的变化情况。

常见的预示着股价上涨的K线组合有早晨之星、曙光初现、好友反攻、红三兵等，这些K线组合都是几个交易日内的K线组合，所取的数据样本有限，虽然可以预示上涨信号，但无法预示涨停信号。

1) 底部突破上涨

在投资实战中，经常出现不少股票与大盘走势相悖，当大盘风起云涌、大幅波动时，个股却毫无动静，始终保持横向发展，股价始终处于低位，在某个价格区间内小幅波动。

这类个股在低位横盘的时间较长，成交量长期保持在较低的水平，某个交易日突然出现中阳线或大阳线，成交量配合放量，K线形态呈现突破上涨的趋势，此时是短线追涨投资者买入的最佳时机。

【实战案例】斯太尔(000760)——底部中阳线突破上涨

如图5-13所示为斯太尔2015年1月至6月的K线图。

斯太尔是一家汽车零部件制造企业，主要业务是汽车零部件制造与销售，流通股为3.32亿股，属于小盘股。

2015年1月至3月，上证指数在3100点至3400点的区间内宽幅震荡，同时期的斯太尔的股价却在横向发展，股价波动极小，市场交易也不活跃。

3月17日，股价高开高走，成交量明显放大，当天以中阳线收盘。从K线组合形态上来看，当天的中阳线突破了前期的横盘趋势。

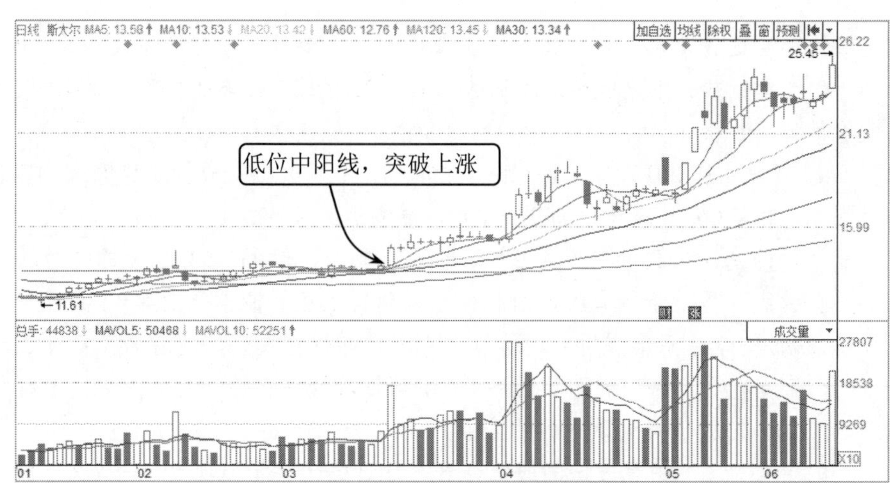

图 5-13　斯太尔 2015 年 1 月至 6 月的 K 线图

在 3 月 17 日突破上涨之后，股价并未继续上涨，而是继续横盘整理，给短线投资者提供了充足的建仓机会。

【实战案例】今世缘(603369)——底部突破上涨

如图 5-14 所示为今世缘 2015 年 1 月至 5 月的 K 线图。

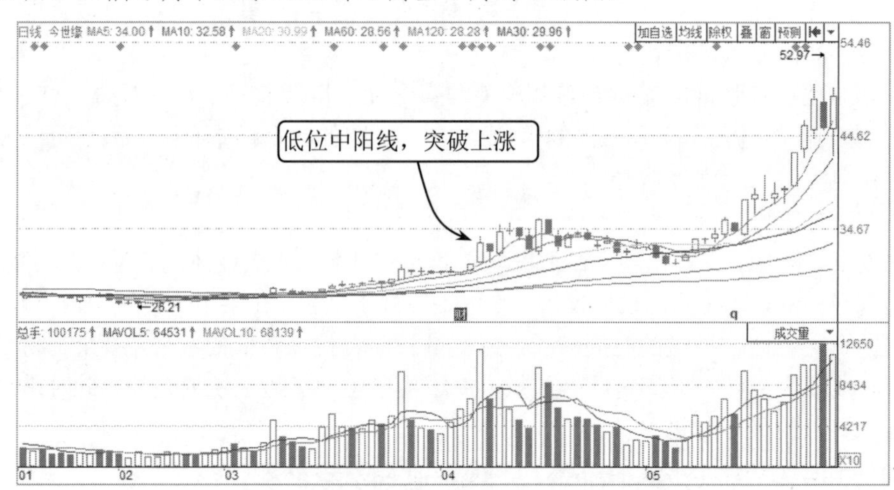

图 5-14　今世缘 2015 年 1 月至 5 月的 K 线图

今世缘是江苏的一家白酒制造企业，白酒行业一直是股票市场中的热门板块，不论牛市还是熊市。白酒板块在大盘回调或下跌中，是主力与散户投资者避险的第一选择，因此白酒板块在整个 A 股市场是较特殊的存在，也是价值投资者的圣地。

今世缘的横盘周期比斯太尔更长，从 2015 年 1 月至 4 月，几乎都处于低位横盘中。进入 3 月后，股价有小幅上涨的迹象，成交量较前期明显放量，但 K 线仍未出现突破上涨形态。

3 月 26 日，股价高开高走，盘中冲高被打压回落，但阳线实体明显长于上影线，多方仍占据主动。从 K 线形态上来看，当天的中阳线打破了前期的小幅横盘波动，打开了新一轮上涨行情的大门。

2) 跳空高开不回补

股价在结束横盘或回调后，突然在某个交易日内跳空高开，甚至连续出现几个跳空缺口，在随后的 3～5 个交易日内，股价没有下跌回补缺口的趋势，短线投资者可以快速介入。

跳空高开不回补的 K 线组合说明，股价在经过下跌之后，成交量极度萎缩，空方力量得到释放，下跌动能已经殆尽。主力开始在下跌之后建仓，吸取低廉的筹码，随后将股价短暂拉升，让前期抛售筹码的投资者踏空。

【实战案例】动力源(600405)——跳空高开不回补

如图 5-15 所示为动力源 2014 年 12 月至 2015 年 3 月的 K 线图。

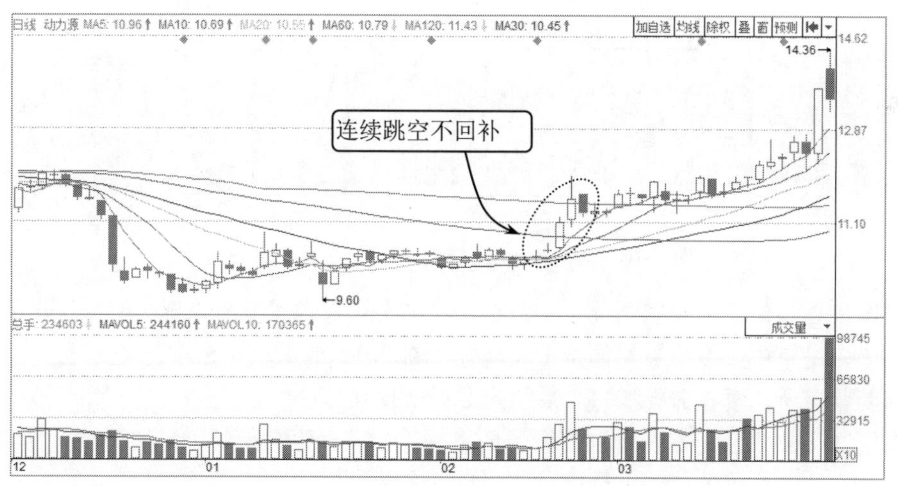

图 5-15 动力源 2014 年 12 月至 2015 年 3 月的 K 线图

动力源是北京市一家电气设备上市公司，主要从事直流电源、交流电源、高压变频器及综合节能、监控系统等系列产品的研制、生产和销售及相关服务。截至 2015 年 7 月，动力源的流通股仅为 4.24 亿股，属于中盘股。

动力源在 2014 年 12 月至 2015 年 1 月这段时间内处于快速下跌中，股价在 10 个交易日内收出了 9 根阴线，跌幅巨大。

进入 2015 年 1 月后，股价止住了跌势，开始在低位横向震荡运行。经过前期的下跌，筹码已经变得很便宜，多方主力开始介入，用了 1 个月的时间进行吸筹。

2 月 13 日，股价高开将近 1%，盘中多空双方对抗激烈，最终在跳空高开后收出十字星。在接下来的两个交易日里，股价继续小幅跳空高开，但都以中阳线收盘，多方战果继续放大。

2 月 25 日，股价继续高开，但盘中获利盘抛售压力太大，股价一路低走，最终以阴线收盘，但股价走势平稳，并没有回补前期跳空缺口的趋势，出现短线买入机会。

从后市的走势来看，股价在没有回补跳空缺口出现机会时为 11.5 元，短线投资者若果断买入，股价在短期内上涨至 14 元附近，可获得 21%的短期利润。

【实战案例】国电南自(600268)——连续跳空高开不回

如图 5-16 所示为国电南自 2015 年 4 月至 7 月的 K 线图。

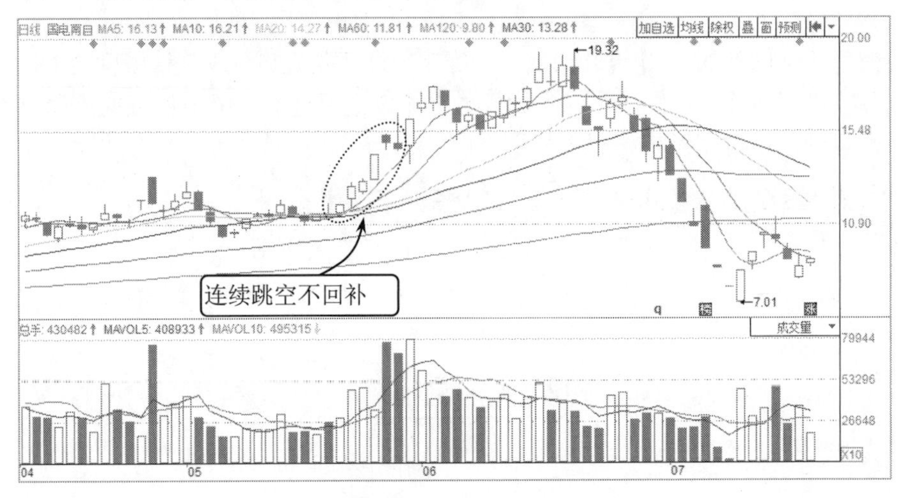

图 5-16　国电南自 2015 年 4 月至 7 月的 K 线图

国电南自是南京的一家电气设备国企，在央企国资改革概念中比较受投资者的关注，因此在一轮牛市中，股价长期保持上涨趋势。在 2015 年 4 月至 5 月底这段时间内，股价的上涨趋势有所减缓，并在 5 月之后迎来了短暂回调。

5 月 22 日，在前一交易日收出阳线的影响下，当天跳空高开 2%，在午盘之后快速拉高，一度有冲击涨停的趋势，最终以 7.54%的涨幅收盘。

在随后的几个交易日里，股价再次出现跳空，且多个交易日内都未回补前期缺口，短期机会明显。

5.1.4　常见 K 线形态中的涨停板买卖点

K 线形态在实战中千变万化，但经前人不断总结，得出了一些经得住市场考验的经验，这些 K 线形态一旦出现就是涨停板的买点或卖点。

1)　V 形反转

当空方连续将股价打压回落，空方力量得到充分释放，多方立即集聚力量开始反攻，丝毫不给空方喘息之机，在成交量逐渐放量的配合下，形成了 V 形反转。

【实战案例】红日药业(300026)——V 形反转

如图 5-17 所示为红日药业 2014 年 10 月至 2015 年 3 月的 K 线图。

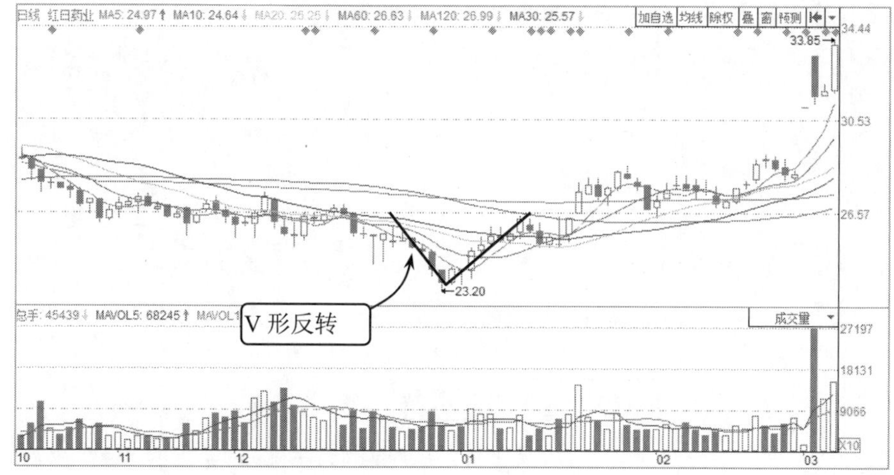

图 5-17 红日药业 2014 年 10 月至 2015 年 3 月的 K 线图

2014 年 10 月至 12 月底，创业板指处于震荡走高时，红日药业却处于单边下跌趋势中，可见该股中的空方实力极其强大。

进入 2014 年 12 月底，股价加快下跌，连续四个交易日收出阴线，空方力量再一次得到释放，形成 V 形反转的左侧。

2014 年 12 月 30 日，股价创出 23.2 元的新低，当天以跌幅 2.28%收盘。下一个交易日，股价低开高走，一扫前期连续下跌的颓势，在低位收出中阳线，当天以 2.42%的涨幅收盘，发出反转信号。

对于短线投资者而言，在 V 形反转确立后，应该果断逢低建仓，即使没有涨停，也能收获不小的涨幅。

2) 低位五阳线

当股价处于低位区域时，连续出现五个甚至五个以上的交易日收出阳线，说明在低位区域吸取筹码的投资者众多，买方强势，在成交量的支撑下逐渐走出底部，迎来上涨行情。

【实战案例】北方国际(000065)——低位五阳线

如图 5-18 所示为北方国际 2015 年 1 月至 4 月的 K 线图。

北方国际是中国兵器装备集团公司和中国兵器工业集团公司旗下的一家建筑装饰上市公司，主要承包境外工程及境内国际招标工程、经营房地产开发业务。

北方国际的流通股仅有 2.53 亿股，因此其股价会较高。在 2015 年 1 月至 3 月这段时间内，股价在低位保持横盘发展，此时的价位为 18 元左右。

进入 3 月中旬，从 3 月 13 日起至 3 月 23 日，连续七个交易日收出阳线，虽然阳线实体都不大，但所反映出的信息却让短线投资者为之惊喜。

连续七个交易日收出阳线，表明在低位吸取筹码的投资者众多，且对该股一致看好，空方力量显示更弱，股价随时会出现爆发性上涨的行情。

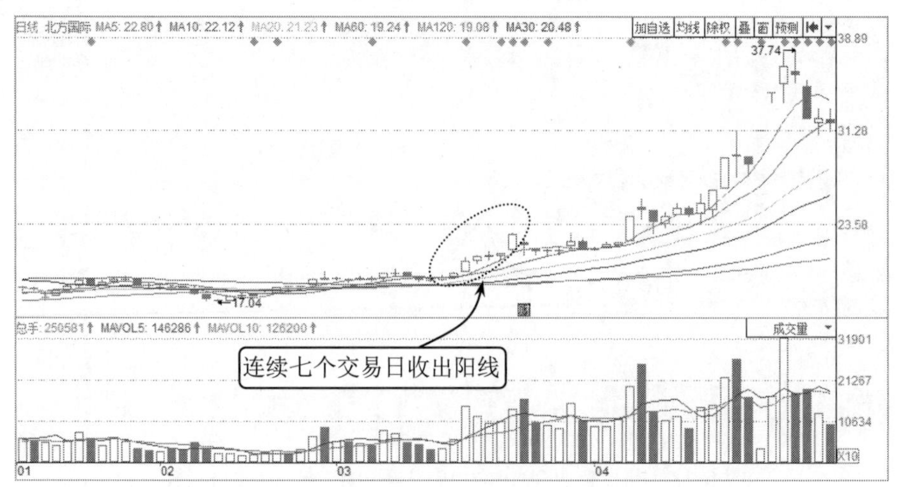

图 5-18　北方国际 2015 年 1 月至 4 月的 K 线图

从后市的走势来看，在连续七根阳线出现后不久，股价就在一个涨停大阳线的带领下爆发上涨，股价直接从 22 元上涨至 37 元附近，短期涨幅达到 68%。

3)　身怀六甲

身怀六甲又称为孕线，是指前一个交易日的 K 线实体很长，而下一个交易日的 K 线较短，且第二个交易日的最高价和最低价都在前一个交易日的 K 线内部。

身怀六甲是行情反转的信号，即出现在下跌之后的低位，则预示股价将上涨；出现在上涨之后的高位，则预示股价将见顶。

【实战案例】泰山石油(000554)——下跌之后，身怀六甲

如图 5-19 所示为泰山石油 2015 年 4 月至 6 月的 K 线图。

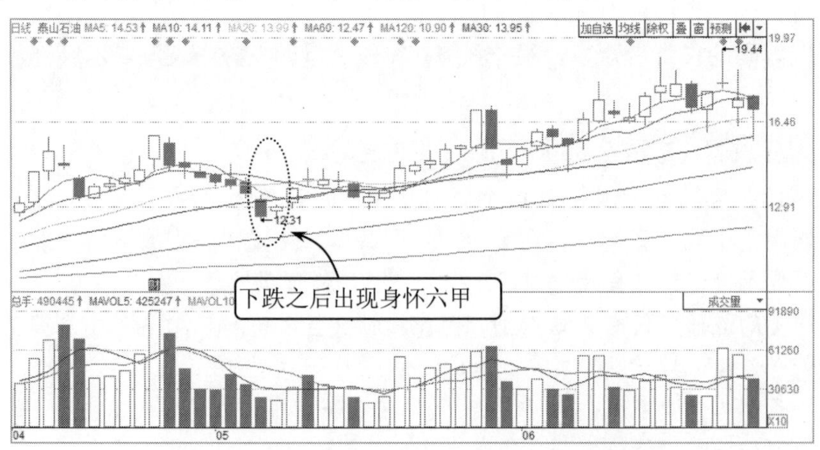

图 5-19　泰山石油 2015 年 4 月至 6 月的 K 线图

泰山石油是中国石化在山东泰山的一家化工公司，主营业务有石油成品油的购进与销售，旅游酒店、饮食服务、房地产开发等。

作为与石油化工相关的上市公司，泰山石油的流通股仅有 3.63 亿股，是化工板块的小盘股，容易得到主力的青睐。

自 2015 年 4 月以来，泰山石油处于快速上涨中，从 4 月 28 日至 5 月 7 日，连续七个交易日收出阴线，给市场中的投资者带来不小的恐慌。

但短线投资者此时更应保持冷静，股票总是有跌才有涨，跌出来的是机会，涨上去的是风险。因此在泰山石油连续收出阴线时，短线投资者更应加紧关注。因为在大盘行情没有改变风向的情况下，个股不可能无限量地下跌。

5 月 8 日，股价终于止跌收出阳十字星，且最高价和最低价都被 5 月 7 日的阴线吞没。两个交易日的 K 线组成身怀六甲的 K 线形态。

身怀六甲本来就是行情反转的信号，又出现连续七根阴线之后，空方力量在连续下跌中得到充分释放，此时仍坚定持有的，都是对该股绝对看好的投资者。从后市的走势来看，股价在身怀六甲出现后，再次进入快速上涨行情，从 13 元上涨至 19 元附近，短期涨幅大。

【实战案例】湖北金环(000615)——身怀六甲

如图 5-20 所示为湖北金环 2015 年 4 月至 7 月的 K 线图。

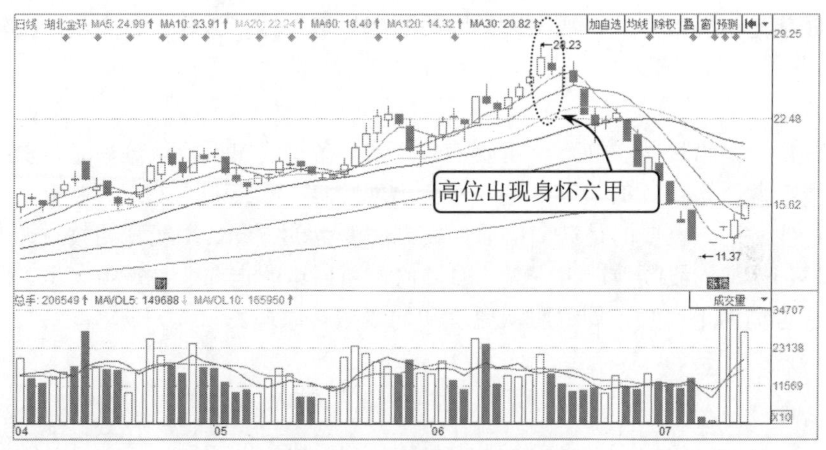

图 5-20 湖北金环 K 线图

湖北金环是一家化工企业，主要经营粘胶纤维及相关产品的生产与销售，该企业的上市流通股仅有 2.12 亿股，属于小盘股。

在 2015 年 4 月至 6 月的牛市中，湖北金环的股价处于良好的上涨走势中，一路由 16 元上涨至 18 元附近。

6 月 15 日，湖北金环冲高 28.23 元，盘中被打压回落，最终以 6.12%的涨幅收盘。从 K 线形态上来看，当天以中阳线收盘并收出长上影线，上涨明显受阻。

6 月 16 日，股价低开高走，试图继续冲高，但主力已经出货完成，盘中抛压沉重，股价一路回落，最终以3.78%的跌幅收盘。

两个交易日的K线形成完美的身怀六甲K线形态，但身怀六甲出现在高位，是明显的股价见顶信号。

5.2 均线与涨停板

均线是一个重要的技术分析指标，它能很好地反映出股价的趋势变化，重要的是它可以准确地预示出趋势的反转，所以对捕捉涨停板有很重要的意义。

均线理论及其应用法则是关于均线的主要内容，在实际操作中，根据均线的支撑情况不仅能确定买入和卖出的时机，还可以快速捕捉涨停板，获得可观的短期收益。

5.2.1 均线理论

在技术分析中，如果能够掌握主力或其他投资者的成本，会让投资者在买卖过程中处于非常主动的位置。因为成本是股价趋势的基础，因此市场成本很关键。

市场中的趋势之所以能够维持和发展，是因为有市场成本的推动，例如在上涨趋势中，即成本不断升高；在下跌趋势中，市场成本不断下跌。

而均线就是市场成本的直观表现，均线的变化可以概括为收敛、服从、扭转、背离等变化。

1) 收敛

均线的变化是市场状态的一个重要信号，当多条均线出现收敛迹象时，表明市场成本趋于一致，此时是市场的关键时刻，将会出现变盘，行情将重新选择方向。

在均线收敛时，重要的是在变盘前如何判断变盘的方向。均线开始收敛，人人都能看出，虽然都知道均线收敛后将变盘，但如何判断后市的走向才是重中之重。所以在分析变盘时应遵循两个原则：均线服从原理和均线扭转原理。

2) 服从与扭转

均线服从原理是指短期均线要服从长期均线的走势，变盘的方向将会与长期均线的方向一致。日线要服从周线，短期要服从长期，因此做出的结论，是变盘方向的最大可能。但也存在着一定的缺陷——迟滞性，不能用来判读最高点和最低点。

在实战中，会出现服从原理被打破的情况，股价往往向反方向发展，此时服从原理就完全失效了，需要利用均线扭转原理。

均线扭转原理是指当市场出现与均线服从原理相反的走势时，就表明市场见底反转或见顶反转，此时要看扭转力度。

当股价在低位出现连续的巨大成交量并向上扭转时，就是均线扭转原理在发生作用，底部向上扭转必须有巨大的成交量，成交量的大小代表着扭转程度的大小。

高位见顶后，当股价跌破均线后回抽无力就应该果断止损，虽然均线仍在向上运行，但此时已经发生了均线扭转，是股价见顶回落的信号。

【专家提醒】其他方法分析变盘

在投资实战中均线服从原理与均线扭转原理都可能会出现一定的时滞性，投资者无法尽早发现股价在变盘后的趋势。

K 线形态与 MACD 指标是变盘前较为可靠的分析方法。当 K 线形态出现明显的见顶或见底形态时，投资者就应该注意。

【实战案例】岷江水电(600131)——均线收敛

如图 5-21 所示为岷江水电 2015 年 3 月至 5 月的 K 线图。

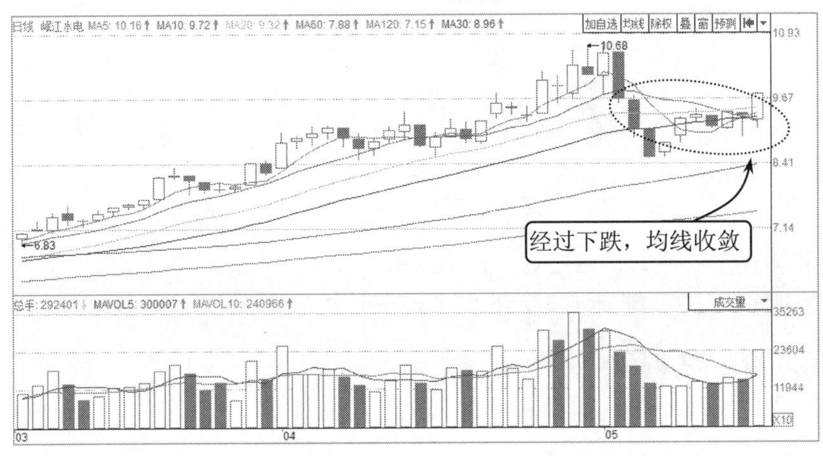

图 5-21　岷江水电 2015 年 3 月至 5 月的 K 线图

岷江水电从名称就可以看出这是一家电力公司，且以水力发电为主，其最新的流通股已有 3.97 亿股，在电力股中属于小盘股。

从 2015 年 3 月至 5 月，股价始终保持在上涨趋势中，由 6.83 元上涨至 10.68 元，涨幅达到 56%。当股价在 4 月底创出 10.68 元的新高后，在 5 月前后的高位迎来一次三连跌。

股价在三个交易日内连续收出大阴线，在高位形成“三只乌鸦”的 K 线形态，预示着股价有反转的迹象。

经过这次下跌，市场成本也趋于一致，均线开始收敛，并最终在 5 月 15 日前后相交。根据均线服从理论，短期均线收敛后的方向要服从于长期均线的趋势。在岷江水电短期下跌时，长期均线并未改变方向，因此可以判断在均线收敛后，股价仍旧继续向上发展。

【专家提醒】MACD 指标

均线服从与均线扭转原理在实战中都存在一定的时滞性，所以又在均线的基础上发展出了 MACD 指标，被誉为“指标之王”。

MACD 指标中主要分析 DIF 线与 DEA 线的关系、MACD 柱状线的变化情况。当 DIF 上穿 DEA 线形成金叉时，是买入信号；当 DIF 下穿 DEA 形成死叉时，是卖出信号。当 MACD 柱状线由绿色转为红色是买入信号，由红色转为绿色则是卖出信号。

如图 5-22 所示为岷江水电 2015 年 4 月至 6 月的 K 线图。

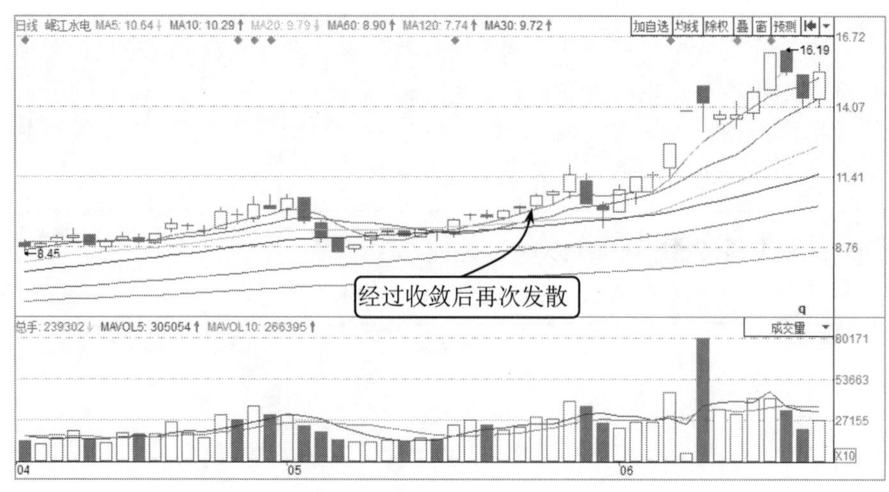

图 5-22 岷江水电 2015 年 4 月至 6 月的 K 线图

从图 5-22 中可以看到，在经过 5 月前后的短期下跌之后，均线由收敛到发散，股价也在回调后再次上涨，由此也可以看出，均线服从原理有一定的实战意义。

【实战案例】新和成(002001)——均线扭转

如图 5-23 所示为新和成 2015 年 4 月至 7 月的 K 线图。

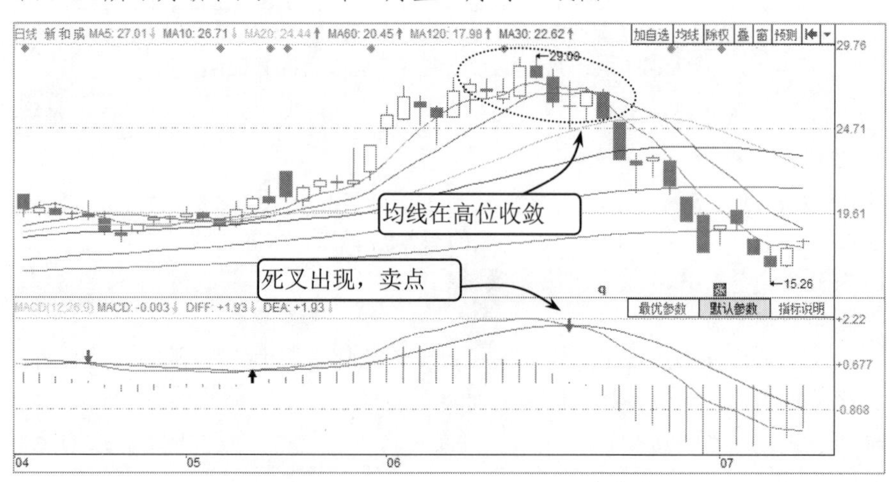

图 5-23 新和成 2015 年 4 月至 7 月的 K 线图

新和成是一家化学制药上市企业，主营业务是有机化工产品及饲料添加剂的生产、销售，经营进出口业务。

2015 年 5 月至 6 月中旬，股价呈现快速上涨，由 18 元上涨至 29 元附近，涨幅达到了 61%。

当股价上涨至 29 元附近时，受到了明显的阻力，多个交易日收出带上影线的 K 线。

由于股价滞涨，均线开始收敛，意味着股价将要变盘。如果根据均线服从原理进行分析的话，此时长期均线仍向上运行，意味着股价在均线收敛后将继续上涨。

而事实上，股价在均线收敛后并未上涨，而是呈现缓慢下跌的趋势。从均线扭转原理以及此时的 MACD 指标可以分析出，股价已经见顶，即将滑落。

3) 背离

均线背离通常出现在暴涨或暴跌的过程中，对于判断底部和顶部有较大的帮助。当股价见顶回落或见底上涨时，中长期均线的方向并未发生改变，而当股价突破或跌破均线后，股价的运行方向与所突破的均线方式经过交叉，方向是相反的，这就是实战过程中的均线背离。

在实战中运用均线背离时，应该注意以下几个问题。

- ✧ 一是股价的 K 线与均线必须发生交叉，且方向上相反，如果股价与均线没有发生交叉，即使此时两者方向相反，也不属于均线背离。
- ✧ 二是均线背离发生后，判断短期的底和顶时应当注意股价必须出现剧烈震荡才可靠，如果股价没有出现剧烈震荡，将出现强势盘整或下跌的情况，表明市场并不认可均线背离，原有的上涨或下跌趋势将延续。
- ✧ 三是均线背离分析法只适用于一般状态下的市场，当市场进入非常强势或非常弱势时，应当用均线扭转原理来判断趋势。

【实战案例】江特电机(002176)——均线背离

如图 5-24 所示为江特电机 2014 年 12 月至 2015 年 5 月的 K 线图。

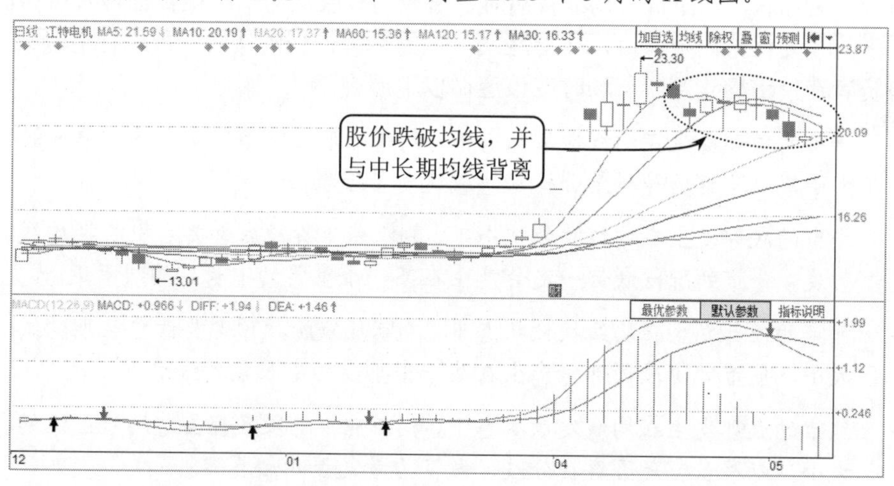

图 5-24 江特电机 2014 年 12 月至 2015 年 5 月的 K 线图

江特电机是江西的一家电气设备上市企业，主营业务有电动机、发电机、机械产品、锂离子电池用材料、矿产品等的生产和销售。

江特电机在 2014 年 12 月至 2015 年 1 月的时间里，都处于低位横盘状态。

2015 年 1 月 26 日，因为筹划重大事项，江特电机进行了停牌。最终在 4 月 14 日复牌交易，股价迎来连续涨停。

经过连续涨停，股价被拉升至 23 元附近。由于前期获利盘的大量涌现，股价在涨停被打开后，迎来了回调。

在回调的过程中，股价跌破短期均线，并继续往下运行。而同期的长期均线仍保持向上运行，与股价发生背离。

如图 5-25 所示为江特电机 2015 年 1 月至 6 月的 K 线图。

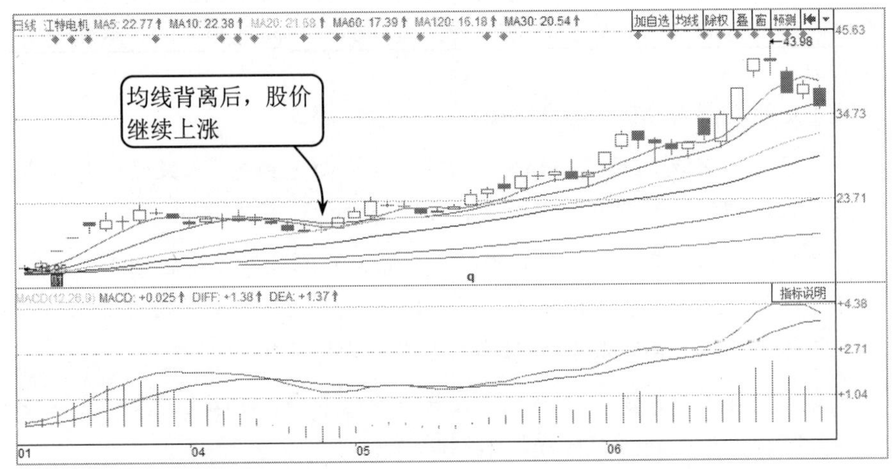

图 5-25　江特电机 2015 年 1 月至 6 月的 K 线图

对投资者而言，当股价与均线背离时，出现均线服从与均线扭转都是有可能的，因此投资者只需要保持观望即可，在上涨或下跌的趋势得到确认后，再进行追涨或卖出。

投资者在使用均线判断市场时应该遵循以下原则。

- ✧ 牛市的顶部发生在均线发散状态下，判断牛市阶段顶部要看均线系统的背离率大小，以及市场筹码是否松动，成交量是否萎缩。
- ✧ 牛市的底部发生在均线收敛状态下，判断牛市阶段底部要看中长期均线的支撑力度，牛市的阶段底部一定会产生在某一条重要的中长期均线附近。
- ✧ 熊市的顶部发生在均线收敛状态下，判断熊市阶段顶部要看中长期均线的压力大小，熊市的阶段顶部将产生在某一条重要的中长期均线附近。
- ✧ 熊市的底部发生在均线发散状态下，判断熊市阶段底部要看均线系统的背离率大小，以及多空是否存在分歧，做空力量是否开始萎缩。

5.2.2　均线的应用法则

均线的应用，最为经典的便是美国投资专家葛兰威尔的八大法则。八大原则对应的分别是八个不同的买卖时机。

首先介绍四个买入时机。

1) 买入时机之一

当股价处于相对低位时，短期均线和中长期均线开始走平，若在此时短期均线开始向上交叉并穿越中长期均线，形成金叉。而这种低位的金叉，是投资者进行追涨买入的不错时机。

【实战案例】东方园林(002310)——买入时机之一

如图 5-26 所示为东方园林 2014 年 10 月至 2015 年 2 月的 K 线图。

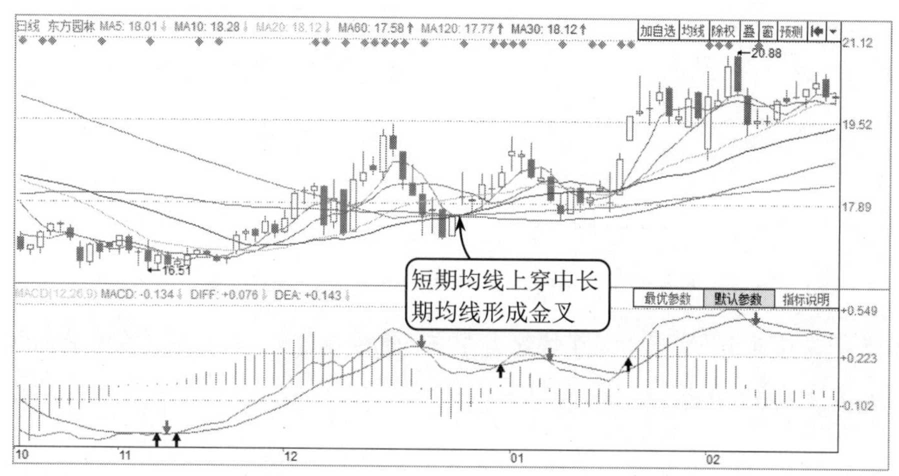

图 5-26 东方园林 2014 年 10 月至 2015 年 2 月的 K 线图

东方园林是一家建筑装饰公司，主要从事园林环境景观设计和园林绿化工程施工，主要为各类重点市政公共园林工程、高端休闲度假园林工程、大型生态湿地工程及地产景观等项目提供园林环境景观设计和园林工程施工服务。

2014 年 10 月至 11 月底，股价迎来一次快速下跌，并创出了 16.51 元的新低。进入 12 月之后，股价有明显上涨，中长期均线开始由下跌转为走平。

随着中长期均线走平，股价结束单边上涨再次回调，短期均线与股价同步变化。最终在 12 月底，短期均线上穿走平的中长期均线形成金叉，发出买入信号。

此时也是葛兰威尔八大法则中的第一个买入时机，意味着短期内市场成本趋于一致，股价将迎来上涨。

2) 买入时机之二

当股价处于上涨趋势中，均线呈多头排列，当股价在短期内快速回调，短期均线跌破中长期均线，随后在股价反弹的过程中，短期均线向上穿过中长期均线形成金叉，这就是在上涨趋势中的加仓信号。

【实战案例】戴维医疗(300314)——买入时机之二

如图 5-27 所示为戴维医疗 2015 年 3 月至 6 月的 K 线图。

戴维医疗是创业板的一家医疗器械企业，主营业务是婴儿保育设备的研发、生产和销售，其流通股为 1.15 亿股。

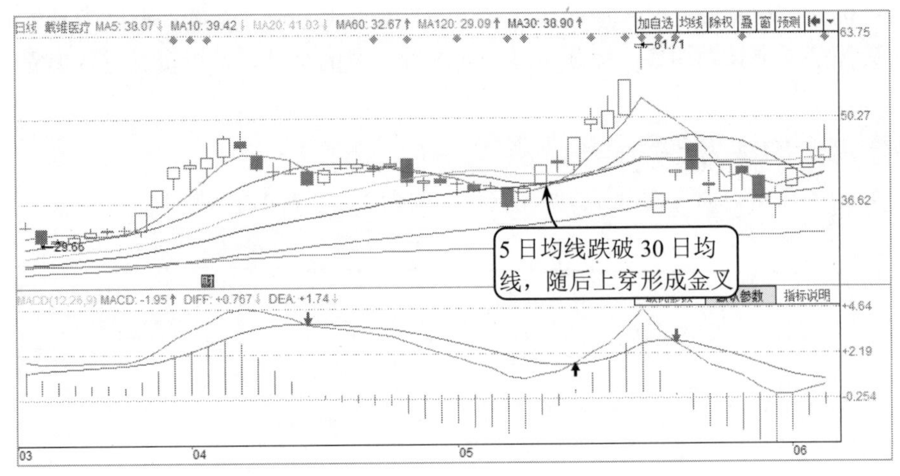

图 5-27 戴维医疗 2015 年 3 月至 6 月的 K 线图

2015 年 3 月至 4 月，股价处于快速上涨中，随后展开了一轮回调。在回调的过程中，以 5 日均线为代表的短期均线跌破 30 日的中期均线。随着股价的走低并快速反弹，5 日均线上穿 30 日均线形成金叉，发出加仓信号。

对于投资者而言，如果前期有持仓该股票，可以进行加仓；如果投资者前期并未持有该股，在股价前期涨幅不大的情况下，可以进行追涨买入。

从戴维医疗后期的走势来看，在金叉形成时股价为 43 元，随后一路上涨至 60 元上方，短期涨幅达到 40%左右。

3) 买入时机之三

股价处于上涨趋势中，均线呈多头排列，当短期均线跌至中长期均线附近，股价得到中长期均线的支撑，此时是投资者进行加仓或视情况建仓的机会。

【实战案例】黄山旅游(600054)——买入时机之三

如图 5-28 所示为黄山旅游 2015 年 2 月至 6 月的 K 线图。

黄山旅游可以从名称上了解到这是一家景点及旅游板块内的个股，主营业务是依靠黄山进行酒店业务、索道业务、园林开发业务、旅游服务业务、商品房销售等。

黄山旅游的流通股仅有 1.18 亿股，属于小盘股，对于主力和投资者的吸引力都很大。因此在 2015 年 2 月至 4 月底这段时间内，股价走出了良好的上涨趋势。股价平稳地从 16 元上涨至 21 元附近。

在 21 元附近，K 线在相对高位收出了十字星，随后股价展开了回调。在回调过程中，短期均线迅速向下运行。股价接连跌破 10 日均线和 30 日均线，并向 60 日均线展开进攻。最终股价无法跌破 60 日均线，反而是在 60 日均线上两次得到支撑。

在第一次支撑出现时，投资者就可以进行加仓或建仓，到第二次支撑出现时，是投资

者确认行情将继续上升的信号，可以进行加仓。

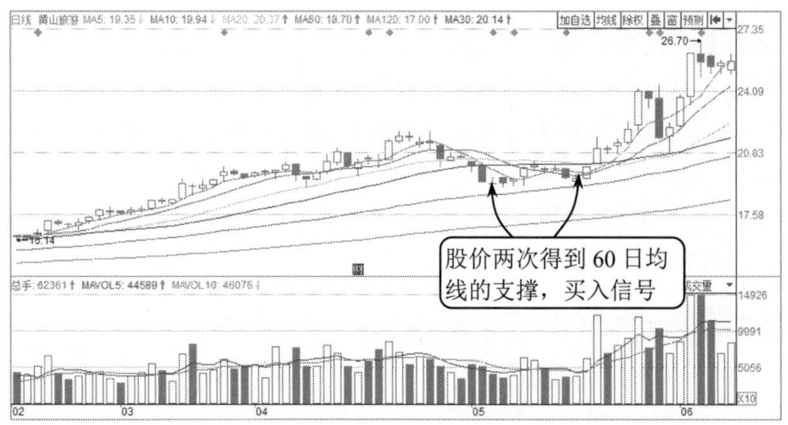

图 5-28　黄山旅游 2015 年 2 月至 6 月的 K 线图

4)　买入时机之四

股价处于下跌中，均线呈空头排列，短期均线经过快速下跌向下远离中长期均线，若短期均线出现走平迹象，或者短期均线偏离中长期均线过多，此时通常会出现超跌反弹的行情，是短线投资者抓住一波反弹行情的机会。

【实战案例】四川九洲(000801)——买入时机之四

如图 5-29 所示为四川九洲 2015 年 5 月至 7 月的 K 线图。

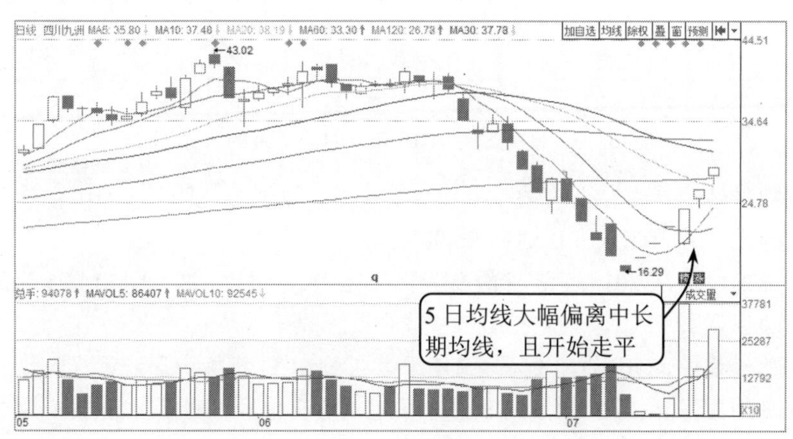

图 5-29　四川九洲 2015 年 5 月至 7 月的 K 线图

其次介绍四个卖出时机。

1)　卖出时机之一

股价经历大幅上涨后，中长期均线开始走平，若此时短期均线开始向下交叉并穿越中长期均线，形成了死叉形态。

这类高位死叉，是明显股价见顶回落的信号，是投资者短线卖出的信号，也是中长期卖出离场的信号。

【专家提醒】 MACD 指标中的金叉

股票行情软件默认的均线为 5 日、10 日、30 日、60 日与 120 日等周期，存在一定的滞后性。投资者可以根据自己的投资风格进行调整，为了避免在观察高位见顶卖出时机时的滞后，投资者可以借助 MACD 指标。

在投资实战中，DIF 线与 DEA 线可能会先于均线出现死叉，这也是较为可靠的卖出信号。

【实战案例】鲁商置业(600223)——卖出时机之一

如图 5-30 所示为鲁商置业 2015 年 5 月至 7 月的 K 线图。

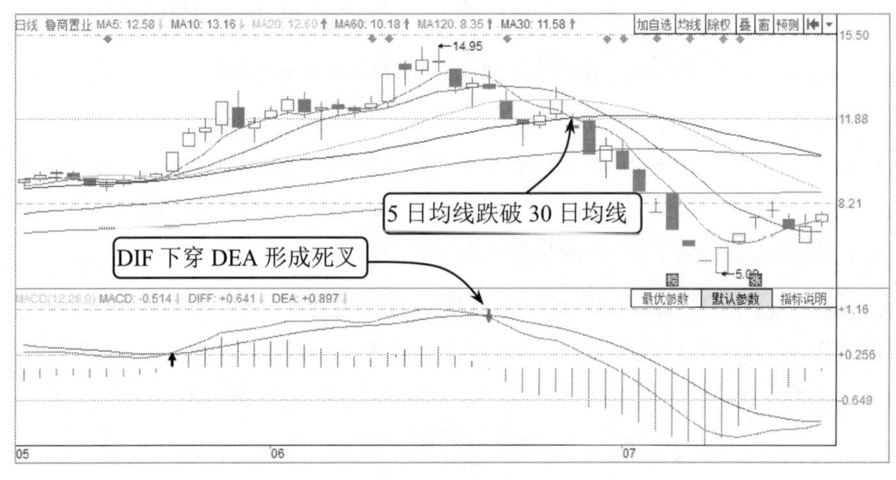

图 5-30 鲁商置业 2015 年 5 月至 7 月的 K 线图

鲁商置业房地产开发行业内的一家中盘股企业，流通股达到了 10.01 亿股，主营业务则是房地产开发，营业收入占比达到 96.98%。

鲁商置业的股价从 2015 年 5 月的 9 元上涨至 14 元附近，在创出 14.95 元的新高后，股价开始迅速回调。

在回调的过程中，DIF 线率先下穿 DEA 线在 MACD 指标中形成死叉，发出了卖出信号。随后 5 日均线下穿 10 日均线，也发出了短期卖出信号；最后才是 5 日均线分别下穿 30 日、60 和 120 日均线，形成死叉，发出中长期卖出信号。

因此可以看出，在使用均线相互死叉时，也应该关注一下 MACD 指标中的 DIF 线与 DEA 线的关系。

2) 卖出时机之二

股价处于下跌行情中，此时均线呈空头排列形态，下跌趋势中的一轮反弹走势使得短期均线向上突破中长期均线，若随后短期均线出现走平、转势迹象，则预示着一轮反弹行情的结束。

股价在下跌趋势中的反弹行情，来得快去得也快。在快速反弹行情中，均线可能会来不及反应，投资者可以将均线周期调整为 3 日、5 日、10 日或其他周期，以便更为快捷和迅速地反应股价走势。

【实战案例】美都能源(600175)——卖出时机之二

如图 5-31 所示为美都能源 2014 年 9 月至 2015 年 2 月的 K 线图。

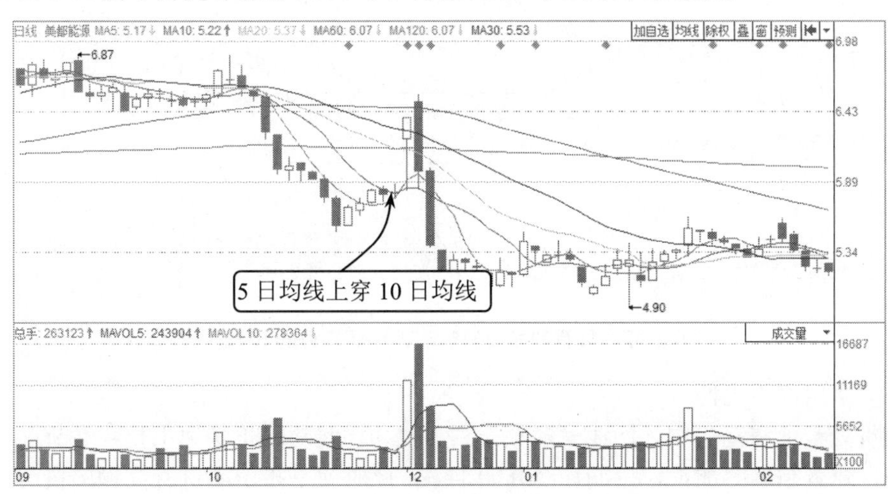

图 5-31　美都能源 2014 年 9 月至 2015 年 2 月的 K 线图

美都能源是一家房地产开发企业，其主营业务涉及广泛，包括原油及天然气的勘探、开发、生产和销售、商业贸易、房地产开发、金融及准金融业、酒店服务和股权投资等，流通股为 14.48 亿股。

在 2014 年 9 月至 2015 年 1 月这段时间内，美都能源的股价都处于明显的下跌行情中。在经过 10 月初至 10 月中旬的迅猛下跌后，股价迎来反弹行情。

在反弹行情中，5 日均线迅速走平并上穿 10 日均线形成金叉。在 5 日均线试图继续上行扩大战果时，一根大阴线宣告反弹行情的结束。

在反弹行情结束时，5 日均线迅速转向，再次向下运行。当均线发生转向时，就是投资者应果断离场的信号。

3)　卖出时机之三

股价处于下跌趋势中，均线呈现空头排列，当短期均线经过反弹上升至中长期均线附近，股价受到了中长期均线的阻碍，无法继续上涨时，短期均线也逐渐走平，此时是投资者卖出的信号。

【实战案例】网宿科技(300017)——卖出时机之三

如图 5-32 所示为网宿科技 2015 年 3 月至 7 月的 K 线图。

网宿科技在 2015 年 4 月底进行除权后，本该走出一波复权的上涨行情，股价在反弹过程中受到了 120 日均线的阻碍，5 日均线快速走平并转为下跌，股价迎来一波大跌。

周期越长的均线对股价的阻碍和支撑作用也越强。

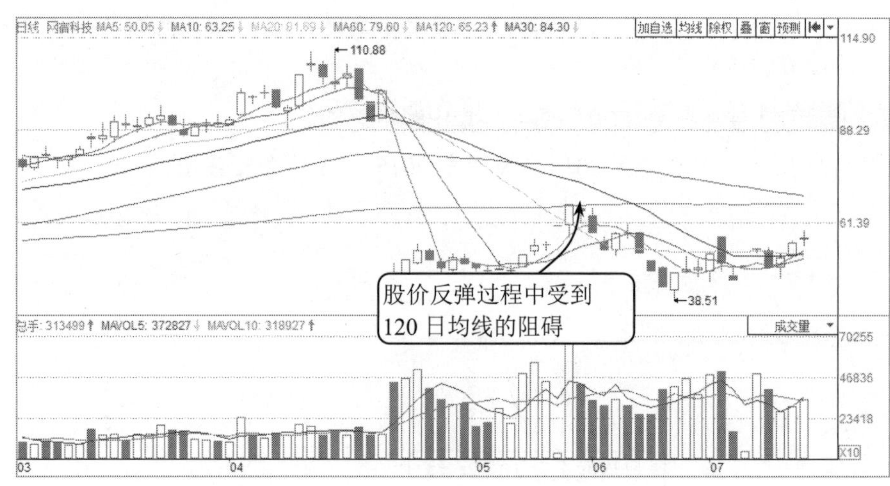

图 5-32　网宿科技 2015 年 3 月至 7 月的 K 线图

4)　卖出时机之四

股价处于上涨趋势中，均线呈多头排列，短期均线随股价快速上扬，不断远离中长期均线，随着距离的加大，短期均线开始走平，此时就是投资者进行高抛的机会，将投资收益保持最大化。

【实战案例】西南证券(600369)——卖出时机之四

如图 5-33 所示为西南证券 2015 年 1 月至 7 月的 K 线图。

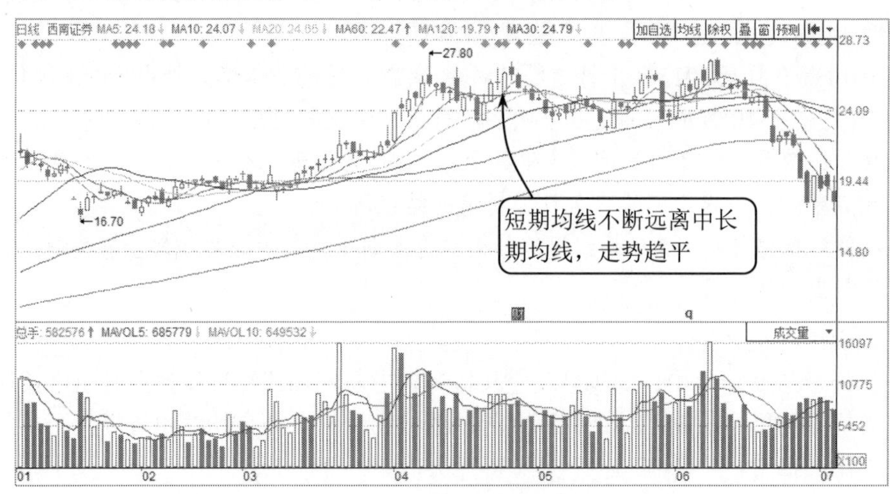

图 5-33　西南证券 2015 年 1 月至 7 月的 K 线图

在 2015 年的牛市中，券商股表现平平。西南证券从 2015 年 1 月的 16.7 元上涨至 4 月的 27.8 元。

在股价创出新高 27.8 元后，短期均线离中长期均线的距离已经非常之远，且短期均线逐渐走平。同时期的股价也在高位开始震荡整理。

聪明的投资者会在已经获利的情况下，将西南证券在高位卖出，将利润兑现离场，避免在股价震荡时降低资金的使用效率。

从后市的走势来看，西南证券在经过长达两个月的高位震荡之后，迎来的并不是继续上涨，而是快速下跌。

前期在均线开始走平时进行抛出的投资者不仅高效率地利用资金，而且避免了股价下跌带来的损失。

Chapter 06

涨停板的关键——成交量

成交量是市场中股票交易活跃程度的直观反映，也是个股保持上涨的不竭动力。股价的上涨，必须要有成交量的支撑，才是最稳当、最有效的。尤其是对于涨停板而言，成交量是关键。

本章要点

- ✧ 成交量所反映的信息
- ✧ 成交量的三条标准线
- ✧ 涨跌停板制度下的量价分析
- ✧ 均量线形态分析
- ✧ 放量与缩量中的涨停板机会
- ✧ 大盘波段顶与底的判断
- ✧ 长阴缩量技法

6.1 成交量与涨停板

成交量是实战中最常见的一个技术指标，是指个股在某个时间周期内成交的数量。成交量可以依据时间的长短划分为分钟成交量、日成交量、周成交量、月成交量等。

如果股价进入下跌趋势，一段时间内持续下跌，成交量逐渐萎缩，跌幅太大时会出现反弹，成交量随之放大。买盘释放完全后，股价又结束反弹行情再次下跌，成交量也会继续萎缩。

6.1.1 成交量所反映的信息

成交量包含了大量的市场信息，投资者如果能了解到成交量中包含的市场信息，对把握市场走势、捕捉涨停板有十分重要的意义。

1) 成交量首先反映的是供求关系

成交量的直接含义是个股成交的数量，如果把成交量与股价走势相结合，就具有了更深一层的含义，即成交量体现市场或个股中的供求状态。

当股价上涨，成交量放大时，说明买方需求大，从而推动股价继续走高，是需大于求的表现；当股价下跌且成交量放大时，说明卖方实力强，将股价持续打压下跌，是供大于求的表现。

根据成交量的变化情况与股价的走势，投资者可以预测出个股交易过程中的供求变化，而这些供求关系的变化，正是促进趋势延续和趋势反转的内在动力。

2) 成交量反映出市场情绪

成交量是市场交易是否活跃的直观反映，当市场交易人气旺盛时，买卖交易频繁，成交量会随之呈现放大状态；反之，当市场交易人气低迷时，买卖操作稀少，成交量会因此呈缩小状态。

在股价上涨的过程中，相应的市场情绪则体现在投资者的交易热情中，活跃的市场交易氛围是推动股价持续上涨的动力。在股价不断走高的过程中，投资者的交易热情也会随之提高，买盘不断涌入，资金进入充裕，成交量保持放大形态。因此，成交量放大是买盘充足的表现，也是市场交易情绪高涨的表现。

在股价下跌的过程中，相应的市场情绪反应为投资者对交易的恐慌之中，恐慌的市场情况让投资者纷纷跟风抛售股价，将股价持续打压向下。随着卖盘的不断汹涌，卖出成交量急剧放大，市场的恐慌情绪愈发严重，成交量放大和大阴线难以避免。

如果出现缩量阴跌，则反映出市场中的观望气氛浓重，场外投资者都不愿意率先进场，市场交易冷清。

【实战案例】高新发展(000628)——成交量与市场情绪

如图 6-1 所示为高新发展 2015 年 1 月至 5 月的 K 线图。

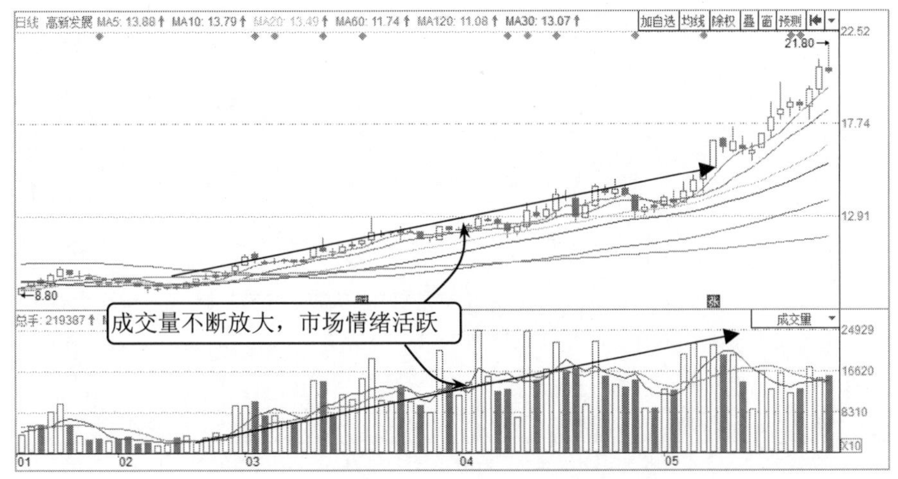

图 6-1　高新发展 2015 年 1 月至 5 月的 K 线图

在 2015 年 3 月之前，高新发展的股价处于低位横盘震荡中，成交量多数时间保持在较低的水平，说明市场交易暂不活跃，买卖操作不频繁。

进入 3 月份之后，在前期低位建仓的主力开始拉升股价，通常的手法是对敲或对倒，随着买卖的频繁，成交量开始放大。

股价在成交量的支撑下，保持着良好的上涨走势。随着股价的不断上涨，场外投资者在追涨心理的驱使下，纷纷买入进场，市场情绪不断高涨，股价也在活跃的市场交易氛围中连创新高。

3)　成交量可以反映主力动向

主力在建仓、洗盘、拉升和出货等控盘过程中，都会进行一系列操作，而这些操作将直接反映在成交量上。

主力是市场趋势的引导者，实力强大的主力可以制造趋势。有主力控盘的个股，无论是业绩好坏，还是有没有热点题材，都会在主力大力吸筹后进行一番炒作，将股价拉升至高位。

在没有主力控盘的个股中，成交量情况比较稳定，不会出现成交量异动情况，这也是分辨个股有无主力的方法之一。

有主力炒作的个股，情况则完全相反，个股在运行过程中经常出现成交量异动。例如没有明显利好消息，却出现脉冲式放量，突然放量上涨等情况。

【实战案例】东风股份(601515)——成交量反映主力动向

如图 6-2 所示为东风股份 2015 年 1 月至 5 月的 K 线图。

东风股份是一家主要经营卷烟商标的印刷以及相关包装材料的上市企业，流通股达到了 11.12 亿股。

在 2015 年 1 月至 3 月这段时间里，东风股份的股价处于低位横盘状态，在创出 10.95 元的新低后，出现缓慢上涨的形态。

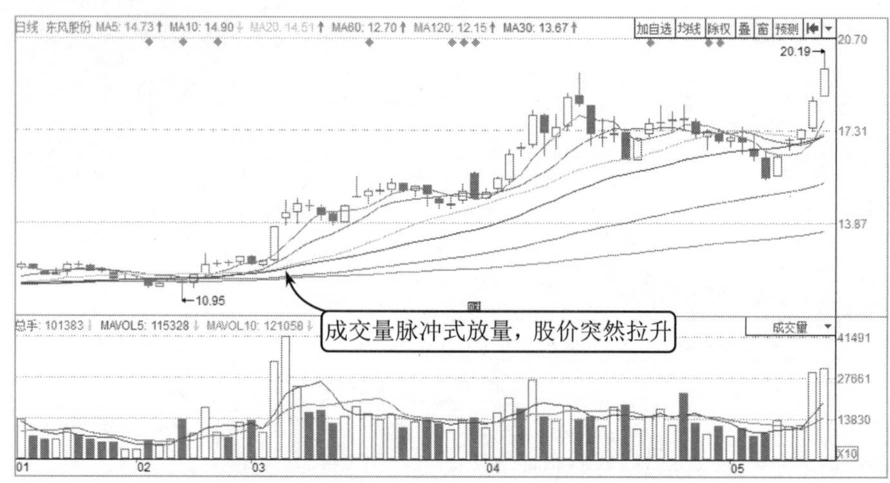

图 6-2　东风股份 2015 年 1 月至 5 月的 K 线图

3 月 5 日，成交量较前一个交易日放大三倍以上，股价强势收出涨停。从量柱形态上来看，当天突然出现脉冲性放量，是主力操作的明显信号。

4)　成交量可以反映趋势的持续和反转

对成交量的分析，投资者必须结合股价的走势，这也是实战中常用到的量价分析，是通过当前价格走势与成交量形态的变化来预测未来的走势。量价分析的实质就是动力与方向的分析，成交量是推动股价运行的动力，而股价则需要在成交量的推动下选择运行的方向。

成交量之所以能够反映趋势持续和反转，还在于它可以准确地反映出市场投资者力量的变化过程。投资者力量向着某一个方向加强时，成交量也会随之放大，于是股价朝着投资者努力的方向继续运行，这就是趋势持续。

如果投资者的力量开始减弱，成交量很难再放大，股价惯性上涨连创新高，成交量却没有同步放大甚至开始缩小，形成量价背离，这也是趋势反转的情况。

【实战案例】东材科技(601208)——成交量与趋势反转

如图 6-3 所示为东材科技 2015 年 4 月至 7 月的 K 线图。

东材科技是一家化工合成材料的上市企业，主要经营绝缘材料、功能高分子材料和相关精细化工产品的研发、制造和销售，流通股达到 6.16 亿股。

在 2015 年 4 月至 6 月的牛市之中，东材科技呈现出良好的上涨走势，股价由 11 元上涨至 16 元左右。

股价在上涨至 16 元附近后，开始在高位横盘发展，成交量快速萎缩。在成交量缩小的前提下，股价却在横盘中创出 16.6 元的新高，出现量价背离。

当股价经过大幅上涨，在高位出现量价背离时，是趋势反转的明显信号。因为此时投资者的热情已经衰减，买卖操作不再像前期那么频繁，成交量的萎缩是市场情绪最好的反映，也是趋势反转的征兆。

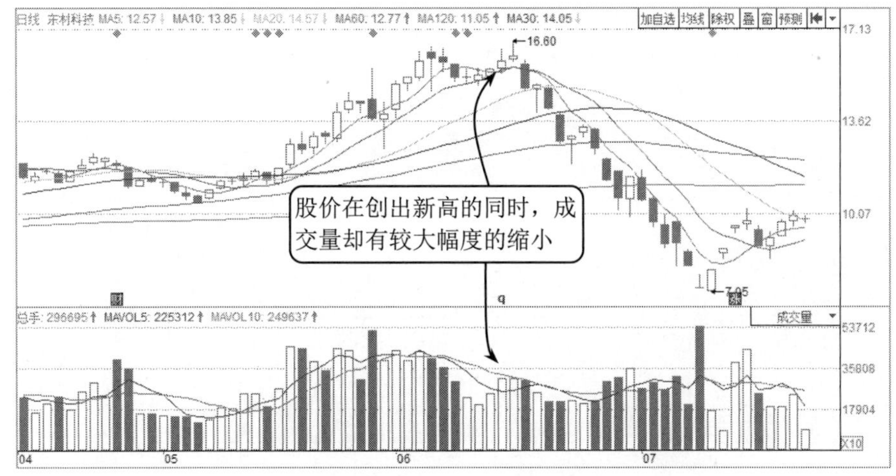

图 6-3　东材科技 2015 年 4 月至 7 月的 K 线图

6.1.2　涨跌停板制度下的量价分析

当股价在成交量同步放大的推动下，不断上涨时，10 日均线会上穿 60 日均线，形成第一个金叉；随后会继续上行穿过 120 日均线，形成第二个金叉；同时 60 日均线也会上穿 120 日均线，形成第三个金叉，由此也形成了典型的三线开花形态。

三线开花是典型的介入信号，但对于短线投资者而言，涉及的均线周期太长，反应可能过慢，丧失短线机会。

所以短线投资者在进行短线的量价分析时，应该注意四个原则：涨停量小，将继续上扬；涨停中途被多次打开，且持续时间长，成交量大，反转下跌的可能性大；涨停时间越早，下个交易日继续上涨的可能性越大；封住涨停或跌停的挂单越大，继续走势可能越大。

1)　涨停量小

涨停时的成交量小，说明封住涨停的时间短，多数意图追涨的投资者未能成功买入，场外资金庞大，接下来继续上涨的概率大。

【实战案例】大连电瓷(002606)——涨停量小

如图 6-4 所示为大连电瓷 2015 年 5 月至 7 月的 K 线图。

大连电瓷是一家电气设备上市公司，主要从事高压输电线路用瓷、复合绝缘子；电站用瓷、复合绝缘子；电瓷金具等产品的研发、生产及销售。

在 2015 年上半年的牛市中，股价上涨至 30 元上方，并在 6 月初创出 29.59 元的新高，随后在 6 月至 7 月初的大幅调整中，股价也随之大幅下跌。

在创出 9.2 元的新低后，股价止住跌势，当天即反弹走高收出涨停。第二个交易日再次高开，在开盘后不到十分钟即涨停，并封至收盘，当天的成交量也因此很低。

由于当天的涨停太快，场外的投资者来不及挂单买入，所以场外还有很多希望买入的资金，因此下一个交易日上涨的可能性极大。

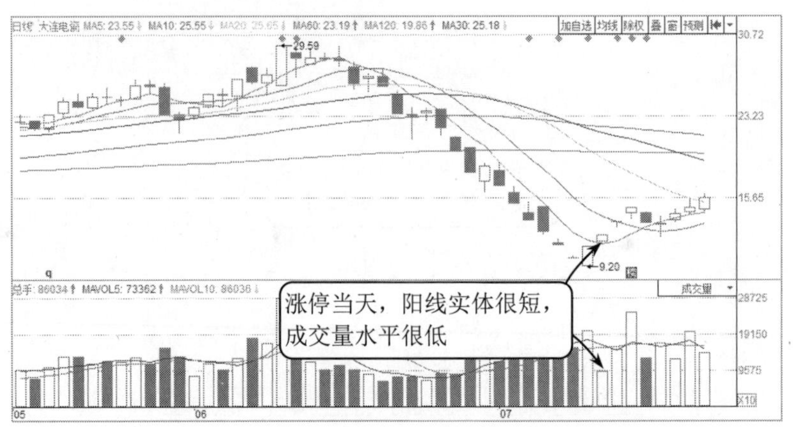

图 6-4　大连电瓷 2015 年 5 月至 7 月的 K 线图

对短线投资者而言，追涨这类涨停板是风险最大，也是收益最高的。投资者在快速涨停当天无法买入，下一个交易日在集合竞价中也需要挂将近涨停价才能买入。因此，在这轮行情中，短期投资者可以获得 10%的收益。

2)　涨停被长时间打开

如果股价在涨停后被多次打开，且持续的时间较长，当天的成交量越大，则在第二个交易日，股价反转下跌的可能性越大。

【实战案例】中路股份(600818)——涨停被长时间打开

如图 6-5 所示为中路股份 2015 年 5 月 27 日的分时图。

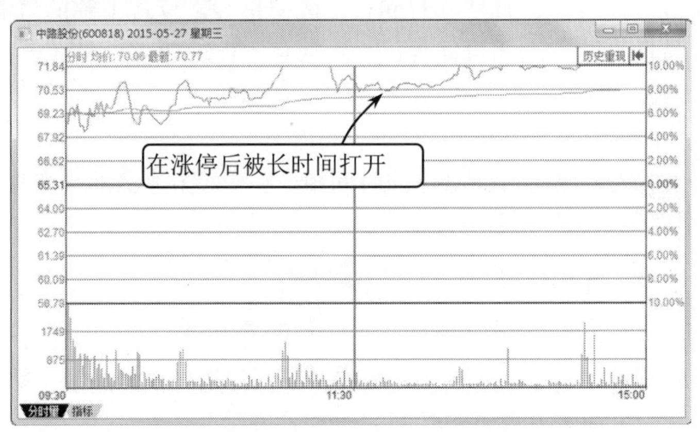

图 6-5　中路股份 2015 年 5 月 27 日的分时图

从图 6-5 中可以看出，中路股份在 5 月 27 日高开高走，在震荡走高的过程中，股价多次冲高，最终在 11:00 左右封住涨停。但涨停未能维持太久，在早盘收盘之前被打开，并延续到下午开盘后一个小时。在随后的运行过程中，股价也多次被打开涨停，但最终仍

以涨停收盘。

在长时间被打开涨停后，给了追涨投资者机会，不少投资者纷纷选择买入，所以当天的成交量也没有因为收出涨停而有所缩小。

如图 6-6 所示为中路股份 2015 年 3 月至 7 月的 K 线图。

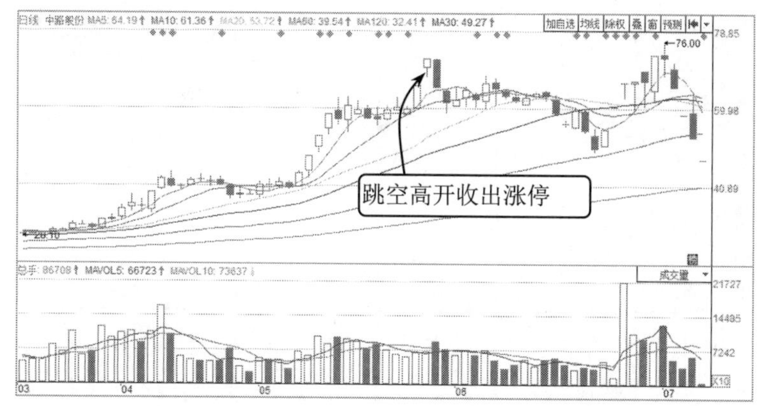

图 6-6　中路股份 2015 年 3 月至 7 月的 K 线图

中路股份是一家综合行业的公司，它的前身就是上海永久，其自行车产品为大家所熟知。该公司主要生产自行车及零部件、助力车(含燃气助力车)、手动轮椅车、电动轮椅车等各类特种车辆和与自行车相关的其他配套产品。

由于中路股份的流通股仅有 2.38 亿股，所以其股价较高。在 2015 年上半年的牛市中，股价由 28 元上涨至最高 76 元。

在上涨的过程中，5 月 26 日，股价收出大阳线，当天以涨停收盘。但当天的成交量并未明显放量，股价与成交量开始背离。

5 月 27 日，股价跳空高开，在震荡中冲高封住涨停，但多次被打开，当天的成交量依旧保持在较高的水平。如果投资者仅仅凭借 K 线图就进行追高，那么无疑会被套牢，损失惨重。

投资者应该在具体分析 K 线图和分时图后再进行追涨。在图 6-5 所示的分时图中明显可以看出，股价在封住涨停后多次被打开，当天的成交量也处于较高水平，有主力拉高出货的可能。

从后市的走势来看，中路股份在 5 月 27 日之后便开始回调，追涨的投资者全部被套，需要一个月左右的时间才能解套，浪费了大量的投资时间。

3)　涨停的时间早

股价在一个交易日内大幅高开，在开盘后迅速上攻封住涨停，并一直保持到收盘。这类尽早封住涨停的个股，第二个交易日继续上涨可能性大。

【实战案例】南方航空(600029)——涨停的时间早

如图 6-7 所示为南方航空 2015 年 6 月 8 日的分时图。

南方航空在6月8日当天小幅高开，在开盘后迅速走高，在半个小时左右的时间里，股价就封住了涨停。

快速封住涨停，让追涨买入的投资者并不多，场外还有不少投资者试图买入进场，但都为时已晚，股价已经死死封住了涨停。

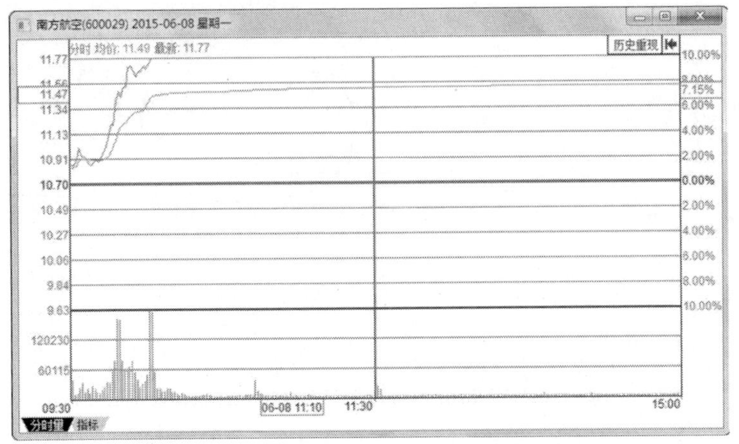

图 6-7　南方航空 2015 年 6 月 8 日的分时图

如图 6-8 所示为南方航空 2015 年 4 月至 7 月的 K 线图。

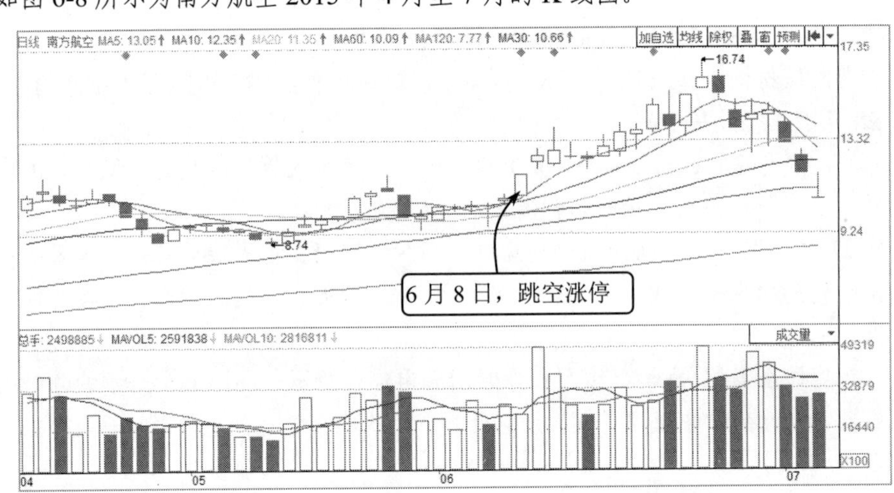

图 6-8　南方航空 2015 年 4 月至 7 月的 K 线图

在 2015 年上半年的牛市中，南方航空并未出现太大的涨幅，从 4 月至 6 月，股价在 9 元至 10 元的区间内横向震荡。

6 月 8 日，股价跳空高开，在开盘后迅速收出涨停，当天以一根大阳线打破了前期的横盘状态。

早盘涨停，说明股价上攻愿望强烈，多方实力雄厚，是短线投资者追涨买入的好时机。6 月 9 日，股价继续跳空高开，但盘中给了投资者充足的时间买入。从南方航空后期的走

势来看，追涨买入的投资者获益颇丰。

4) 大封单

封住涨停的买单数量越大，说明买方的实力越强，接下来的交易日继续上涨的可能性越大。

大封单在实战中，经常会出现主力陷阱，主要是主力想在高位出货，可能会以巨量买单将股价封住涨停，借此吸引市场的关注。涨停后，抛盘减少，挂涨停价的买盘增多，主力就会借机撤走买单，挂上卖单，很快将高位筹码转移到散户手中。

【实战案例】楚天高速(600035)——大封单

如图 6-9 所示为楚天高速 2015 年 7 月 21 日的分时图。

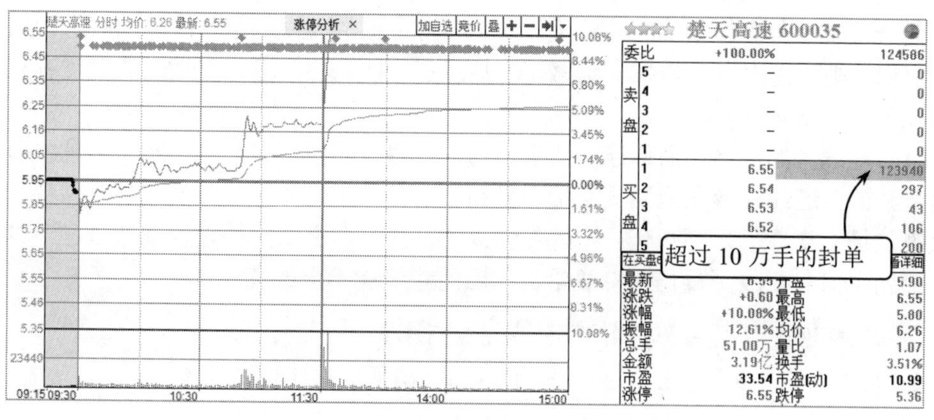

图 6-9　楚天高速 2015 年 7 月 21 日的分时图

在 2015 年 7 月 21 日当天，交通部发文《收费公路管理条例》修订稿征求意见，称高速公路拟将长期收费，调整收费期限：一政府收费高速路偿债期拟按实际偿清债务所需时间确定，各省实行统借统还；二特许经营高速公路经营期一般不超 30 年，届满后与偿债期政府收费公路统一收费。

公路铁路运输板块因此而受益，楚天高速在当天也受益于该利好消息，在分时图中呈现阶梯式上涨，最终在下午开盘时封住涨停，当时的封单肯定大于收盘时的 123 940 手，这样的大封单表明了多方意愿强烈，接下来的交易日继续上涨的可能性大。

6.1.3 放量与缩量中的涨停板机会

成交量在实战中的变化情况，可以总结为放量和缩量两种。无论是放量还是缩量都具有多重的内在意义。

1) 放量中的涨停板机会

放量是指某个交易日内的成交量与同周期的历史成交量相比，有明显放大的迹象。放量是多空双方对股价在后期的走势逐渐放大的表现，也是多空对抗白热化的表现。

放量形态可以总结为四种，即温和放量、递增放量、脉冲放量、连续大幅放量。每种放量形态背后的意义都有所不同。

(1) 温和放量：成交量相对于近期出现了较为温和的放大形态，是市场交易逐渐活跃的表现。温和放量出现在股价长时间下跌之后最为有效，空方力量得到充分释放后，多方不断买入，成交量温和放量，股价稳健上涨。

(2) 递增放量：递增放量是一种成交量呈逐级递增放大的形态，通常而言，这样的逐级放大可以持续五个交易日左右。由于每个交易日的成交量都比前一交易日小幅放大，因此从形态上来看，成交量呈阶梯式上涨的形态。递增放量的过程是市场情绪被持续激发的过程，如果后期成交量继续放大，则股价会继续上涨，投资者可以追入。

(3) 脉冲放量：成交量呈间歇性的巨幅放大，这样的放量只能维持一到三个交易日，随后成交量又会回到原来的水平。脉冲放量是市场交易无法持续的表现，是明显的主力操作信号。如果在低位出现脉冲放量，则是主力试盘的表现，第一次脉冲放量如果没有连续上涨，则不能追入；如果出现第二次甚至第三次脉冲放量，则是短期投资者应该密切关注的买入信号。

(4) 连续大幅放量：简称连续放量，是一种明显的成交量异动形态，多是主力的操作而导致的。连续放量期间的成交量明显高于前期的平均水平，且能够长期保持，股价在大幅放量的支撑下，不断爬升。随着股价的上涨，多空双方的矛盾逐渐激化，股价的震荡加剧，但只要成交量仍保持放量，上涨的趋势就不会改变。

【实战案例】华北高速(000916)——脉冲放量

如图 6-10 所示为华北高速 2014 年 12 月至 2015 年 4 月的 K 线图。

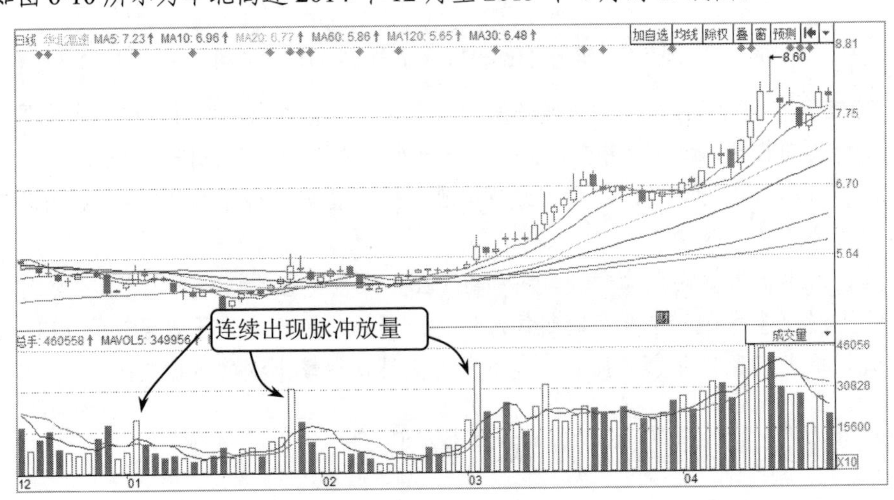

图 6-10　华北高速 2014 年 12 月至 2015 年 4 月的 K 线图

华北高速从名称上就可以看出这是一家公路运输上市企业，主营业务是投资开发、建设和经营收费公路，涉及的概念有京津冀一体化和央企国资改革、光伏概念，其流通股达到了 10.9 亿股。

在 2015 年 1 月前后，成交量第一次出现脉冲放量，成交量较前期放大了一倍以上，

但同期的股价并未出现连续上涨，表明主力暂时没有拉升股价的打算。

进入 2015 年 1 月底，股价结束了缓慢的跌势，进入反弹行情。在反弹过程中，成交量再次出现脉冲放量，当天的股价盘中冲高回落。

上涨阻力巨大，随后的股价开始横向发展，成交量迅速缩小。进入 3 月份，成交量再次出现脉冲放量，较前期放大了三倍以上。当天的股价在上涨之后，继续小幅上涨。

仔细观察三次脉冲放量可以发现，三者呈阶梯式上涨的形态。经过三次脉冲放量，市场中的上涨阻力已经清洗得差不多了，在 3 月份之后，主力开始拉升股价。

【实战案例】卫星石化(002648)——连续大幅放量

如图 6-11 所示为卫星石化 2015 年 1 月至 6 月的 K 线图。

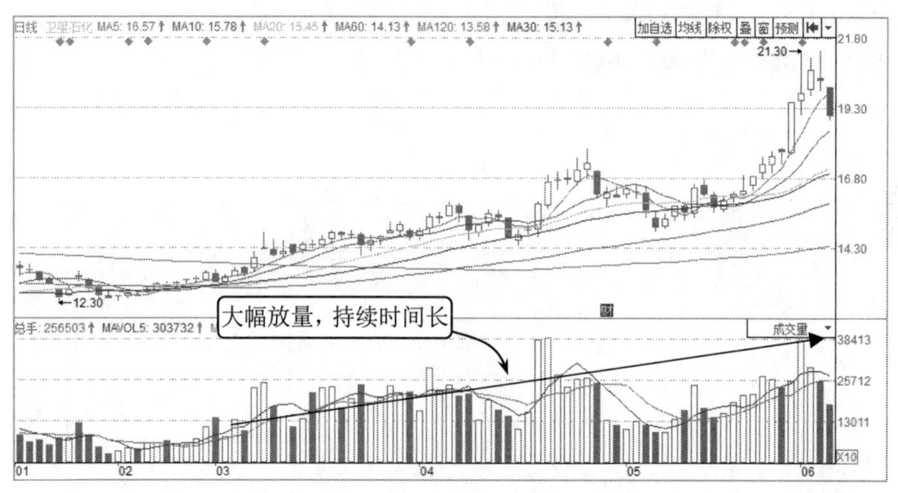

图 6-11 卫星石化 2015 年 1 月至 6 月的 K 线图

卫星石化是一家基础化学上市企业，主要从事丙烯酸、丙烯酸酯及下游高分子乳液的生产和销售业务。

在 2015 年上半年的牛市中，卫星石化走出了良好的上涨趋势。在 3 月份之前，股价都仍处于下跌和筑底阶段中，在创出 12.3 元的新低后，股价开始横向筑底。

进入 3 月份之后，成交量快速放大，推动着股价不断上涨。在上涨的过程中，成交量的放大并不是昙花一现，而是能够长时间地维系。且 3 月份之后放大的成交量达到了前期平均水平的几倍。

在成交量连续大幅放量的过程中，只要前期涨幅不大，都是短线投资者追入的机会。在追涨过程中，应该注意在回调过程中进行买入，将持仓成本控制到最低。

2) 缩量中的涨停板机会

缩量是指在某个时间周期的成交量与其历史成交量相比，有明显缩小的表现，是多空双方对股价后期走势的分歧逐渐缩小的表现。

股票的成交量缩小，是多空双方对股价后期的走势看法比较一致，或者是因为筹码非常集中。

缩量经常会出现在股价上涨或下跌的过程中，多空双方同时看多或同时看空，导致买入或卖出的投资者少，成交量萎缩。

对短线投资者而言，上涨过程中的缩量，意味着买方的减少，不是介入的时机；下跌过程中的缩量，意味着面对下跌，持仓者都不愿意卖出股票，对后市一致看好，短线投资者应该加强关注，待股价出现明显见底信号，即快速进入。

缩量形态出现在下跌途中，代表着场外的观望资金无意进场，市场都处于观望之中，盘中只有少量不坚定的套牢盘进行抛售。缩量形态出现在下跌途中，是短期内下跌将继续的信号，短线投资者不能马上介入，应耐心等待见底信号的出现。

【实战案例】山推股份(000680)——缩量中的涨停板机会

如图 6-12 所示为山推股份 2015 年 4 月至 7 月的 K 线图。

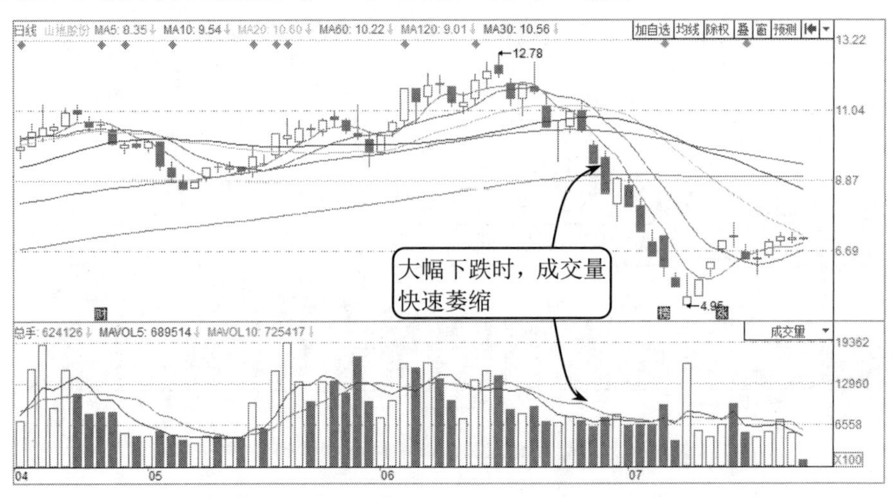

图 6-12　山推股份 2015 年 4 月至 7 月的 K 线图

山推股份是一家专用设备上市企业，主要从事建筑工程机械、矿山机械、农田基本建设机械、收获机械及配件的研究、开发、制造、销售、租赁、维修及技术咨询服务。山推股份是一带一路、马歇尔计划等热门概念中的个股，有良好的市场关注度。

在 2015 年 6 月中旬至 7 月初的暴跌中，山推股份无法避免，股价从 12 元上方跌至 5 元附近，跌幅惨重。

在下跌过程中，成交量快速缩小，呈现缩量下跌的状态，表明在大盘都处于单边下跌时，没有资金会在此时进入该股，但该股中的套牢盘持股相当坚定，对该股的前景一致看好，其中多少有“一带一路”和“马歇尔计划”等概念的影响。

2015 年 7 月 8 日，盘中股价冲高回落，收出长上影线的小阳线，结束了前期连续五个交易日收出阴线的下跌行情，并在盘中创出 4.95 元的新低。当天的成交量也一改前期的缩量形态，出现明显放量，如果投资者当天无法判断这是底部，那么接下来一个交易日的快速涨停，就应该让投资者反应过来。

根据投资者反应时间的不同，分别可以获得10%～30%的短期收益，是一次较为成功的追涨过程。

6.1.4 长阴缩量技法

在下跌或短期回调的过程中，股价在一个交易日内收出长阴线，被大幅打压向下，而此时的成交量却出现缩量，量柱相对于前期有所缩小。

长阴线短量柱的缩量情况，说明主力刻意打压股价，却不放量，通过这样的洗盘来获取大量便宜的筹码。随后经过几天的缓冲期，股价再次上涨。

【实战案例】中航重机(600765)——长阴缩量

如图6-13所示为中航重机2015年3月至6月的K线图。

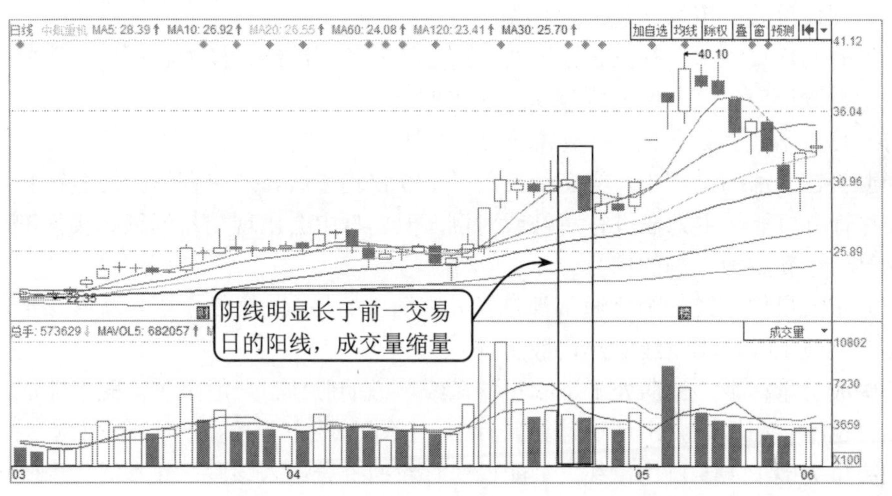

图6-13 中航重机2015年3月至6月的K线图

中航重机虽然是通用设备板块中的个股，但在市场中都将其看作军工股，主营业务有锻铸件、液压件、散热器及清洁能源业务。

在2015年上半年的牛市中，中航重机迎来良好的上涨行情。在上涨过程中，2015年4月27日，延续前期的横盘走势，股价在盘中一度冲高被打落，当天收出带长影线的小阳线，股价继续横盘。

2015年4月28日，股价高开低走，从开盘到收盘，下跌趋势保持得很好，没有明显的反弹，当天以7.21%的跌幅收出大阴线。

而当天的成交量却较前期有所缩小，在阴线实体大幅度长于前一交易日的阳线实体时，量柱缩短，是明显的长阴缩量。

这样的K线走势说明，主力在刻意打压股价，而成交量却不放量，只想吸收筹码。从后期的走势来看，股价在两个交易日的缓冲之后，迎来大幅上涨。

6.2 不可忽视的均量线

均量线是一定周期内市场中平均成本，均量线即一定周期内市场的平均成交量。在关注成交量变化及其形态变化时，也不能忽视均量线的存在。

6.2.1 成交量的三条标准线

随着交易量的变化，均量线也在相应地变化，通过观察均量线的形态，就可以很好地分析市场运行过程中的买卖动向，从而为追涨停板提供信号。

由于均量线是由成交量直接得到的，所以从均量线中得到的信号是非常精确和可靠的，它客观地反映了市场交易的变化结果。

在所有的均量线中，有三条标准线，通过这三条标准线，投资者可以看清成交量的性质，把握股价变化的节奏，掌握买入卖出的时机。

1) 135 日均量线是主力资金异动的标准线

当股价在上涨的过程中，成交量突破了 135 日均量线，说明有新的资金在大量流入该股。尽管有可能是主力在进行对敲或对倒，但在盘中会出现交易活跃、买盘增加的情况，这是一个新主力入场的信号。

突破 135 日均量线的个股通常都是当天市场中的热点，短线投资者就应该把注意力放在这类突破 135 日均量线的热门股上。

那些成交量稀少、长期处于 135 日均量线下方的股票，一般来说，既不能成为市场的热点，也不会在短期内出现快速拉升行情，除了长线主力控盘的个股之外。

成交量突破了 135 日均量线，只能说明有新的资金进入该股，并不能代表股价会立即上涨，主力在介入之后还会进行吸筹、洗盘等操作。

【实战案例】华塑控股(000509)——135 日均量线

如图 6-14 所示为华塑控股 2014 年 12 月至 2015 年 5 月的 K 线图。

华塑控股是四川的一家建筑材料上市企业，主要从事建材加工、门窗安装、园林工程等业务，其流通股仅为 6.06 亿股。

在 2015 年 2 月份之前，华塑控股仍处于下跌行情中，并创出了 4.26 元的新低，随后进入短期反弹行情。

进入 3 月份，成交量连续多个交易日突破 135 日均量线，表明有主力介入该股。在放量结束后，成交量回落至 135 日均量线下方，股价开始横盘发展。

华塑控股在主力介入后的洗盘中，幅度较小。并不是每个主力进行洗盘时，股价的回调力度都如此小。投资者在成交量初次超过 135 日均量线时，尽量避免马上介入，在趋势确定之后再进行追涨。

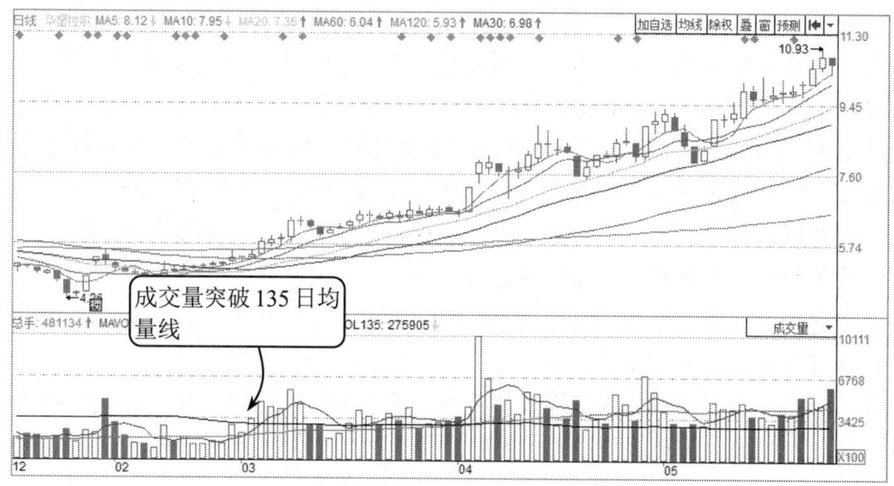

图 6-14 华塑控股 2014 年 12 月至 2015 年 5 月的 K 线图

2) 40 日均量线是主力洗盘的标准线

当成交量突破 135 日均量线后，说明有新主力介入该股。主力在介入之后，不可能马上进行拉升，而是需要将市场中的浮筹清洗出去，吸引新的持股坚定者进场。

因此在洗盘的这个阶段内，股价会开始回调，随着股价的下跌成交量也会缩小，说明流出的只是散户资金。

当成交量跌破 40 日均量线，通常将其看作洗盘结束的信号。洗盘结束后，主力可能会马上拉升，也可能不会立即行动。

【实战案例】石化机械(000852)——40 日均量线

如图 6-15 所示为石化机械 2014 年 12 月至 2015 年 4 月的 K 线图。

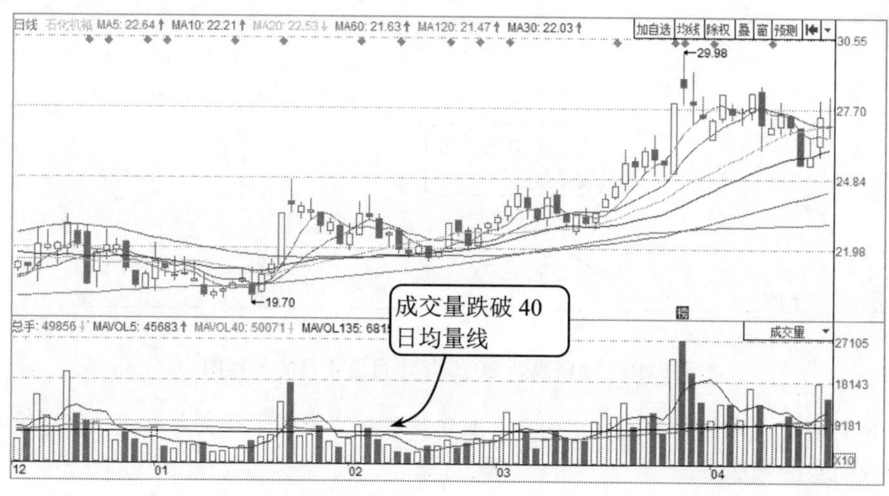

图 6-15 石化机械 2014 年 12 月至 2015 年 4 月的 K 线图

石化机械是中国石油化工集团旗下的一家专用设备上市公司，主要从事制造、销售石油钻采设备等业务。

石化机械设计的概念众多，例如一带一路、两桶油改革、央企国资改革等热门概念，其流通股仅有1.3亿股，是专用设备板块中较少的小盘股，更容易受到主力的关注。

从图6-15可以看出，2014年12月，成交量突破135日均量线，表明有主力开始介入石化机械。随后股价进入短期调整阶段，并在调整中创出19.7元的新低。

在创出新低后，股价以一根涨停大阳线突破前期平台，呈现大幅上涨。但主升行情仍为到来，股价的涨势戛然而止，成交量继续缩小。

进入2月份后，成交量逐渐缩小的40日均量线下方，意味着主力此次洗盘操作的结束，后市将可能迎来主升行情。

后期的走势也如预料中一般，在盘整几个交易日后，股价以一根大阳线突破上涨，打开了新一轮上涨行情，股价由22元上涨至30元下方。

3)　5日均量线是主力启动的标准线

在成交量突破135日均量线后，又回调跌破40日均量线后，某个交易日一旦成交量再次放大，盘中出现大买单快速吃单。

当放大的成交量接近或成功突破回调至40日均量线附近的5日均量线后，就是主力启动拉升的信号。

【实战案例】海特高新(002023)——5日均量线

如图6-16所示为海特高新2015年1月至4月的K线图。

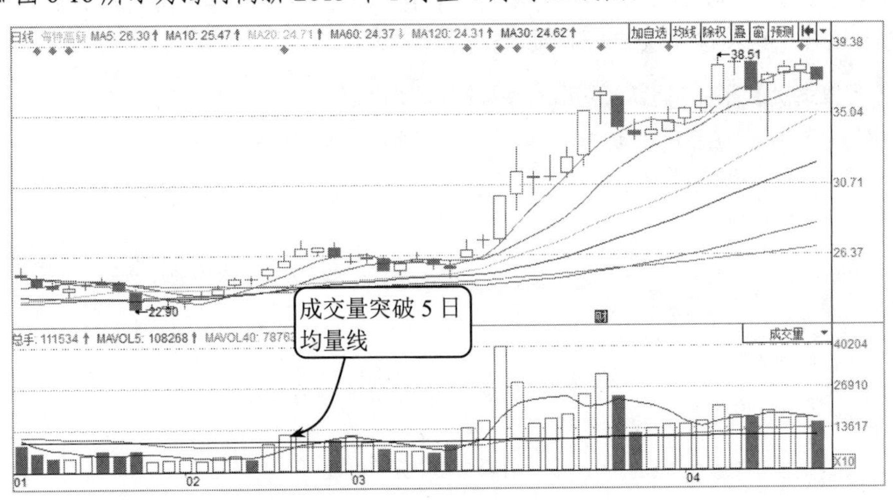

图6-16　海特高新2015年1月至4月的K线图

海特高新是一家国防军工上市企业，主要从事航空新技术研发与制造、航空维修、航空培训及航空金融服务。

在2015年1月至3月前的这段时间内，股价处于低位震荡走势中，股价在每个交易日内的波动都不大，常常以小阴线或小阳线收盘。

临近 2 月底，成交量开始放量，在三个交易日内呈现阶梯式放量，并在第二个交易日内突破 5 日均量线，是主力启动拉升行情的信号。

而海特高新在成交量突破 5 日均量线后并未立即启动行情，而是继续小幅回调，最终在 3 月中旬，进入快速拉升的上涨行情。

总而言之，成交量的三条标准线检验着量的性质，量的性质也是主力操作股票的规律。因此投资者只需要将成交量的三条标准线与 K 线形态、均线等指标结合起来分析，就能把握住股价上涨与下跌的节奏。

6.2.2 均量线形态分析

均量线与均线的实质相同，也会存在金叉、死叉、多头排列等形态。而均量线不同的形态之间也有着不同的市场含义。

1) 三线开花

成交量的变化，直接影响到均量线的变化。当成交量出现异动，突破 135 日均线后，5 日均线也会向上运行。5 日均线首先会穿过 40 日均量线，形成金叉，随后又穿过 135 日均量线，形成金叉。5 日均量线变化的同时，40 日均量线也会向上运行，当 40 日均量线向上穿过 135 日均量线时，形成了三线开花形态，是非常好的短期介入机会。

【实战案例】兔宝宝(002043)——三线开花

如图 6-17 所示为兔宝宝 2015 年 2 月至 5 月的 K 线图。

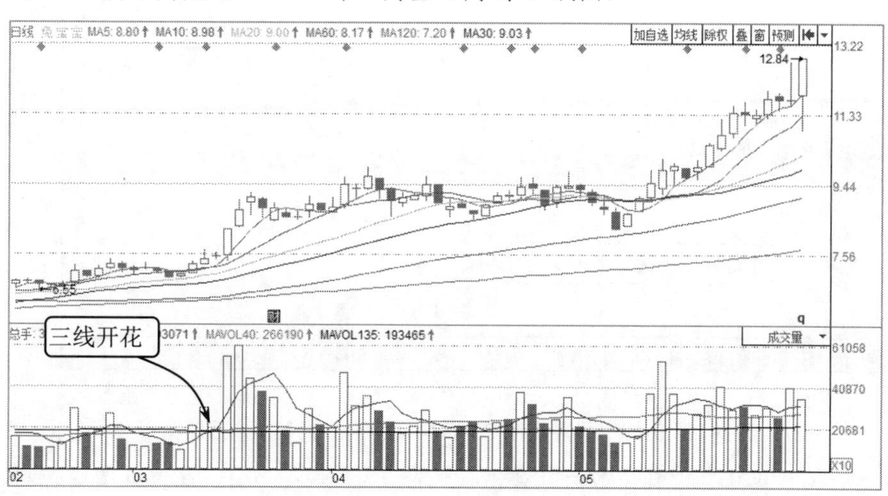

图 6-17 兔宝宝 2015 年 2 月至 5 月的 K 线图

兔宝宝是一家建筑材料板块的企业，主要从事装饰板材、油漆、墙体涂料、胶粘剂、装修五金、墙纸、木皮等装饰材料及地板、木门、衣柜、橱柜、家具宅配等产品，以及科技木等其他木制品产品等的生产、销售等业务。

2015 年 2 月，兔宝宝的股价创出 6.55 元的新低，随后成交量向上突破 135 日均量线，股价小幅反弹。

在成交量突破 135 日均量线后，股价未能持续上涨，而是随着成交量的萎缩展开调整。进入 3 月份后，成交量再次放大，并依次突破 5 日、40 日和 135 日均量线。

在成交量持续放量的过程中，5 日均量线依次突破 40 日和 135 日均量线，形成金叉。同时观察 40 日均量线发现，在成交量放量之前，40 日均量线在 135 日均量线下方，随着成交量的放大，40 日均量线突破到 135 日上方运行。

由此可见，兔宝宝在 3 月初出现了三线开花形态，是短线追涨投资者介入的好机会。从后市的走势来看，股价由 7.5 元左右上涨到 12 元附近。

2)　5 日均量线的回靠被突破

在均量线出现三线开花后，可能会进行洗盘操作。在洗盘过程中，成交量会快速萎缩，直到跌破 40 日均量线，也有可能会跌破 135 日均量线。

在回调过程中，5 日均量线波动最为明显，会选择向下回靠 40 日均量线。在 5 日均量线回靠到 40 日均量线当天，如果成交量放大伴随着股价的上涨突破了 5 日均量线，这就是主力正式启动拉升行情的信号。

【实战案例】平潭发展(000592)——5 日均量线回靠被突破

如图 6-18 所示为平潭发展 2015 年 4 月至 6 月的 K 线图。

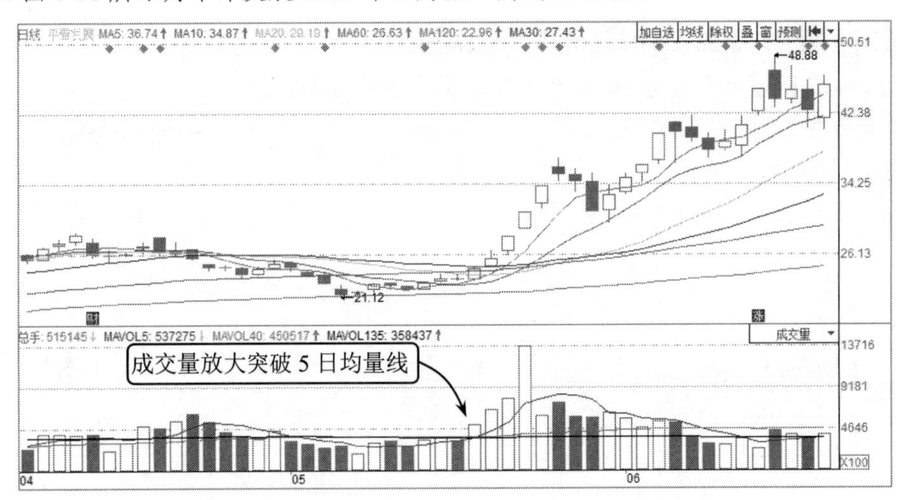

图 6-18　平潭发展 2015 年 4 月至 6 月的 K 线图

平潭发展是福建一家种植业与林业板块内的上市企业，2014 年以来因为福建自贸区的概念而备受市场关注，其主要从事造林营林、林木产品加工与销售、市政工程的设计与施工等业务。

在 2015 年 4 月至 5 月的牛市中，平潭发展与大盘行情的走势背离，在盘整走势中小幅回调，并创出 21.12 元的新低。

在创出新低的前后时间段内，成交量快速萎缩，甚至小于 5 日均量线。在缩小到极致之后，成交量便缓慢放大，最终在 5 月 19 日突破了回靠至 40 日均量线附近的 5 日均量线，

在成交量放大的支撑下，当天的股价上涨 5.37%，是主力正式开始拉升行情的信号。

从后期的走势来看，股价 5 个交易日内收出三个涨停，6 月份之后更是加速上涨，股价直到在 48 元附近才停下脚步。

6.2.3 大盘波段顶与底的判断

投资者进行短线追涨停板，受到大盘行情的影响也很大。当大盘行情趋势向上，这时候追涨成功率高；当大盘趋势向下，投资者最好选择空仓，谨慎追涨。

因此要想提高追涨的成功率，对大盘行情的判断尤为重要。

1) 三点见顶法

当牛市持续了一段时间以后，指数不断创出新高，投资者就需要紧紧盯住均量线的变化，随时警惕大盘顶部的出现。

在 40 日均量线与 135 日均量线接近或刚形成死叉的时候，在大牛市中特别是第二次出现，也是场外资金跟不上的时候，如果某个交易日内出现特大阴量突破了 135 日均量线，且是近期或前期一段时间内最大的成交量，这就是主力大量资金出逃的行为，也是大盘指数即将见顶的信号。

随后可能还会有两个交易日的上涨，指数创出新高，是给投资者最后的清仓机会。在这最后的上涨中，投资者应该保持清醒的头脑，主要从三点来判断见顶。

- **死叉**：40 日均量线向下死叉 135 日均量线。
- **阴天量**：均量线死叉后的最大阴量。
- **最后两天**：阴天量后再涨两天大盘见顶。

【实战案例】上证指数(000001)——成交量三点见顶

如图所示为 6-19 所示为上证指数 2015 年 5 月至 7 月的 K 线图。

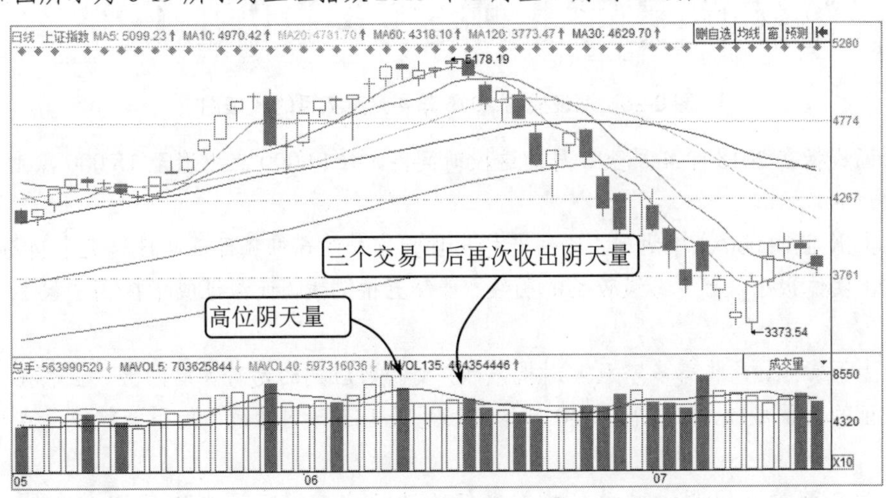

图 6-19 上证指数 2015 年 5 月至 7 月的 K 线图

2015年5月以来，上证指数由4300点快速上涨至5100点附近。2015年6月9日，指数低开低走，盘中被惨烈打压，但在收盘前多方的发力下，指数当天收出带下影线的小阴线。虽然当天的成交量不及前期，但其绝对水平也是较高的。

在6月9日之后的三个交易日，成交量明显萎缩，而同期的上证指数却继续上涨，并在6月12日创出5178.19点的近几年新高。

由此也可以看出，上证指数在高位出现量价背离，是明显的见顶信号，也比较符合三点见顶法的判断。

而在此次见顶过程中，40日均量线未能与135日均量线死叉，是因为市场交易情绪过于高涨，甚至投资者已经盲目相信市场会一直上涨。另一方面则是互联网信息技术的发展，居民收入和可支配收入的增加，大大增加了进入股市的投资者基数，参与的人数实在太多，交易量始终居高不下。

【实战案例】深证成指(399001)——K线见顶形态

如图6-20所示为深证成指2015年4月至7月的K线图。

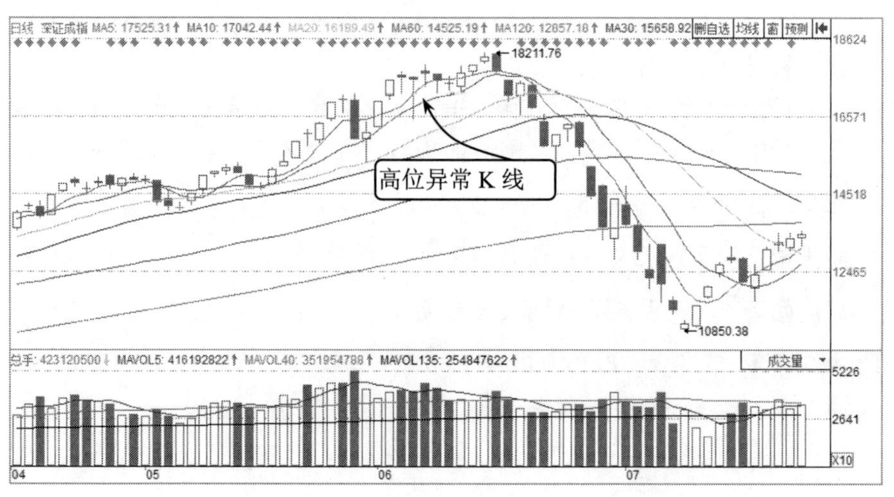

图6-20 深证成指2015年4月至7月的K线图

深证成指在2015年4月至6月的这段时间内，由14 000点上涨至18 000点附近，涨幅巨大。

在上涨至18 000点附近时，K线开始出现异常，在6月3日至9日这五个交易日内，连续收出实体极小，上下影线较长的阴线。连续五根阴线，让深证成指在高位蒙上了一层乌云。

长上下影线，意味着多空双方对抗激烈，对指数后期的走势矛盾凸显。虽然在此次上证与深证的大跌之中，都未出现40日均量线死叉135日均量线，但不能就说三点见顶法无效。

因为在连续五根阴线之后，指数继续上攻三个交易日，并在第四个交易日创出

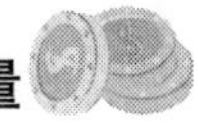

18 211.76 点的新高，随后就迎来了历史性的大幅下跌。

股市中的历史规律虽然会重现，但也会重现书写，因此在掌握一定的股市规律之后，不能囿于已知规律，更应该灵活运用，在实战中变通思考，不断完善。

2) 双重突破见底法

大盘经过单边下跌之后，指数下跌到绝对成本均线之下时，投资者需要密切关注均量线和成交量的形态变化，在出现双重突破时，就是一轮新的上涨行情。

双重突破是指成交量第一次连续三个交易日突破 40 日均量线，说明有新的资金入市。投资者在此时可以选择跟进，最好是在成交量缩小到 40 日均量线之下，然后再次向上突破 40 日均量线时进入。

【实战案例】上证指数(000001)——双重突破法

如图 6-21 所示为上证指数 2015 年 6 月至 7 月的 K 线图。

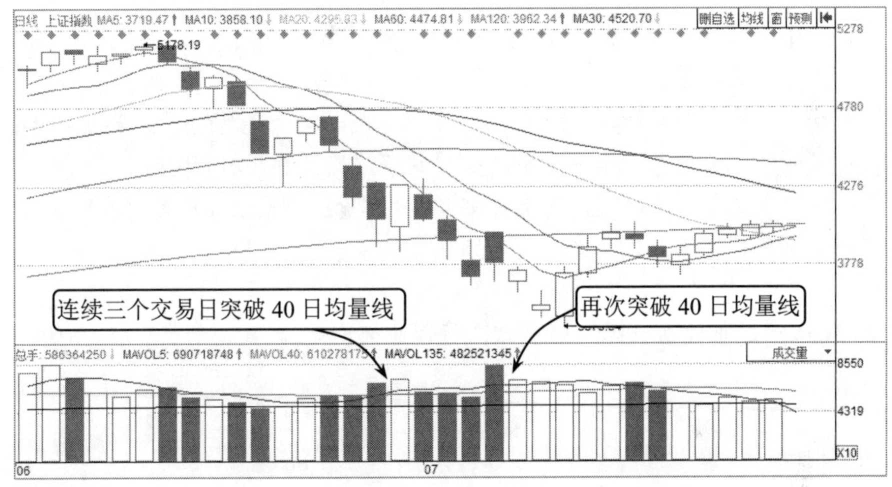

图 6-21 上证指数 2015 年 6 月至 7 月的 K 线图

在 2015 年 6 月中旬之前，上证指数意气风发攻破 5000 点大关，创出 5178.19 点的新高，正当投资者殷切期盼股市再创新高时，市场风云突变，利空消息频频创出，大盘指数下跌不止。

此次历史性的下跌原因可以归纳为四方面。

一是汇金公司突然减持银行股，具体为中央汇金于 5 月 26 日在 A 股场内减持工行和建行，金额分别为 16 亿元和 19 亿元。在牛市的行进过程中，汇金持续赎回上证 180ETF 等蓝筹风格 ETF，特别是在 2015 年 4 月份股市加速上涨以来，中央汇金加快赎回步伐。汇金的减持，传递出的是政策顶出现的信号。

二是证监会对对两融业务风险管理工作进行系统梳理和加强，另一方面加大力度整治场外配资业务。2015 年 6 月之后，两融余额已经连续一周处于 2 万亿元以上，股市杠杆不断加大，金融风险不断积累。

三是央行定向回购收拢资金，央行近期向部分机构进行了定向正回购，期限包括 7 天、14 天和 28 天。价格方面，则以市场利率定价。

四是银监会摸底资金入市情况。监管部门要求各银行上报资金入市情况，包括理财资金。这可能意味着，管理层不仅希望从券商渠道降低股市的“杠杆”，还要从银行角度减少资金流入股市。

多数投资者在这次灾难中损失惨重，只有果断清仓才能走得更长远，活下来就有希望。而那些融资、配资进行炒股的投资者，只能在暴跌中被强制平仓，最后血本无归。所以在此告诫投资者，千万不能杠杆炒股。

在暴跌中，危险总是与机会并存的，机会就在于久跌必涨，且此次下跌，跌势之凶猛，是我国资本市场历史首次。

6 月 29 日至 7 月 1 日的三个交易日里，成交量连续突破 40 日均量线，表明有新的资金在入市，而在暴跌中敢于入市的，只能是国家层面的资金。

而在这三个交易日里，K 线虽然收出过阳线，但阴线实体更大，没有明显的见底信号，国家救市还处于布局阶段。

7 月 1 日之后的三个交易日，大盘指数继续暴跌，成交量也迅速萎缩到 40 日均量线下方。这也说明了国家救市策略的失败，需要转换思路，加大救市力度。

7 月 6 日，成交量再次放大，向上突破 40 日均量线，虽然大盘行情指数仍在下跌通道中，资金充裕的投资者可以开始布局超跌错杀的成长股。

7 月 6 日之后的三个交易日，成交量继续保持在 40 日均量线上方，指数最终在 7 月 9 日创出 3373.54 点的低点后开始快速反弹，行情底部出现。

Chapter 07

在信息中发掘涨停信号

当前是一个成熟的信息时代，我们只有在眼花缭乱的信息中提炼出真实有效的信息，然后从信息中攫取数据。这些信息和数据，可以帮助投资者在股市中快人一步，提高短线追涨的成功率。

本章要点

- ✧ 四大宏观调控部门
- ✧ 四大财经报刊
- ✧ 行业信息
- ✧ 业绩预增
- ✧ 资产重组
- ✧ 高送转预期
- ✧ 新股题材

7.1 可信的权威信息

在短线操作过程中捕捉涨停板，需要关注关键的信息点。而市场中的信息五花八门，尤其是在炒股过程中，短时间内接收的信息量过大。

投资者要做的就是花时间精力去了解那些可靠的权威信息，而这些信息多是由政府部门、监管机构、上市公司发出的。

7.1.1 四大宏观调控部门

炒股，应该关注政府部门的公开信息，针对我国证券市场，存在四大宏观调控部门，它们发布的信息是投资者必须要关注的。

如图 7-1 所示为四大宏观部门的具体内容。

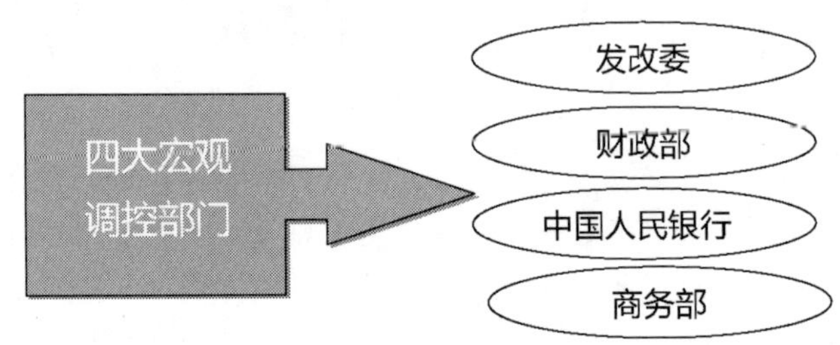

图 7-1 四大宏观调控部门

除了四大宏观调控部门之外，还有国务院直属特设机构，即国务院国有资产监督管理委员会，即国资委；国务院直属机构，即统计局；国务院直属事业单位，即中国证券监督管理委员会。

1) 发改委

发改委是综合研究制定经济和社会发展政策，进行总量平衡，直到经济体制改革的宏观调控部门。投资者需要关注的就是发改委“政策发布”中的内容，这方面最重要的是全国商品价格的变动政策信息。

例如，全国有车人士都关心的成品油价格的变动就是由发改委网站公布的，油价的变动可能会影响上市公司，最直接的影响就是中国石化和中国石油。关于出台成品油价格变动的通知时间一般是在晚上 10 点之前，投资者可以在每个月的月末进行关注。

【实战案例】国家发改委官网

如图 7-2 所示为国家发改委官网(http://www.sdpc.gov.cn/)页面示意图。

投资者应该关心的就是国家发改委官方网站的“政策发布中心”，在政策发布中心理，可以查看“发展改革委令”“公告”“通知”等信息，这三项都是较为重要的信息。其中最及时、更新次数最频繁的就是“通知”。

 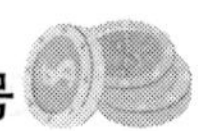

图 7-2 国家发改委官网页面示意图

在 2015 年 7 月，发改委的通知中包含了大量的信息，例如 7 月 21 日宣布降低国内成品油价格，7 月 20 日印发南京江北新区总体方案的通知等，都将刺激股市中的相关概念股上涨。

2) 财政部

财政部是国家主管财政收支、财税政策、国有资本基础工作的宏观调控部门。与股票市场息息相关的印花税就是在财政部网站上进行发布的。

2015 年 7 月 20 日，财政部为鼓励金融创新，促进互联网金融健康发展，明确监管责任，规范市场秩序，经党中央、国务院同意，中国人民银行、工业和信息化部、公安部、财政部、国家工商总局、国务院法制办、中国银行业监督管理委员会、中国证券监督管理委员会、中国保险监督管理委员会、国家互联网信息办公室日前联合印发了《关于促进互联网金融健康发展的指导意见》(以下简称《指导意见》)。

《指导意见》按照“鼓励创新、防范风险、趋利避害、健康发展”的总体要求，提出了一系列鼓励创新、支持互联网金融稳步发展的政策措施，积极鼓励互联网金融平台、产品和服务创新，鼓励从业机构相互合作，拓宽从业机构融资渠道，坚持简政放权和落实、完善财税政策，推动信用基础设施建设和配套服务体系建设。

【实战案例】财政部官网

如图 7-3 所示为财政部官网(http://www.mof.gov.cn/index.htm)内，关于政策发布的板块。

在 2015 年 7 月 20 日财政部发布《关于促进互联网进入健康发展的指导意见》当天，互联网金融板块指数上涨 3.85%，报收 5898 点。如图 7-4 所示为互联网金融指数 2015 年 5 月至 7 月的 K 线图。

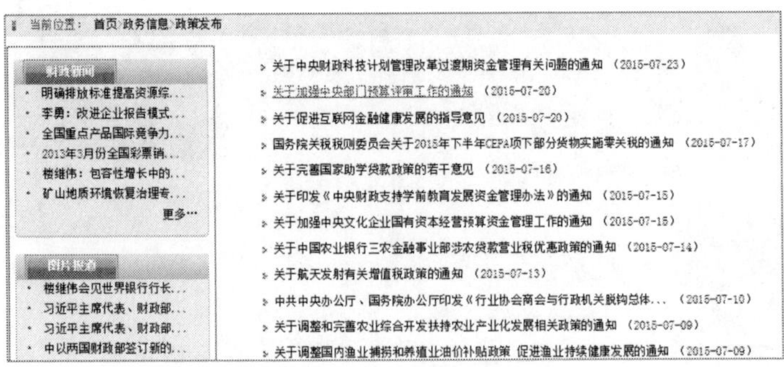

图 7-3　财政部政策发布示意图

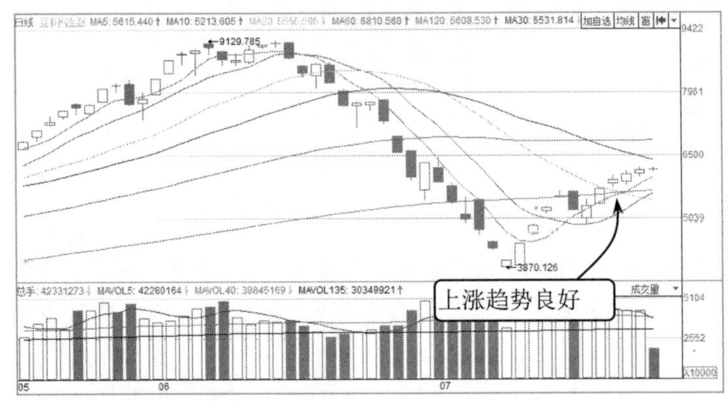

图 7-4　互联网金融指数 2015 年 5 月至 7 月的 K 线图

在 2015 年 7 月 20 日财政部发布利好消息之前，互联网金融板块刚继而回调开始上涨。当天的利好消息无疑是互联网金融继续上涨的保证，指数在 7 月 20 日之后也走出了良好的走势，表明市场是认可该消息的。

3)　中国人民银行

中国人民银行是国务院领导下制定和实施货币政策的宏观调控部门。在中国人民银行的官方网站上，利率、存款准备金率和汇率都是投资者要经常关注的信息。这三大指标对证券市场的影响非常大。

✧　**利率**：又称为利息率，是一定时期内利息和本金的比率。利率既包括存款利率也包括贷款利率。当利率降低时，居民所得的利息收入就会降低，就会选择将资金从银行中拿出来进行其他投资，其中包括投入股票市场。利率降低还会让企业的融资成本降低，提高公司的发展经营能力。

✧　**存款准备金率**：是指金融机构为保证客户提取存款和资金结算而准备在中央银行的存款。如果降低存款准备金率，那么银行用于贷款的资金量就会增加，市场会得到资金充足的信号，股票市场迎来上涨。

✧　汇率：外汇行情与股票价格有着密切的联系。一般来说，如果一国的货币是实

行升值的基本方针，股价便会上涨，一旦其货币贬值，股价即随之下跌。所以汇率的变动会带给股市以很大的影响。在当代国际贸易迅速发展的潮流中，汇率对一国经济的影响越来越大。任何一国的经济都不同程度地受汇率变动的影响，而且汇率变动对一国经济的影响程度取决于该国的对外开放度程度，随着各国开放程度不断提高，股市受汇率的影响也日益扩大。但最直接的是对进出口贸易的影响，本国货币升值受益的多半是进口业，亦即依赖海外供给原料的企业；相反地，出口业由于竞争力降低，而导致亏损。可是当本国货币贬值时，情形恰恰相反。但不论是升值或是贬值，对公司业绩以及经济局势的影响，都各有利弊，所以不能单凭汇率的升降而买入或卖出股票，这样做就会过于简单化。

【实战案例】中国人民银行官方网站

如图 7-5 所示为中国人民银行官方网站(http://www.pbc.gov.cn/)的新闻发布页面示意图。

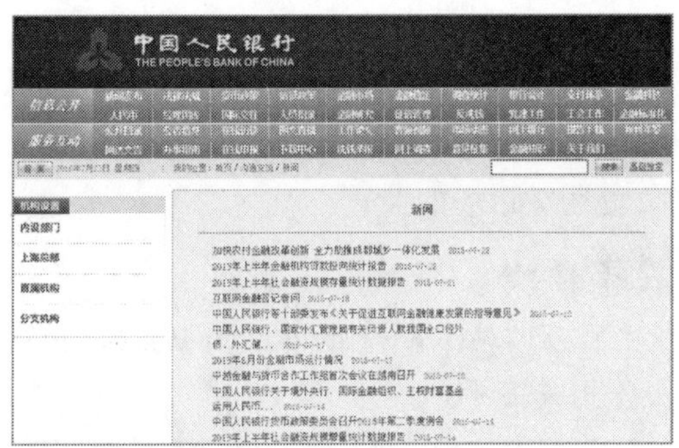

图 7-5　中国人民银行新闻发布示意图

4)　商务部

商务部是主管国内外贸易和国际经济合作的国务院组成部门。一些重组批准信息就需要在商务部的官网上去看，其中商务统计和政策发布是投资者关注的。

商务统计是每种商业产品的数据汇总，例如每月的进出口数量，有助于投资者了解该类产品在进出口方面的形势。

政策发布是商务部发布的一些政策汇总，例如我国对于他国商品的反倾销调查、关于进出口税收等问题。

【实战案例】同花顺软件弹出的消息窗口

如图 7-6 所示为同花顺软件在运行过程中弹出的消息窗口。

钢铁股盘中大涨　沪指涨逾0.70%

消息面上，商务部7月23日发布公告，决定自即日起对原产于日本、韩国和欧盟的进口取向电工钢进行反倾销立案调查。

图 7-6　商务部公告示意图

从窗口所显示的信息中可以看到，商务部在 7 月 23 日当天盘中发出公告，宣布对原产于日本、韩国和欧盟的紧口取向电工钢进行反倾销立案调查。

国内的钢铁板块因此受益，如图 7-7 所示为钢铁板块 2015 年 7 月 23 日的分时图。

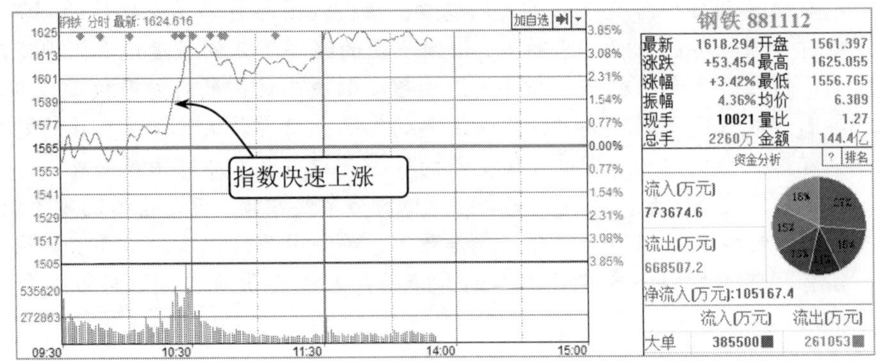

图 7-7 钢铁板块指数 2015 年 7 月 23 日的分时图

从图 7-7 中可以看出，钢铁板块指数受到商务部放出的利好消息的影响不小，指数快速拉涨至 3%左右。

5) 证监会

除了四大宏观调控部门之外，与中国证券市场息息相关的便是证监会。证监会不仅负责监管股票市场，也负责期货市场的监管。

【实战案例】证监会官方网站

如图 7-8 所示为证监会官方网站(www.csrc.gov.cn/)的信息披露板块，在这个板块内可以看到新股的申报、审批等相关信息。

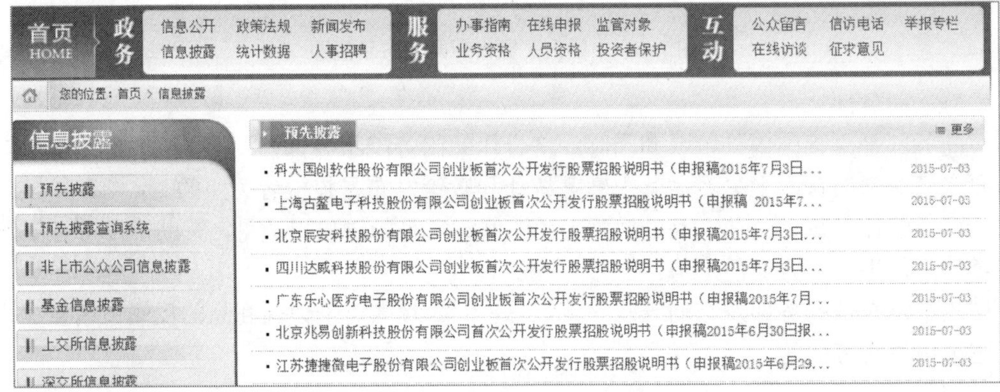

图 7-8 证监会信息披露示意图

证监会对于证券市场的作用就体现在新股的审批与发行，随着注册制的逐步开放，新股一旦被审核通过，证监会第一时间会在官方网站的信息披露板块内公告。

证监会的另一作用即体现在对上市公司申请资产重组、增发股份等行为进行审核，并将审核结果在信息公开板块内进行公告。

如图 7-9 所示为证监会官网的信息公开板块示意图。

图 7-9　证监会信息公开板块

在信息公开板块，可以看到近期关于资产重组等申请的公司，审核进程以及审核结果等信息。

从图 7-9 中可以看到，在 2015 年 7 月 22 日，证监会并购重组委员会公告审核结果。如图 7-10 所示为并购重组审核结果公告示意图。

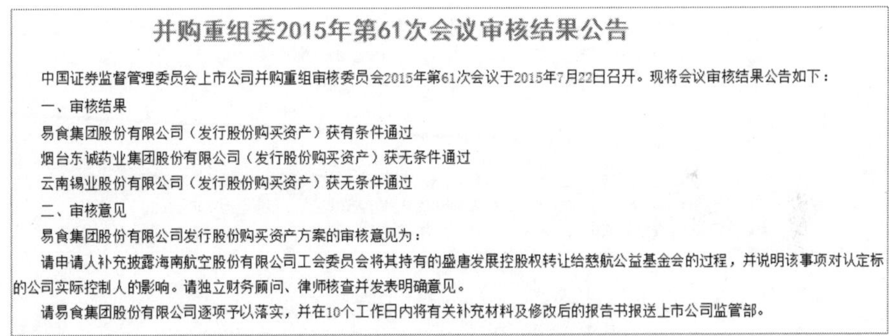

并购重组委2015年第61次会议审核结果公告

中国证券监督管理委员会上市公司并购重组审核委员会2015年第61次会议于2015年7月22日召开。现将会议审核结果公告如下：

一、审核结果

易食集团股份有限公司（发行股份购买资产）获有条件通过

烟台东诚药业集团股份有限公司（发行股份购买资产）获无条件通过

云南锡业股份有限公司（发行股份购买资产）获无条件通过

二、审核意见

易食集团股份有限公司发行股份购买资产方案的审核意见为：

请申请人补充披露海南航空股份有限公司工会委员会将其持有的盛唐发展控股权转让给慈航公益基金会的过程，并说明该事项对认定标的公司实际控制人的影响。请独立财务顾问、律师核查并发表明确意见。

请易食集团股份有限公司逐项予以落实，并在10个工作日内将有关补充材料及修改后的报告书报送上市公司监管部。

图 7-10　并购重组审核结果示意图

从图 7-10 中可以看到易食股份、东诚药业、云南锡业三家公司关于发行股份购买资产获得通过。这些股票在 7 月 23 日复牌交易，纷纷出现一字涨停板。

对短线投资者而言，一字板可能无法追进，但也应该密切关注。如果这些股票受到大盘波动或其他因素的影响，过早地打开涨停板，就是短线追涨的机会。

7.1.2　四大财经报刊

四大财经报刊是最直接、最简单也是最权威的证券专业信息提供媒体，是每个投资者在每个交易日开盘之前必须阅读的。

四大财经报刊如图 7-11 所示。

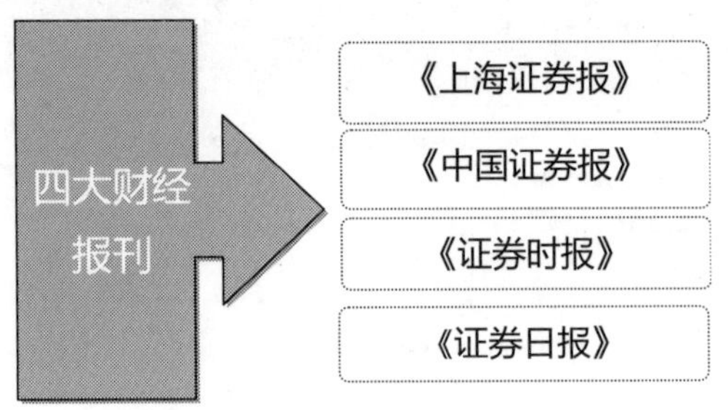

图 7-11　四大财经报刊

这四大财经报刊是目前发行量最大的全国性财经日报，也是中国证监会、中国保监会和银监会指定的相关行业信息的披露媒体，具有很强的权威性、专业性和指导性。

1)　上海证券报

《上海证券报》由新华通讯社主板，凭借权威的证券信息、财经消息的及时传递，在证券市场中拥有强大的影响力。

如图 7-12 所示为 2015 年 7 月 23 日的《上海证券报》当天的头条信息。

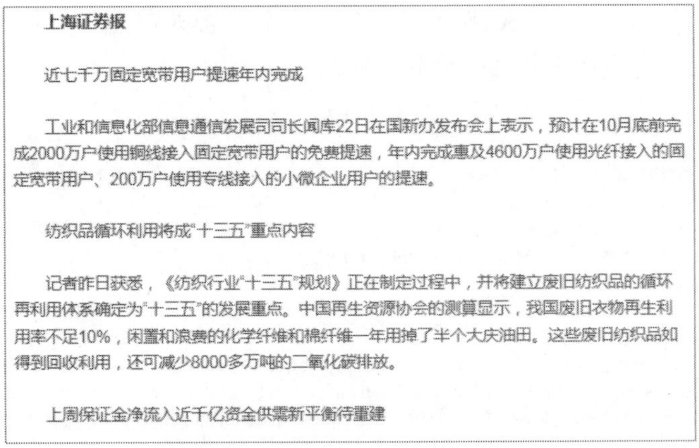

上海证券报

近七千万固定宽带用户提速年内完成

工业和信息化部信息通信发展司司长闻库22日在国新办发布会上表示，预计在10月底前完成2000万户使用铜线接入固定宽带用户的免费提速，年内完成惠及4600万户使用光纤接入的固定宽带用户、200万户使用专线接入的小微企业用户的提速。

纺织品循环利用将成"十三五"重点内容

记者昨日获悉，《纺织行业"十三五"规划》正在制定过程中，并将建立废旧纺织品的循环再利用体系确定为"十三五"的发展重点。中国再生资源协会的测算显示，我国废旧衣物再生利用率不足10%，闲置和浪费的化学纤维和棉纤维一年用掉了半个大庆油田。这些废旧纺织品如得到回收利用，还可减少8000多万吨的二氧化碳排放。

上周保证金净流入近千亿资金供需新平衡待重建

图 7-12　《上海证券报》头条信息

《上海证券报》的特色就是分为公司版和市场版，公司版虽然新闻不多，但是经过精简提炼，从标题上就能看出对上市公司是利好还是利空，是投资者了解上市公司信息的利器。市场版的内容则是主流机构对于后市的看法，对投资者判断后期走势具有一定的参考意义。

2)　中国证券报

《中国证券报》以证券、金融报道为中心，报道国内外经济大势、宏观经济政策；报道证券市场、上市公司等专业领域；关注货币、保险、基金、期货、房地产、外汇与黄金等相邻市场，并在更加广阔的财经领域有着较大的影响力。

【实战案例】《中国证券报》的头条信息

如图 7-13 所示为《中国证券报》2015 年 7 月 23 日的头条信息。

中国证券报

国务院：使市场主体不为"随意执法"所扰

国务院总理李克强7月22日主持召开国务院常务会议，决定推广随机抽查机制，以创新事中事后监管营造公平市场环境；部署加快转变农业发展方式，走安全高效绿色发展之路；确定全面实施城乡居民大病保险，更好守护困难群众生命健康。

百亿员工持股计划蜂拥而至

据统计，7月1日-22日，共有81家上市公司发布员工持股计划(草案)，仅就披露资金规模的员工持股计划而言，以规模上限计算涉及金额达99.2亿元。在这些员工持股计划中，不少员工持股计划与公司定增"挂钩"。同时，公司股东提供配套资金、借用资产管理计划设立优先级/劣后级实施员工持股计划、员工持股计划引入证券公司股票收益权互换等"杠杆上的员工持股"等创新模式不断涌现。

图 7-13 《中国证券报》头条信息

从当天的头条中可以看到《中国证券报》的鲜明特色，即信息更偏向宏观，如“国务院关于使市场主体不为随意执法所扰”“基金二季度整体净申购逾 5%”等信息，都是宏观层面。

可以看出《中国证券报》的消息更加偏向于宏观政策面，在大行情的报道上更胜一筹。该报的特色就在于“投资评级”与“品种推荐”两个栏目。

投资评级栏目最大的好处就是对当前的热点板块可以做一个很好的评级，对于普通投资者而言，这些投资评级都是权威性机构研究的结果，对于热点板块有很强的总结性和前瞻性。

品种推荐则是各大实力机构对个股的推荐，经过该报的精选，对刚入市的投资者有一定的帮助。

3) 证券时报

《证券时报》是中国证监会指定披露上市公司信息的报刊，是以报道证券市场为主，兼顾经济金融消息。

【实战案例】《证券时报》的头条信息

如图 7-14 所示为《证券时报》2015 年 7 月 23 日的头条信息。

从当天《证券时报》头条的标题就知道这是利好消息，对市场的资金面是较大的利好，因此当天的上证指数上涨 2.43%，深证成指上涨 2.52%。

当天的头条中还提高了光明乳业、神州高铁等上市公司。其中光明乳业子公司获注 11 亿元乳业资产，是重大利好，当天开盘直接一字涨停。

证券时报

京浙苏晋有望接棒养老金委托投资

7月21日，山东省宣布将1000亿元职工基本养老保险结余基金委托全国社会保障基金理事会投资运作，分批划转，目前第一批100亿元已划转到位，成为继广东之后又一个将养老金委托给社保基金投资运营的省份。那么，在广东和山东之后，哪些地区有望率先接棒？各地的基本养老金数据可作为观察窗口，综合各地情况来看，北京、浙江、江苏、山西是最有条件的4个地区，有望率先跟进投资。

7月以来股票ETF净申购137亿份

7月初股票ETF连续获得大额净申购，尽管在之后的两周内股票ETF出现部分赎回迹象，但整体来看，7月以来股票ETF仍然呈现大额净申购状态。

光明乳业下属公司获注逾11亿乳业资产

光明乳业今日公告，公司下属子公司上海光明荷斯坦牧业有限公司(下称“荷斯坦牧业”)拟向牛奶集团收购其持有的上海鼎健饲料有限公司100%股权和天津市今日健康乳业有限公司30%股权；拟向上海泰杰实业公司收购其持有的上海冠牛经贸有限公司100%股权。

图 7-14　《证券时报》头条信息

4)　证券日报

《证券日报》每天以全新的视角报道国内外金融证券大事，对证券市场走势和热点作出及时独立的判断，在指导投资、传播知识等方面发挥了重要作用。

《证券日报》的优势在于对非上市公司的报道，特别是那些有发展潜力、未来可能会上市的公司。

如图 7-15 所示为《证券日报》2015 年 7 月 23 日的头条信息。

上半年清洁能源比例已达17% 控制能源消费总量仍为首要任务

为推动我国环保事业健康发展，7月19日，新华网 2015“碧水蓝天”中国环保高峰论坛在北京国家会议中心举行。今年是新环保法实施第一年，一边是日益趋严的环保政策和环境压力，一边是抵御经济下行的压力持续增大，控制能源消费总量成为业内的共识。

上海市政府：未接报自贸区企业涉嫌操纵证券交易案

在22日举行的上海市政府新闻发布会上，对于“中国证券期货操纵调查涉及上海自贸区公司”是否属实的问题，上海市政府新闻发言人予以回应。“我们已经关注到有关外媒报道的内容。近期，国家有关部门到上海调查金融市场情况。我们已经向有关部门进行了核实，目前没有接报有关自贸试验区企业涉嫌操纵证券期货交易的案件。”新闻发言人表示。

中国中车首次融资拟发债不超500亿元谋求海外投资布局成吸睛点

中国中车成立后首次对外融资方案于昨日晚披露。中国中车7月22日晚发布公告称，公司董事会审议通过了《关于审议发行债券类融资工具的议案》：同意公司发行包括公司债券、超短期融资券、短期融资券、中期票据、永续债、境外人民币债券、美元债券或境内发行的其他债券新品种等在内的债券类融资工具，发行的各类债券待偿还余额总计不超过等值人民币 500 亿元。

匹凸匹实际控制人短线交易被罚股价连续两日不跌反涨

图 7-15　《证券日报》头条信息

7.1.3　行业信息

影响股价的基本面信息大致可以分为三类，分别是宏观经济信息、行业信息与上市公司信息。多数时候，行业信息对上市公司股价的影响，是这三类信息中最大的，甚至会起决定性作用。

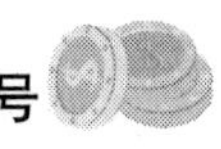

宏观经济也会影响股市，但仅限于宏观经济明显看好或衰退的时候，除此之外，宏观经济对于单个上市公司的直接影响并不是很显著。其主要原因是宏观经济到上市公司之间的传导链过长。

行业信息之所以重要，是因为在中国的上市企业中，真正具有核心竞争力的企业并不多，大多数企业都是随行业的发展而发展。当行业低潮来临之时，能够凭借自身优势，出现逆行业周期而发展的公司少之又少。

行业信息的表现方式多种多样，主要可以分为产品价格信息、行业动态新闻与行业研究报告。

产品价格信息很简单直接，不需要投资者进行太多的主观判断，但却是尤为重要的一项。特别是那些对原材料和产品价格特别敏感的企业，例如钢铁生产企业——宝钢股份、鞍钢股份等，铁矿石的涨停以及钢材的价格对公司的影响极大。

1)　产品价格信息

了解产品价格信息的渠道有三种：一是从期货市场中了解大宗商品价格；二是从电子交易平台了解产品价格；三是从网络中了解产品的现货价格。

对于存在期货市场的一些大宗商品，投资者需要先了解期货价格。虽然期货价格与现货价格略有不同，但上市公司的股价也是对公司未来利润变化的现值预期，因此期货价格变动对上市公司的预期利润联系很紧密。

【实战案例】查看石油期货价格

在数量繁多的期货价格的大宗商品中，石油价格与股市的关联性最高。因为当代经济是在石油的基础上建立起来的，因此石油价格已经不仅仅与个别公司相关，与整个股市乃至宏观经济、世界格局都紧密相关。

石油期货中，主要查看两个品种，一是纽约商品交易所(NYMEX)的美原油价格；二是伦敦国际石油交易所(IPE)的北海布伦特原油。

如图 7-16 所示为纽约商品交易所 2015 年 7 月 24 日的美原油价格。

	名称	代码	买价	卖价	买量	卖量	现价	现手	总
1	NYMEX轻质原油电子盘连续合约	@CL0Y	48.850	48.860	12	3	48.860	13↓	2565
2	NYMEX轻质原油电子盘1507	@CL5N	58.540	61.500	1	1	60.010	–	0
3	NYMEX轻质原油电子盘1508	@CL5Q	49.520	50.740	1	2	50.590	–	0
4	NYMEX轻质原油电子盘1509	@CL5U	48.850	48.860	12	3	48.860	13↓	2565
5	NYMEX轻质原油电子盘1510	@CL5V	49.300	49.370	1	1	49.310	6↑	260
6	NYMEX轻质原油电子	5X	49.750	50.150	2	2	49.900	1	38
7	NYMEX轻质原油电子	25Z	50.480	50.700	1	3	5		88
8	NYMEX轻质原油电子盘1601	@CL6F	50.920	51.420	2	2	51.160	1↑	15
9	NYMEX轻质原油电子盘1602	@CL6G	51.340	51.860	2	2	51.510	1↑	3
10	NYMEX轻质原油电子盘1603	@CL6H	51.000	55.000	1	20	52.130	1↑	3
11	NYMEX轻质原油电子盘1604	@CL6J	51.000	52.320	1	1	52.510	–	0
12	NYMEX轻质原油电子盘1605	@CL6K	51.120	54.000	2	2	52.770	–	0
13	NYMEX轻质原油电子盘1606	@CL6M	52.910	53.820	1	1	53.360	4↑	11
14	NYMEX取暖油电子盘1507	@HO5N	1.810	1.882	1	1	1.882	–	0
15	NYMEX取暖油电子盘1508	@HO5Q	1.661	1.663	2	2	1.660	1↓	54
16	NYMEX取暖油电子盘1509	@HO5U	1.669	1.672	1	4	1.669	1↑	87

图 7-16　纽约商品交易所 2015 年 7 月 24 日的美原油价格

同一种原油，按照交货日期的不同，又可以按月份分为 01、02……投资者只需要关注成交量最大的那个品种，成为主力合约。从图 7-16 中可以看出，美原油当前的主力合约为 1509，价格为 48.85 美元/桶。

如图 7-17 所示为纽约 ICE 在 2015 年 7 月 24 日的 UK 布伦特原油的价格示意图，从图 7-17 中可以看出此时的主力合约同样为 UK 布伦特原油 1509，价格为 55.56 美元/桶。

	名称	代码	买价	卖价	买量	卖量	现价	现手	总手
16	UK布伦特原油连续合约	BRN0Y	55.560	55.570	16	4	55.570	19↑	727
17	UK布伦特原油1507	BRN5N	–	–	–	–	–	–	0
18	UK布伦特原油1508	BRN5Q	–	–	0	0	57.500	–	0
19	UK布伦特原油1509	BRN5U	55.560	55.570	16	4	55.570	19↑	727
20	UK布伦特原油1510	BRN5V	55.920	55.950	1	1	55.920	1↓	25
21	UK布伦特原油1511	BRN5X	55.340	56.480	5	1	56.[illegible]	[illegible]	19
22	UK布伦特原油1512	BRN5Z	57.000	57.030	1	1	57[illegible]	[illegible]	108
23	UK布伦特原油1601	BRN6F	56.410	–	1	0	57.480	1↑	7
24	UK布伦特原油1602	BRN6G	–	58.300	0	1	57.970	1↑	27
25	UK布伦特原油1603	BRN6H	57.270	–	1	0	58.340	1↑	16
26	UK布伦特原油1604	BRN6J	–	–	0	0	58.710	–	0
27	UK布伦特原油1605	BRN6K	–	–	0	0	59.200	–	0
28	UK布伦特原油1606	BRN6M	59.550	59.750	1	1	59.600	–	0
29	UKWTI原油连续合约	WBS0Y	48.830	48.870	3	3	48.870	1↑	283
30	UKWTI原油1508	WBS5Q	–	–	0	0	50.100	–	0
31	UKWTI原油1509	WBS5U	48.830	48.870	3	3	48.870	1↑	283
32	UKWTI原油1510	WBS5V	49.230	49.350	1	1	49.250	1↑	66
33	UKWTI原油1511	WBS5X	49.510	61.600	4	1	49.900	4↑	8

主力合约

图 7-17 纽约 ICE 2015 年 7 月 24 日的布伦特原油价格

【实战案例】查看有色金属价格

有色金属的价格主要影响到股市中的有色冶炼加工板块的个股，有色金属包括铜、铝、镍、锌、铅、锡等。

有色金属的价格可以看伦敦金属交易所(LME)的期货价格，也可以看上期所的期货价格。以铜为例，如图 7-18 所示为上期所 2015 年 7 月 24 日的沪铜价格示意图。

	名称	代码	买价	卖价	买量	卖量	现价	现手	总手	涨跌	涨幅(结)	1分钟涨幅	3分钟涨幅
52	沥青1703	bu1703	2802	2926	1	1	2828	2↑	4	-106	-3.61	+0.00%	-1.46%
53	沥青1706	bu1706	2858	3052	1	1	2960	–	0	+0	+0.00	+0.00%	+0.00%
54	沥青连续	bu7777	2528	2748	1	1	2660	–	0	+0	+0.00	+0.00%	+0.00%
55	沥青指数	bu8888	–	–	40	12	2608	6←	65602	-6	-0.24	+0.15%	-0.08%
56	沥青主连	bu9999	2604	2606	21	1	2606	6↑	65440	-6	-0.23	+0.15%	-0.08%
57	沪铜1508	cu1508	38500	38510	17	6	38510	2↑	34388	-900	-2.28	+0.05%	+0.03%
58	沪铜1509	cu1509	38120	38130	24	12	38120	4↓	35.18万	-990	-2.53	+0.03%	+0.03%
59	沪铜1510	cu1510	37840	37850	9	36	37850	10↑	19.63万	-1040	-2.67	+0.05%	+0.08%
60	沪铜1511	cu1511	37690	37700	32	1	[illegible]	[illegible]	48304	-1050	-2.71	+0.00%	+0.05%
61	沪铜1512	cu1512	37610	37620	3	1	[illegible]	[illegible]	15744	-1080	-2.79	+0.05%	+0.05%
62	沪铜1601	cu1601	37560	37580	6	5	[illegible]	[illegible]	6662	-1090	-2.82	+0.00%	+0.00%
63	沪铜1602	cu1602	37540	37580	5	3	37540	2↑	1244	-1020	-2.65	+0.00%	+0.00%
64	沪铜1603	cu1603	37560	37600	5	2	37550	2↓	326	-980	-2.54	+0.00%	+0.00%
65	沪铜1604	cu1604	37590	37630	5	4	37640	2↑	160	-980	-2.54	+0.00%	+0.00%
66	沪铜1605	cu1605	37590	37640	7	5	37600	2↑	266	-980	-2.54	+0.00%	+0.00%
67	沪铜1606	cu1606	37630	37700	5	4	37650	4↓	172	-1030	-2.66	+0.00%	+0.00%
68	沪铜1607	cu1607	37620	37760	2	2	37650	20↑	46	-830	-2.16	+0.00%	+0.00%

主力合约

图 7-18 上期所 2015 年 7 月 24 日的沪铜价格

从图 7-18 中可以看到，当前的沪铜主力合约为 1509，价格为 38 120 元/吨，而整个沪铜价格，短期内都处于下跌中。

有色金属价格的下降必将影响到国内有色冶炼加工企业的近期利润，所以投资者在进行短期追涨时就应该注意。

【实战案例】查看黄金价格

黄金与原油是当前期货产品中影响最大的两项。石油又被称为液体黄金，由此也可以看出黄金价格的重要性。

金价主要参考纽约商品交易所(COMEX)的黄金价格。

如图 7-19 所示为纽约商品交易所的黄金价格示意图。

	名称	代码	买价	卖价	买量	卖量	现价	现手	总手
1	COMEX黄金电子盘连续合约	@GC0Y	1083.000	1083.200	9	6	1083.100	3↑	15355
2	COMEX黄金电子盘1507	@GC5N	1044.000	1148.000	1	2	1087.800	–	0
3	COMEX黄金电子盘1508	@GC5Q	1083.000	1083.200	9	6	1083.100	3↑	15355
4	COMEX黄金电子盘1510	@GC5V	1082.000	1087.000	3	1	1082.800	1↑	324
5	COMEX黄金电子盘1512	@GC5Z	1083.000	1084.200	2	1	1084.200	2↑	819
6	COMEX黄金电子盘1602	@GC6G	1077.900	1098.600	3	3	[illegible]	[illegible]	2
7	COMEX黄金电子盘1604	@GC6J	1097.100	1114.000	1	1	1092.700	–	0
8	COMEX黄金电子盘1606	@GC6M	1027.600	1450.400	1	1	1089.000	1↑	2
9	COMEX铜电子盘连续合约	@HG0Y	2.297	2.398	2	1	2.360	79↑	80
10	COMEX铜电子盘1507	@HG5N	2.371	2.520	1	1	2.378	–	0
11	COMEX铜电子盘1509	@HG5U	2.359	2.360	11	9	2.360	2↑	8795
12	COMEX铜电子盘1512	@HG5Z	2.371	2.373	1	2	2.373	2↓	336
13	COMEX铜电子盘1603	@HG6H	2.350	2.410	1	1	2.382	2↑	2
14	COMEX铜电子盘1605	@HG6K	2.355	2.446	3	3	2.405	1↑	2
15	COMEX白银电子盘连续合约	0Y	14.505	14.515	16	13	14.510	1↓	4764
16	COMEX白银电子盘1507	@SI5N	13.000	16.650	1	1	14.600	2↑	7
17	COMEX白银电子盘1508	@SI5Q	14.600	14.820	1	3	14.550	1↓	6

主力合约

图 7-19　纽约商品交易所的黄金价格

从图 7-19 中可以看到，当前纽约黄金的主力合约为 COMEX 黄金电子盘 1508，但从黄金价格的走势来看，黄金合约都处于下跌之中。

金价的下跌，对国内黄金开采冶炼、珠宝行业会产生一定的冲击，但影响也有一定的限度。

【实战案例】查看农产品价格

主要的农产品期货有白糖、棉花、小麦、玉米、大豆和豆粕等。农产品的价格比较复杂，因为影响的因素太多，国内和国外的价格差距甚大，但总体走势呈现一致性。

投资者需要看芝加哥 CBOT(白糖、棉花、小麦、玉米、大豆、豆粉、豆油)的行情；投资者还需要看大连商品交易所(大豆、玉米、豆粕、棕榈油、豆油)的行情，以及郑州商品交易所(小麦、白糖、棉花、菜籽油)的价格。

如图 7-20 所示为芝加哥商品交易所(CBOT)关于豆油、玉米、大豆的期货价格，从图 7-20 中可以看出玉米期货的主力合约是 1509 和 1512，而大豆期货的主力合约是 1511，豆油的主力合约暂时无法看出。

投资者可以点进主力合约的 K 线图，对其具体走势进行查看，通过查看发现玉米和大豆的价格都处于下跌中。

如图 7-21 所示为大连商品交易所关于大豆的价格示意图。

	名称	代码	买价	卖价	买量	卖量	现价	现手	总手
1	CBOT豆油连续合约	BO0Y	33.400	33.400	—	—	31.580	—	0
2	CBOT豆油1507	BO5N	33.400	33.400	—	—	32.250	—	0
3	CBOT豆油1509	BO5U	32.000	33.710	—	—	31.670	—	0
4	CBOT豆油1510	BO5V	32.900	33.200	—	—	31.750	—	0
5	CBOT豆油1512	BO5Z	33.300	33.250	—	—	31.960	—	0
6	CBOT豆油1601	BO6F	33.300	33.300	—	—	31.850	—	0
7	CBOT豆油1603	BO6H	—	—	—	—	31.980	—	0
8	CBOT豆油1605	BO6K	—	33.950	—	—	32.010	—	0
9	CBOT玉米电子盘1507	@ZC5N	375.500	440.000	1	10	423.250	—	0
10	CBOT玉米电子盘1509	@ZC5U	400.750	401.000	17	1	400.750	1↓	2555
11	CBOT玉米电子盘1512	@ZC5Z	411.250	411.500	11	8	411.250	5↓	3287
12	CBOT玉米电子盘1603	@ZC6H	421.250	421.500	5	2	421.500	[illegible]	567
13	CBOT玉米电子盘1605	@ZC6K	425.250	430.000	6	4	[illegible]	[illegible]	241
14	CBOT大豆电子盘连续合约	@ZS0Y	1007.000	1008.000	1	2	1007.500	1↑	912
15	CBOT大豆电子盘1507	@ZS5N	1001.750	1085.000	1	1	1039.000	—	0
16	CBOT大豆电子盘1508	@ZS5Q	1007.000	1008.000	1	2	1007.500	1↑	912
17	CBOT大豆电子盘1509	@ZS5U	982.250	990.250	1	1	985.000	5↑	717
18	CBOT大豆电子盘1511	@ZS5X	978.500	978.750	3	2	978.750	5↑	4472

主力合约

图 7-20 芝加哥商品交易所农产品价格

	名称	代码	买价	卖价	买量	卖量	现价	现手	总手	涨跌	涨幅(结)	1分钟涨幅	3分钟涨幅
1	豆一1509	a1509	4045	4049	1	2	4048	2↑	5736	+16	+0.40	+0.00%	-0.02%
2	豆一1511	a1511	4057	4113	1	1	—	—	0	—	—	—	—
3	豆一1601	a1601	4153	4154	1	15	4153	10↑	51876	+20	+0.48	+0.00%	-0.02%
4	豆一1603	a1603	4198	4227	1	1	4205	2↑	10	+4	+0.10	+0.00%	+0.00%
5	豆一1605	a1605	4287	4297	2	10	4295	2↑	1154	+10	+0.23	+0.00%	+0.00%
6	豆一1607	a1607	4326	4397	1	1	—	—	0	—	—	—	—
7	豆一1609	a1609	4350	4385	1	10	4380	2↓	64	+16	+0.37	+0.00%	+0.00%
8	豆一1611	a1611	4344	4511	1	1	—	—	0	—	—	—	—
9	豆一1701	a1701	4356	4425	1	1	—	—	0	—	—	—	—
10	豆一连续	a7777	4045	4049	1	2	4048	2↑	5736	+16	+0.40	+0.00%	-0.02%
11	豆一指数	a8888	—	—	10	42	4142	10←	58840	+18	+0.45	+0.00%	-0.02%
12	豆一主连	a9999	4153	4154	1	15	4153	10↑	51876	+20	+0.48	+0.00%	-0.02%
13	豆二1509	b1509	2888	2901	1	3	2888	10↑	10	-13	-0.45	+0.00%	+0.00%
14	豆二1511	b1511	2890	3130	1	1	—	—	0	—	—	—	—
15	豆二1601	b1601	3020	3230	3	1	—	—	0	—	—	—	—
16	豆二1603	b1603	—	—	0	0	—	—	0	—	—	—	—
17	豆二1605	b1605	—	—	0	0	—	—	0	—	—	—	—
18	豆二1607	b1607	2810	—	1	0	—	—	0	—	—	—	—
19	豆二连续	b7777	2888	2901	1	3	2888	10↑	10	-13	-0.45	+0.00%	+0.00%

图 7-21 大连商品交易所大豆价格

大连商品交易所的大豆价格，在 K 线图中可以看得更加清楚，此时大豆价格刚经过下跌，有逐渐走稳的趋势，但后期走势仍不明朗，与国外的大豆价格走势基本一致，通常情况下也不会出现太大的背离。

【实战案例】查看塑料价格

国内上市企业中与塑料相关的上市公司有很多，例如华塑控股、国风塑业、鸿达兴业、伟星新材、宝硕股份、佛塑科技、沧州明珠等。

塑料的价格主要看大连商品交易所的期货价格，如图 7-22 所示为大商所的塑料价格示意图。

从塑料 1508 至 1607 的期货价格可以看出，塑料的价格处于下跌之中。而塑料的下跌对上市企业的影响也不同，例如华塑控股以塑料为原料进行建材加工、门窗安装等，原料价格下跌，利润也随之增加；而以国风塑业为首的塑料制造企业，则在塑料价格的下跌中

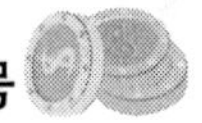

营业收入降低。

名称	代码	买价	卖价	买量	卖量	现价	现手	总手	涨跌	涨幅(结)	1分钟涨幅	3分钟涨幅
123 焦煤1606	jm1606	625.5	664.0	3				0	–	–	–	–
124 焦煤1607	jm1607	625.5	642.0	2				0	–	–	–	–
125 焦煤连续	jm7777	–	–	0	0	–	...	0	–	–	–	–
126 焦煤指数	jm8888	–	–	87	114	615.6	50 ⇐	28668	+0.4	+0.07	-0.02%	-0.02%
127 焦煤主连	jm9999	614.5	615.0	50	91	614.5	50 ↓	23496	+1.0	+0.16	+0.00%	+0.00%
128 塑料1508	l1508	9000	9190	1	1	–	...	0	–	–	–	–
129 塑料1509	l1509	9210	9215	1700	199	9215	8 ↑	26.28万	-155	-1.65	-0.16%	-0.16%
130 塑料1510	l1510	8955	9175	1	2	–	...	0	–	–	–	–
131 塑料1511	l1511	8810	9245	1	1	–	...	0	–	–	–	–
132 塑料1512	l1512	8960	9050	1	1	–	...	0	–	–	–	–
133 塑料1601	l1601	8775	8780	408	168	8780	6 ↑	88884	-145	-1.62	-0.06%	-0.06%
134 塑料1602	l1602	8725	8825	1	5	–	...	0	–	–	–	–
135 塑料1603	l1603	8725	8805	1	1	–	...	0	–	–	–	–
136 塑料1604	l1604	8430	8910	4	11	–	...	0	–	–	–	–
137 塑料1605	l1605	8500	8515	207	1	8505	4 ↑	2116	-135	-1.56	-0.12%	-0.06%
138 塑料1606	l1606	8460	8600	1	6	–	...	0	–	–	–	–
139 塑料1607	l1607	8450	8540	1	1	–	...	0	–	–	–	–
140 塑料连续	l7777	9000	9190	1	1	–	...	0	–	–	–	–
141 塑料指数	l8888	–	–	2327	397	9048	8 ⇐	35.38万	-151	-1.64	-0.14%	-0.14%

主力合约

图 7-22　大商所的塑料价格

【实战案例】查看煤炭价格

煤炭按用处不同，又分为焦炭和动煤，其中焦炭用于高炉炼铁，和铁矿一起在钢炉中起到加热骨架支撑还原剂的作用，而动煤则用于燃烧发电的煤。

焦炭和动煤的用处不同，价格也有所不同，所产生的影响也不同。

如图 7-23 所示为郑商所 2015 年 7 月 24 日的动煤价格。

名称	代码	买价	卖价	买量	卖量	现价	现手	总手	涨跌	涨幅(结)	1分钟涨幅	3分钟涨幅
160 动煤1509	TC1509	369.4	369.8	4	2	369.8	12 ↑	3940	-4.0	-1.07	+0.00%	+0.05%
161 动煤1510	TC1510	369.8	382.0	1	1	–	...	0	–	–	–	–
162 动煤1511	TC1511	368.0	–	1	0	–	...	0	–	–	–	–
163 动煤1512	TC1512	–	395.8	0	1	–	...	0	–	–	–	–
164 动煤1601	TC1601	388.6	388.8	6	1			2616	-3.4	-0.87	+0.00%	+0.10%
165 动煤1602	TC1602	376.4	399.2	1	1			0	–	–	–	–
166 动煤1603	TC1603	381.0	–	1	0			0	–	–	–	–
167 动煤1604	TC1604	379.0	–	1	0			0	–	–	–	–
168 强麦1509	WH1509	2414	2449	1	10	–	...	0	–	–	–	–
169 强麦1511	WH1511	2703	2764	1	1	2758	2 ↑	6	+39	+1.43	+0.00%	+0.00%
170 强麦1601	WH1601	2765	2766	4	1	2765	10 ↓	1628	-13	-0.47	+0.04%	+0.11%
171 强麦1603	WH1603	2701	2785	1	1	–	...	0	–	–	–	–
172 强麦1605	WH1605	2762	2765	1	1	2770	2 ↑	2	-12	-0.43	+0.00%	+0.00%
173 强麦1607	WH1607	2714	2799	1	1	–	...	0	–	–	–	–
174 强麦连续	WH7777	2414	2449	1	10	–	...	0	–	–	–	–
175 强麦指数	WH8888	–	–	9	15	2765	10 ⇐	1636	-13	-0.46	+0.04%	+0.11%

主力合约

图 7-23　郑商所 2015 年 7 月 24 日的动煤价格

通过查看的主力合约动煤 1509 的 K 线走势，可以看出动煤的价格从期货合约上市以来就一直处于下跌趋势中，表明近两年来用于火力发电的动煤价格一直处于下跌之中，电力公司的发电成本一直处于下降之中。

如图 7-24 所示为大商所 2015 年 7 月 24 日的焦炭价格。

从焦炭期货合约的走势也可以看出，用于炼钢的焦炭价格在近几年来也一直处于下跌之中，各大钢铁上市公司的生产成本一直处于降低之中。

名称	代码	买价	卖价	买量	卖量	现价	现手	总手	涨跌	涨幅(结)	1分钟涨幅	3分钟涨幅
83 铁矿指数	i8888	–	–	4140	2934	361.5	8←	162.3万	+1.1	+0.32	+0.13%	+0.21%
84 铁矿主连	i9999	350.0	350.5	3211	1208	350.5	8↑	115.9万	+0.5	+0.14	+0.14%	+0.29%
85 焦炭1508	j1508	–	738.5	0	1	–	–	0	–	–	–	–
86 焦炭1509	j1509	805.0	805.5	23	88	805.5	12↑	23776	+2.0	+0.25	+0.00%	+0.12%
87 焦炭1510	j1510	827.5	840.0	1	2	–	–	0	–	–	–	–
88 焦炭1511	j1511	809.0	825.5	1	1	–	–	0	–	–	–	–
89 焦炭1512	j1512	802.0	820.5	1	3	–	–	0	–	–	–	–
90 焦炭1601	j1601	813.5	814.0	63	10	814.0	4↑	8708	-1.0	-0.12	+0.00%	+0.06%
91 焦炭1602	j1602	842.0	853.0	4	1	–	–	0	–	–	–	–
92 焦炭1603	j1603	839.0	876.0	1	2	–	–	0	–	–	–	–
93 焦炭1604	j1604	815.0	842.5	4	1	–	–	0	–	–	–	–
94 焦炭1605	j1605	835.5	839.5	1	1	835.5	2↑	10	-5.5	-0.65	+0.00%	+0.00%
95 焦炭1606	j1606	825.0	870.5	2	3	–	–	0	–	–	–	–
96 焦炭1607	j1607	820.0	844.0	3	1	–	–	0	–	–	–	–
97 焦炭连续	j7777	–	738.5	0	1	–	–	0	–	–	–	–
98 焦炭指数	j8888	–	–	104	114	807.7	12←	32494	+1.2	+0.15	+0.00%	+0.11%
99 焦炭主连	j9999	805.0	805.5	23	88	805.5	12↑	23776	+2.0	+0.25	+0.00%	+0.12%
100 鸡蛋1509	jd1509	4365	4367	11	43	4367	2↑	65248	+38	+0.88	+0.02%	+0.02%
101 鸡蛋1510	jd1510	4158	4179	3	1	4158	2↓	50	+35	+0.85	+0.00%	+0.00%

图 7-24　大商所 2015 年 7 月 24 日的焦炭价格

【实战案例】查看钢材价格

钢材按照物质形态不同，分为螺纹钢与热卷板两类期货品种。钢材的价格直接影响到钢铁上市企业的营业收入。

如图 7-25 所示为上期所 2015 年 7 月 24 日的螺纹钢价格。

名称	代码	买价	卖价	买量	卖量	现价	现手	总手	涨跌	涨幅(结)	1分钟涨幅	3分钟涨幅
127 沪铅1607	pb1607	12375	12860	6	1	12465	–	0	+0	+0.00	+0.00%	+0.00%
128 沪铅连续	pb7777	12930	12970	10	2	12925	2↑	506	-120	-0.92	+0.00%	+0.00%
129 沪铅指数	pb8888	–	–	38	41	12757	2←	4616	-78	-0.61	+0.00%	+0.00%
130 沪铅主连	pb9999	12670	12685	4	8	12690	2↑	1376	-45	-0.35	+0.00%	+0.00%
131 螺纹1508	rb1508	1940	1947	1	1	1944	2↑	198	+12	+0.62	+0.00%	+0.00%
132 螺纹1509	rb1509	1955	1956	2	6	1956	2↑	538	+0	+0.00	+0.00%	+0.00%
133 螺纹1510	rb1510	2009	2010	108	1169	2010	4↑	4.66万	+11	+0.55	+0.05%	+0.05%
134 螺纹1511	rb1511	1993	1995	1	22	1995	2↑	718	+16	+0.81	+0.00%	+0.05%
135 螺纹1512	rb1512	2011	2020	8	4	2017	8↑	158	+13	+0.65	+0.00%	+0.00%
136 螺纹1601	rb1601	2056	2057	532	1401	[illegible]	↓	263.0万	+18	+0.88	+0.05%	+0.00%
137 螺纹1602	rb1602	2049	2055	3	6	[illegible]	↓	238	+18	+0.89	+0.00%	-0.24%
138 螺纹1603	rb1603	2054	2061	4	1	2051	2↑	142	+10	+0.49	+0.00%	+0.00%
139 螺纹1604	rb1604	2074	2081	5	2	2071	2↓	20	+7	+0.34	+0.00%	+0.00%
140 螺纹1605	rb1605	2122	2123	38	27	2123	8↑	15142	+13	+0.62	+0.05%	+0.00%
141 螺纹1606	rb1606	2113	2118	2	2	2114	2↑	76	+10	+0.48	+0.00%	+0.00%
142 螺纹1607	rb1607	2117	2125	3	3	2118	2↑	90	+4	+0.19	+0.00%	+0.00%
143 螺纹连续	rb7777	1940	1947	1	1	1944	2↑	198	+12	+0.62	+0.00%	+0.00%
144 螺纹指数	rb8888	–	–	707	2644	2040	8←	329.4万	+15	+0.75	+0.05%	+0.02%
145 螺纹主连	rb9999	2056	2057	532	1401	2056	4↓	263.0万	+18	+0.88	+0.05%	+0.00%

主力合约

图 7-25　上期所 2015 年 7 月 24 日的螺纹钢价格

虽然在 2015 年 7 月 24 日当天的螺纹钢价格处于小幅上涨中，但从 K 线图来看，螺纹钢的价格与煤炭的价格一样，处于长期的下跌中，这也是为什么钢铁企业成本下跌而营业收入、净利润等却毫无改观的原因。

【实战案例】查看化工产品价格

化工产品包括甲醇、甲苯、苯乙烯、乙二醇和二甲苯等，股市中与化工产品相关的企业数量庞大，例如化工产品的生产企业鲁西化工、四川美丰、赤天化等，化学制品板块个

股达到142只，还是化工产品的下游企业，例如化肥、化纤、塑料等产品，个股数量更为庞大。

化工产品的价格可以在中国液体化工在线网(http://www.nbzhlcm.net/)上进行查看，如图7-26所示为中国液体化工在线网上化工产品的价格。

您的当前位置：中国液体化工在线 >> 即时行情

地区报价查询：商品名称 地区名称 2015-7-24 2015-7-24 价格查询

商品名称	最新报价	涨跌	地区名称	发布日期
甲苯	5550	↓50	宁波地区	2015-7-24
二甲苯	5850	↓75	宁波地区	2015-7-24
纯苯	5450	—	宁波地区	2015-7-24
甲醇	2380	↓20	宁波地区	2015-7-24
乙二醇	6500	↓100	宁波地区	2015-7-24
正丁醇	6250	—	宁波地区	2015-7-24
异丁醇	6400	—	宁波地区	2015-7-24
丙酮	4500	—	宁波地区	2015-7-24
丁酮	6250	↓50	宁波地区	2015-7-24
苯酚	6200	—	宁波地区	2015-7-24
冰醋酸	2700	—	宁波地区	2015-7-24
二甘醇	5250	↓250	宁波地区	2015-7-24
苯乙烯	9800	—	宁波地区	2015-7-24
120#溶剂油	7160	↓80	宁波地区	2015-7-24

图7-26　中国液体化工在线网的化工产品的价格

从当日的化工产品价格变化可以看出，整个化工产品的价格也在下降，对化工产品的生产企业来说并非好消息，但对下游产业则更为有利。

航运价格在世界范围内公认的指标是波罗的海干散货指数(Baltic Dry Index，BDI)，这是由位于伦敦的波罗的海航运交易所颁布，反映航运的当期价格的指数。

BDI是散装原物料的运费指数，而散装船以运输矿砂、煤、钢材、谷物等大宗商品为主，因此该指标与全球经济景气度有较大的关联，所以BDI不仅反映航运价格本身的涨停，也可以看作全球宏观经济的指标。

中国作为进出口大国，每年的航运量之大不可想象。所以航运价格走势不仅对航运公司本身影响较大(中远航运、中海集运等公司)，对那些原料或产品依赖进出口的企业影响也很大(例如宝钢股份)。

【实战案例】查看航运价格

Step01 查询BDI指数的走势可以登录“http://investmenttools.com/”，单击首页的“Baltic Dry Index(BDI)”超链接。

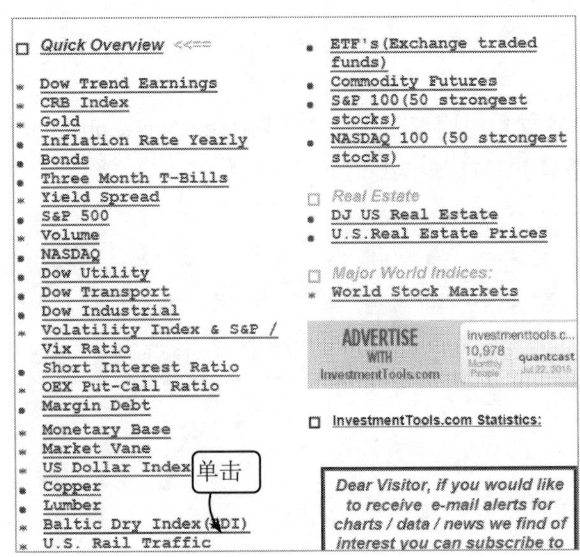

Step02 从打开的页面中看出2003年至2009年前后，BDI指数处于上涨之中，受到2008年经济危机的影响，BDI指数直线跌落至历史低点。

进入2015年，BDI指数再度下跌，一度跌破2008年经济危机时的低点，全球航运业不景气到极点，而对于投资者而言，此时正是航运业的历史低点，也正是逢机介入的机会。2015年7月，BDI指数终于迎来超跌反弹，截至2015年10月27日BDI指数为851.74点。

查看产品价格，需要把握三个关键点。

✧ **了解上市公司的成本构成及产品构成**：要了解产品和原材料价格变动对上市公司的影响，首先要了解上市公司的成本构成与产品构成，例如某企业对原材料每年的需求时多少、某个产品的年销售量是多少。

✧ **具体公司具体分析**：即使是同行业，产品相同的企业，其面临的客观条件也有不同。例如鞍钢股份与宝钢股份的区别就在于对原材料铁矿石上的不同，鞍钢股份生产所需的铁矿石主要由自己的矿山提供，在铁矿石价格波动时，受到的影响小，而宝钢股份的铁矿石主要依赖进口，成本较高。

✧ **产业之间的关联性**：不同的产业之间存在上下游的关系，国际国内的关联性使得许多毫不相关的企业都会产生共振。例如房地产行业与钢铁、水泥、建筑装饰等行业的关联性。因此在判断一家上市企业时，不仅要关注原材料与产品的价格，还要关注上游与下游、整个产业链的关联性。

2) 行业动态新闻

查看行业动态新闻，可以迅速掌握行业发展动态，紧跟行业发展趋势，在投资上迅速做出反应。查看行业动态新闻的途径较多，可以归纳为三个方式：一是通行情软件查看；二是通过财经门户网站查看；三是查看国家统计局的月度数据。

【实战案例】通过行情软件查看行业新闻

现在的股票行情软件越来越完善，包含的内容也越来越多，投资者在查看个股资料的时候，还可以查看个股所属行业的相关新闻资讯。

如图 7-27 所示为同花顺软件中的行业资讯页面。

个股资讯 行业资讯[房地产开发] 博客 论股堂

行业资讯		行业研报	
传统房企营销模式承压 互联网新生军虎视眈眈	10:37	房地产行业事件点评：资金面明显向好，龙头将创新高	11:20
江北楼市成为"新南京人"置业首选	10:37	房地产行业周报：7月销售淡季不淡	07-23
寻找被错杀的地产股	10:32	房地产周刊：波动不改向好趋势，个股利好密集落地	07-22
房贷拐点初现：被透支的需求和购买力	06:47	1-6月房地产开发投资数据点评：投资企稳，回升可期	07-22
杨涛：楼市尚未出现趋势性繁荣	06:26	房地产行业月报：销售增速转正，地产板块估值下行	07-22
理财机构加速布局互联网房产金融	06:04	房地产行业周报：成交环比有所下滑	07-21

图 7-27 行业资讯页面

从图 7-27 中可以看到同花顺的房地产行业资讯页面的动态新闻更新速度非常快，这也是行情软件中查看行业新闻的特点之一。

新闻更新速度快，既有优点也有缺点。优点在于更新及时，投资者可以快速获取市场中的利好利空消息；缺点在于新闻过于繁杂，需要投资者进行筛选阅读。

【实战案例】通过财经门户网站查看行业新闻

目前国内的财经门户较为权威的有东方财富通、和讯网、新浪财经等。其中东方财富通作为上市公司旗下的产品，有其吸引投资者的特点。

投资者可以进入东方财富网(http://www.eastmoney.com/)的主页面，单击主页面上方的“行业”超链接，即可进入东方财富网的行业中心，如图 7-28 所示。

投资者可以在行业中心的左侧查看当天的最新行业新闻，也可以在右侧选择感兴趣的行业并单击超链接进入，进行更深入的了解。以电力行业为例，如图 7-29 所示为电力行业的最新行业资讯。

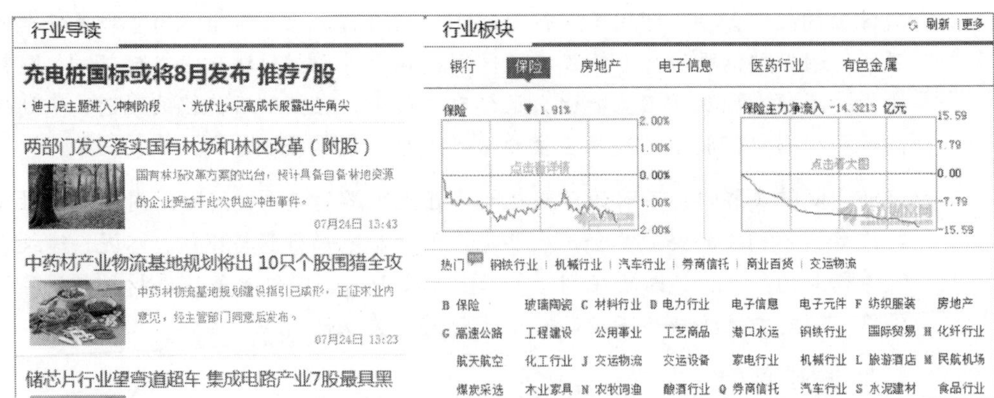

图 7-28 东方财富网行业中心

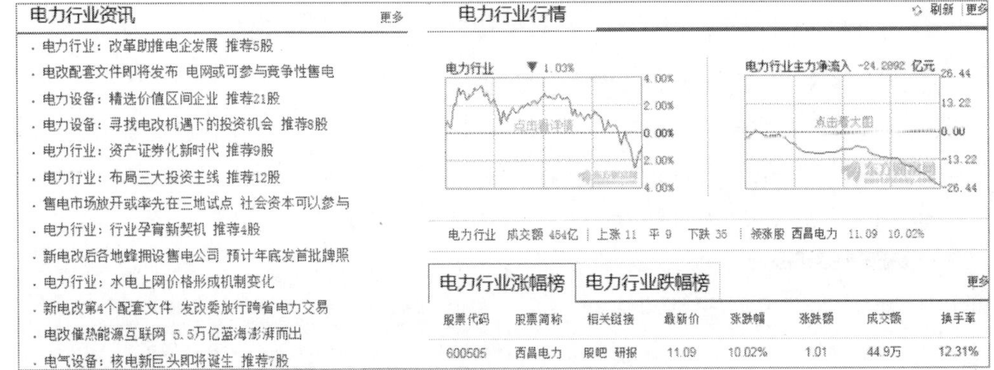

图 7-29 电力行业资讯

在这个板块内，投资者不仅可以看到最新最快的电力行业资讯，还有查看电力行业行情，包括电力行业指数的走势、电力行业主力净流入的走势，帮助投资者在盘中实时掌握电力行业的动态。

【实战案例】通过国家统计局查看行业新闻

国家统计局是国务院直属机构，主管全国统计和国民经济核算工作，拟定统计工作法规、统计改革和统计现代化建设规划以及国家统计调查计划。

随着经济的发展，国家统计局还肩负着各行各业数据的统计与发布，除了年度重大信息之外，投资者也应该对月度数据加以关注。

如图 7-30 所示为国家统计局月度数据页面。

国家统计局提供的行业数据更为宏观，主要集中在工业、房地产、交通运输、邮电通信和金融等具体行业，而且由国家统计局发布的数据是绝对权威和可靠的。

指标	2015年6月	2015年5月	2015年4月	2015年3月
居民消费价格指数(上年同月=100)	101.4	101.2	101.5	101.4
食品类居民消费价格指数(上年同月=100)	101.9	101.6	102.7	102.3
烟酒及用品类居民消费价格指数(上年同月=100)	103.5	101.7	99.5	99.5
衣着类居民消费价格指数(上年同月=100)	102.9	102.8	102.9	103.0
家庭设备用品及维修服务类居民消费价格指数(上年同月=100)	101.0	101.0	101.1	101.2
医疗保健和个人用品类居民消费价格指数(上年同月=100)	101.9	101.8	101.8	101.6
交通和通讯类居民消费价格指数(上年同月=100)	98.5	98.7	98.4	98.5
娱乐教育文化用品及服务类居民消费价格指数(上年同月=100)	101.7	101.7	101.6	101.6
居住类居民消费价格指数(上年同月=100)	100.8	100.7	100.6	100.6

图 7-30 国家统计局月度数据

3) 行业研究报告

券商的行业研究报告侧重于从股票投资的角度分析问题，对投资者而言，具有指向性，操作性更强，也存在一些局限性，例如缺乏对行业本身发展趋势、上下游情况、新技术发展等因素的深入分析。

一些网站提供详细的行业分析报告，但收费高昂，不是普通投资者能够承受的。所以这就需要投资者收集行业信息，进行归纳和总结，最终形成自己的研究报告。

如果投资者缺乏对行业的基础知识和背景的了解，在搜集了解行业信息的过程中往往难以开展下去，可以在中研网(http://www.chinairn.com/)上查看免费的研究报告。

如图 7-31 所示为中研网首页示意图。

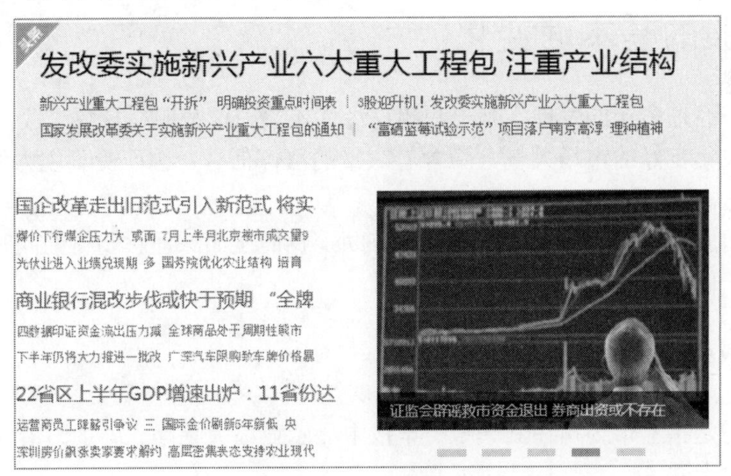

图 7-31 中研网首页

投资者也可以在东方财富网站上查看由券商提供的行业研究报告，投资者进入东方财富网后单击导航栏内的"研报"超链接，进入研究报告频道页面后，再单击"行业研报”选项，就可以看到由券商提供的各行业的研究报告，如图 7-32 所示。

最新研报 [帮助说明] [意见反馈]

报告日期	行业名称	涨跌	相关	标题	评级类别	评级变动	机构名称	机构影响力
2015-07-24	农牧饲渔	-3.05%	详细 资金流 股吧 专区	农林牧渔：国务院部署加快转变农业发展方式点评...	持有	维持	齐鲁证券	★★★★
2015-07-24	房地产	-0.46%	详细 资金流 股吧 专区	房地产行业事件点评：资金面明显向好 龙头将创新...	-	无	东兴证券	★
2015-07-24	煤炭采选	0.05%	详细 资金流 股吧 专区	煤炭行业：6月进口量环比小幅回升,7月增长空间不...	中性	维持	长江证券	★★★★
2015-07-24	钢铁行业	-2.12%	详细 资金流 股吧 专区	钢铁行业：变的是阶段,不变的是风格	中性	维持	长江证券	★★★★
2015-07-24	家电行业	-2.00%	详细 资金流 股吧 专区	传统行业网络智能化转型系列研究五：爆款单品-投...	持有	无	齐鲁证券	★★★★
2015-07-24	钢铁行业	-2.12%	详细 资金流 股吧 专区	钢铁：取向硅钢简报 反倾销影响评估	持有	维持	齐鲁证券	★★★★
2015-07-24	公用事业	-2.78%	详细 资金流 股吧 专区	公用事业：电力公司中报预告综述及全年业绩展望...	持有	维持	国泰君安	★★★★★
2015-07-24	农牧饲渔	-3.05%	详细 资金流 股吧 专区	农业：生猪养殖步入上行周期,后市猪价上涨趋于理...	-	无	中金公司	★★★★★
2015-07-24	水泥建材	-1.81%	详细 资金流 股吧 专区	水泥价格周报：全国价格继续下跌,幅度0.23%	-	无	中银国际	★★★★
2015-07-24	化工行业	-1.97%	详细 资金流 股吧 专区	化工：粘胶化纤价格牛市有望贯穿全年	-	无	中金公司	★★★★★
2015-07-24	食品行业	-1.16%	详细 资金流 股吧 专区	食品饮料：安徽白酒行业－格局稳定,理性竞争	-	无	中金公司	★★★★★
2015-07-24	房地产	-0.46%	详细 资金流 股吧 专区	房地产：2015年地产股中报预览：业绩稳增长,估值...	-	无	中金公司	★★★★★
2015-07-24	输配电气	-1.63%	详细 资金流 股吧 专区	新能源领域的金铁锹：锂电自动化装备需求爆发	-	无	弘则弥道	
2015-07-24	电子信息	-1.65%	详细 资金流 股吧 专区	电子元器件行业快报：再论军工半导体！	增持	维持	安信证券	★★★★

图 7-32 最新研报

东方财富网站上提供的行业研报都是由市场中的权威机构进行发布的，完全免费，可以为投资者提供概念清晰的个股，对投资者在选股时提供帮助。

例如在图 7-32 中，各大权威机构分别对众多行业进行了调研，发布了研究报告，其中对农牧饲渔、家电行业、钢铁行业、公用行业和煤炭采选行业的评级为持有。

另外安信证券对电子信息行业做出增持的评级，从研究报告的标题可以看出，电子信息的增持主要是受到军工半导体的影响。

7.2 个股的基本面变化

国内股市经过多年的发展，有一些题材经久不衰，这些题材导致个股的基本面产生变化，可以聚集良好的市场人气，隐含着大量的涨停信号，因而受到主力的反复炒作，股价明显上涨。

了解国内股市中常见的基本面变化，有助于我们在加深理解题材的同时，进一步发现涨停信号，做好及时把握，大胆投资。

7.2.1 业绩预增

业绩预增是指上市公司在其季报、年报中显示业绩大幅增长，主力借此机会进行炒作，股价大幅上涨。

年报或季报是广大投资者最为关心的内容之一，它直接体现了上市公司的现阶段发展情况，虽然影响股价的因素很多，但归根结底是看业绩。从价值投资的角度来看，股价是公司业绩的体现。

当年报或季报公布前，如果一个公司的业绩得到了大幅增长，那么其在二级市场中自然要重新估价。

【实战案例】兄弟科技(002562)——季度业绩预增

如图 7-33 所示为兄弟科技公告示意图，其中显示了兄弟科技在 2015 年 4 月 24 日发出业绩预告。

兄弟科技 002562　最新动态　公司资料　股东研究　经营分析　股本结构　资本运作　盈利预
新闻公告　概念题材 new　主力持仓　财务概况　分红融资　公司大事　行业对

公司概要　近期重要事件　新闻公告　财务指标　主力控盘　题材要点　龙虎榜　大宗交易　投资者互动

日期	事件	
2015-07-16		
2015-07-15	龙虎榜：三日买入总计 3368.56 万元，占三日总成交额比16.55%；三日卖出总计 2267.52 万元，占三日总成交额比 11.14%	详情>>
2015-06-17	诉讼仲裁：兄弟会社诉国家工商局商标行政纠纷	
2015-06-04	实施分红：10派1.00元(含税)，股权登记日为2015-06-04，除权除息日为2015-06-05，派息日为2015-06-05	详情>>
2015-04-24	业绩披露：2015年一季报每股收益0.06元，净利润1301.44万元，同比去年增长274.05%	详情>>
2015-04-24	业绩预告：预计2015-01-01到2015-06-30业绩：净利润3014.2万元至3647.43万元,增长幅度为138.00%至188.00%,上年同期业绩:净利润12664700元；变动原因 原因：主要系公司部分维生素产品涨价而使经营业绩上升。	

图 7-33　兄弟科技 2015 年 4 月 24 日的公告

兄弟科技在 2015 年 4 月 24 日发出的业绩预告中宣布，2015 年上半年的净利润在 3014 万元至 3647 万元之间，增长幅度为 138%至 188%之间，整体业绩大幅上涨。

兄弟科技的业绩大幅预增，必然在二级市场中迎来估值变化，如图 7-34 所示为兄弟科技 2015 年 3 月至 6 月的 K 线图。

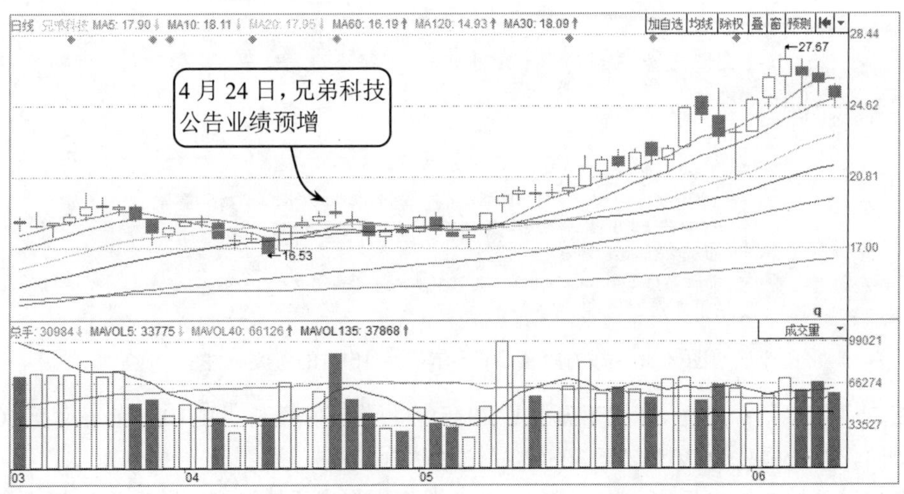

图 7-34　兄弟科技 2015 年 3 月至 6 月的 K 线图

在兄弟科技 4 月 24 日发出业绩预增的公告之前，其股价保持在 16.5 元至 19 元的区间内横盘震荡。

在震荡过程中，成交量却多次放大，显示兄弟科技的市场交易较为活跃，并非像股价一样不温不火，也有可能是主力在进行吸货。

2015 年 4 月 24 日，兄弟科技发出业绩大幅预增的公告，市场却并没有做出任何反应，当天高开高走，冲高回落，最终以阴十字星收盘。

随后的交易日里，成交量迅速萎缩，股价继续小幅回落后横盘发展。细心的投资者不难发现，当成交量萎缩至 40 日均量线下方，主力洗盘的迹象明显，而且主力不愿使用手中的筹码进行大幅度洗盘，导致成交量迅速萎缩。

2015 年 5 月 11 日，成交量一举突破 40 日均量线，是主力结束洗盘开始拉升的信号。当天股价大涨 6.7%，突破前期的横盘走势。

这也是主力的惯用手法，在基本面出现利好消息时，主力不会立即进行拉升，而是进行一段时间的洗盘，让持仓者心灰意冷抛出股票，主力再次吸筹后就会择机进行拉升，股价也迎来重新估值。

主力凭借其专业的调研能力、市场分析能力或者一些内幕消息，往往会提前知道上市公司的业绩情况。

当主力获知上市公司的业绩有大幅增长时，就会进行提前布局，在利好消息出来后，再择机进行拉升股价。

【实战案例】东方财富(300059)——年中业绩预增

如图 7-35 所示为东方财富公告的近期重要事件。2015 年 7 月 15 日，东方财富发布了业绩预增的公告。

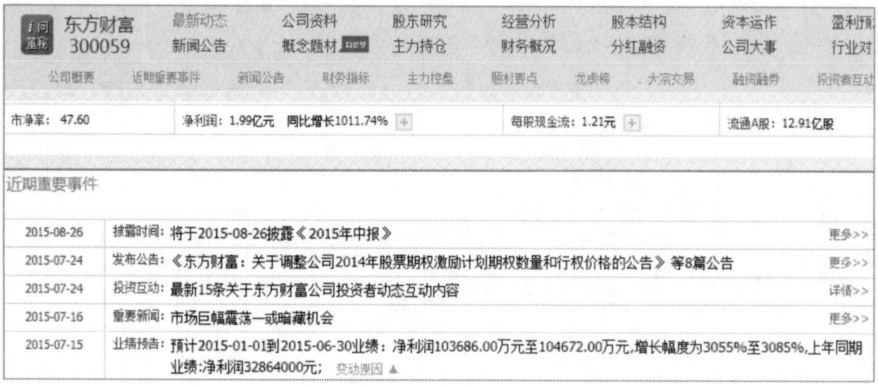

东方财富 300059　最新动态　新闻公告　公司资料　概念题材　股东研究　主力持仓　经营分析　财务概况　股本结构　分红融资　资本运作　公司大事　盈利预…　行业对…

公司概要　近期重要事件　新闻公告　财务指标　主力控盘　题材要点　龙虎榜　大宗交易　融资融券　投资者互动

市净率：47.60	净利润：1.99亿元　同比增长1011.74%	每股现金流：1.21元	流通A股：12.91亿股

近期重要事件

2015-08-26	披露时间：将于2015-08-26披露《2015年中报》	更多>>
2015-07-24	发布公告：《东方财富：关于调整公司2014年股票期权激励计划期权数量和行权价格的公告》等8篇公告	更多>>
2015-07-24	投资互动：最新15条关于东方财富公司投资者动态互动内容	详情>>
2015-07-16	重要新闻：市场巨幅震荡—或暗藏机会	更多>>
2015-07-15	业绩预告：预计2015-01-01到2015-06-30业绩：净利润103686.00万元至104672.00万元,增长幅度为3055%至3085%,上年同期业绩:净利润32864000元；变动原因	

图 7-35　东方财富 2015 年 7 月 15 日的重要事件

在 7 月 15 日的公告中，东方财富预计 2015 年上半年的净利润在 103686 万元至 104672 万元之间，增长幅度为 3055%至 3085%，增幅达到 30 倍。

东方财富的业绩大幅增加也与 2015 年上半年的牛市行情紧密相关，无论是股票市场交易频繁还是基金市场销售火爆，都是推动东方财富业绩飞速上涨的原因。

而同期的股价是否会因为业绩大幅预增而进行重新估值呢？如图 7-36 所示为东方财富 2015 年 5 月至 7 月的 K 线图。

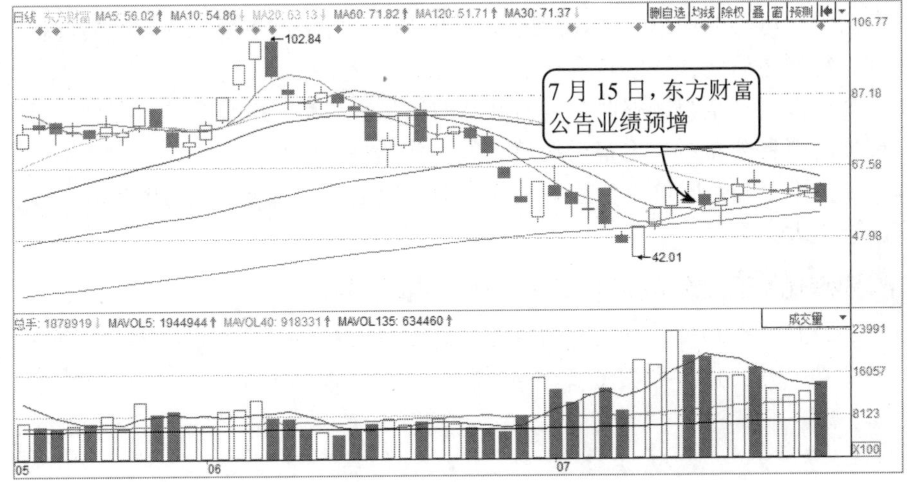

图 7-36　东方财富 2015 年 5 月至 7 月的 K 线图

东方财富在 2015 年 7 月 15 日发布业绩预增的公告前，股价迎来了底部快速反弹，连续三个交易日收出涨停。

7 月 14 日，涨停被打开，当天收出带长上影线的小阴线。7 月 15 日，东方财富发布业绩预增公告，但市场反应平淡，当天下跌 1.18%，收小阴线。

作为创业板的龙头股之一，在之后的创业板指数六连阳的行情里，东方财富几乎都以小阳线、十字星和小阴线收盘，远远低于创业板指数的涨幅。

从成交量来看，也没有明显的主力洗盘迹象，这种情况便是市场对东方财富的业绩预增在短期内并不认可，股价重新估值的行情还有待时间检验。

7.2.2　资产重组

资产重组是指两个以上公司合并、组建新公司或相互参股。它往往同广义的兼并和收购是同一意义，泛指在市场机制的作用下，企业为了获得其他企业的控制权而进行的产权交易活动。

通往资本市场的“华山路”已非一条单行道。通过被上市公司并购或兼并，及时实现资产证券化、抢滩登陆资本市场的一条新兴途径。证监会上市公司监管一部主任欧阳泽华日前在一个讲座上透露说，部分 IPO 排队企业面临不再满足 IPO 标准的可能，或不愿继续排队，而选择被并购的方式实现资产证券化。

企业并购重组是搞活企业、盘活国企资产的重要途径。现阶段我国企业并购融资多采用现金收购或股权收购的支付方式。随着并购数量的剧增和并购金额的增大，已有的并购融资方式已远远不足，拓宽新的企业并购融资渠道是推进国企改革的关键之一。

资产重组往往需要定向增发股份募集资金，进而达到收购相关优质资产的目的。当上市公司由于注入优质资产而出现盈利能力大幅增涨时，股价在二级市场中自然需要重新估值。

主力由于有可靠的信息渠道，因此在上市公司公告资产重组之前，就会进行提前布局，在公司复牌之后就会连续拉升个股。

在主力炒作资产重组题材时，主力准确的信息来源是至关重要的，因为一旦重大资产重组事项的消息公布后，上市公司就会发生实质性的变化。

即使主力不参与，股价也会重新估值进而大幅上涨。如果有主力的推动，股价上涨的幅度就会更大。

【实战案例】西安饮食(000721)——资产重组并购

如图 7-37 所示为西安饮食的并购重组示意图。从图 7-37 中可以看出，西安饮食因为资产重组事项，从 2015 年 1 月 6 日起停牌。

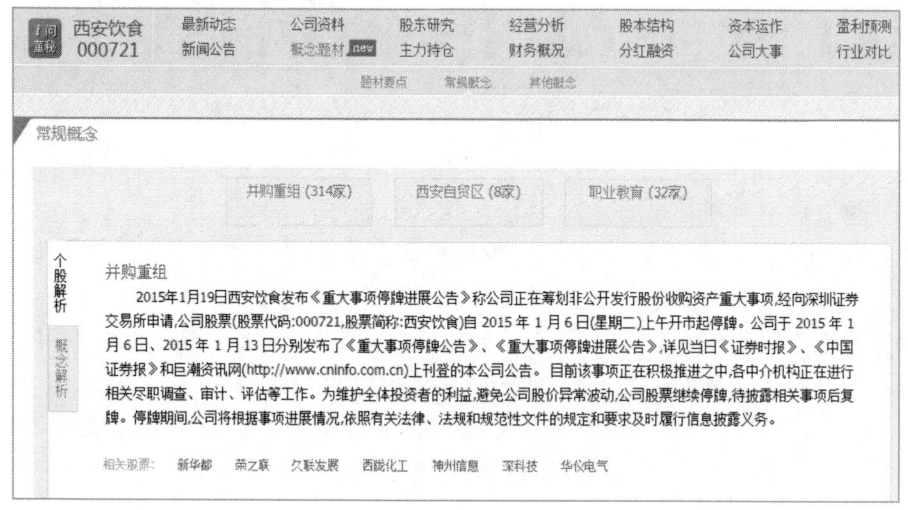

图 7-37　西安饮食并购重组示意图

西安饮食在公告中并未提及收购资产的具体事项，但没有公司会选择非公开发行股份募集资金去收购劣质资产。

西安饮食从 2015 年 1 月 6 日停牌，终于在 2015 年 4 月 7 日复牌交易。如图 7-38 日所示为西安饮食 2014 年 12 月至 2015 年 6 月的 K 线图。

西安饮食是陕西的一家餐饮旅游上市公司，主要从事传统餐饮服务和工业化食品的生产、加工及销售。

西安饮食在 2015 年 1 月 6 日宣布因为资产重组事项停牌，在 2015 年 4 月 7 日的复牌公告中显示，在停牌期间，主要进行了筹划非公开发行股份收购北京嘉和一品企业管理股份有限公司 100%股权的重大资产重组事项。

在 2015 年 1 月 6 日停牌之前，股价处于 5 元至 6 元的低位横盘发展，在横盘期间，成交量却多次放大，显示有主力在进行提前布局。

2015 年 4 月 7 日复牌的连续五个交易日收出涨停，前期布局的主力收获颇丰，而普通投资者却无法在涨停中买入，只能观望。

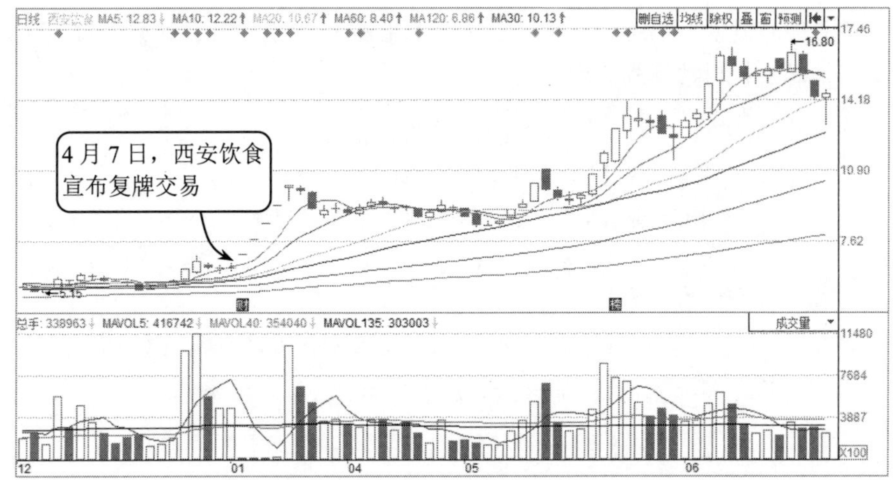

图 7-38　西安饮食 2014 年 12 月至 2015 年 6 月的 K 线图

在 2015 年 4 月 13 日涨停被打开后，股价开始回调，在回调过程中，成交量迅速萎缩至 40 日均量线下方，主力洗盘迹象明显。

在回调期间，投资者一旦确定主力在洗盘，就表明后期仍有上涨行情。此时投资者就应伺机买入，或者等待成交量再次突破 40 日均量线。

2015 年 5 月 12 日，在成交量逐渐放大的前提下，当天的成交量突破 40 日均量线，股价明显上涨，是主力再次拉升的信号。

从后期的走势来看，西安饮食的股价由 9 元快速上涨至 16 元附近，比前期因为复牌而连续五个涨停的涨幅更大。

因此投资者在关注资产重组股时应该注意，不要因为复牌后连续涨停无法买入而将这类股置之不顾，资产重组概念中总会蕴藏着机会。

【实战案例】太原刚玉(000795)——定向增发资产重组

如图 7-39 所示为太原刚玉申请资产重组在 2015 年 5 月 20 日获得证监会无条件通过的公告示意图。

太原刚玉是一家有色金属上市企业，主要从事稀土永磁材料与制品、棕刚玉系列产品、物流设备与控制和信息系统、金刚石制品及磨具生产及销售。

2015 年 5 月 13 日，因为资产重组重大事项开始停牌，并在 5 月 20 日发出获得证监会无条件通过的利好消息。

市场会如何应对太原刚玉资产重组获得通过的利好消息呢？如图 7-40 所示为太原刚玉 2015 年 4 月至 6 月的 K 线图。

5 月 20 日当天，股价一字涨停，投资者毫无机会。5 月 22 日，涨停即被打开，当天收出长下影线的阴线，令投资者疑惑不已。

从前期的走势来看，太原刚玉的涨幅并不大，主力会仅仅收获一个涨停就心满意足吗？显然不会。大胆的追涨投资者可以在涨停被打开后迅速追进，从太原刚玉后期的走势来看，打开涨停时股价为 16.5 元左右，后市一路上涨至 22 元附近，涨幅超过 30%，比资产重组题材消息发出时的涨幅更大。

太原双塔刚玉股份有限公司

关于公司发行股份购买资产并募集配套资金事项获得

中国证监会并购重组委员会审核通过暨公司股票复牌的公告

本公司及董事会全体成员保证信息披露的内容真实、准确、完整，没有虚假记载、误导性陈述或重大遗漏。

太原双塔刚玉股份有限公司（以下简称“公司”）于 2015年5月20日收到中国证券监督管理委员会（以下简称“中国证监会”）通知，经中国证监会上市公司并购重组委员会于2015年5月20日召开的2015年第39次并购重组委工作会议审核，公司发行股份购买资产并募集配套资金事项获得无条件通过。

图 7-39　太原刚玉资产重组获得无条件通过

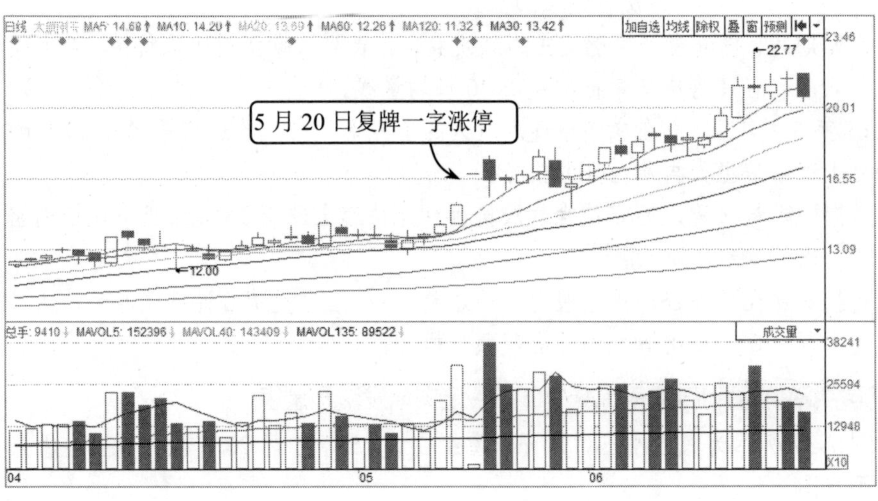

图 7-40　太原刚玉 2015 年 4 月至 6 月的 K 线图

7.2.3　高送转预期

高送转是国内股市热点题材中的常青树，是指大比例送股或以资本公积金转增股本，例如每 10 股送 10 股转增 2 股等。

高送转之后，上市公司的股本规模得以扩大，所以股价会进行相应的除权处理。例如，除权之前股价为 20 元，经过 10 股送 10 股的高送转方案之后，股价将被除权为 10 元左右。

高送转可以让投资者手中的股票数量增加，但却无法让投资者手中的资金量增加，

实质上并不能为投资者带来真实的回报。

高送转题材之所以能成为市场热点，和国内的股市氛围有关，也和高送转所传达的信息有关。

主力之所以偏爱高送转概念的个股，是因为在拉升时有高送转概念，拉升更加轻松，市场投资者跟风买入者众多。

而在除权之后，股价变得更便宜，极大地方便了主力的出货操作。

上市公司的快速成长过程本就是伴随着股本规模的不断扩大，公司宣布进行高送转，说明公司的成长性良好，市场认为这样的公司具有一个好的预期，所以高送转概念炒作的是一个预期。

【实战案例】浙江金科(300459)——次新股高送转预期

如图 7-41 所示为浙江金科 2015 年 5 月至 7 月的 K 线图。

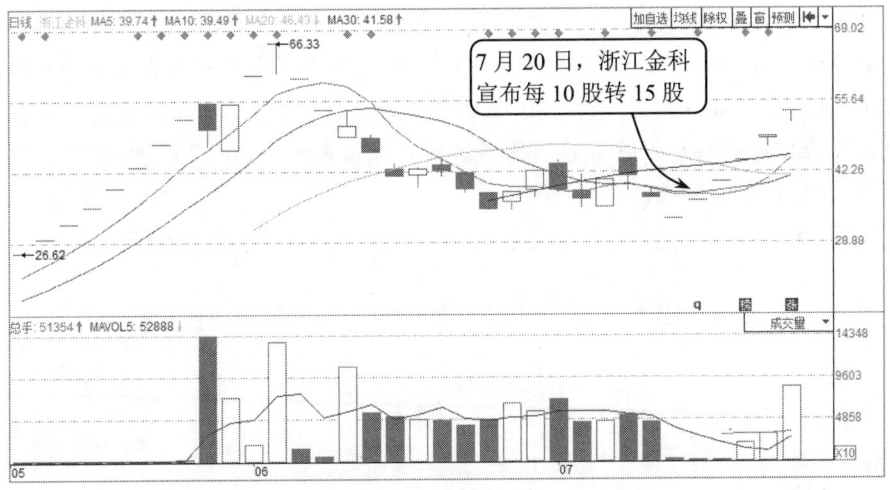

图 7-41 浙江金科 2015 年 5 月至 7 月的 K 线图

浙江金科是创业板的一家化学制品公司，主要从事氧系漂白助剂 SPC 的研发、生产和销售，在上市初期的流通股仅有 0.27 亿股。

在 7 月 20 日宣布高送转之前，浙江金科与大盘同步下跌，股价由 60 元上方跌至 40 元附近。

7 月 20 日，浙江金科宣布每 10 股转增 15 股的分配预案，股价当天以一字涨停板收盘，接下来连续两个交易日都是一字涨停板，投资者毫无机会。

7 月 23 日，大盘剧烈震荡，浙江金科盘中被打开涨停，紧密关注的投资者就有机会迅速买入追涨。

【实战案例】渝三峡 A(000565)——高送转预期

如图 7-42 所示为渝三峡 A 的历史分红统计图。

从图 7-42 中可以看出在 2015 年 6 月 5 日，渝三峡 A 公告分配预案：每 10 股送 7 股转增 8 股，派息 0.8 元。

渝三峡A 000565
最新动态 公司资料 股东研究 经营分析 股本结构 资本运作 盈利
新闻公告 概念题材 new 主力持仓 财务概况 分红融资 公司大事 行业
分红情况 增发概况 配股概况
2015.06.05 2015.03.20 2014.08.19 2014.02.28 2013.08.26 2013.02.22 2012.08.23 2012.02.29

公告日期	分红方案说明	A股股权登记日	A股除权除息日	A股派息日	方案进度
2015-06-05	10送7股转8股派0.8元(含税)	-	-	-	预披露
2015-03-20	10派0.50元(含税)	2015-07-15	2015-07-16	2015-07-16	实施方案
2014-08-19	不分配不转增	-	-	-	董事会预案
2014-02-28	10派0.50元(含税)	2014-05-22	2014-05-23	2014-05-23	实施方案
2013-08-26	不分配不转增	-	-	-	董事会预案

图 7-42　渝三峡 A 2015 年 6 月 5 日历史分红

渝三峡 A 是一家化学制品企业，主要从事油漆业务，主要产品是油漆涂料，在高送转之前其流通股仅 1.73 亿股。

从渝三峡 A 的历史分红可以看出该企业在 2012 年开始并未进行大规模的高送转，直到在 2015 年 6 月 5 日宣布了进行每 10 股送 7 股转增 8 股并派发股息 0.8 元的分配预案。

市场又会如何对待渝三峡 A 这次的高送转分配预案呢？如图 7-43 所示为渝三峡 A 在 2015 年 5 月至 7 月的 K 线图。

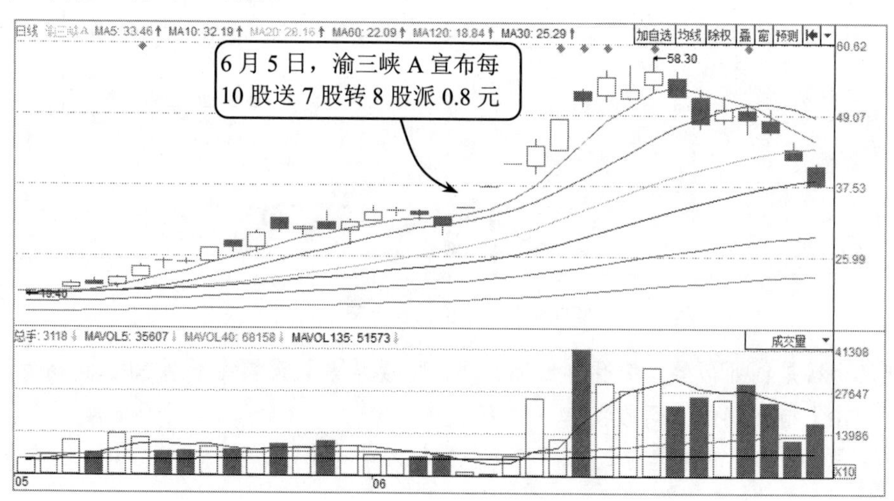

图 7-43　渝三峡 A 2015 年 5 月至 7 月的 K 线图

在 6 月 5 日渝三峡 A 宣布高送转分配预案之前，股价已经由 20 元上涨至 30 元附近，涨幅幅度达到 50%。

6 月 5 日当天，渝三峡 A 一字涨停板，并在接下来两个交易日也收出了一字涨停，直到第四个交易日，涨停才被打开。

在 6 月 10 日涨停被打开当天，成交量迅速放大，股价仍然稳稳站在 5 日均线上方，运行稳定，投资者可以大胆追涨。

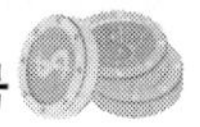

7.2.4 新股题材

新股在中国股市中是一个特殊的存在，因为上市时间短，历史遗留问题少，流通盘小，一旦新股上市就会吸引大批短线资金的高度关注。

新股的公积金高，转增能力强，有较强的股本扩张能力，新股的优势太多，因此在上市之初往往是连续的一字涨停板，短线资金根本无法下手。

新股的潜力巨大，主力自然也想分一杯羹。既然要炒作新股，主力就必须建仓，而这种建仓行动只能在二级市场中完成。新股在连续涨停被打开后，换手率迅速提高，集中的筹码开始抛售，主力可以迅速完成建仓。

主力选择新股的原则有两个：一是流通盘要尽量小，盘子小的新股更容易受到主力的欢迎，因为主力的控盘成本低，可以达到更高的控盘程度，这样的新股在主力的控盘下，后期涨幅更大；二是经营题材上要有亮点，有亮点的新股更容易吸引市场人气，吸引更多的场外跟风盘买入。

【实战案例】鲁亿通(300423)——新股题材

如图 7-44 所示为鲁亿通 2015 年 2 月至 6 月的 K 线图。

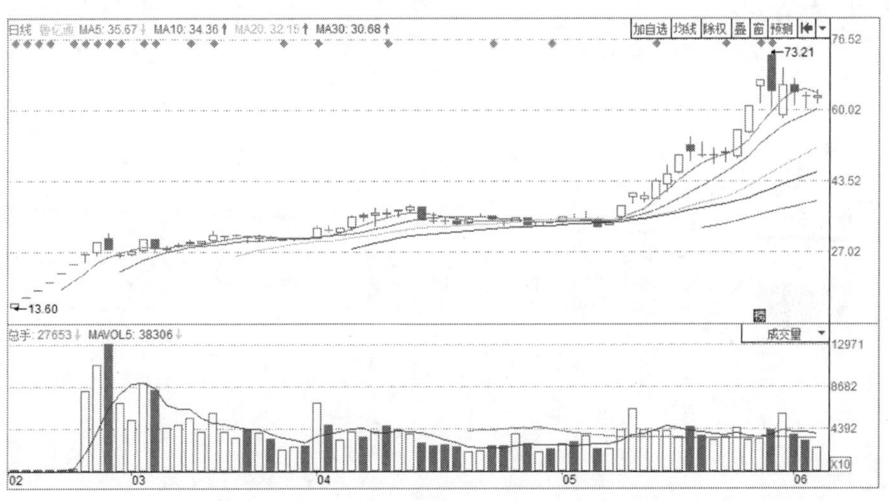

图 7-44 鲁亿通 2015 年 2 月至 6 月的 K 线图

鲁亿通是山东的一家电器设备上市企业，2015 年 2 月 17 日在创业板上市交易，当天的涨幅为 43.98%，报收 14.83 元，随后连续七个交易日收出涨停，其中前五个交易日是一字涨停板。

3 月 4 日，股价在盘中被开涨停，成交量迅速增加，当天的换手率达到 37.12%，最终仍以涨停收盘。

3 月 5 日，股价平开高走，在上涨途中成交量继续放大，当天的换手率达到 48.95%，前期获利盘抛售情况明显，但承接性的买盘也非常强大，连续两个交易日在涨停被打开的情况下，都以高成交量和高换手率封住涨停。

3月6日，股价结束连续涨停，开始回调整理阶段。在涨停刚被打开的几个交易日里，换手率分别为58.96%、31.36%、23.35%、40.81%，涨停刚被打开就连续出现高换手率，表明主力吸筹建仓动作明显。

鲁亿通涉及的概念是智能电网，公司的主要产品为电气成套设备，电气成套设备在输配电系统中起着电能的控制、保护、测量、转换和分配作用，主要应用在石油、石化、电力、冶金、轨道交通等领域。

智能电网在2011—2015年是全面建设阶段，加快特高压电网和城乡配电网建设，初步形成智能电网运行控制和互动服务体系，关键技术和装备实现重大突破和广泛应用，因为鲁亿通这样的设备生产企业，正符合市场需求，盈利能力看好。

鲁亿通在上市初期的流通股仅有0.22亿股，主力经过3月6日前后的高换手率，以及吸收的大部分筹码并完成建仓。

从鲁亿通后期的走势来看，股价从打开涨停板时的27元，上涨至70元上方，涨幅达到160%，比刚发行时的涨幅更大。

因此也提醒短线追涨的投资者，新股的机会并不一定都在刚上市交易时的连续涨停中，后期仍然存在机会。

Chapter 08

如何抢到涨停板

股价在已经涨停或可能涨停的情况下，如何才能尽可能地抢到涨停板，这是一门非常高超的技术。在追涨停板之前的准备，追涨过程中的分析以及介入时机的选择，都是影响追涨停板能否成功的关键因素。

本章要点

- ✧ 大盘与涨停
- ✧ 追涨前后应遵循的原则
- ✧ 涨停突破式
- ✧ 异动回抽式
- ✧ 跳空回补式
- ✧ 超跌涨停式
- ✧ 洗盘后的第一个涨停板
- ✧ 突破异动高点的第一个涨停板

8.1 追涨停板的进阶之路

实战是检验投资方法的试金石，真正有价值的追涨方法可以让投资者在实战中追到一个又一个的涨停板。真正有价值的追涨方法不论是在多头市场还是在空头市场都能盈利，而那没有价值的追涨方法，经不起实战的检验，只会让投资者在追涨过程中一亏再亏，甚至满盘皆输。

有价值的追涨方法一定是在坚持一定的原则下，根据大盘趋势进行合理追涨，这样才能追到涨停板。

8.1.1 大盘与涨停

丰富的投资经验告诉我们，大盘是行情的方向，是行军的路线。所以不管是长线投资还是短线投资，不管是波段操作还是追涨停板，都不能抛开大盘做个股。投资者在追涨停板的过程中应该遵循一看大盘指数，二看板块指数，三看个股的思路去选股、去追涨。

1) 看大盘指数

投资者将上证指数、深证成指、中小板指和创业板指这四个指数的走势图进行比较，用到第 6 章提到双重突破法进行分析，发现创业板指最符合双重突破法的要求，而上证、深证和中小板的符合程度则不那么高。说明资金向创业板流动得比较快。既然大盘指数指明了方向，那么投资者就应该顺着大盘的路线走。

【实战案例】创业板指(399006)——看大盘指数

如图 8-1 所示为创业板指 2015 年 5 月至 7 月的 K 线图。

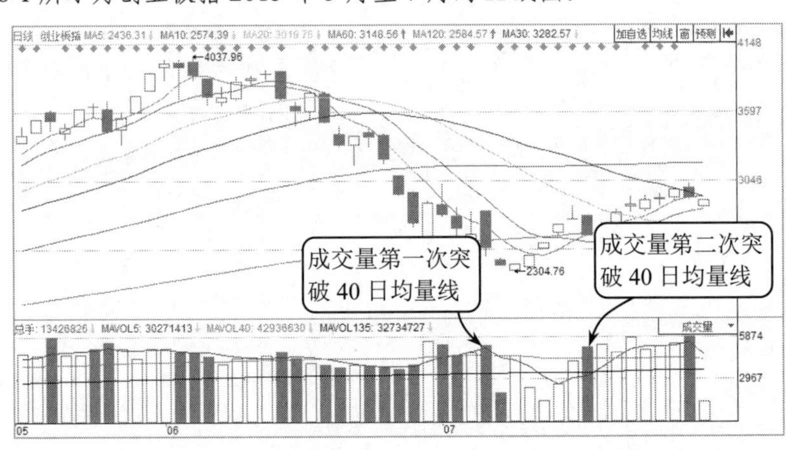

图 8-1 创业板指数 2015 年 5 月至 7 月的 K 线图

从创业板指数的走势可以看出，在 6 月下旬至 7 月初这段时间内，指数遭遇了大幅度下跌，从 4000 点左右跌至 2300 点，跌幅达到 42.5%。

进入7月份之后，创业板的成交量有所放大，连续五个交易日突破40日均量线，显示有主力资金在流入创业板。

在创出2304.76点新低的前后，成交量迅速萎缩至5日均量线下方，创业板指数迎来了快速反弹。

7月14日，成交量明显放大，再次突破40日均量线，反弹行情得到确立，投资者果断进行追涨即可。

2) 看板块指数

在股市中，按照不同的角度将所有的个股划分为不同的板块。

按行业划分，可以分为国防军工、农产品加工、贸易、新材料、港口航运、物流、汽车整车、钢铁、基础化学等。

按照概念不同，又可以分为军工改制、京津冀一体化、航母、互联网农业、预警机、新疆振兴、无人机等板块。

投资者在看清楚大盘指数的方向后，再用成交量的标准线及形态变化去判断主力资金进入了哪一个板块。

主力资金进入的板块必然成为后市的主流板块和热点板块，投资者再结合近期的政策、新闻热点去寻找，将更为精准。

事实上，散户投资者了解到国家政策的变化、倾斜、扶持、调整和限制，都是在政策公布后才知道的。而主力则先知先觉，有能力有条件提前分析或获知国家政策的变化情况，从而会进行提前布局，但他们的操作将会在板块指数的变化中反映出来。

投资者既然没有主力的条件和能力可以提前获知国家政策的变化，为何不借助主力的智慧呢？

投资者可以在主力的行动中找到蛛丝马迹，主要通过成交量的变动，就可以发现主力在哪些板块内运动，投资者就可以锁定这些板块，在拉升之前进行布局，等待着主力的拉升。

当政策变化的利好消息公布时，政策偏向明朗化之后，也是主力拉升股价一波到顶的时候，此时获取到市场信息的投资者，如果选择追高买入，往往是被主力的诱多陷阱套在其中，凡事谨记“利好出尽是利空”。

【实战案例】同花顺行情软件中资金流划分

如图8-2所示为同花顺行情软件中，资金流向按行业板块划分示意图。

图8-2为2015年7月27日当天的资金流向示意图，从图8-2中可以看出，当天的资金流向排名第一的是农产品加工板块，以下分别是景点及旅游、养殖业、国防军工、种植业和林业、家用轻工和传媒板块。

这些板块都是主力资金持续进入的板块，这些板块中有利好消息未爆发的，有已经处于拉升过程中的，也有处于利好兑现的板块。

如图8-3所示为资金流向按概念板块划分的示意图。

图 8-2　资金流向按行业板块划分

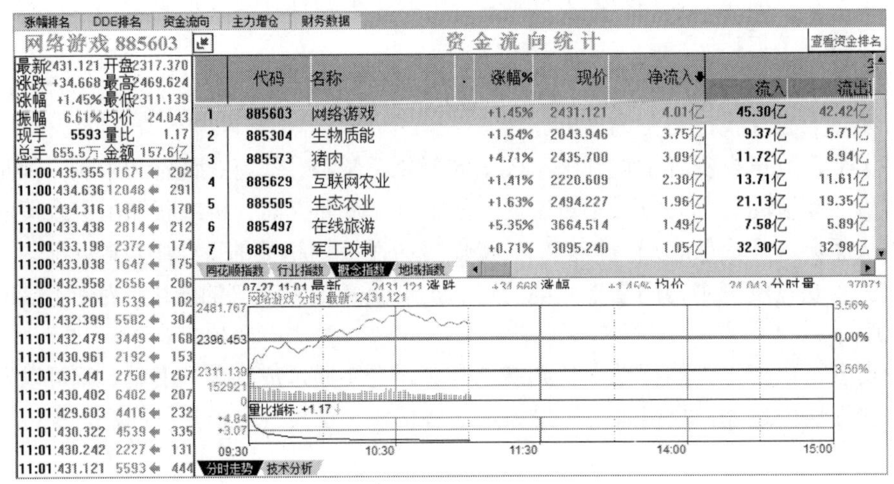

图 8-3　资金流向概念板块

将个股按概念进行划分，是对其热点题材的侧重，可以让投资者在第一时间发现其投资价值。在 2015 年 7 月 27 日当天，资金净流入最高的概念板块为网络游戏，然后分别是生物质能、猪肉、互联网农业、生态农业、在线旅游和军工改制。

其中猪肉概念受到 2015 年 1 月至 7 月以来，猪肉价格涨幅超过 50%的影响，概念走强，已经处于利好兑现阶段。

其中生物质能板块近期未出现明显的利好消息，说明生物质能的利好消息还未兑现，仍有一定的上涨潜力。

3)　看个股

投资者在选择主力活跃的板块后，需要从这些板块中寻找主力活动最为明显、最活跃的个股进行操作。

【实战案例】个股板块的详情

如图 8-4 所示为生物质能板块的详情示意图。

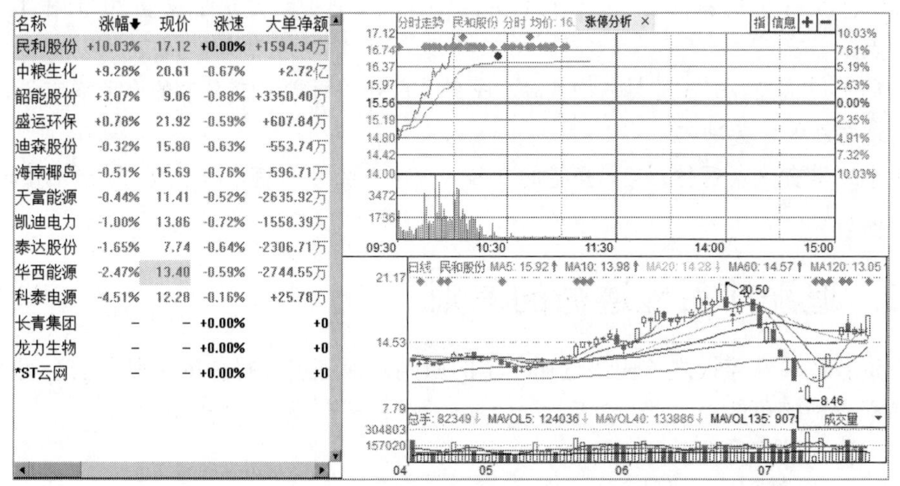

名称	涨幅	现价	涨速	大单净额
民和股份	+10.03%	17.12	+0.00%	+1594.34万
中粮生化	+9.28%	20.61	-0.67%	+2.72亿
韶能股份	+3.07%	9.06	-0.88%	+3350.40万
盛运环保	+0.78%	21.92	-0.59%	+607.84万
迪森股份	-0.32%	15.80	-0.63%	-553.74万
海南椰岛	-0.51%	15.69	-0.76%	-596.71万
天富能源	-0.44%	11.41	-0.52%	-2635.92万
凯迪电力	-1.00%	13.86	-0.72%	-1558.39万
泰达股份	-1.65%	7.74	-0.64%	-2306.71万
华西能源	-2.47%	13.40	-0.59%	-2744.55万
科泰电源	-4.51%	12.28	-0.16%	+25.78万
长青集团	-	-	+0.00%	+0
龙力生物	-	-	+0.00%	+0
*ST云网	-	-	+0.00%	+0

图 8-4 生物质能板块详情

从图 8-4 中可以看出，大单净额最高的分别为中粮生化(000930)、民和股份(002234)和韶能股份(000601)。其中民和股份已经涨停，投资者当天的机会渺茫；中粮生化的大单净额最高，实时涨幅达到 9.28%，而且中粮生化是当前市场热点题材“央企国资改革”的龙头股之一，出现了不错的追涨机会。

另外一只大单净额达到 3350 万元的韶能股份，实时涨幅仅为 3.07%，涨势虽然不够强势，但相对的追高风险也较低。

如图 8-5 所示为中粮生化 2015 年 5 月至 7 月的 K 线图。

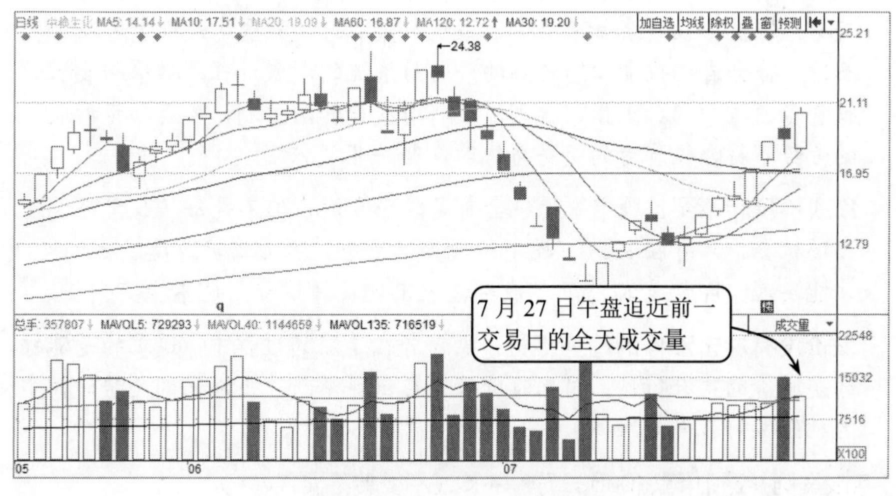

图 8-5 中粮生化 2015 年 5 月至 7 月的 K 线图

从图 8-5 中可以看出，中粮生化在 2015 年 6 月底至 7 月初的大盘暴跌中未能幸免，股价从 24 元附近跌至最低 9.81 元。

在创出 9.81 元的新低后，中粮生化开始快速反弹，股价迅速上涨至 20 元附近，逼近前期高点。

2015 年 7 月 27 日当天上午收盘时，成交量已经迫近前一交易日的全天成交量，股价也不断地向涨停发起冲击。

对于这类有热点题材，有成交量的支撑，有冲击涨停的趋势的个股，是追涨停板的最好目标。

8.1.2 追涨前后应遵循的原则

投资者在追涨停板之前应该遵循一定的原则，保证追涨操作的基础是安全可靠的，才有追涨盈利的可能。

1) 追涨前应遵循的原则

追涨前应遵循的原则如图 8-6 所示。

不符合投资者自己的交易系统不买

K 线不反转，即使处于底部也不买

股价没有冲击涨停的趋势不买

图 8-6 追涨前应遵循的原则

- ✧ **不符合自己的交易系统不买**：每个投资者都应该有一个自己的交易系统，这个交易系统能给投资者带来盈利的最大可能。而交易系统是投资者在实战中不断总结，符合自己投资心态而来的。交易系统的形成过程是艰难而漫长的，只有投资者通过割肉、止损、盈利，逐渐由亏损转向盈利，才能初步形成。在股票的走势不符合投资者的交易系统时，坚决不买入。
- ✧ **K 线不反转不买**：股市中的机会都是跌出来的，但不是每只股票经过下跌就会出现机会。只有在 K 线下跌中出现异动形态，主力借势洗盘，然后 K 线反转，才能买入。即使是 K 线处于底部，未出现反转信号，也不能买。
- ✧ **股价没有冲击涨停的趋势不买**：投资者在追涨的过程中，追求的是涨停，追求的是股价的主升行情。因此股价只有在出现不断冲击涨停的趋势时，才表明主力已经做好拉升的准备。

【实战案例】深中华 A(000017)——K 线不反转不买入

如图 8-7 所示为深中华 A 2015 年 5 月至 7 月的 K 线图。

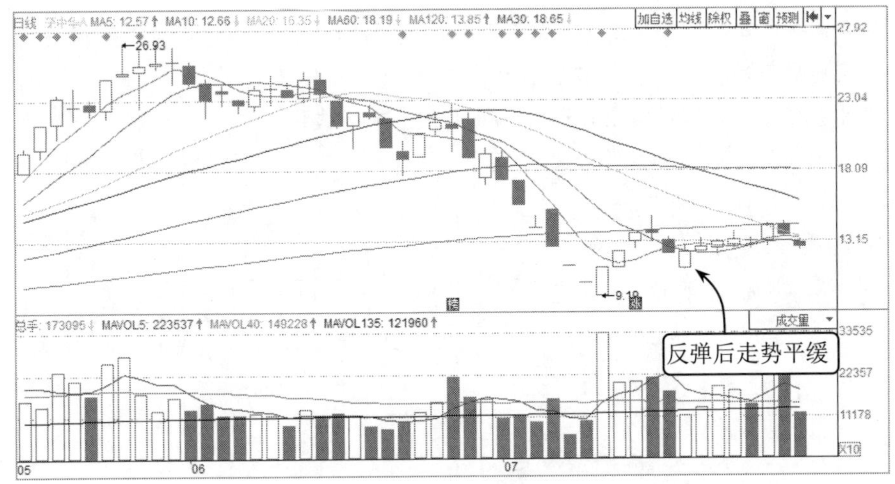

图 8-7 深中华 A 2015 年 5 月至 7 月的 K 线图

深中华 A 是广东的一家非汽车交运上市企业，主要从事电动自行车、自行车及零配件的生产和销售以及物业管理。

在 2015 年年初以来的牛市中，股价创出了 26.93 元的新高。而在 2015 年 6 月中旬以来的暴跌中，股价下跌至 9 元附近，跌幅惨重。

在创出 9.19 元新低的当天，股价强势反弹收出涨停，随后两个交易日在大盘的迅速反弹下，连续收出涨停。

投资者如果在此时 K 线未确立反转时进行追涨买入，从后期的走势来看，深中华 A 在结束三个连续涨停后，就开始走势疲软，投资者面临短期亏损的可能。

由此可见，在 K 线仅仅确认为反弹行情时，不是投资者应该追涨买入的时机，只有在 K 线确认反转，即将迎来一轮新的上涨行情，才是买入的时机。

【实战案例】西部证券(002673)——没有冲击涨停的趋势不买入

如图 8-8 所示为西部证券 2015 年 7 月 13 日的分时图。

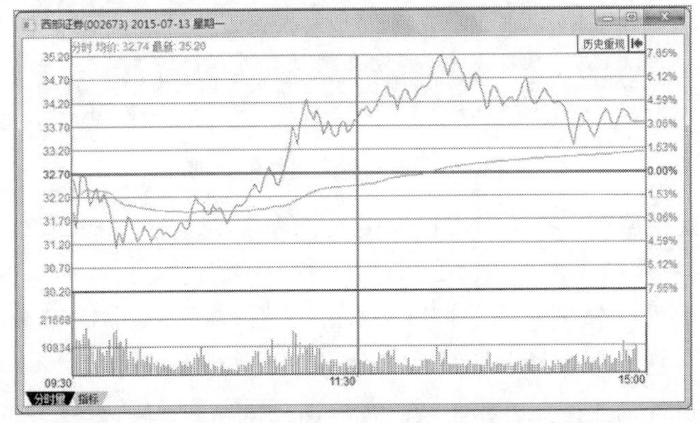

图 8-8 西部证券 2015 年 7 月 13 日的分时图

从图 8-8 中可知，西部证券在 2015 年 7 月 13 日当天低开高走，盘中一度达到 7.65%的涨幅，但随后就冲高回落，并未向涨停发起进攻，走势转弱。

如图 8-9 所示为西部证券 2015 年 5 月至 7 月的 K 线图。

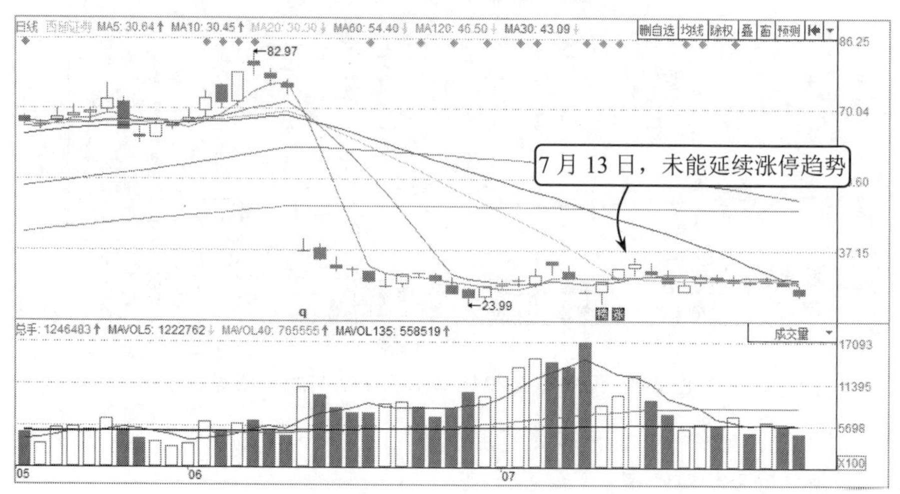

图 8-9　西部证券 2015 年 5 月至 7 月的 K 线图

西部证券在 6 月 12 日进行了每 10 股送 5 股转增 5 股，红利 1.5 元的除权活动，股价从 80 元左右变成 37 元左右。

随后在大盘巨幅下跌的过程中，股价创出 23.99 元的新低。在 7 月 9 日迎来反弹时，股价连续两个交易日收出涨停，在 7 月 13 日，即第三个交易日，股价上攻无力，没有继续对涨停展开攻击，投资者不宜追涨。

2)　追涨后应遵循的原则

投资者在追涨买入之后，同样需要遵循一定的原则，才能保证追涨停板的操作能够顺利完成。如图 8-10 所示为追涨后应遵循的原则具体内容。

图 8-10　追涨后应遵循的原则

- ✧ **无条件止损原则**：投资者在追涨买入股票后应该设置好止损位，一旦股价跌破止损位，即果断卖出止损。投资者可以按前一交易日 K 线的中心点设立止损位；投资者也可以使用新高长阳线为技术设置止损位，按黄金分割律的 0.191、0.382、0.5、0.618、0.809 这五个分割点进行计算，从而得出止损位。
- ✧ **三个交易日不涨停，果断卖出**：投资者追求的是股票快速涨停，快速获利，在买入后没有出现预期的涨停板，也没有跌破止损位，如此持续三个交易日，投

资者就应该果断卖出。因为此时股价上涨行情尚未来临，投资者不应在此浪费时间。

【实战案例】华联控股(000036)——三个交易日不涨停，果断卖出

如图 8-11 所示为华联控股 2015 年 5 月至 7 月的 K 线图。

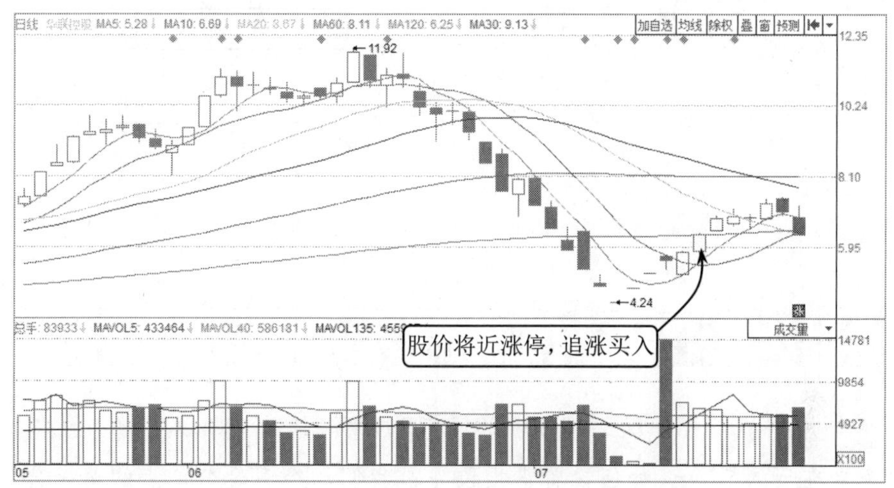

图 8-11 华联控股 2015 年 5 月至 7 月的 K 线图

华联控股是一家房地产开发上市企业，主要从事房地产开发及自有物业租赁管理业务，其最新的流通股达到 11.24 亿股。

这类上市时间长、流通盘大的企业，很难得到主力的关注。即使华联控股带有“一带一路”和“并购重组”的概念。

在 2015 年 6 月的暴跌中，华联控股的股价一度跌至 4.24 元，随后迎来快速反弹，在连续两个一字涨停板后，股价趋弱。

7 月 17 日，股价低开高走，在午盘后向涨停发起进攻，投资者可能会追涨买入。临近尾盘，股价封住涨停，却在收盘前被打压回落，当天以 9.39%的涨幅收盘，未能收出涨停。

在 7 月 17 日之后的三个交易日，虽然股价都以阳线收盘，追涨的投资者也能获得一部分短期利润，但没有出现预期的涨停，投资者应果断卖出，不能在该股中继续浪费时间。

如果在 7 月 27 日之前未及时卖出的投资者，甚至会遭受一定的短期损失。

【实战案例】沈阳机床(000410)——设置止损位

如图 8-12 所示为沈阳机床 2015 年 5 月至 7 月的 K 线图。

沈阳机床是一家通用设备上市企业，是国内机床制造、工业 4.0 概念的龙头股之一。沈阳机床主要从事金属切削机床制造，流通股为 7.4 亿股。

在暴跌中创出 12.1 元的新低后，沈阳机床作为热点题材的龙头股，开始强势反弹。面对连续涨停，投资者介入的机会不多。最终在 7 月 22 日，股价在当天的多数的时间里

表现平平，临近尾盘，突然异动冲击涨停，投资者追涨买入，当天以 23.78 元的价格收出涨停。

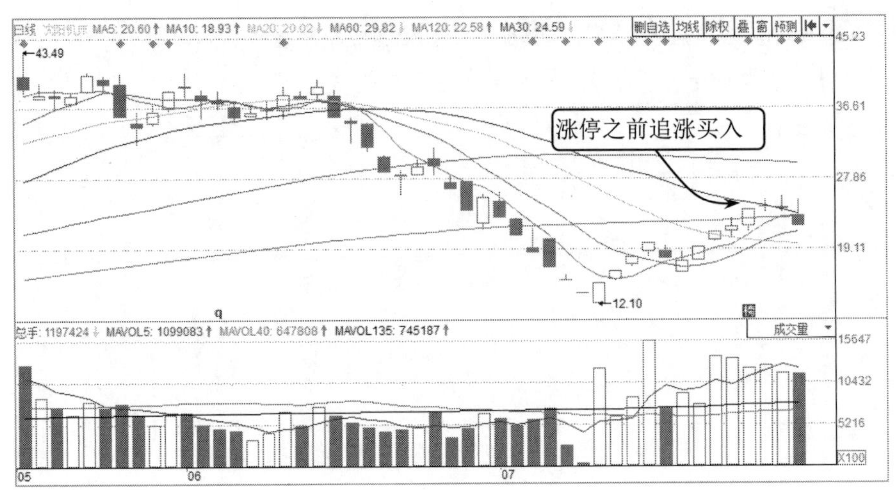

图 8-12 沈阳机床 2015 年 5 月至 7 月的 K 线图

投资者在买入后应该如何设置止损位呢？我们已经黄金分割点的第一分割点是 0.191，因此投资者的第一止损位为 23.78−(23.78 × 0.191)=19.2(元)；第二分割点为 0.382，所以第二止损位为 23.78−(23.78 × 0.382)=14.7(元)。

当股价跌破 19.2 元时，投资者就应该果断卖出筹码止损，从而避免后市面临更大的损失。

8.2 有效的追涨盈利模式

失败的追涨模式，可能会让投资者不断亏损；而有 50%可能成功盈利的追涨模式已经算不错了；如果盈利概率能达到 60%以上，则能称为有效的追涨盈利模式。

即使是有效的追涨盈利模式，在实战中投资者仍需要根据市场变化进行不断变化、优化，尽量贴合市场。

8.2.1 涨停突破式

涨停突破式的具体形态如下。

- ✧ K 线形态：股价连续上涨，以中小阳线为主；随着股价的上涨，K 线连续收出上影线，这实际上是当日盘中洗盘的痕迹；在接近或突破前期高点时通常会收出十字星。
- ✧ **均线形态**：均线呈现多头排列且向上运行，K 线沿 5 日均线上涨。
- ✧ **成交量形态**：连续多个交易日温和放量，突破了 5 日、40 日和 135 日均量线，

三条标准线出现三线开花后按多头排列。

- ✧ **突破形态**：在股价创新高后缩量洗盘，再次放量突破向下回靠的5日均量线；对应的K线出现大阳线，以涨停板突破前期的高点，则意味着突破模式的形成，投资者应该在突破形势的当天，根据分时图的具体情况继续买入。

股价在温和放量的配合下，沿5日均线上涨，收盘价一天比一天高，也会出现最高价一天比一天高。K线多次收出上影线，是主力为了进一步吸取市场中的流通筹码，而在当日盘中进行的洗盘操作。

长上影线或高位的十字星会让投资者认为上涨阻力大，股价在短期内难以上涨或即将见顶。实际上这正是主力的诱空陷阱，当投资者误中圈套，被K线图形迷惑，在恐慌中选择抛售手中筹码，或者在场外保持观望，此时主力就会出其不意，用大阳线收出涨停，突破前期高点。

【实战案例】农产品(000061)——涨停突破横盘

如图8-13所示为农产品2015年3月至6月的K线图。

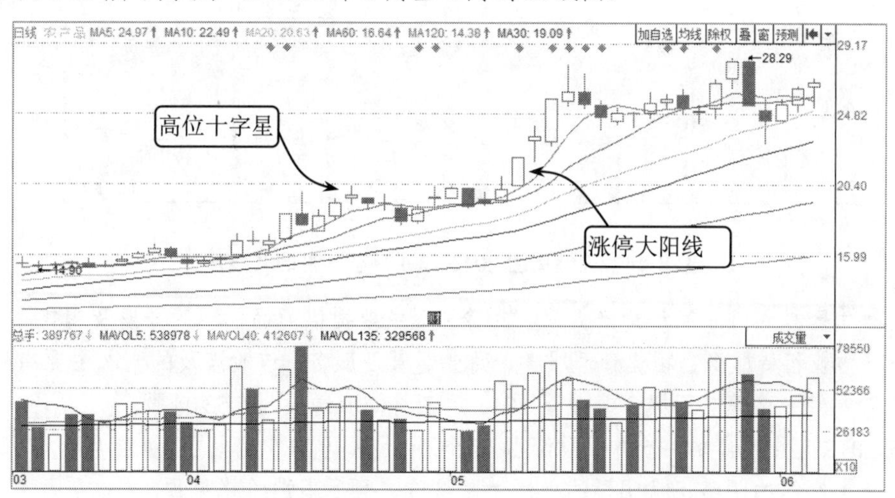

图8-13 农产品2015年3月至6月的K线图

农产品是一家商业零售上市公司，主要从事农产品批发市场的开发、建设、经营和管理，大宗农产品电子交易和蔬菜种植等业务。

农产品是一家流通股达到16.06亿股，截至2014年年底仍处于亏损中的公司，但其股价在2015年上半年的牛市中遭到爆炒。

在3月至4月中旬这段时间内，股价由15元上涨至20元附近，在经过大幅度上涨之后，在4月23日的相对高位收出十字星，让投资者恐慌不已。

随后股价在20元附近展开了横盘调整，股价略有回调。而此时的成交量较前期也有所萎缩，表明主力在洗盘，不愿意抛出手中筹码。

在5月8日涨停大阳线的前一个交易日，股价冲高回落，收出长上影线的小阳线，更是让投资者认为上涨阻力巨大，纷纷停止买入或继续卖出。

5月8日，股价跳空高开收出涨停大阳线，同时突破前期高点，涨停突破式形态正式形成。

农产品在5月8日涨停后，股价继续大幅上涨，第二个交易日再次收出涨停。投资者有足够的买入机会进行追涨。

【实战案例】天健集团(000090)——涨停突破回调

如图8-14所示为天健集团2015年4月至6月的K线图。

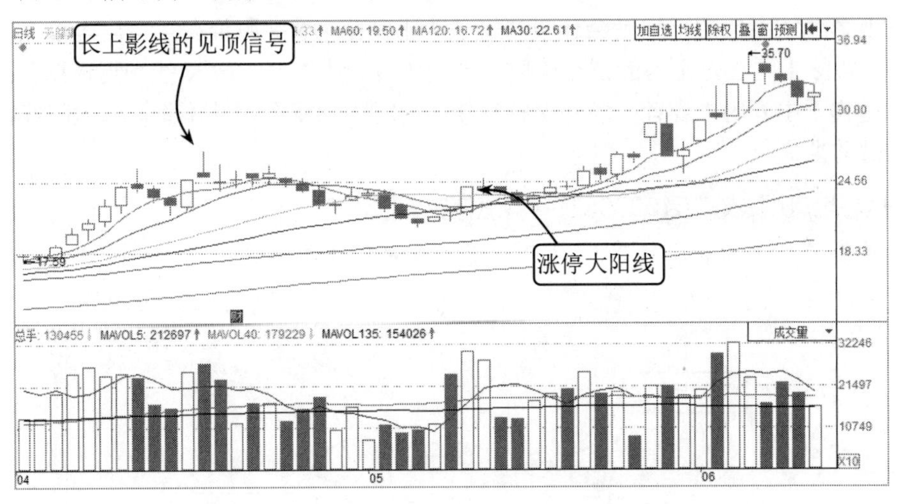

图8-14　天健集团2015年4月至6月的K线图

天健集团是深圳一家房地产开发上市企业，主要提供商品住宅的开发及销售、工程施工劳务、物业租赁服务、物业管理服务、商业运营及服务。该股涉及的概念主要有地方国资改革、一带一路等热门概念，截至2015年7月的流通股为5.53亿股。

在2015年上半年的牛市中，股价由17.59元上涨至24.5元上方，并在4月17日的高位收出长上影线的阴线，是明显的上涨受阻信号，预示着股价将见顶。

随后的走势也说明了，股价在高位开始下跌，但跌幅并不大，且跌势较缓。在回调的过程中，成交量明显萎缩，表明市场中未出现大规模抛售。

5月12日，成交量明显放大，当天的股价盘中逐渐走强，临近收盘时收出涨停，以一根大阳线突破前期下跌趋势。

无论是K线形态，还是均量线形态或是成交量变化，都完全符合涨停突破式的形态要求。涨停突破式的出现，意味着新一轮上涨行情的到来。

8.2.2　异动回抽式

异动回抽式的具体形态如下。

- ✧ **K线形态**：股价在连续多个交易日收出阳线，经过拉升之后，突破前期高点创

出近期新高，随后向下回抽洗盘。通常会出现跳空二阴线或回档三五线等不同形态的回抽洗盘。

- **均线形态**：随着股价的上涨，均线开始呈现多头排列，洗盘会造成5日均线向下与10日均线靠近与重叠。
- **成交量形态**：异动K线之下的成交量连续放量，突破135日均量线，却出现明显的成交量堆；洗盘过程中成交量明显萎缩到极点，洗盘后5日均量线向下回靠40日均量线时要提高关注度。
- **突破形态**：5日均量线回靠40日均量线之后，当成交量再次放大突破5日均量线，当天的K线出现了大阳线或突破上涨的涨停板，则异动回抽式形成。

主力以连续六至九连阳的K线将股价向上拉升，目的是进一步吸筹，在接近前期头部时收出阴线向下洗盘，给市场造成双头形成的错觉。也可能在创出新高后收出阴线，或者连续下跌，营造股价见顶回落的气氛，不少投资者都在此时选择抛售手中的筹码，正中主力的圈套。

随后主力摇身一变，将股价迅速拉升，一根大阳线突破涨停板，打开新一轮主升行情。

投资者应该等待异动形态——洗盘——反转形态确立之后再进行追涨，在洗盘后的第一个涨停可以大胆买入。

【实战案例】昊华能源(601101)——异动回抽式

如图8-15所示为昊华能源2015年3月至6月的K线图。

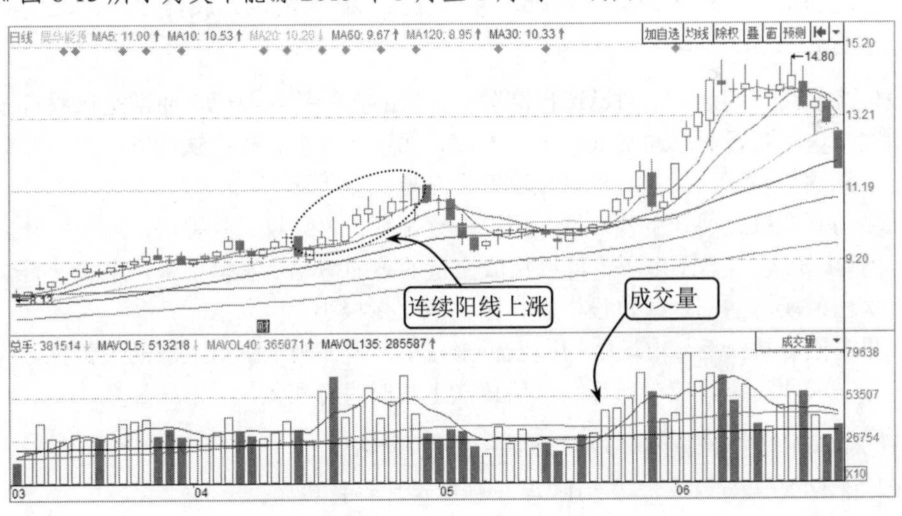

图 8-15 昊华能源2015年3月至6月的K线图

昊华能源是一家煤炭开采上市企业，主要从事煤炭的开采和销售。股价由2015年3月的8元左右开始上涨，至4月底已经涨至11元附近。

在4月底的上涨过程中，股价连续七个交易日收出阳线，出现异动形态。连续七根阳线后，股价在高位收出阴线，并连续五个交易收出阴线下跌。

股价的快速下跌让投资者恐慌不已，成交量迅速萎缩，5日均量线向40日均量线靠拢。随着连续阴线的杀跌，股价逐渐走稳，在经过下跌后开始横盘发展。

在横盘发展过程中，成交量两次突破5日均量线，但当天的K线都是十字星，不具备意义。

5月22日，成交量再次突破5日、40日均量线，当天收出中阳线，延续前一个交易日的上涨行情。当天的中阳线和接下来几个交易日连续收出中阳线，表明异动回抽式的形成，投资者应积极追涨。

8.2.3　跳空回补式

跳空回补式的具体形态如下。

- ✧ **K线形态**：股价跳空上涨，收出涨停大阳线创出近期新高，随后股价向下回调，K线的最低价回补前期跳空形成的缺口。
- ✧ **均线形态**：股价跳空上涨前后，均线呈现多头排列，上涨趋势良好。在回补缺口的回调过程中，最低价往往会回探到均线附近得到支撑。
- ✧ **成交量形态**：股价跳空上涨，其对应的成交量急剧放大，5日、40日、135日均线三线开花。回补缺口时，成交量明显缩小。
- ✧ **反转形态**：K线回补缺口时，量价背离，抛盘减轻。股价上涨，跳空回补式确立。

股价跳空高开高走，主力迅速拉高股价，目的在于抢夺筹码，通常是该股有重大利好的前兆。这些利好消息通常来自于基本面，如资产重组、政策扶持等。主力在提前获知利好消息的前提下，抓住时机跳空高开，获取大量筹码。

但主力不会就此展开主升行情，还要进行洗盘，再吸收一些筹码，顺便回补前期的缺口，当筹码吸收得差不多了，可以从成交量的萎缩情况上看得出来。主力一直保持买入而不卖出，卖出的都是散户投资者，因为成交量极小。

如果在回补缺口后，市场中的抛压仍未减小，则证明了跳空上涨的虚假性，股价将继续下跌，因此投资者应在回补缺口后再次上攻时进行买入。

【实战案例】丽珠集团(000513)——跳空回补式

如图8-16所示为丽珠集团2015年3月至6月的K线图。

丽珠集团是一家化学制药上市公司，主要从事研究、开发、生产和销售医药产品。其流通股仅有1.78亿股，就其市值而言，股价长期处于高位，是合理的。

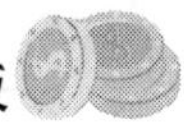

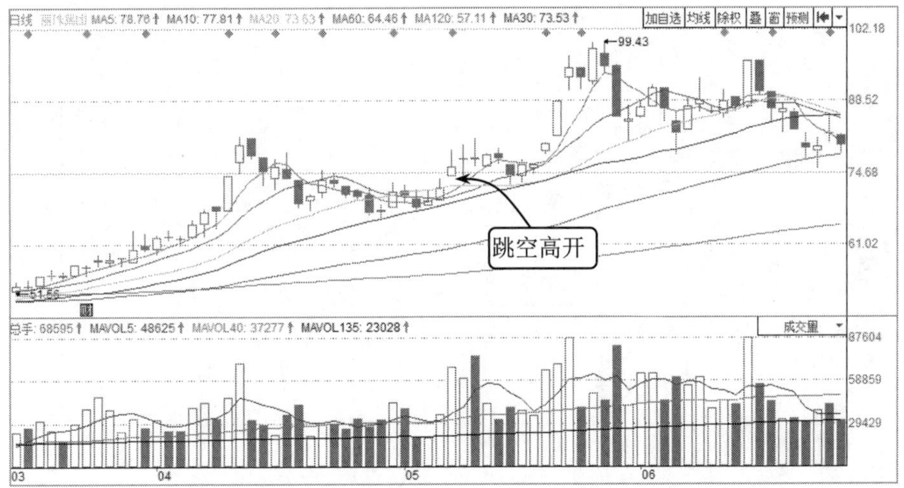

图 8-16 丽珠集团 2015 年 3 月至 6 月的 K 线图

在 2015 年上半年的牛市中，丽珠集团从 3 月的 50 元左右上涨至 5 月的 74 元左右。在 5 月 8 日当天，股价以 7.99%的涨幅跳空高开，盘中一度封住涨停，但持续时间不长，就被打压回落，当天收出带长上影线的小阳线。

在跳空高开之后，股价并未延续强势的上涨行情，而是在收出两个十字星后开始回调，并在 5 月 15 日当天最低 72 元时，回补 5 月 8 日的跳空缺口。

在股价回补缺口的过程中，成交量迅速萎缩至 5 日均量线下方，且在回补缺口后，成交量继续保持低水平，盘中抛售压力不大。

5 月 20 日，股价再次跳空高开，成交量迅速放大，当天以 5.25%的涨幅收盘，是跳空回补式的确立，投资者应该果断追涨。

在再次跳空上涨之后，股价就以一根涨停大阳线进行拉升，由 80 元上涨至 90 元上方，短期获利巨大。

【知识拓展】跳空不回补

如果股价在一个交易日里出现跳空上涨，且在接下来的三个交易日里，股价没有回调进行回补缺口的趋势，则表明股价上攻愿望强烈，在前期涨幅不大的情况下，短线投资者可以进行短线追涨。

【实战案例】苏宁环球(000718)——放量回补

如图 8-17 所示为苏宁环球 2015 年 3 月至 6 月的 K 线图。

苏宁环球是一家房地产开发上市企业，主要从事房地产开发、混凝土生产与销售、酒店住宿、餐饮、商业百货等。

苏宁环球的股价在 2015 年 3 月的最低价为 8.61 元，随后在 3 月至 4 月这段时间内，股价在前期横盘发展后，进入 4 月后迎来了两次短暂的上涨。

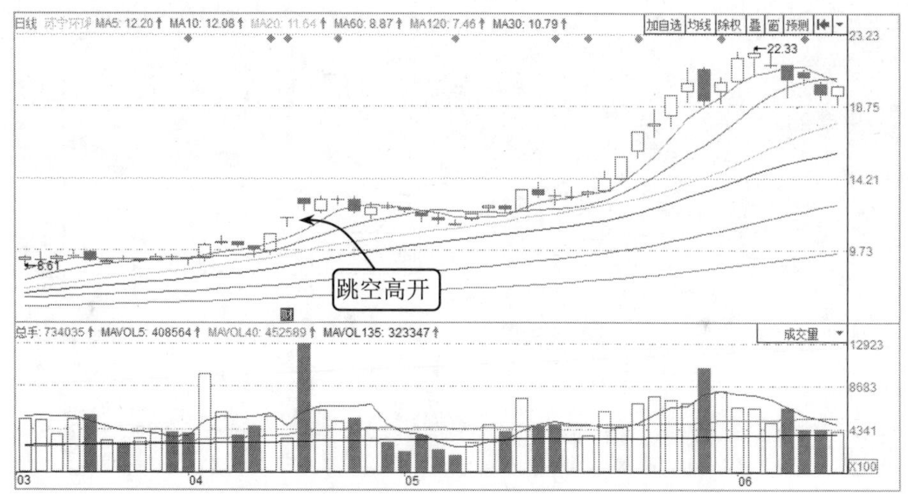

图 8-17　苏宁环球 2015 年 3 月至 6 月的 K 线图

特别是在 4 月 16 日至 23 日这三个交易日内，股价两次跳空高开，收出两个涨停，最终在 4 月 23 日当天跳空高开收出阴线，未能延续涨停趋势，当天的成交量也放出天量，明显高于前期水平。

在 4 月 23 日的天量小阴线后，股价开始缓慢下跌，在下跌中回补前期的跳空缺口，在回补的过程中，成交量迅速缩小，显示出盘中并未出现大量的获利盘抛售，持股坚定。

在连续的小阴线回调后，5 月 8 日，股价再次跳空高开 5%左右，最终收涨 6.92%，当天的跳空高开上涨，是跳空回补式的确立，投资者应该积极追涨。

从后期的走势可以看到，在 5 月 8 日跳空上涨以 11.9 元收盘后，股价应声上涨，直到在 22 元附近才停下脚步，追涨的投资者在短期内可以获得 100%的利润，将是一场成功的追涨操作。

8.2.4　三空反转式

三空反转式的具体形态如下。

- ✧ **K 线形态**：股价从新高向下连续三个跳空，K 线出现长阴线，一字跌停板等各种下跌形式，虽然下跌形式不同，但每根 K 线之间都有缺口存在。
- ✧ **均线形态**：在均线多头排列的上升途中，K 线连续跳空下跌，跌破了重要均线，5 日均线后连续跌破 10 日与 20 日均线。
- ✧ **成交量形态**：均量线原本处于三线开花的多头排列中，连续下跌致使 5 日下穿 40 日均量线。
- ✧ **反转形态**：当成交量突破向下回靠的 5 日均量线，K 线反转形态出现，则三空反转式形成。反转形态通常表现为 V 形反转或岛形反转两类。V 形反转带来的

是急跌、急涨；而岛形反转则会在急跌之后有缓冲的过程，上涨趋势也较为明显。

市场在良好的上涨趋势中受到影响：一种是大盘行情迅猛下跌，拖累个股连续下跌；另一种情况是个股基本面出现利空消息，股价被市场连续打压。

无论是利空大盘还是利空个股的消息，在影响力逐渐衰弱时，借机洗盘的主力又会出来奋力拉升，股价连续上涨，甚至出现连续跳空上涨，股价不断创出新高。

而在向下三空时出现放量，则是盘中卖出离场者众多，主力也已经出逃，在反弹来临时，很难创出新高，最终只会继续下跌。

【实战案例】广宇发展(000537)——下跌末期连续跳空

如图 8-18 所示为广宇发展 2015 年 6 月至 7 月的 K 线图。

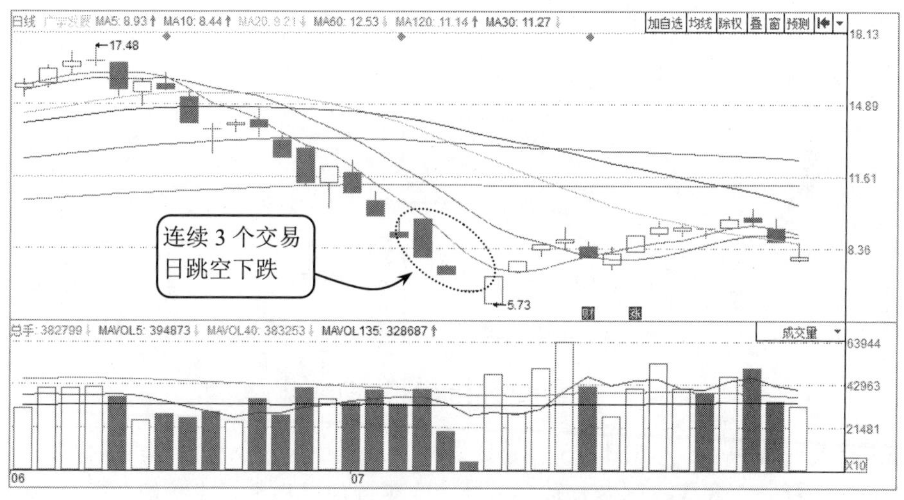

图 8-18 广宇发展 2015 年 6 月至 7 月的 K 线图

广宇发展是天津的一家房地产开发企业，主要从事房地产开发和商品销售，其流通股为 5.13 亿股，在房地产开发行业来看，属于盘子较小的一类。

在 2015 年 6 月中旬至 7 月初的暴跌中，与其他房地产开发企业一样，股价迎来了大幅下跌。广宇发展从 17.48 元下跌至最低 5.73 元，最大跌幅达到惊人的 67%，而同为房地产开发企业的万科 A(000002)，股价从最高 16.25 元跌至最低 12.8 元，最大跌幅仅为 21%。

由此可以看出，即使是同样作为房地产开发企业，由于规模业绩的区别，也为个股带来不同的市场特性。

在广宇发展的下跌过程中，特别是 7 月 6 日、7 月 7 日与 7 月 8 日这三个交易日，连续跳空低开下跌，分别收出大阴线、小阴线和一字跌停板。

同时期的成交量快速萎缩至 5 日、40 日和 135 日均量线下方。7 月 9 日，股价低开高走，成交量突然放大，连续突破 5 日、40 日和 135 日均量线，呈现量价齐升的状态，三空反转式形成，且是 V 形反转，股价在底部并未缓冲而是直接反弹收出涨停，反弹行情明显，追涨投资者应积极买入。

【实战案例】海马汽车(000572)——三空反转式

如图 8-19 所示为海马汽车 2015 年 4 月至 6 月的 K 线图。

海马汽车是汽车行业的上市企业，主要从事汽车及汽车发动机的研发、制造、销售、物流配送及相关业务，以及金融服务业。

海马汽车涉及互联网汽车、新能源汽车等发展前景较好的概念，在 2015 年上半年的牛市中，股价从 8 元下方上涨至 11.47 元。

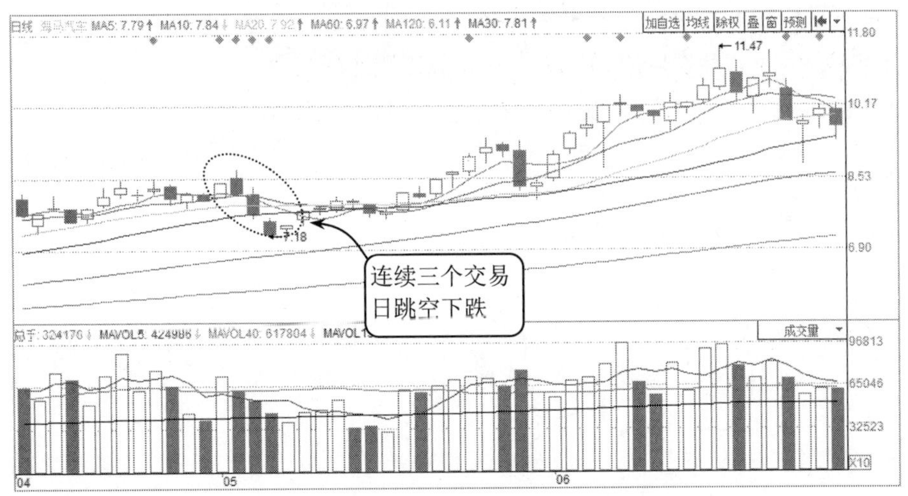

图 8-19 海马汽车 2015 年 4 月至 6 月的 K 线图

在上涨的过程中，5 月 5 日、5 月 6 日以及 5 月 7 日这三个交易日，股价破坏了良好的上涨趋势，反而出现了连续跳空低开下跌。在下跌的过程中，成交量呈现递减的趋势，表明主力没有在杀跌中出货，市场中出货的多数是散户，而主力只是顺势洗盘，借机吸取更多的便宜筹码。

在创出新低 7.18 元后，股价开始小幅反弹，而成交量却迟迟未突破 5 日均量线，投资者不宜贸然追涨买入。

5 月 13 日，成交量继续放大，成功突破 5 日均量线，当天以涨幅 2.04%收盘，以小阳线再次延续前期的上涨趋势，三空反转式形成。

在这次反转中，股价在经过下跌后缓冲了一段时间，形成岛形反转，股价的上涨走势也非常强势，从 8 元上涨至 11 元上方。

8.2.5 超跌涨停式

超跌涨停式的具体形态如下。

✧ **K 线形态**：股价受到大盘影响长期处于下跌中，也可能会先于大盘下跌，跌幅

在 30%左右，在低位常见二次 K 线反转，出现双底形态。

✧ **均线形态**：股价下跌后，均线呈空头排列，股价在跌破均线后，反弹上涨又会受到均线的阻碍，走势十分疲软。

✧ **成交量形态**：股价下跌时对应的成交量很小，三条标准均量线呈空头排列。

✧ **突破形态**：当成交量较前一交易日放大一倍以上，但换手率却很低，这是主力控盘的特征。在突破 5 日、40 日均量线时，对应的 K 线以大阳线或涨停板的形式突破 5 日、10 日均线，则超跌涨停式形成。

大盘持续走弱，股价一路下跌，市场信心严重不足，主力也不可能逆市操作，只能顺势进行洗盘，谨慎操作。

当大盘跌势减缓时，这类个股率先涨停，表明其股价的强势。一旦大盘止跌企稳之时，该类个股早已经成为率先创出新高的黑马。

投资者在行情处于下跌时，不能固守陈旧理念，如果等到反转信号所指的方向与市场的主要趋势方向一致时，投资者才根据反转信号进行操作，为时已晚。

【实战案例】中航动力(600893)——单边下跌

如图 8-20 所示为中航动力 2015 年 5 月至 7 月的 K 线图。

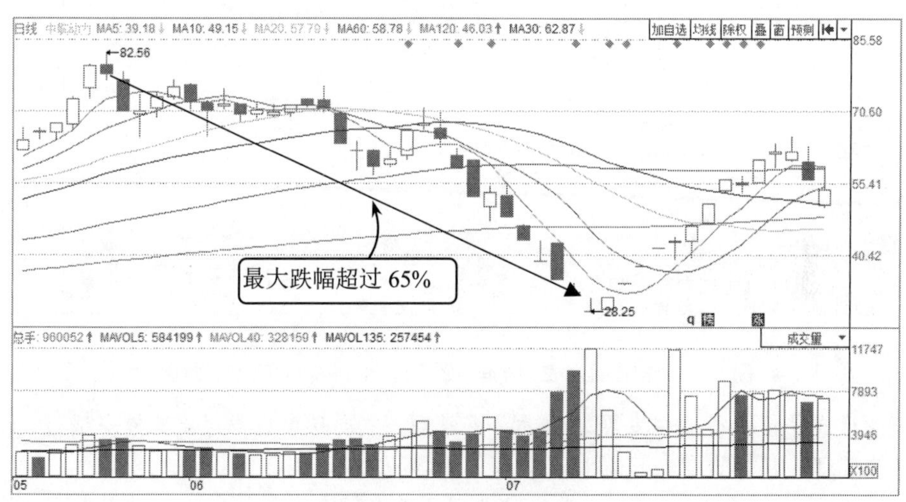

图 8-20 中航动力 2015 年 5 月至 7 月的 K 线图

中航动力是国防军工板块中较为强势的个股，主要从事航空发动机及衍生产品、外贸转包生产、非航空产品及贸易。

中航动力的流通股达到 13.65 亿股，而股价却长期保持在几十元的高位，一度曾达到 80 多元，也就是说中航动力的市值将近千亿元。而其 2014 年年底的营业收入仅 39.87 亿元，净利润为负。

那么中航动力为什么能保持如此强势呢？主要与其涉及的热门概念有关，分别是央企国资改革、航母、证金公司大量持股。

而在中航动力创出 82.56 元的新高后，股价就进入了下跌通道。在下跌初期，跌势较缓，投资者心存侥幸，而在大盘开始转向时，中航动力开始加速下跌。

在此轮下跌中，中航动力的最大跌幅超过 65%，远远超过超跌涨停式的要求。在下跌过程中，成交量多数时间保持在较低的水平，而随着以证金公司为代表的国家资金进入后，成交量在下跌末期开始放大。

随着中航动力在 7 月 8 日率先止跌，在低位收出倒 T 字线，是较为明显的见底信号。随后的三个交易日里，股价连续一字涨停，投资者毫无机会。

第四个交易日，成交量明显放大，股价在盘中的振幅巨大，向上方的均线进攻趋向明显，这也是投资者果断介入的最好机会。

【实战案例】招商证券(600999)——震荡下跌

如图 8-21 所示为招商证券 2014 年 12 月至 2015 年 4 月的 K 线图。

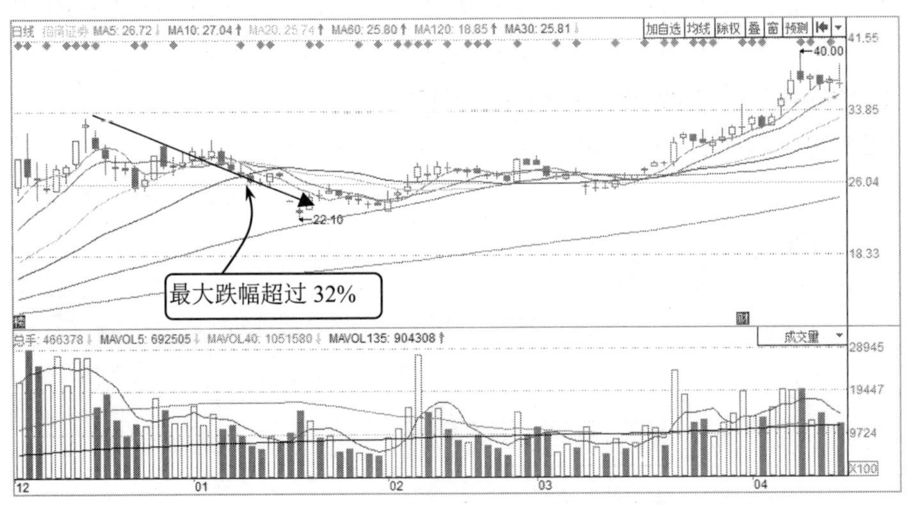

图 8-21　招商证券 2014 年 12 月至 2015 年 4 月的 K 线图

招商证券是证券行业中发展较快的一家券商，主要从事证券经纪、投资银行、资产管理、基金管理、证券自营、证券投资管理、直接投资等业务。

在 2015 年上半年的牛市中，券商股遭到了极大程度的扼制，至于原因自不必多说。在其他个股 50%起的涨幅中，招商证券却在面临超过 32%的下跌后，迎来艰难而漫长的上涨。

2014 年 12 月至 2015 年 1 月中旬，招商证券在上一轮上涨行情中创出 32.98 元的新高，最终以长下影线的十字星阶段见顶，随后迎来了一轮跌幅超过 32%的行情，在下跌的过程中，由于大盘较为乐观，因此招商证券并非是单边下跌。

在 2015 年 1 月 20 日创出 22.1 元之前，招商证券跳空低开跌停收盘，给市场造成极大的恐慌。2015 年 1 月 20 日当天，股价依旧低开，在低位收出十字星，且当天的成交量明显放大，成功地突破 5 日均量线。

在 2015 年 1 月 20 日形成低位十字星之后，股价出现明显的见底回升行情，但短期内没有出现追涨投资者预期的涨停板，而从长期来看，招商证券的涨幅也不到 50%，远远低于市场平均水平。

因此投资者在追涨停板之前，应该对市场行情有整体的了解，很明显在 2015 年上半年的牛市中，银行、券商等权重股遭到了打压，极低的市盈率和极低的估值，都不能为其带来上涨，因此投资者在追涨时应该注意避开市场刻意打压的对象。

8.3 狙击涨停板

投资者需要狙击的是涨停板，跟踪的是主力的主要拉升阶段，这波主升行情可能只有几个交易日，也有可能有几十个交易日。

在如此复杂的市场行情中，如何将狙击涨停板最简单化？关键是要掌握狙击涨停板成功率最高的两个位置，就像狙击手选择一个隐蔽而又安全的狙击点一样，投资者也需要寻找到安全而又有所收获的狙击点。

8.3.1 洗盘后的第一个涨停板

通常而言，洗盘结束的信号就是出现 K 线反转形态。在 K 线反转形态出现后，有的个股是迫不及待，立即就展开主升浪的行情，股价连续上涨；有的个股却出现短期迅速上涨，长期缓慢回调，股价出现横盘波动。

这说明了在洗盘结束后的 K 线反转形态出现后立即买入，也不一定就能成功地买到黑马股。

正确的操作方法是，选择那些洗盘一结束，下一个交易日跳空高开，并迅速上攻直到涨停的个股，因为这样的个股中的主力才是强势的有实力的主力。

主力进行洗盘只是在准备拉升时，受到了大盘利空的影响，从而顺势而为。在洗盘后，这样的主力拉升趋势更快更猛。

【实战案例】春秋航空(601021)——洗盘后马上涨停

如图 8-22 所示为春秋航空 2015 年 2 月至 6 月的 K 线图。

春秋航空是国家知名的航空公司，最初以廉价机票而闻名，该公司在 2015 年 1 月 21 日上市交易，由于是新上市的股票，所以其流通股仅有 1 亿股，股价也因此不断上涨创出新高。

这类充满亮点的新股，在牛市中的表现自然不会差，股价从 2015 年 2 月最低的 66.26 元，上涨至最高 152 元，涨幅将近 130%。

在上涨的过程中，股价在 4 月 9 日收出涨停，呈现突破上涨的趋势。而在接下来的交易日里，股价本来延续涨停的趋势继续上涨，但大盘行情却开始震荡。

主力在大盘震荡时，选择顺势而为进行一波洗盘，股价连续收出小阴线，开始短期回调，这一轮行情以 4 月 16 日的十字星为终点。

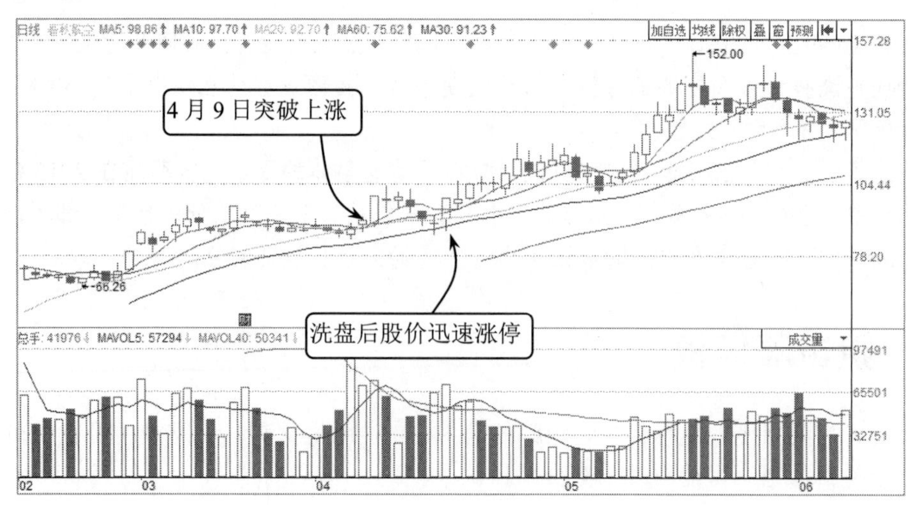

图 8-22　春秋航空 2015 年 2 月至 6 月的 K 线图

接下来的一个交易日，即 4 月 17 日，股价高开低走，盘中遭到强力打压，但在午盘过后，多方开始发力，将股价拉升至涨停，并最终以涨停收盘。

对这类洗盘结束就立即涨停的个股，是主力实力强大、控盘程度高的体现，也是追涨投资者的最佳目标之一。

从春秋航空后期的走势可以看出来，其潜力在 4 月 17 日之后才真正爆发出来，股价虽然没有再出现涨停，但几乎每个交易日都有不错的涨幅，这样的上涨趋势才能延续更长时间。

【实战案例】四方股份(601126)——洗盘后的第一个涨停板

如图 8-23 所示为四方股份 2015 年 3 月至 6 月的 K 线图。

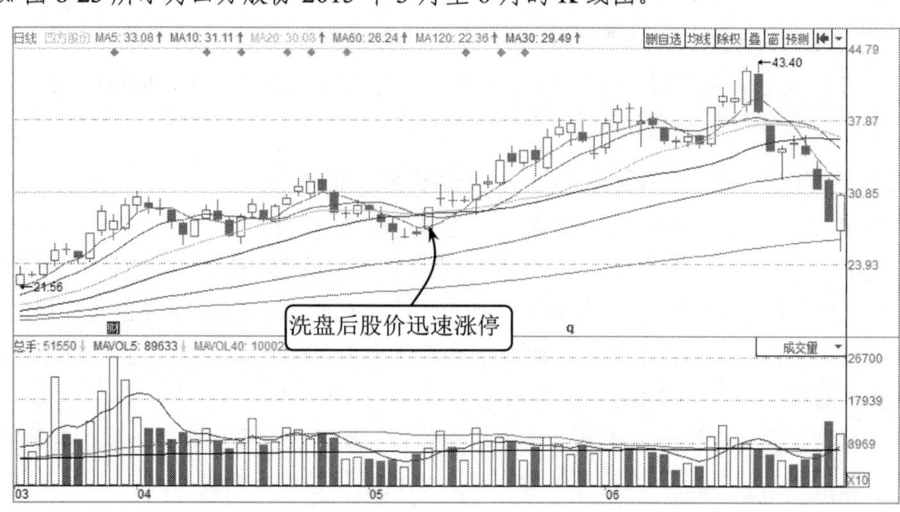

图 8-23　四方股份 2015 年 3 月至 6 月的 K 线图

四方股份是一家电气设备上市企业，主要从事继电保护、电网自动化及发电厂自动化产品的研发、生产、销售和技术服务，其中在电网自动化的软件服务方面，在国内处于龙头地位。

虽然四方股份的流通股有4.07亿股，但其股价却在牛市中一直走高。在2015年3月至5月这段时间内，四方股份的涨幅并不大，上涨过程中遭遇了两次回调。

第二次回调的时间在4月底，股价从32元上方开始下跌，直到在26.5元附近才止住跌势，阶段跌幅达到17%。

在5月11日收出涨停之前的两个交易日，股价的涨跌幅很小，都以十字星收盘，是明显的阶段见底信号。

5月11日当天，股价高开2%，开盘后就走势偏强，在上午收盘前就封住涨停，显示出主力上攻愿望的强烈。

投资者在四方股份当天高开的情况下就应该果断追入，先进行试探性买入建仓，在股价不断上涨的过程中开始加仓，最终在涨停前完成建仓。

股价在后市逐渐从26.5元上涨至40元附近，涨跌达到51%。

8.3.2　突破异动高点的第一个涨停板

突破是否成立，可以用两个原则来判断：一是百分比穿越原则，即突破幅度在1%或3%；二是双日穿越原则，价格必须连续两个交易日收在第一高点之上。

这两个原则对判断股价是否真实突破，有较为可靠的判断依据。但在实战中，主力常常反向利用这两个原则，去制造陷阱。

因此在实战中常常看到，股价突破前期高点创出新高，且符合上述两个原则后，股价不涨反而下跌，甚至连续多个交易日下跌，造成了突破的假象。

投资者在突破高点创出新高时追涨买入，而股价假突破的下跌过程中，忙于止损而卖出离场。当投资者将手中筹码抛售殆尽时，主力一边吸筹一边准备拉升，形成了投资者刚买入就下跌、刚卖出就上涨的市场普遍状况。

那么投资者应该如何在实战中对突破的真假进行判断呢？其实大道至简，关注过多的指标反而会让投资者犹豫不决。

投资者只需要掌握一个技术标准，看突破当天是不是拉升形态的涨停板。如果是突破拉升形态的涨停板，投资者不用再等待机会，当天即可追涨买入。

市场中的机会往往稍纵即逝，一旦出现就应果断把握。如果投资者因为犹豫而错过了最佳买点，不应在后悔中强迫自己追高买入，因为市场永远不缺机会。

【实战案例】桂冠电力(600236)——突破高点的第一个涨停板

如图8-24所示为桂冠电力2015年4月至6月的K线图。

桂冠电力是广西的一家电力上市公司，主要从事水利和火力发电，流通股为11.29亿股，在电力板块中盘子不算大。

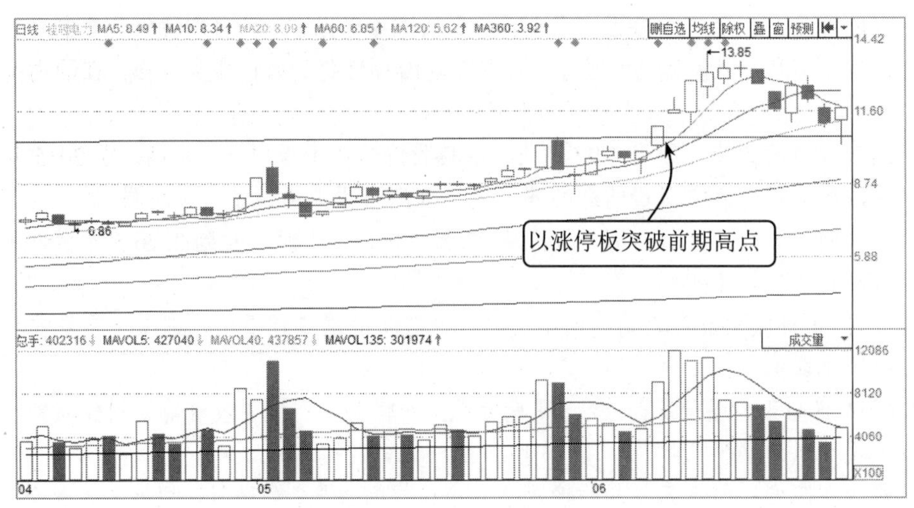

图 8-24　桂冠电力 2015 年 4 月至 6 月的 K 线图

桂冠电力涉及的热点概念多，主要有北部湾自贸区、央企国资改革、电力改革和并购重组。其中电力改革概念在 2015 年以来，多次受到市场的炒作，电力板块内的个股普遍上涨。

在 2015 年 4 月至 6 月的上涨过程中，股价涨势较缓，以小阳线和小阴线为主，股价从 6.86 元上涨至 9 元附近。

5 月 27 日，股价放量涨停，收出大阳线，突破前期平稳的上涨趋势，似乎打开了新一轮快速上涨的行情。5 月 28 日，股价高开低走，市场风云突变以跌停收盘，给前期追涨的投资者当头一棒。

但股价的回调过程并未持续多久，两个交易日后便开始回升。6 月 5 日，股价跳空高开，随后一路走高，最终以涨停突破前期高点。

6 月 5 日当天，以涨停大阳线的形态突破前期高点，成交量配合放大，是较为有效的突破形态，是短线投资者不错的追涨机会。

从后期的走势来看，股价在 6 月 5 日涨停后，在 6 月 9 日再次收出涨停，股价最高上涨至 13.85 元。

【实战案例】东兴证券(601198)——涨停突破前期高点

如图 8-25 所示为东兴证券 2015 年 3 月至 6 月的 K 线图。

东兴证券是一家 2015 年 2 月 26 日才上市的证券公司，立足于北京，主要从事证券经纪、投资银行、资产管理、自营、另类投资业务、融资融券、期货等业务。

由于是新上市的股票，东兴证券的流通股仅有 5 亿股，在证券板块内来看是很小的流通盘。

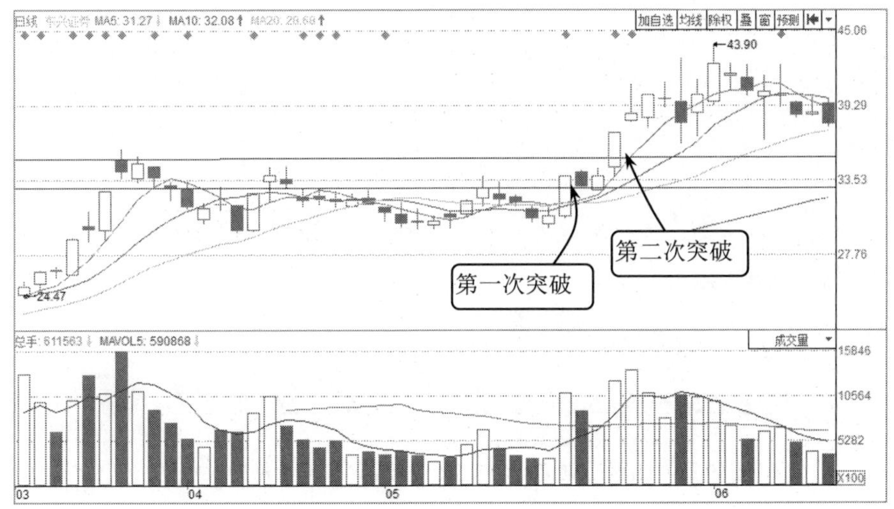

图 8-25 东兴证券 2015 年 3 月至 6 月的 K 线图

在 2015 年 3 月至 6 月这段时间内，东兴证券的整体走势呈现阶梯上涨趋势。2015 年 3 月至 3 月底，股价有 24 元附近上涨至 35 元左右。

东兴证券在 4 月 9 日创出 35.78 元的阶段高点后，股价进入缓慢的回调行情中。回调行情持续了一个多月，最终在 5 月 19 日，股价放量收出涨停大阳线，突破 5 月初的高点，打开了新一轮的上涨行情。

随后在 5 月 22 日，股价再次收出涨停，以大阳线的形态突破 4 月 9 日创出的 35.78 元的高点。

短期内两次涨停，突破了两个不同的前期高点。投资者如果在第一个突破时因为犹豫未能及时买入，在第二次突破时就应该抓住最后的机会。

从后期的走势来看，股价最高涨至 43.9 元，较第一次突破上涨了 33%，较第二次突破上涨了 22%，投资者及时追涨都能获得不错的收益。

【实战案例】山西三维(000755)——突破异动高点的第一个涨停板

如图 8-26 所示为山西三维 2014 年 12 月至 2015 年 6 月的 K 线图。

山西三维是一家化工新材料上市企业，主要从事化工产品、化纤产品的生产、销售及出口贸易，流通股仅为 4.69 亿股。

在 2014 年 12 月，因重大事项停牌后，于 2015 年 4 月底复牌，随即股价连续收出一字涨停板。在涨停被打开后，股价仍然走出了良好的上涨趋势。

2015 年 5 月底，股价在上涨途中迎来了短暂回调，回调开始的高点为 12.25 元，股价最低回调至 9.6 元。回调行情仅仅持续了两个交易日，股价便再次回升，最终在 6 月 8 日当天收出涨停大阳线，突破前期的 12.25 元高点。

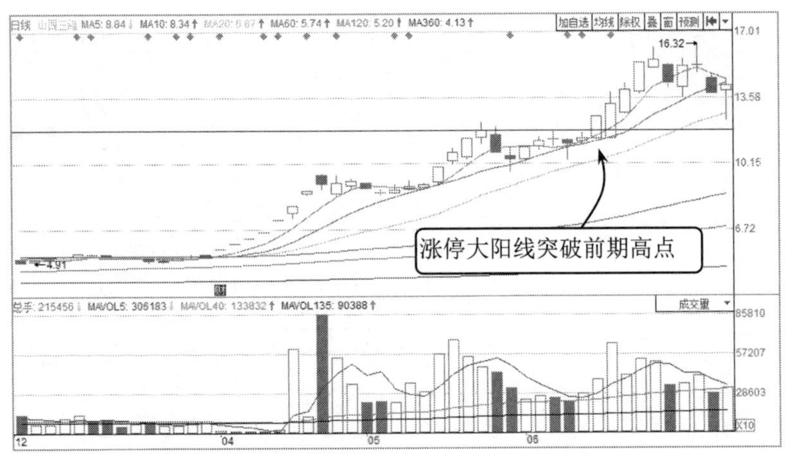

图 8-26　山西三维 2014 年 12 月至 2015 年 6 月的 K 线图

8.4　涨停板的其他操作

通过分析大盘指数、行业板块走势，以及掌握多种有效的追涨模式之后，投资者需要将追涨停板的操作具体到某一个工作日内。

一个交易日内，何时最宜进行追涨，股价处于何时最宜进行追涨，追涨之后应该如何应对，都是投资者需要了解的。

8.4.1　10:30 之前做好抢板准备

涨停板的性质决定着越早封住的涨停板趋势越强，上涨动力也更强。封住涨停板的时间越早，说明主力拉升股价决心越大，后市继续上涨的可能越大。

10:30 是上午交易日的中点，也是涨停板行情的分界点。在 10:30 之前封住涨停板都是趋势很强的个股，而在 10:30 之后封住涨停板的个股，则出现意外的可能更大。所以投资者需要在 10:30 之前做好抢板准备。

这些准备包括圈定目标股群，可能是自选股中的一些个股，也可能是市场当前的热点板块内的个股。开盘后密切关注圈定的目标股群，根据个股走势确定抢板的目标股，一旦出现异动情况，在 10:30 之前完成抢板操作。

【实战案例】福鞍股份(603315)——10:30 前做好抢板准备

如图 8-27 所示为福鞍股份 2015 年 4 月至 8 月的 K 线图。

大盘行情结束了 7 月初的单边下跌，在 7 月中旬迎来了快速反弹，但临近 7 月底，反弹行情未能延续，大盘行情处于低位的反复震荡中。

在这样的反复震荡行情中，新股与次新股由于流通盘小，套牢盘少，往往会得到主力的青睐。

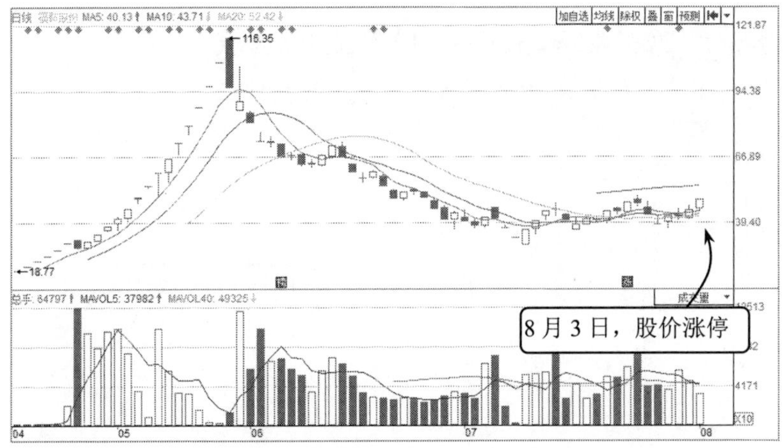

图 8-27 福鞍股份 2015 年 4 月至 8 月的 K 线图

福鞍股份是一家通用设备上市企业，主要从事大型铸钢件的研发、生产和销售，流通股仅有 0.25 亿股。

福鞍股份于 2015 年 4 月 24 日上市交易，上市之后股价由 15 元左右上涨至 116 元，随后就迎来了大幅度的回调。

经过回调之后，股价已经由 100 多元跌至 40 元附近，跌幅将近 60%。在大盘行情结束快速反弹进行反复震荡行情之后，这类盘子小，超跌的次新股往往会得到主力的青睐，是短线追涨停投资者应该关注的目标股之一。

如图 8-28 所示为福鞍股份 2015 年 8 月 3 日的分时图。

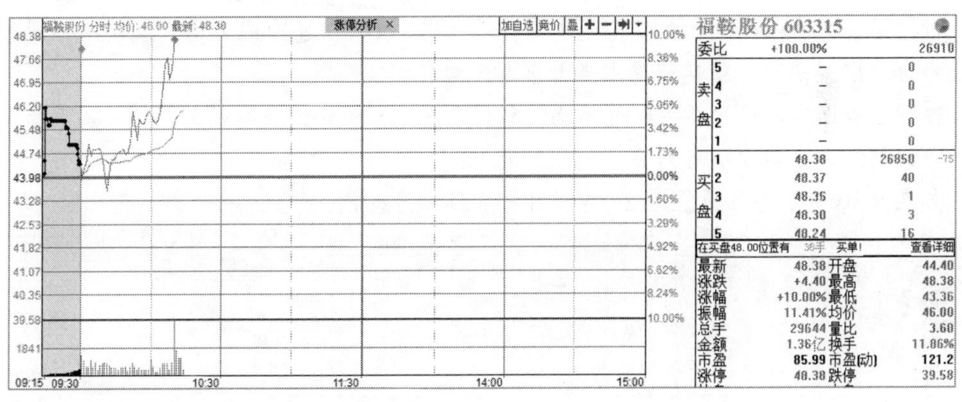

图 8-28 福鞍股份 2015 年 8 月 3 日的分时图

在 2015 年 8 月 3 日当天，福鞍股份平开高走，在 9:30 开盘之后短暂回调后并一路走高。早上 10:00 左右，涨幅就已经逼近 5%，上攻愿望强烈。

站在追涨投资者的角度，作为新股与次新股中被严重错杀的个股，底部形态完整。当天的分时图上攻愿望强烈，投资者应该果断追涨买入。

【实战案例】三泰控股(002312)——开盘后的抢板机会

如图 8-29 所示为三泰控股 2015 年 5 月至 8 月的 K 线图。

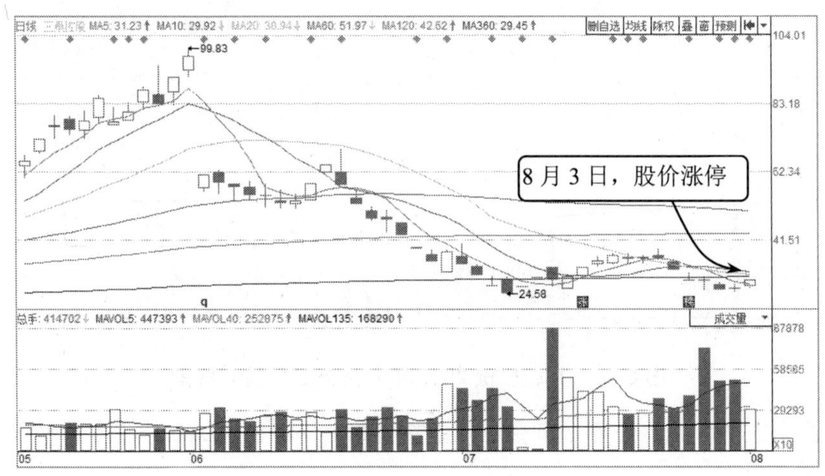

图 8-29　三泰控股 2015 年 5 月至 8 月的 K 线图

三泰控股是一家计算机设备上市公司，主要从事金融电子设备生产、销售及金融外包服务。近年来，其旗下的速递易业务发展迅速，致力于解决物流行业最后 100 米问题，前景广阔。

2015 年 8 月 2 日晚公告，三泰控股旗下子公司成都我来啦网格信息技术有限公司会同菜鸟网络，分别与圆通速递有限公司、申通快递有限公司、中通快递股份有限公司、杭州百世网络技术有限公司、上海韵达速递有限公司、天天快递有限公司六家快递公司签署了战略合作框架协议，就速递易业务开展深度合作。

就此公告而言，对三泰控股是不错的利好消息，至于在大盘震荡的行情中，市场会不会认可该利好，则需要看 8 月 3 日的股价走势。

如图 8-30 所示为三泰控股 2015 年 8 月 3 日的分时图。

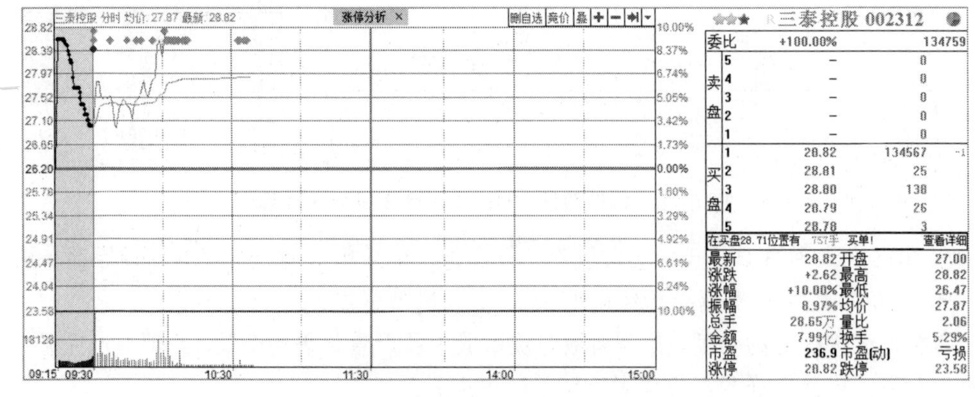

图 8-30　三泰控股 2015 年 8 月 3 日的分时图

在 8 月 3 日当天，三泰控股高开高走，随后在 3.4%～5%的涨幅间多次震荡。在 10:00 之前，股价结束震荡开始快速走高，在突破开盘后的高点后，股价直逼涨停，投资者应快速追涨买入。

8.4.2 前两板最宜追入

股价在底部反弹或上涨途中，连续出现涨停板，此时投资者不应盲目追涨。通常而言，如果能在前两个涨停板内追涨买入为最佳操作，如果在前两个涨停板错失机会，投资者则应保持谨慎。

股价在涨停中涨幅巨大，在结束涨停后的回调中下跌幅度往往也会比较大。因此没有在前两个涨停板成功追入的投资者，应保持冷静和谨慎，不宜在股价过高时进行追涨买入，防止被套。

【实战案例】华数传媒(000156)——连续涨停如何介入

如图 8-31 所示为华数传媒 2015 年 6 月至 8 月的 K 线图。

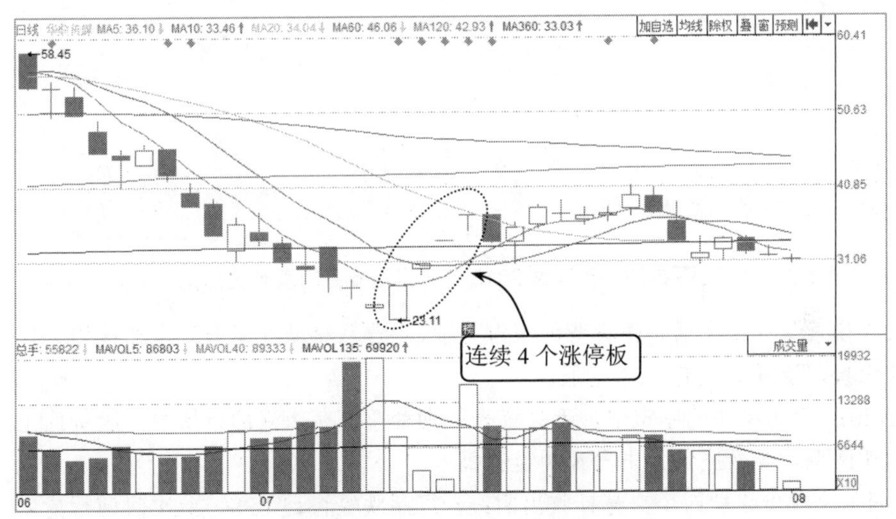

图 8-31 华数传媒 2015 年 6 月至 8 月的 K 线图

华数传媒是浙江的一家通信设备上市公司，主要从事杭州地区有线电视网络运营和面向全国的互动电视、手机电视、互联网电视、互联网视频、广告等传媒信息服务业，通常将其看作传媒股。

在 7 月中旬的快速反弹中，华数传媒在反弹过程中连续四个交易日收出涨停。投资者在第一个和第二个涨停板中都有买入的机会。

华数传媒前两个涨停板都存在一定的阳线实体，投资者有买入机会。如果在第一个涨停板中来不及买入，可以在第二个交易日里直接挂涨停价买入，后市也能收获两个涨停的短期收益。

如果在第二个涨停板仍未买入的投资者，则不宜继续追涨买入。第三个涨停为一字板，投资者的机会不多。如果投资者在第四个涨停板的下影线中追涨买入，从后市的走势来看，下一个交易日就可能被套。

因此也说明了，在底部反弹或上涨过程中的连续涨停，前两板是最宜进行追涨买入的机会。

【实战案例】天兴仪表(000710)——前两板最宜追入

如图 8-32 所示为天兴仪表 2015 年 4 月至 6 月的 K 线图。

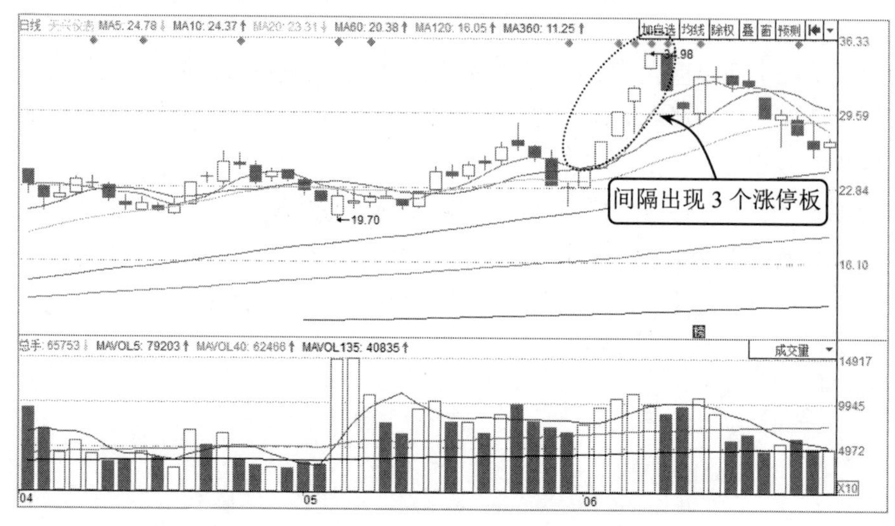

图 8-32　天兴仪 2015 年 4 月至 6 月的表 K 线图

天兴仪表是一家交通运输设备的上市企业，主要从事摩托车与汽车部件的设计、生产、加工及销售，流通股仅有 1.51 亿股。

在 2015 年上半年的牛市中，天兴仪表长期处于震荡上涨的行情中，股价的上涨总伴随着快速回调，导致股价并未出现明显涨幅。

5 月底，股价连续四个交易日收出阴线，短期跌幅将近 15%。此次回调行情以长下影线的十字星作为结束信号，股价在十字星之后快速反弹。

在反弹的过程中，五个交易日内出现了三个涨停。投资者更应该在前两涨停板内进行追涨买入，一旦错过了前两个涨停板，就应该保持谨慎。因为从前期的走势看得出来，该股的上涨总会伴随着股价的快速回调，股性不强。

8.4.3　抢板后的操作

在追涨买入之后，投资者需要做的事情更多，主要有：密切关注股价当天和下一个交易日的走势，关注个股的基本面信息，有无明显的利好利空消息，设置好止损位，在盈利的前提下进行卖出。

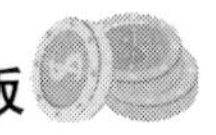

如果在投资者追涨买入之后，股价如期上涨，投资者需要做的就是考虑如何卖出最为稳妥。

此时可以用到黄金分割法，当天的卖出价较上一个交易日收盘价上浮 3.82%，此时卖出 1/3；卖出后股价继续上涨，在较上一交易日收盘价上浮 5%的价位时再卖出 1/3；如果股价上攻势头迅猛，则不选择卖出。剩下的 1/3 等待第三个交易日，股价继续上涨则不动，下跌无量也不动，在股价反弹至前期高点时卖出。

【实战案例】新农开发(600359)——抢板后及时卖出

如图 8-33 所示为新农开发 2015 年 5 月至 7 月的 K 线图。

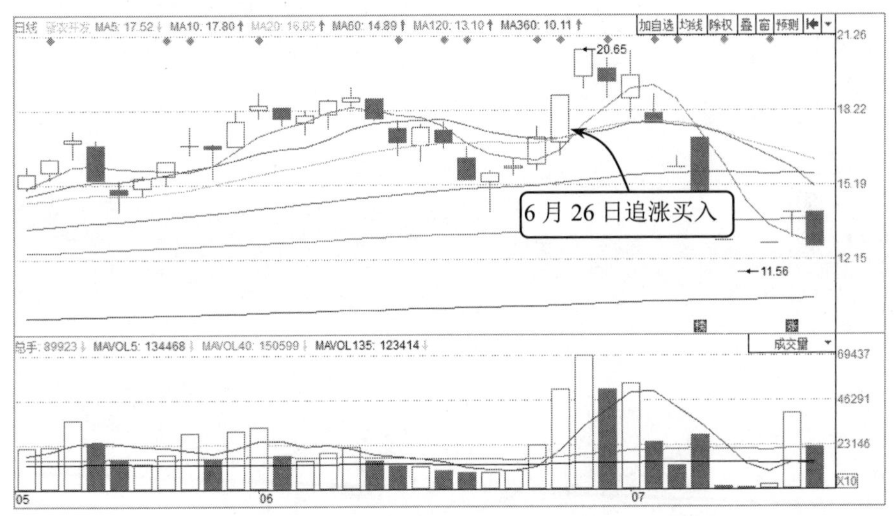

图 8-33　新农开发 2015 年 5 月至 7 月的 K 线图

新农开发是一家种植业与林业的上市公司，主要从事棉花的销售、奶牛养殖、鲜奶加工、甘草产业、棉浆粕加工、良种繁育等业务。

经过 2015 年 5 月至 6 月的上涨后，股价在 6 月初开始回调，股价跌至 15 元附近，最终在 6 月 23 日收出带长下影线的 K 线，是较为可靠的阶段见底信号。

6 月 23 日之后，股价即进入反弹阶段，最终在反弹的第三个交易日出现涨停，投资者在股价快速上攻的途中进行追涨买入，成本为 18 元。

涨停后的一个交易日里，股价高开高走，短暂震荡后封住涨停，投资者不会选择卖出。第二个交易日，股价大幅低开，在上午的交易时间里都处于跌停中。幸好股价在下午开始反弹，投资者应在反弹高点选择清仓卖出，因为股价在两个涨停之后，上涨动力已经耗尽，无法支撑股价继续上涨。

Chapter 09

抢板必须学会止损

止损是检验一个投资者是否合格的标准之一，散户投资者与主力的明显区别之一就是有没有设置止损位，并严格执行。主力在进行操作前也会设置止损位，在发生亏损后会选择严格止损，绝不拖沓。

本章要点

- ✧ 什么是止损
- ✧ 止损与止盈的重要性
- ✧ 定额止损
- ✧ 切线止损法
- ✧ 形态止损法
- ✧ 均线止损法
- ✧ 避免系统性风险
- ✧ 止损时应该注意的事项

9.1 了解止损

在股市中存在一个简单而有用的交易法则，叫作鳄鱼法则，该法则源于鳄鱼的吞噬方式，猎物越挣扎，鳄鱼的收获越多。

如果鳄鱼咬住你的脚，你试图用手去帮助你的脚挣脱，鳄鱼就会同时咬住你的手和脚，越是挣扎，陷得越深。

如果你被鳄鱼咬住脚，唯一生存的机会就是牺牲一只脚。

9.1.1 什么是止损

将鳄鱼法则引申到股票投资中，即投资者在得知自己犯错误时，就应该立即离开，不要再找借口、理由或其他操作行为，第一时间离场才是正确的。

人是贪婪的动物，总想比别人赚更多的钱，在投资中不断加仓直到满仓，这样的方式可能会让投资者在短期内获利。一旦大盘出现震荡或拐点，这些满仓的投资者将面临无法承受的损失。

股市中常说：会买的是徒弟，会卖的才是师傅。而那些会止损的则是师傅的师傅。对投资者而言，入市第一课学习的不是如何选股，也不是如何买卖，而是如何止损，没有止损就别买卖。

没有止损，让投资者在实战中被动地成为上市公司的长期股东，究其原因就是投资者不懂得止损。投资者一旦被套就长期被动持股，既浪费了时间，又破坏了心态，投资者得不偿失。

止损的定义很简单，是指当某一投资操作出现的亏损达到投资者预定的数额时，及时斩仓出局，以避免形成更大的亏损，止损的目的在于投资出现失误时将损失限定在较小的范围内。

止损的重要性，其实投资者都明白，但在操作过程中真正执行起来却很难。买入被套后，投资者都盼望着股价几天后就会涨回来。

投资者舍不得止损，可能不知道当你的资金从 10 万元亏成了 9 万元，亏损率是 1÷10=10%，你要想从 9 万元恢复到 10 万元需要的赢利率却是 1÷9=11.1%。

如果从 10 万元亏成了 7.5 万元，亏损率是 25%，要想恢复的赢利率将需要 33.3%。如果从 10 万元亏成了 5 万元，亏损率是 50%，要想恢复的赢利率将需要 100%。

在市场中，找一只下跌 50%的个股不难，而要骑上并坐稳一只上涨 100%的黑马，恐怕只能靠运气了。

有的投资者知道趋势已经破位，但常常犹豫不决，总想再等一等，导致错过了止损的最佳时机。成功的投资者有着各自不同的选股方式、交易方法，但止损却是保障他们获利的前提。

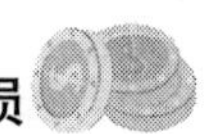

9.1.2 止损与止盈的重要性

止盈的重要性虽然不如止损，但也是投资者必须要进行的操作。投资者总想着在最低点买入，在最高点卖出，将利益最大化，但这是不现实的。

止盈就是投资者在买入之前设置一个心理价位，当股票上涨至该价位后，果断选择卖出离场，保存前期收益，放弃将收益最大化的想法。

【实战案例】荣安地产(000517)——止盈可以避免亏损

如图 9-1 所示为荣安地产 2015 年 4 月至 7 月的 K 线图。

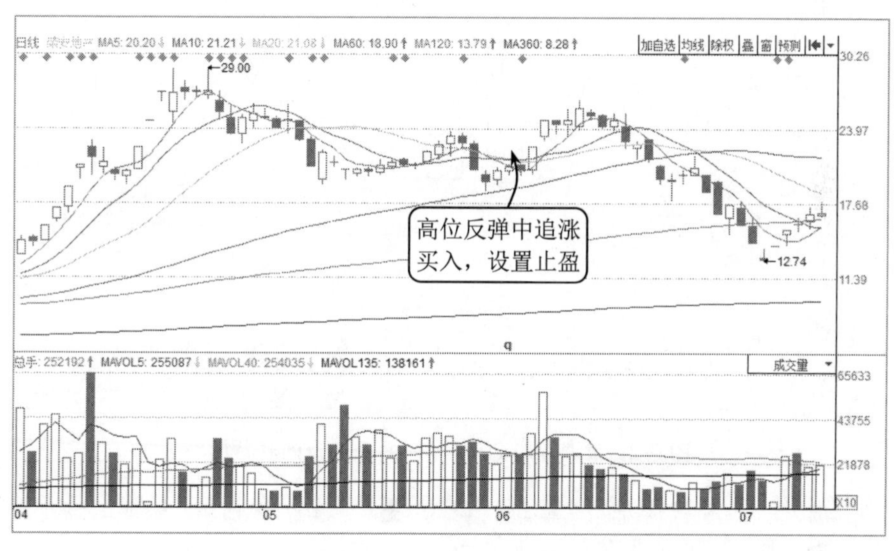

图 9-1 荣安地产 2015 年 4 月至 7 月的 K 线图

荣安地产是一家房地产开发上市企业，主要从事房地产开发、经营，物业服务，建设工程承包等业务。

在 2015 年上半年的牛市中，荣安地产涨幅巨大，股价一度创出 29 元的新高。在 4 月底创出新高后，股价在高位开始回落。

在高位下跌的过程中，股价多次反弹，但都没有很好的机会。终于在 6 月份前后，大盘行情再次向好，荣安地产也在高位迎来了反弹。

随着 6 月 1 日与 6 月 2 日两个交易日收出小阳线，反弹行情确立，投资者在 20.5 元买进。此时就应该给自己设置一个心理价位，在此次反弹中股价最多盈利多少就卖出。而这个点位，通常是前期的高点或阻力位，荣安地产在此次反弹之前的高点为 23.7 元。

股价在此次反弹中走势良好，6 月 4 日甚至收出了涨停，股价以 22.35 元收盘。6 月 5 日，股价再次跳空高开，最终以涨停收盘。

6 月 5 日当天涨停的收盘价为 24.59 元，已经超过了预期的止盈点，但当天涨停的趋势明显，投资者显然不能卖出。

涨停之后的一个交易日，股价未能延续前期的走势继续上涨，股价也已经达到止盈点，投资者应该果断卖出离场，将 20%的短期收益收入囊中。

从后期的走势来看，股价在投资者止盈后不久就迎来快速下跌，如果不及时卖出离场，投资者可能已经泥足深陷，被长期套牢。

【实战案例】岭南控股(000524)——止盈才能获得大部分收益

如图 9-2 所示为岭南控股 2015 年 5 月至 7 月的 K 线图。

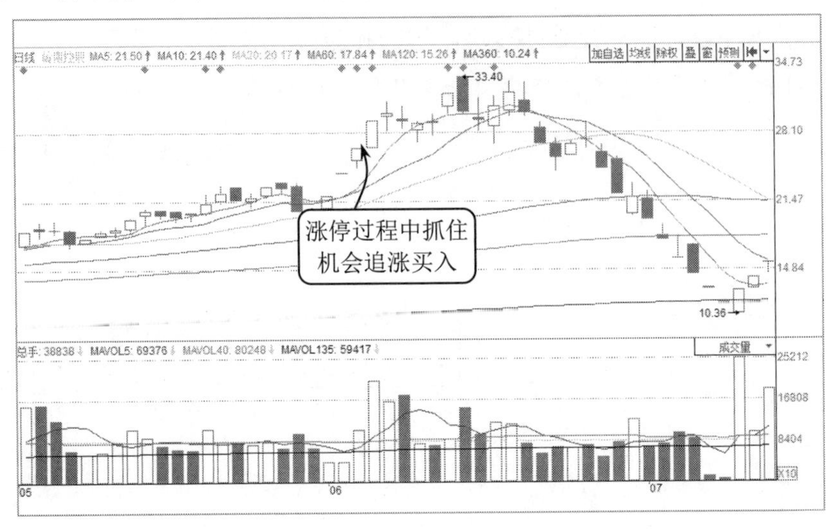

图 9-2　岭南控股 2015 年 5 月至 7 月的 K 线图

岭南控股是一家餐饮旅游上市企业，主要从事旅馆业、餐饮业、场地出租等业务，流通股仅仅 2.7 亿股，流通盘非常小，因此受到多方主力的关注。

在 2015 年 5 月至 6 月，股价处于不错的上涨行情中。2015 年 5 月底，股价有所回调，甚至在 5 月 28 日收出了跌停，回调趋势明显。

5 月 29 日，股价在回调后的低位收出十字星，随即股价开始快速反弹。投资者若在反弹过程中追涨买入，应该设置好止盈点。

股价在连续涨停后并没有多大的涨幅，投资者如果没有设置好止盈点，将在后期的下跌之中面临被套。

【实战案例】广弘控股(000529)——止损的重要性

如图 9-3 所示为广弘控股 2015 年 5 月至 7 月的 K 线图。

广弘控股是一家综合行业的上市公司，主要从事肉类食品供应和教育出版物发行，包括食品冷藏、物流配送业务、畜禽养殖、食品加工业务、图书和电子出版物等业务。

自 2015 年 6 月之后，广弘控股的股价已上涨至高位，但仍呈现不错的上涨态势。6 月 18 日，股价冲高回落收出十字星，并在盘中创出 20.4 元的新高，是较为明显的见顶信号。

随后股价大跌 9%，在第二个交易日收出长下影线的十字星，意味着股价下方的支撑强烈，股价有反弹的趋势。

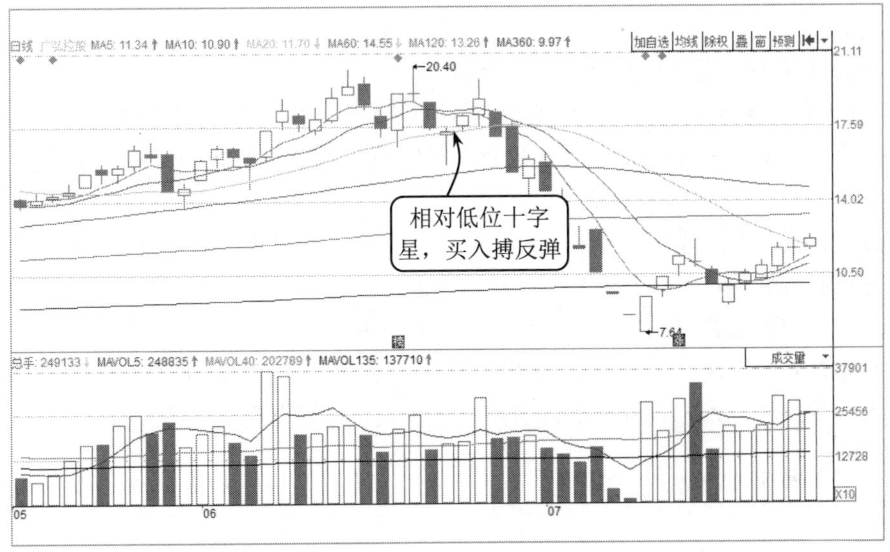

图 9-3 广弘控股 2015 年 5 月至 7 月的 K 线图

投资者若在十字星之后的一个工作日追反弹买入，应当设置好止损位，因为高位追涨本身风险巨大，没有止损位的保障，投资者可能会在风险中越陷越深。

投资者在 6 月 24 日追涨买入的成本为 18 元，按照黄金分割法，第一止损点应该为 18-(18×0.191)，即 14.56 元。

6 月 25 日，股价继续上涨，虽然收出长上影线，但不是明显的见顶信号，投资者选择继续持有。

随后股价迅速转向，由上涨转为下跌，甚至连续两个交易日收出跌停，投资者应该在股价跌至止损位时果断止损。

【实战案例】德美化工(002054)——止损避免更大的损失

如图 9-4 所示为德美化工 2015 年 3 月至 5 月的 K 线图。

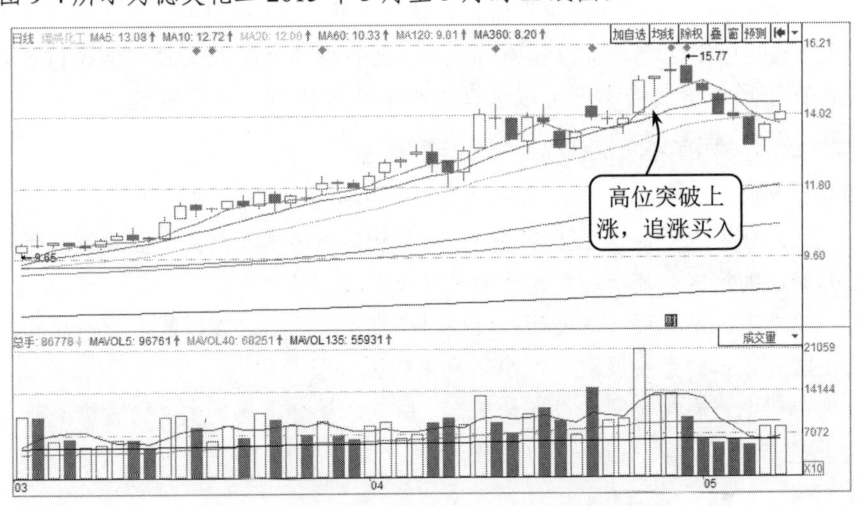

图 9-4 德美化工 2015 年 3 月至 5 月的 K 线图

德美化工是一家化学制品上市企业，主要从事生产纺织印染助剂、环戊烷等业务，流通股仅有3.16亿股，是化学板块内的下盘股。

在2015年上半年的牛市中，股价从3月份的9元左右一路上涨至14元附近。4月22日，股价高开高走，可惜盘中被打压回落，最终收出带长上影线的阴线，有股价见顶的可能。

随后股价在高位调整了两个交易日，4月27日，股价放量上涨，盘中一度达到涨停，但在尾盘被打压回落，最终以8.59%的涨幅收盘。当天的高位大阳线突破了4月22日的高点，呈现突破上涨态势，投资者纷纷追涨买入。

从后市的走势来看，股价在4月27日大涨之后并没有太大的涨幅，反而是横向发展几个交易日后快速下跌，投资者若没有严格地止损，将在下跌中手足无措。

9.1.3 定额止损

定额止损是最简单的止损方法，是指将亏损额度设置为一个固定的比例，一旦亏损大于该比例就是果断平仓。

定额止损更加适用于刚入市的投资者以及风险较大的市场，例如期货和外汇市场等。

定额止损是一种强势止损，投资者不需要过多地依赖对行情的分析。定制止损主要受到两种因素的影响，一是投资者的承受能力，这由投资者的心态和经济承受能力决定；二是受到投资者盈利预期的影响。

定额止损的关键是止损比例的设置，其数值主要根据投资者的风险承受能力及投资品种的波动性两个因素决定，同时也与市场所处的环境有密切关系。

通常而言，在市场处于强势中，止损比例应该小一点，以止损比例的上限为执行标准。平衡市场中，执行止损比例的中点；弱势市场中，执行止损比例的下线。

例如投资者在短线操作中，通常将止损比例设置为5%～10%，当市场处于强势中，则应该执行5%的止损比例，因为强势市场中，强势股甚至是龙头股回调超过5%的情况比较少见；在市场处于弱势中，可以选择10%的止损比例为执行标准。

【实战案例】中粮屯河(600737)——定额止损

如图9-5所示为中粮屯河2015年3月至5月的K线图。

中粮屯河是一家农产品加工上市企业，主要从事白砂糖及相关产品的制造销售、番茄加工及番茄制品的销售，还有一家水泥参股公司。

查看中粮屯河的基本面信息发现，该公司长期处于亏损之中，基本面一片糟糕。但它其实是央企国资改革的龙头股之一，中粮系中的强势股。

正因为中粮屯河有央企国资改革的概念，所以才受到市场的关注，股价不断上涨。在2015年4月至5月，总共不到一个月的时间里，股价就从10元上涨至16元附近，短期涨幅超过60%。

4 月 17 日，在高位收出十字星并在盘中创出 16.18 元的新高，随后股价在高位展开震荡，成交量同步萎缩。4 月 28 日，股价突然放量涨停，投资者在盘中追高买入，成本大概为 15 元左右。

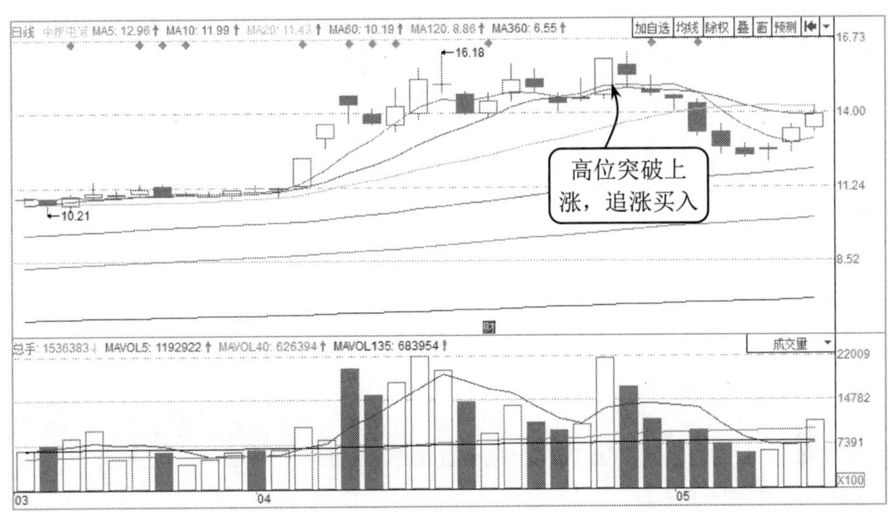

图 9-5 中粮屯河 2015 年 3 月至 5 月的 K 线图

由于在 2015 年上半年，大盘处于绝对的牛市之后，投资者又是进行高位短线操作，所以止损比例应为 5%，因此止损价格为 14.25 元。

然而在 4 月 29 日，股价却并未继续上涨，而是出现了下跌，当天以 3.95%的跌幅收盘，收盘价为 15.31 元。

4 月 30 日，股价继续低开，当天以 4.44%的跌幅收盘，收盘价为 14.63 元，依旧非常接近投资者的止损价格，如果下一个交易日继续下跌，投资者就应该果断止损。

5 月 4 日，股价再次下跌 1.3%，股价跌破止损位，投资者应该果断止损，避免在后市遭受更大的损失。

【实战案例】大连控股(600747)——简单的定额止损

如图 9-6 所示为大连控股 2014 年 11 月至 2015 年 8 月的 K 线图。

大连控股是保险及其他板块内的个股，但主营业务主要包括有色金属大宗贸易，电子枪彩件、黑白件的生产、销售，模具、导光板的生产、销售。

大连控股因为重大资产重组事项自 2015 年 2 月 3 日起开始停牌，最终在 6 月 23 日复牌交易，同时公告说明大连控股拟以 3 亿元的价格收购四人持有的深圳市保兴融资担保有限公司 100%的股权。

复牌之后的股价连续三个交易日涨停，终于在第四个交易日被打开，投资者对于前景过于乐观，认为后市仍有涨停板，选择在 6 月 26 日涨停板被打开当天追高买入，同样是短线操作，但追涨停板设置的止损比例应该更小。

一旦下一个工作日股价没有出现涨停，甚至没有上涨，投资者都应该选择果断止损出局。从大连控股后期的走势来看，投资者若未及时止损，将在下跌中手足无措，面临更大的损失。

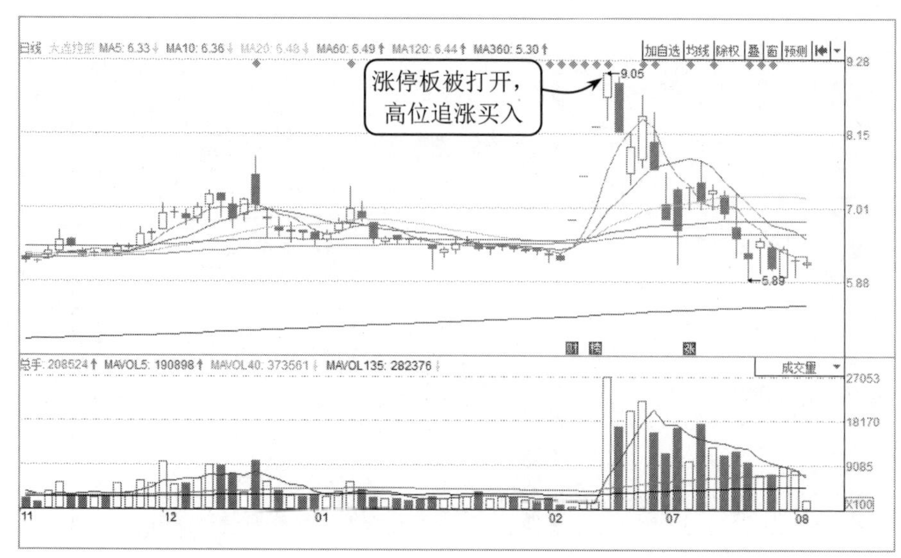

图 9-6　大连控股 2014 年 11 月至 2015 年 8 月的 K 线图

行情处于弱势时，一般不应操作股票，此时股票的回调幅度会较大，投资者的止损比例也会更大，甚至会频繁止损。

止损的目的是减少损失，因此止损位的设置必须围绕市场价格和盈亏状态合理调整。如果买入当天没有利润也没有损失，那么可以将成本价下跌多少设置为止损位。

如果买入当天就有利润，可以适当提高止损位，将当天最高价向下跌多少作为止损位。随着股价的上涨，逐步提高止损价格，这样可以保证亏损最小化、利润最大化，所以投资者在实战中设置止损位时应该随着市场变动而进行变化。

定额止损法虽然看似简单，但非常实用。不论何种止损方法，都需要投资者严于律己，坚决执行才有效。

9.2　技术止损

技术止损法是将止损设置与技术分析结合起来，剔除市场的随机波动之后，在关键的技术位上设置止损，从而避免亏损进一步扩大。

相比定额止损法，技术止损对投资者的要求更高一些，而且没有固定的止损模式，一般而言，运用技术止损法，无非就是以小亏搏大赚钱。

技术止损法要求投资者拥有较强的技术分析能力，是实战中较为常用的一种止损方法，更加适用于具有技术分析能力的投资者，技术分析方法主要有切线、形态、K 线和均线止损方法等几种。

9.2.1 切线止损法

切线是技术分析中非常重要的分析工具，包括支撑线、压力线、黄金分割线、百分比线和速度线等。最常用且最简单的是支撑线止损，即股价在运行过程中形成了支撑线，一旦股价跌破支撑线，即出现技术性破位，投资者应该果断止损离场。

【实战案例】黔轮胎 A(000589)——切线止损法

如图 9-7 所示为黔轮胎 A 在 2015 年 3 月至 7 月的 K 线图。

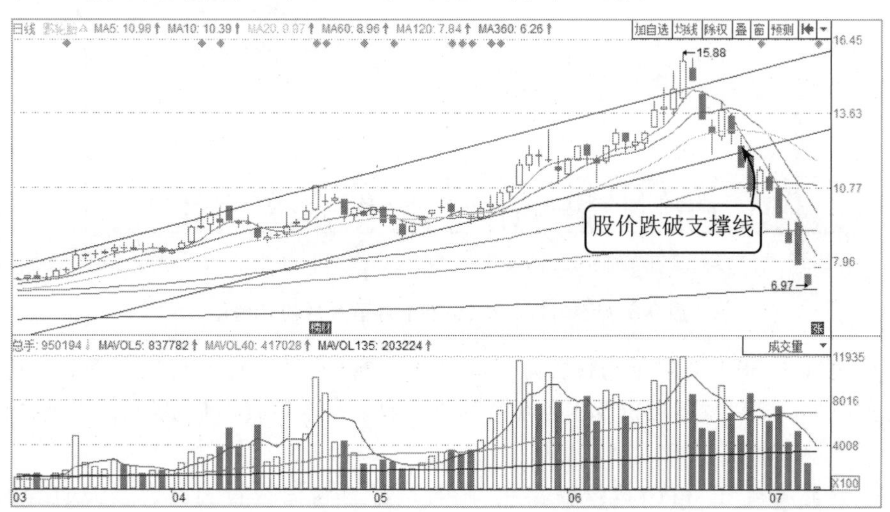

图 9-7 黔轮胎 A2015 年 3 月至 7 月的 K 线图

黔轮胎 A 是一家化工合成材料上市企业，主要从事轮胎生产及销售，最新的流通股为 7.45 亿股。

在 2015 年上半年的牛市之中，黔轮胎 A 的股价走出了良好的上涨趋势，股价在上涨过程中形成了上升通道。

在上升通道中，股价向上触及压力线便回调，回调至支撑线便再次上涨，由此也可以画出股价的支撑线。

当股价在 6 月份之后加速上涨至 15.88 元的最高点后，便展开了更加大幅度的回调，最终在 6 月 26 日，股价跌破支撑线，意味着原有的上涨趋势被打破，将进入新一轮的下跌行情。

投资者若在股价跌破支撑线时进行止损，可以成功地避免大部分损失。因为从黔轮胎 A 后期的走势来看，股价在跌破支撑线后迎来了更大幅度的下跌。

【实战案例】风华高科(000636)——利用切线止损

如图 9-8 所示为风华高科 2015 年 1 月至 8 月的 K 线图。

风华高科是一家半导体及元件上市企业，主要从事系列新型片式元器件、光机电一体化电子专用设备及电子材料等电子信息基础产品的研制、生产和销售，当前的流通股为6.71亿股。

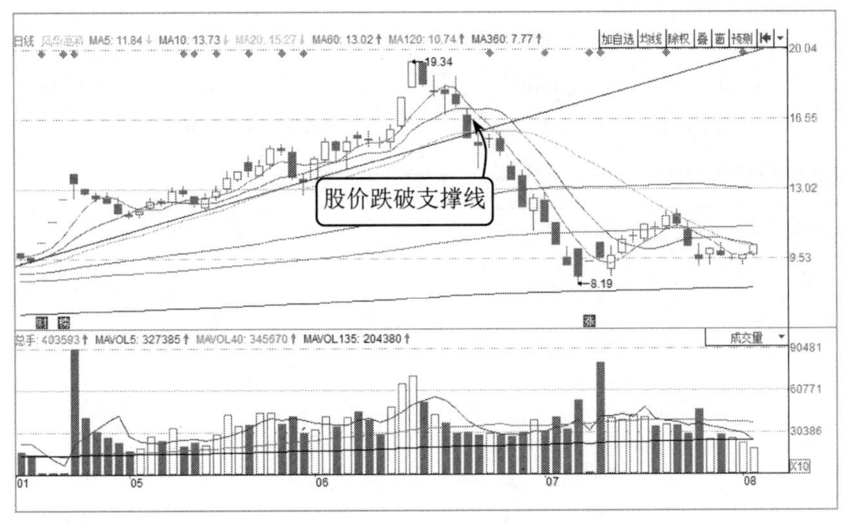

图 9-8　风华高科 2015 年 1 月至 8 月的 K 线图

2015 年 1 月 30 日，风华高科因为某重大事项停牌交易，最终于 4 月 24 日复牌交易，同时发出公告，拟以发行股份及支付现金的方式收购奈电科技 100%股权，交易作价 5.92 亿元。

奈电科技专注于 FPC(柔性线路板)产品，是目前国内最大的移动及可穿戴设备 Rigid-Flex(软硬结合板)供应商，也是国内最大的智能手机摄像头用 COF&COB 基板供应商，此次收购将完善公司在可穿戴设备产业链的布局，有利于提升盈利能力。

4 月 24 日复牌交易后，风华高科连续三个一字涨停板，在回调之后股价继续上涨，股价在上涨过程中形成良好的支撑线。

进入 6 月份之后，股价加速上涨，连续两个涨停，股价远离支撑线。在 19.34 元见顶之后，股价开始下跌，并在 6 月 19 日以一个跌停板跌破了支撑线。

9.2.2　形态止损法

股价一旦跌破头肩顶、M 形顶、三重顶颈线以及箱体平台下边线等关键位置，则说明头部形态成立，此时应该果断止损离场。

【应用技巧】见顶形态与形态止损法

股价在上涨之后的高位，出现了头肩顶、双重顶以及三重顶等见顶形态，股价有一定的可能就此见顶，进入新一轮的下跌行情。如果股价跌破上述见顶形态的颈线，则股价肯定已经见顶，股价已经进入了下跌通道，投资者需要及时止损。

【实战案例】东安动力(600178)——形态止损法

如图9-9所示为东安动力2015年4月至7月的K线图。

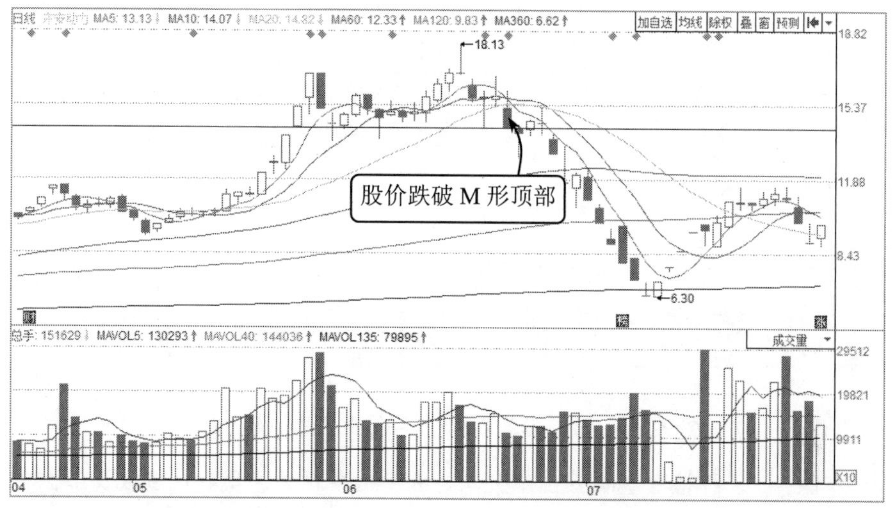

图9-9 东安动力2015年4月至7月的K线图

东安动力是一家交通运输设备上市企业，主要从事生产及销售微型汽车发动机及零部件等业务，流通股为4.62亿股。

2015年5月之后，东安动力的股价加速上涨，在不到一个月的时间里从10元左右上涨至16元上方。

股价在上涨到16元上方后，上涨趋势明显受阻。股价在高位横盘震荡，成交量明显缩小。在震荡的过程中，股价形成M形顶部，股价有一定的见顶风险，投资者在此时就应早做卖出离场的准备。

6月19日，股价大跌9.85%，跌破了M形顶部的颈线，预示着上涨行情已经结束，股价将进入新一轮的下跌通道中。

而6月19日，就是投资者止损的最后机会，此时止损可以减小损失，将前期上涨带来的收益留存。

【专家提醒】见底形态出现后不一定下跌

> 股价出现高位十字星、双重顶、三重顶等明显见顶信号后，股价不一定会立即下跌。也有可能在高位展开震荡，回调之后也会迎来反弹。对于短线投资者而言，高位的反弹行情同样存在着短线机会。而当股价跌破见顶形态的颈线时，则很难再有强势反弹行情。

【实战案例】吉林森工(600189)——利用K线形态止损

如图9-10所示为吉林森工2015年4月至7月的K线图。

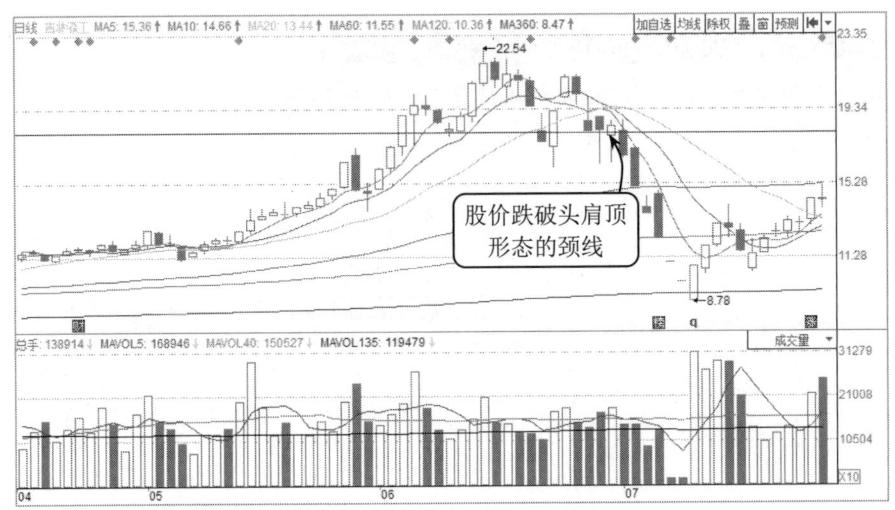

图 9-10　吉林森工 2015 年 4 月至 7 月的 K 线图

吉林森工是一家种植业和林业上市公司，主要从事森林采伐、人造板及饰面材料、进出口贸易、林化产品等的生产与销售等业务。

在 2015 年上半年的普涨行情中，吉林森工的涨幅也不错，4 月至 6 月的时间里，股价由 11 元左右最高上涨至 22.54 元，涨幅超过 100%。

在上涨到 22.54 元的新高之前，股价在 6 月 4 日和 6 月 5 日创出了新高，随后小幅回落，形成头肩顶形态的左肩。

在小幅回调后，股价继续上涨，并创出了 22.54 元的新高，形成了头肩顶形态的头部。在头部形成之后，股价快速回落，在接触到颈线后快速反弹，几乎两个涨停将股价重新拉高，但较前期高点仍有一定的距离，形成了右肩。

右肩形成后股价再次回落，并在 6 月 26 日跳空低开向下跌破了头肩顶形态的颈线，意味着股价结束反弹，进入新一轮快速下跌行情。

从后期的走势来看，吉林森工在跌破头肩顶形态的颈线后，加速下跌，最低跌至 8.78 元，较最高点跌幅超过 60%。

【实战案例】紫江企业(600210)——利用 K 线组合止损

如图 9-1 所示为紫江企业 2015 年 4 月至 8 月的 K 线图。

紫江企业是一家包装印刷上市企业，主要从事包装业务和房地产业务，其流通股达到了 14.37 亿股。

紫江企业的股价从 2015 年 4 月的 7 元上涨至 6 月的 11 元左右，上方趋势良好。在 5 月底，股价就已经触碰到 11 元。5 月 21 日至 27 日，这五个交易日连续收出带长上影线的 K 线，意味着股价继续上涨的阻力较大，同时形成了三重顶形态的第一重顶。

5 月 28 日，股价收出跌停，回调趋势明显。经过两个交易日的下跌，股价立即展开反弹，并在 6 月 3 日收出涨停，形成第二重顶。

涨停之后，股价无法进一步扩大战果，随着连续四个交易日收出阴线，股价再次下跌至10.76元附近。随后在10日均线附近得到支撑，股价在高位再次反弹，在反弹中创出了12.65元的新高，同时形成第三重顶。

随着三重顶形态的形态，股价结束高位震荡行情，开始进入下跌行情。股价在6月19日收出跌停，并在盘中跌破三重顶的颈线，投资者应及时止损。

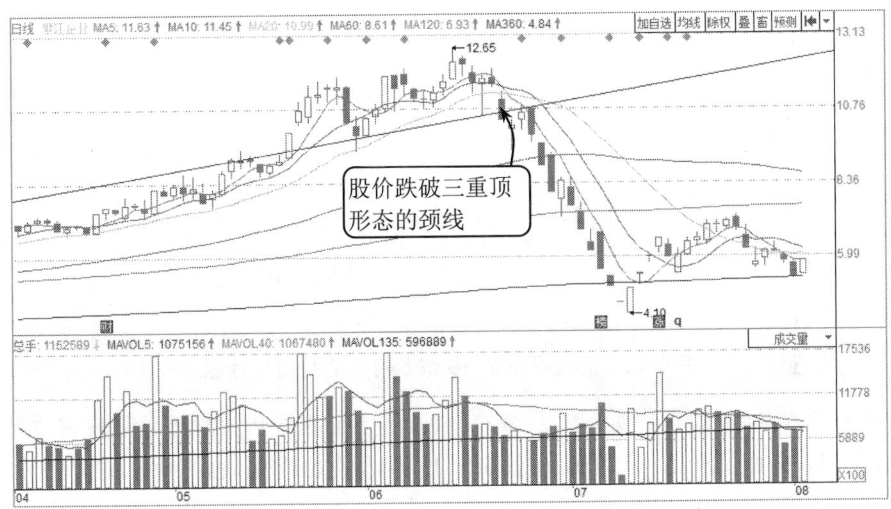

图 9-11 紫江企业 2015 年 4 月至 8 月的 K 线图

9.2.3 K线止损法

股价在高位出现巨量长阴线、射击之星、十字星、星星相印等K线或K线组合时，投资者应该提前止损离场。

高位巨量长阴线说明主力已经处于出货阶段，在盘中将股价拉高后便一直出货，直到收盘，股价在巨大的卖出压力下不断下跌，最终以巨量长阴线收盘，这种情况下主力已经接近出货完成，后市机会渺茫。

射击之星与十字星是星星相印中比较有代表性的两类K线形态，出现在连续下跌后，是股价见底的信号；出现在连续上涨后，则是股价见顶的信号。

【实战案例】天马股份(002122)——高位连续形态

如图9-12所示为天马股份2015年5月至7月的K线图。

天马股份是一家通用设备上市企业，主要从事轴承及机床的生产与销售。股价从2015年5月的10元下方开始上涨，在6月初创出15.95元的新高。

在创出新高后，股价结束五连阳的上涨趋势，经过两个交易日的回调后，开始在高位横盘发展。在横盘的过程中，股价在多个交易日内收出带上下影线的十字星，是明显的见顶信号。

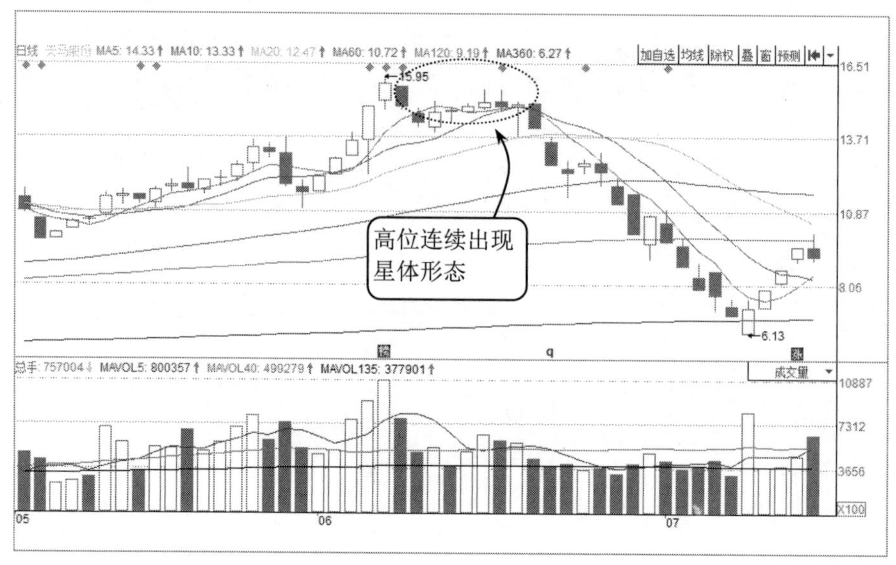

图 9-12　天马股份 2015 年 5 月至 7 月的 K 线图

星体出现次数越多，说明见顶信号越有效，投资者应在股价出现破位下跌时进行清仓。

从图 9-12 中可以看出，天马股份在 6 月 18 日大跌 6.37%，当天收出的大阴线跌破了前期十字星的横盘形态，呈现破位下跌趋势，投资者应该在 6 月 18 日前后进行清仓，避免遭受更大的损失。

【知识拓展】K 线止损法与形态止损法

K 线止损法与形态止损法相比，提示的止损信号更早，可以让投资者更早地进行卖出离场，减少一部分损失。也有另外一种可能，即 K 线止损法提示出止损信号后，股价并未如期下跌，而是继续上涨，投资者已经止损，只能后悔卖得太早。因此 K 线止损法与形态止损法相比有优点，也都有缺点，投资者应该视市场情况以及自身情况进行选用。

【实战案例】安纳达(002136)——高位巨量长阴

如图 9-13 所示为安纳达 2015 年 3 月至 8 月的 K 线图。

安纳达是一家化学制品板块内的上市企业，主要从事生产和销售系列钛白粉及相关化工产品。

因为在沪深两市中主营业务为钛白粉的上市企业数量极少，而安纳达流通股仅有 2.13 亿股，投资目标股稀缺以及流通盘小，是主力对这类个股进行疯狂炒作的主要原因。

股价在 2015 年 5 月之后加速上涨，由 15 元上涨至 6 月 3 日的新高 22.28 元。创出新高后，股价即进入停牌，并在 6 月 16 日复牌交易，复牌当天即低开低走，开始后不久就封住跌停，在为数不多打开跌停的时间里，爆发出巨大的成交量，不论是主力还是散户，投资者都在争相出货，市场踩踏情况明显。

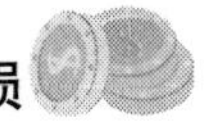

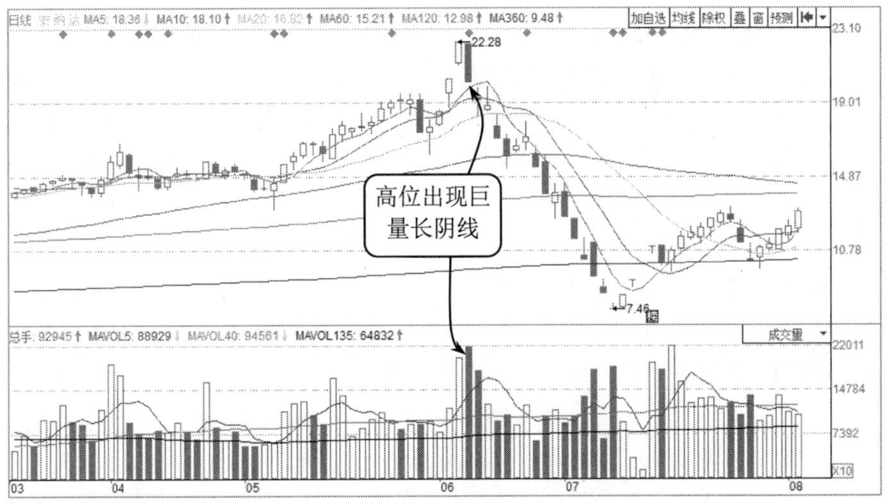

图 9-13 安纳达 2015 年 3 月至 8 月的 K 线图

这类高位巨量长阴线，是较为可靠的见顶信号。投资者在当天应该果断出货，不要对后市抱有幻想，即使出现反弹，但收益也远远不如损失。

【专家提醒】巨量长阴洗盘法

股价在高位出现巨量长阴线之后，很大概率出现猛烈下跌，展开新一轮下跌行情。也有可能是主力放量强势洗盘，有更大的图谋，股价在巨量长阴之后不会大幅下跌，而是在短暂洗盘后出现猛烈上涨。不同的情况，投资者要结合大盘行情以及掌握主力的成本区，从而进行分析。

【实战案例】三特索道(002159)——射击之星

如图 9-14 所示为三特索道 2014 年 10 月至 2015 年 8 月的 K 线图。

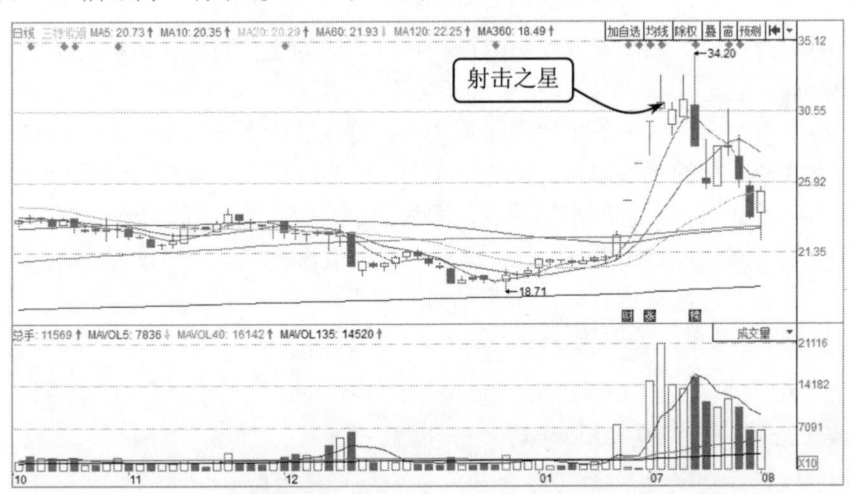

图 9-14 三特索道 2014 年 10 月至 2015 年 8 月的 K 线图

三特索道是一家餐饮旅游上市公司，主要以观光索道运营为主，景区、旅游酒店及旅游地产经营为辅，其流通股仅有 1.2 亿股。

2015 年 1 月 14 日，三特索道因为重大资产重组事项于当天进行了停牌，并在 7 月 17 日复牌交易。在停牌期间，三特索道错过了 2015 年上半年的牛市行情，却在复牌时遭遇了大盘急速杀跌。

复牌后的三个交易日补涨之后，股价在 7 月 22 日的高位收出射击之星。当天的股价高开高走，冲击到涨停后未能封住，盘中抛压巨大，股价回落，最终以 4.13%的涨幅收盘。

观察前期的大盘指数发现，上证指数从 5100 点跌至 3300 点左右，而三特索道在复牌后有补涨的需求，也有补跌的必要，高位出现的射击之星，正是对投资者发出的清仓卖出信号。

从后期的走势来看，在大盘指数强势反弹时，三特索道却逆市而行，走出了补跌的趋势，这也是预料之中的事。

【知识拓展】其他见顶形态

> 除了十字星、射击之星等见顶形态之外，还有阴抱阳、黑三兵、乌云盖顶等形态。这些形态一旦出现在高位，投资者就应该引起重视，在大盘行情不明朗时，应该清仓则清仓，应该止损就止损。否则大盘走坏，个股将会被连累下跌，且跌幅巨大，投资者损失惨重。

9.2.4 均线止损法

10 日均线是短期趋势能否持续的关键，20 日均线和 30 日均线可以维持中期趋势，120 日均线与 360 日均线则可以维持长期趋势。

因此对短线投资者而言，10 日均线就成了止损点。一旦股价跌破 10 日均线，意味着当前的趋势难以维持，投资者必须进行止损。

与此对应的是，中期投资者以 20 日或 30 日均线为止损点；长期投资者以半年线或年线为止损点。

如果投资者在上升轨道的下轨线附近买入，可以等待上升趋势结束后再卖出，同时将止损点设置在可靠的均线附近。如果股价一直在 20 日均线上方且 20 日均线处于上升中，投资者就不必担心股价的小幅回调，因为 20 日均线总会为股价带来支撑。

当股价的上涨动能逐渐耗尽，股价逐渐转变为横盘发展甚至下跌时，20 日均线由上升转变为走平或下行，投资者就应引起足够的重视。

如果股价跌破 20 日的均线，并且在三个交易日内无法回到 20 日均线上方，就应该进行止损。

【实战案例】长春高新(000661)——均线止损法

如图 9-15 所示为长春高新 2015 年 3 月至 7 月的 K 线图。

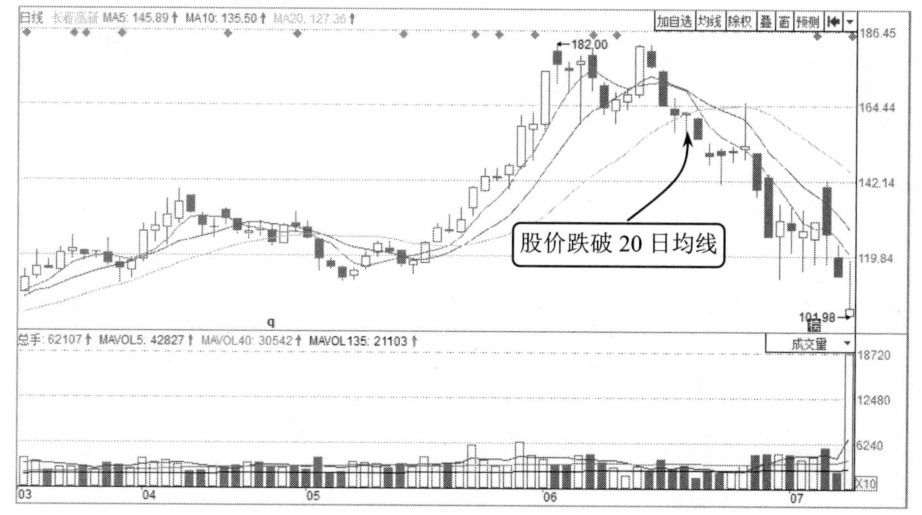

图 9-15 长春高新 2015 年 3 月至 7 月的 K 线图

长春高新是一家生物制品上市公司，主要以生物制药、中成药生产及销售、房地产开发为主导产业，辅以开发区基础设施建设、物业管理等。

长春高新的流通股仅有 1.31 亿股，因此股价估值相对较高。在 2015 年 3 月至 6 月的上涨过程中，股价从 100 元左右，上涨至最高 182 元，涨幅超过 80%。

股价在创出 182 元的新高后，在高位上涨受阻，随后展开回调。在回调和高位反弹的过程中，K 线形成双重顶形态，预示着股价有见顶的可能。

在双重顶的第二重顶形成后，股价迅速下跌。短线投资者应将 10 日子均线设为止损点，股价在 6 月 15 日跌破 10 日均线，此时是止损的最佳机会。

6 月 16 日，股价低开低走，盘中跌破 20 日均线，是投资者止损清仓的最后机会。在接下来的三个交易日内，股价继续保持下跌，毫无回到 20 日均线以上的趋势，由此也说明了下跌行情无法阻挡。

【实战案例】河北宣工(000923)——利用均线止损

如图 9-16 所示为河北宣工 2015 年 3 月至 6 月的 K 线图。

河北宣工是一家专用设备上市公司，主要从事生产、销售推土机、装载机、压路机及其变形产品，工矿配件，冶金机械、环保机械、矿山机械、专用车辆设备及配件。

2015 年 6 月以来，京津冀一体化的概念在国家政策不断颁布的影响下，逐渐受到市场的关注；另一方面 7 月是北京申办冬奥会的关键时间，并在 7 月 31 日申办成功，河北宣工也收益于此。

而在 2015 年 3 月至 6 月这段时间，河北宣工主要是作为京津冀一体化的概念股进行的炒作，股价从 3 月的 13 元，上涨至 6 月的 40 多元，涨幅惊人。

而在上涨过程中，股价在 4 月 30 日至 5 月、6 月的四个交易日里连续收出阴线，股价回调趋势明显，且在 5 月 5 日跌破 10 日均线。

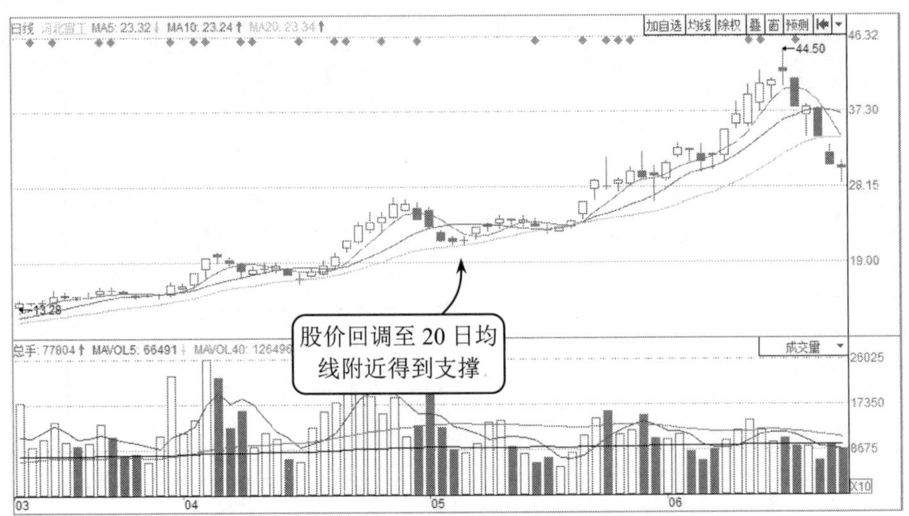

图 9-16　河北宣工 2015 年 3 月至 6 月的 K 线图

股价在跌破 10 日均线后并未继续深幅下跌，而在是 20 日均线上方得到支撑，并在 5 月 6 日之后开始反弹。

因此对于处在上涨通道中的个股而言，只要股价未跌破 20 日均线，投资者都可以继续持有，但也要做好止损的准备。

9.2.5　技术指标止损法

投资者可以根据技术指标发出的卖出指示作为止损信号，例如 MACD、KDJ 或 RSI 等常用指标，这些指标在高位出现死叉的卖出信号时，意味着短期内市场将进入震荡或下跌行情，股价很难继续上涨。

【实战案例】皖新传媒(601801)——MACD 指标止损法

如图 9-17 所示为皖新传媒 2015 年 2 月至 7 月的 K 线图。

皖新传媒是安徽的一家传媒上市公司，主要从事出版物的批发、零售，文体用品零售、音像出版和广告传媒等业务。

传媒行业是一门朝阳产业，未来的发展前景广阔，且目前传媒板块中的个股都有稳定的业绩，不少传媒股都是受到投资者热捧的白马股。

在 2015 年上半年的牛市中，传媒板块涨幅巨大，传媒指数由 2300 点上涨至 6700 点左右，涨幅将近 300%。

在传媒板块大涨的情况下，皖新传媒也不甘落后，股价由 17 元上涨至最高 40.26 元，涨幅也将近 150%。

皖新传媒的股价在 6 月 12 日创出了 40.26 元的新高后，便迎来了快速下跌。在下跌初期，MACD 指标中的 DIF 线下穿 DEA 线形成死叉，此时的股价为 34.6 元，股价已经下跌了 14%，投资者应该果断止损。

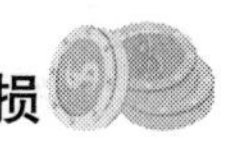

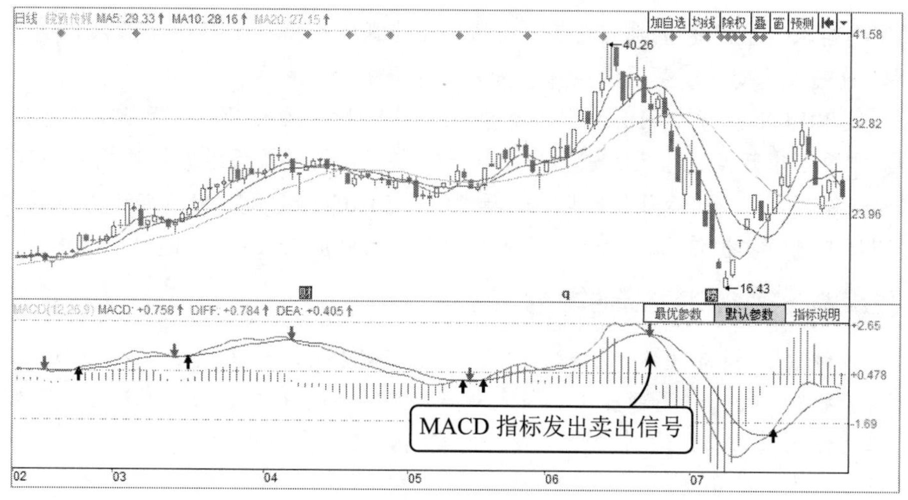

图 9-17 皖新传媒 2015 年 2 月至 7 月的 K 线图

如果不进行卖出，皖新传媒在后期的下跌中，股价一度跌至 16.43 元，在不到一个月的时间里，将前期四个月的涨幅全部跌没了，投资者也将被套死。

【实战案例】万年青(000789)——利用 MACD 指标止损

如图 9-18 所示为万年青 2014 年 11 月至 2015 年 3 月的 K 线图。

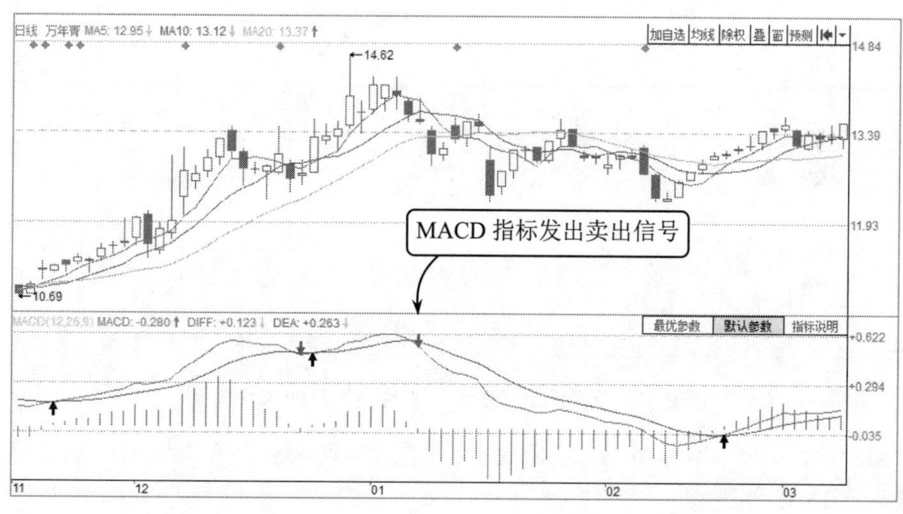

图 9-18 万年青 2014 年 11 月至 2015 年 3 月的 K 线图

万年青是一家建筑装饰上市企业，主要从事硅酸盐水泥熟料及硅酸盐水泥的生产和销售等业务。

万年青的主要产品是水泥，而水泥行业是一个无法明确界定生命周期的产业，虽然其环境污染较大，且近年来产能有所过剩，但我国的基建工作仍在不断展开，房地产市场有所回暖，水泥的需求短期内不会萎缩。

稳定的需求给水泥企业带来稳定的业绩，在业绩的支撑下，万年青在 2014 年年底至 2015 年 1 月初大盘处于震荡行情中，也能走出不错的上涨趋势。

股价从 2014 年 11 月的 10.69 元上涨至 12 月 31 日的 14.62 元，短期涨幅超过了 35%。在 12 月 31 日创出新高的当天，股价收出了长上影线，说明股价继续上涨的阻力较大。

果然在新高之后，股价开始回调，回调过程中 MACD 指标在 2015 年 1 月 9 日出现死叉，是明显的高位卖出信号，无论投资者有无利润，都应该及时卖出止损。

【应用技巧】MACD 指标的其他应用

MACD 指标被称为“指标之王”，除了 DIF 线与 DEA 线高位死叉的卖出信号之外，在高位还可能出现红色柱状线缩小，同样也是卖出信号。在实战中，红色柱状线的收敛通常会出现在死叉之前，更加提前预示卖出信号，投资者应当引以为重要参考。

【实战案例】云铝股份(000807)——利用 KDJ 指标止损

如图 9-19 所示为云铝股份 2015 年 4 月至 8 月的 K 线图。

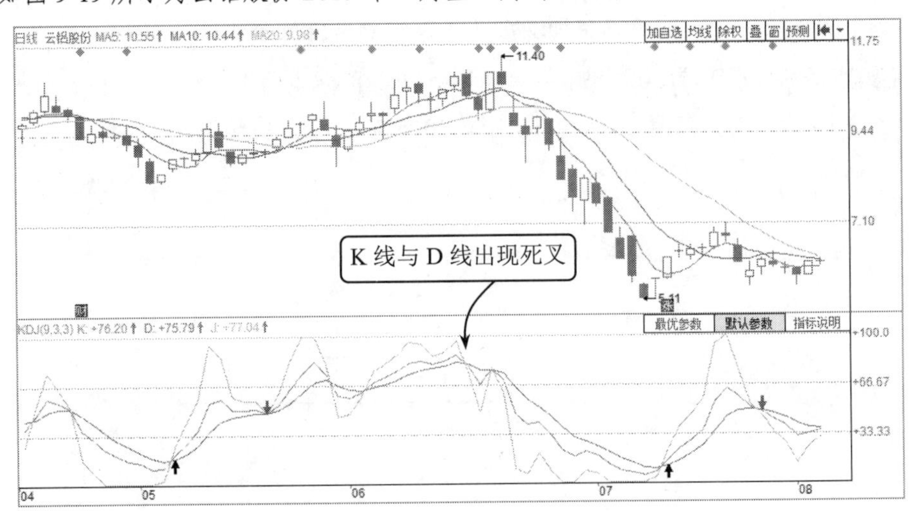

图 9-19　云铝股份 2015 年 4 月至 8 月的 K 线图

云铝股份是一家有色冶炼加工上市企业，主要从事氧化铝生产、铝冶炼及加工等业务，流通股达到 15.39 亿股。

2015 年 4 月之后，云铝股份经过上涨之后在高位有所震荡。在 5 月之前迎来一次下跌，进入 5 月后才开始缓慢上涨。

6 月 17 日，云铝股份在高位收出涨停，试图挽回前两个交易日下跌的颓势，但在 6 月 18 日，股价冲高回落，收出带长上影线的阴线。

而在 6 月 17 日之前，KDJ 指标就已经发出了卖出信号，K 线下穿 D 线形成死叉，同时期的 J 线数值一度达到 100，表明 K 线死叉 D 线是有效的。

从后期的下跌走势来看，6 月 17 日的高位涨停，是主力为了出货而故意为之，吸引场外投资者买入抬轿，而 6 月 18 日的冲高回落，则是主力出货的最后阶段。

投资者如果发现 KDJ 的卖出信号并严格执行的话，可以很安全地在暴风雨来临前退出市场。投资者如果止损得晚一点，就会遭受巨大损失。

【专家提醒】DIF 线在 0 轴上方但向下运行的买入时机

> KDJ 指标又称为随机指标，被广泛应用于股票投资的中短期趋势分析中，它是利用价格波动的真实波幅来反映价格走势的强弱和超买超卖现象，在价格尚未上升或下降之前发出买卖信号的一种技术工具。当 K 线与 D 线发生交叉时，J 值处于极大或极小时，交叉所预示的买卖信号更有效。

【实战案例】平潭发展(000592)——KDJ 指标止损法

如图 9-20 所示为平潭发展 2015 年 1 月至 5 月的 K 线图。

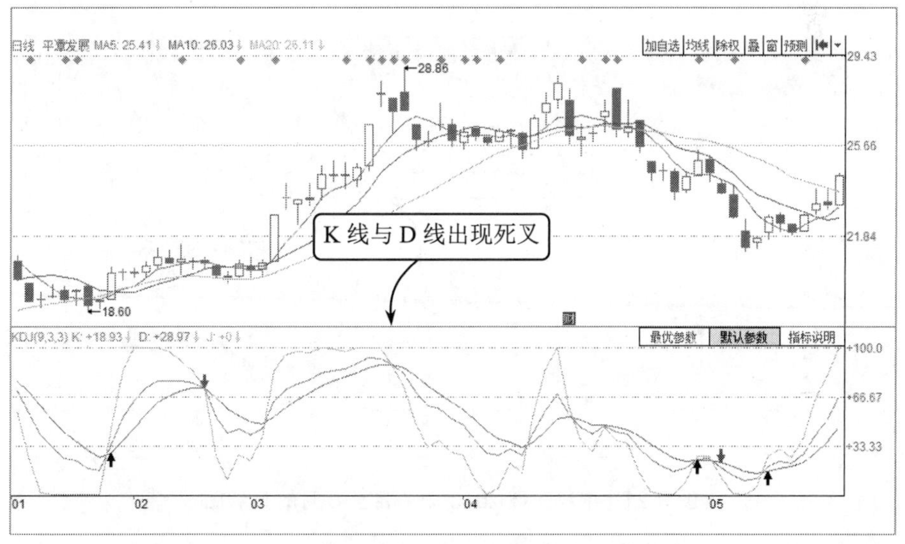

图 9-20 平潭发展 2015 年 1 月至 5 月的 K 线图

平潭发展是一家种植业与林业的上市企业，其收入来源将近 70%是林产品加工，即纤维板的生产与销售，其流通股达到 8.38 亿股。

在 2015 年上半年中，平潭发展受益于福建自贸区的概念，股价迎来了大幅上涨，由 18.6 元上涨至 28.86 元。

3 月 20 日，股价高开高走以 7.46%的涨幅收盘，当天的大阳线打破了前期的横盘状态，呈现突破上涨形态。

3 月 23 日，股价大幅度高开，多空双方在盘中激烈对抗，虽然当天以阴十字星收盘，但仍上涨 4.57%。当天的十字星也是明显的上涨趋势终结的信号，股价难以维持阳线上涨。当天的 J 值达到 100，K 线与 D 线有反转向下聚拢的趋势。

3 月 24 日，股价低开低走，虽然收出了长下影线，但当天的 K 线以及下穿 D 线形成死叉，同时 J 值将近 100，证明死叉预示的卖出信号非常有效。

从后期的走势可以看出，在经过高位横盘后，股价在 4 月中旬迎来快速下跌，最终在 21 元左右企稳。

对于 KDJ 这类技术指标，在大盘行情处于异常情况时，例如疯牛或快熊行情，技术指标往往是无效的。

但在多数情况下，投资者都可以将 KDJ、MACD 等指标所发出的信号作为参考，与其他分析方法进行结合，从而做出决策。

【实战案例】中科三环(000970)——利用 RSI 指标止损

如图 9-21 所示为中科三环 2015 年 4 月至 8 月的 K 线图。

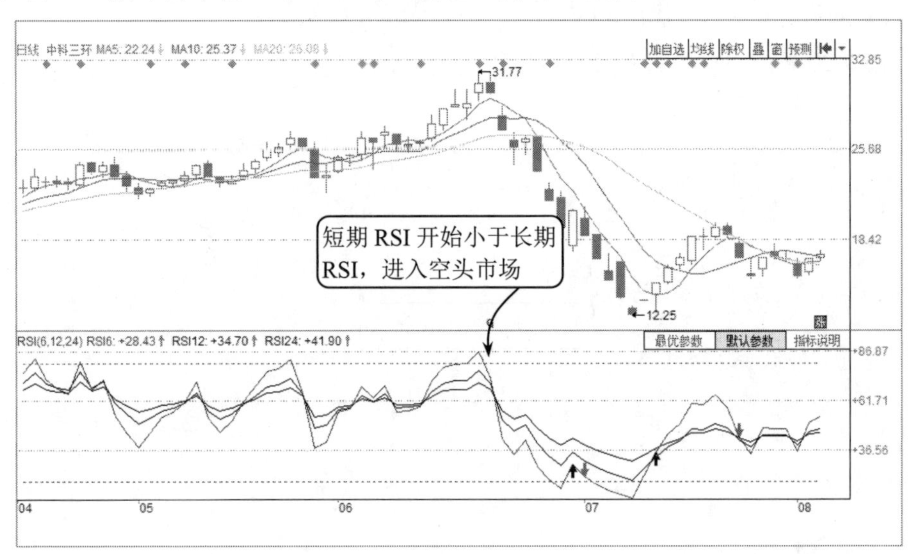

图 9-21　中科三环 2015 年 4 月至 8 月的 K 线图

中科三环是中国科学院下属的新材料上市公司，主要从事稀土永磁和新型磁性材料及其应用产品的研究开发、生产和销售，流通股达到了 10.65 亿股。

在 2015 年 4 月至 6 月这段时间内，中科三环的股价由 20 元上涨至最高 31.77 元，短期涨幅超过 50%。

6 月 17 日，股价跳空高开高走，当天在创出新高的同时，收出带长上下影线的小阳线，当天不同周期的 RSI 指标开始掉头向下。

6 月 18 日，股价低开高走，未能突破前期高点就被打压回落，最终以 2.66%的跌幅收盘。观察当天的 RSI 指标发现，6 日、12 日与 24 日的 RSI 线在向下运行的过程中相近，发出卖出信号。

在后期的走势当中，当 6 日的 RSI 线处于 12 日与 24 日下方的时候，意味着当前市场已经是空头市场的状态。当 6 日 RSI 线处于 12 日与 24 日上方的时候，表示市场由多

头掌控。

【知识拓展】RSI 指标

当 RSI 曲线在高位区或低位区形成了头肩形或多重顶(底)的形态时，可以考虑进行买卖操作。这些形态出现的位置离 50 中轴线越远，信号的可信度就越高，出错的可能性也就越小。

RSI 值将 0 到 100 之间分成了从“极弱”“弱”“强”到“极强”四个区域，“强”和“弱”以 50 日中轴线作为分界线。当 RSI 长期处于极弱或极强区域内时，投资者就应该警惕其发生反转。

【实战案例】朗科科技(300042)——RSI 指标止损法

如图 9-22 所示为朗科科技 2015 年 4 月至 7 月的 K 线图。

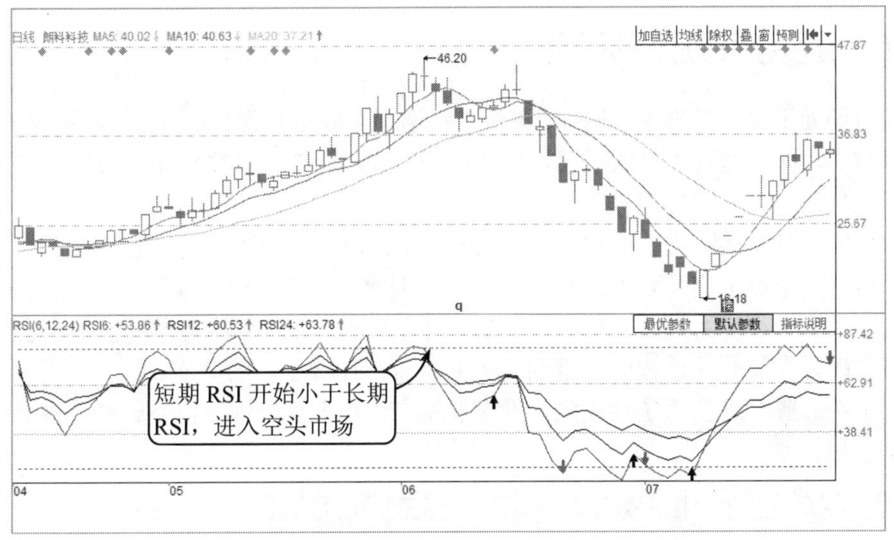

图 9-22　朗科科技 2015 年 4 月至 7 月的 K 线图

朗科科技是创业板的一家计算机设备企业，主要从事基于闪存应用及移动存储领域内持续自主创新的全球领先技术及专利，闪存应用及移动存储产品的研发、生产、销售及相关技术的专利运营业务。

在 2015 年上半年的牛市中，创业板指数涨幅巨大。创业板内的个股涨幅丝毫不落后于指数，朗科科技的股价从 4 月的 23 元，上涨至最高 46.2 元，涨幅超过 100%。

创业板的个股之所以涨幅巨大，一是市场资金的持续关注，二是因为个股流通盘小，例如朗科科技的流通股就仅为 0.89 亿股，主力只需要很少的资金就可以拉动其上涨，同时控盘程度也可能达到很高。

6 月 3 日，股价创出 46.2 元的新高，当天的 RSI 指标开始向下运行。回头看前期的 RSI 指标，已经多次上攻到 80 以上的极强区域，并在 60 至 80 的强势区域内长期运行，有向下回调的需求。

6月4日，股价大幅度低开，当天以4.66%的跌幅收盘，当天的RSI指标已经出现变化，6日RSI线运行到12日与24日下方，表明市场已经转换为空头市场，股价将在空方的打压下，不断下跌。

因此在短期RSI线运行到中长期RSI线下方时，投资者应该进行止损操作，特别是股价已经在前期有较大涨幅的情况下。

9.3 止损的注意事项

投资者对个股的止损，不仅仅建立在对个股的分析上，同时也要关注大盘的走势。一旦大盘走势出现明显的见顶信号，投资者就应该对个股进行止损操作。

9.3.1 避免系统性风险

在市场处于横盘整理期的时候，投资者在选择个股进行操作时，往往会将大盘遗忘。但在熊市中，如果抛开大盘做个股，只能迎来亏损。即使是在牛市中，投资者也要关注大盘，避免回调带来的短期杀跌。

个股的系统性风险主要来自大盘，当大盘下跌时，主力再强的个股也无法长期逆市上涨，所有的个股都会受到不同程度的影响，因此而下跌甚至连续跌停。

大盘代表着市场的发展趋势，当大盘走坏，覆巢之下，焉有完卵。主力不会傻到逆市拉升，因为在拉升的过程中会遭到强大的抛压，耗费更多的成本。

为了在炒股时避免系统性风险，投资者就应该在大盘出现破位下跌时，将手中的个股抛出止损。

【实战案例】中小板指数(399005)——避免系统性风险

如图9-23所示为中小板指数2015年4月至8月的K线图。

中小板是沪深两市中除主板外又一重要的市场板块，也是中国经济活力的体现。板块内的个股虽然规模不如主板，但业绩稳定，有一定的发展前景。与创业板相比，中小板有清晰的主营业务和收入来源，风险相对更小。

中小板指数在2015年上半年的牛市中表现同样不俗，从1月的5400点左右，上涨至最高12084.3点，涨幅123%左右。

6月12日，中小板指在创出新高后，连续两个交易日收出大阴线，指数呈现明显的下跌趋势。

6月18日，中小板指再次大跌4.28%，收出大阴线且跌破了双重顶的颈线，呈现明显的破位下跌形态。

因此在6月18日当天，投资者应该对持仓个股进行清仓止损，不要对后市继续抱有侥幸心理。

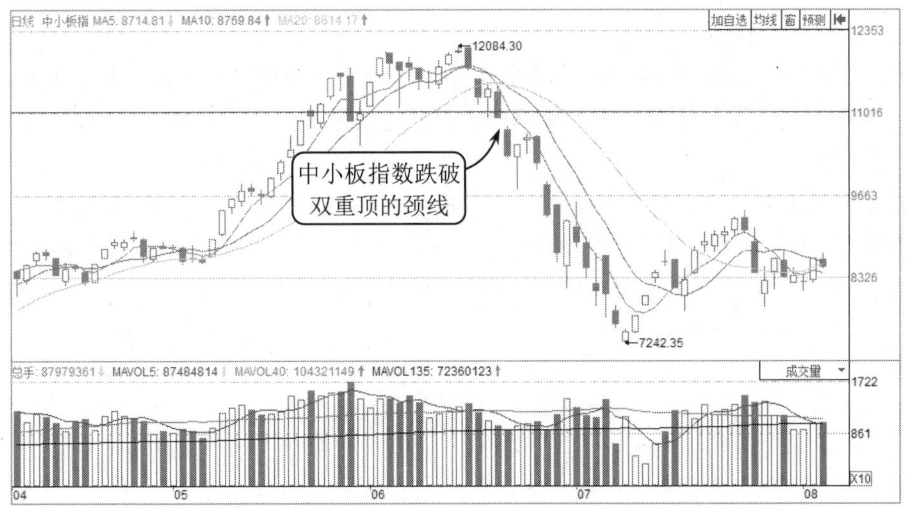

图 9-23 中小板指数 2015 年 4 月至 8 月的 K 线图

9.3.2 止损时应该注意的事项

投资者在进行止损时，还要注意以下几个事项，这样才能最大限度地保证自己的利益。

(1) 投资者在选择好个股之后，需要制订相应的操作计划和风险措施，即对股价的预估以及止盈点、止损点的设置。一旦股价走势与预期不符，且达到了止损的要求，投资者就应该果断离场。

【实战案例】青松股份(300132)——走势超出预期，果断止损

如图 9-24 所示为青松股份 2014 年 11 月至 2015 年 4 月的 K 线图。

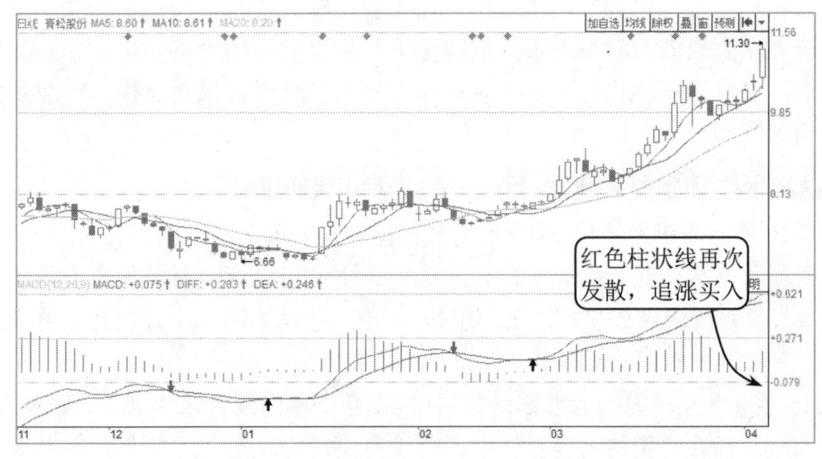

图 9-24 青松股份 2014 年 11 月至 2015 年 4 月的 K 线图

青松股份是创业板的一家化学制品上市公司，主要从事松节油深加工系列产品的研发、生产与销售，流通股达到了 2.36 亿股。

进入 2015 年以后，创业板指数不断上涨，同时带动个股快速上涨。4 月 3 日，股价在盘中高开高走，最终收出一根大阳线突破前期的整理形态。当天的 MACD 红色柱状线再次发散，预示着买入信号。

投资者选择在 4 月 3 日当天追涨买入，成本为 11 元左右。在对创业板整体持乐观态度的基础上，投资者将心理价位设在 15 元，止损比例控制为 10%，即止损价格为 9.9 元。

如图 9-25 所示为青松股份 2015 年 2 月至 5 月的 K 线图。

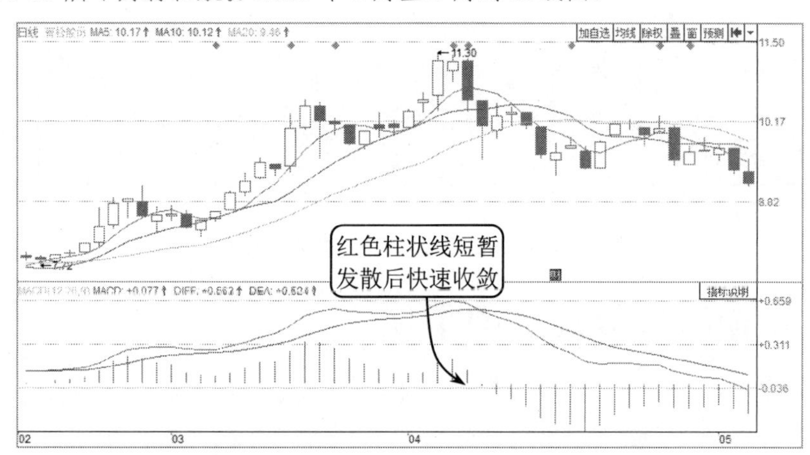

图 9-25　青松股份 2015 年 2 月至 5 月的 K 线图

从后期的走势来看，青松股份在 4 月 3 日之后，并未出现预期的继续上涨走势，而是在 4 月 7 日横盘后的两个交易日内快速下跌，股价在 4 月 9 日的最低价为 9.5 元，跌破了投资者预期的止损位，应该果断止损。

(2) 每种止损方法都存在其局限性，投资者在实战过程中切忌机械式套用。在止损的过程中应该做到果断，而不是永远期待在下一刻以更高的价格卖出止损。既然已经设置了止损点，也打算严格执行，就不要在盘中有太多犹豫，果断止损，转战其他个股才有可能将损失挽回。

【实战案例】银泰资源(000975)——盘中高点果断止损

如图 9-26 所示为银泰资源 2015 年 8 月 5 日的分时图。

银泰资源是一家有色冶炼加工上市企业，主要从事银、铅、锌等有色金属矿石的采选与销售。银泰资源的流通股仅有 5.75 亿股，与有色板块内其他个股相比，流通盘算是较小的。

在 2015 年 6 月至 7 月的大盘杀跌行情中，银泰资源的股价从 28 元下跌至不到 14 元，跌幅超过 50%。而在近期的反弹行情中，K 线形成双底形态，且在 8 月 5 日之前连续三个交易日收出阳线，股价有处于上涨行情初期的可能。

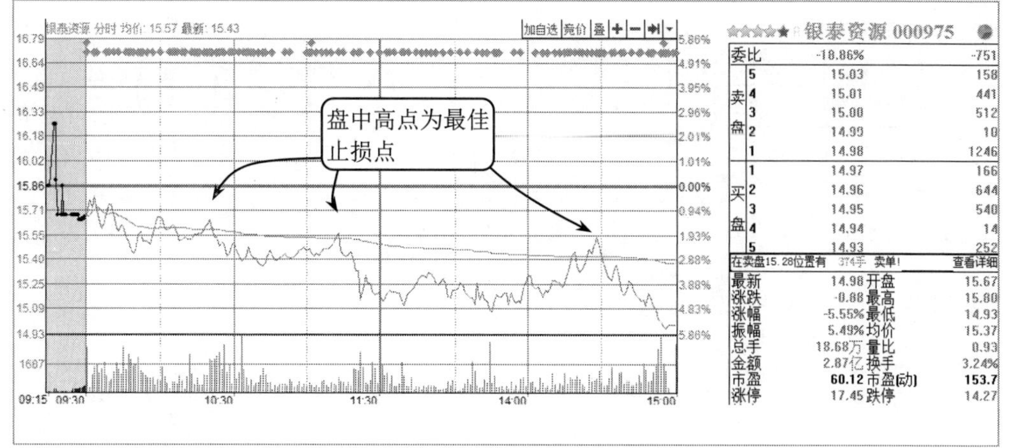

图 9-26　银泰资源 2015 年 8 月 5 日的分时图

因此在 8 月 4 日，股价收出长下影线时，投资者在收盘前以 15.8 元买入。8 月 5 日当天，股价小幅低开，且全天走势低迷，没有出现一次明显的反弹趋势，与投资者预期的走势相悖，应该在盘中考虑卖出止损。

从当天的走势来看，总共出现三个盘中高点，而这些高点正是投资者止损的最佳机会。如果投资者在第一个高点时过于犹豫，期待股价继续上涨，就会错过第一个高点。而第二高点则比第一高点的价格要低一些，投资者的损失会扩大。

因此投资者在判定必须止损时，一旦盘中出现高点就立即止损，收拢资金继续寻找下一个机会。

(3)　止损不能滥用，止损只能让投资者的损失减小，并不能为投资者带来收益。善于止损，可以让投资过程更加安全，但这只是迫不得已而进行的备用手段，滥用和误用止损，只会让投资者在投资中迷失自己。投资者应该掌握其他操作技巧，如买入加仓手法。

【实战案例】恒星科技(002132)——加仓快速解套止损

如图 9-27 所示为恒星科技 2015 年 3 月至 5 月的 K 线图。

恒星科技是一家通用设备上市企业，主要从事金属制品，如子午轮胎用钢帘线、镀锌钢丝、钢绞线、PC 钢绞线等系列产品的制造和销售。

恒星科技在 4 月前后的上涨过程中，显示出完美的量价配合上涨。投资者在量价齐升形态的吸引下于 4 月 3 日以 9 元追涨买入 20 手。

股价在接下来的两个交易日里分别上涨 3.24%和 10%，投资者短期利润丰厚，但大盘行情处于一片看好中，投资者并未选择卖出股票。

于是在接下来的交易日里，股价开始快速下跌，4 月 20 日，股价跌至 8.16 元。投资者短期被套，但恒星科技在 4 月 17 日进行了除权除息，短期内有填权的需求。

投资者在对填权行情的期待中对恒星科技进行了加仓，再次以 8 元买入 20 手，此时的成本降低为 8.5 元。

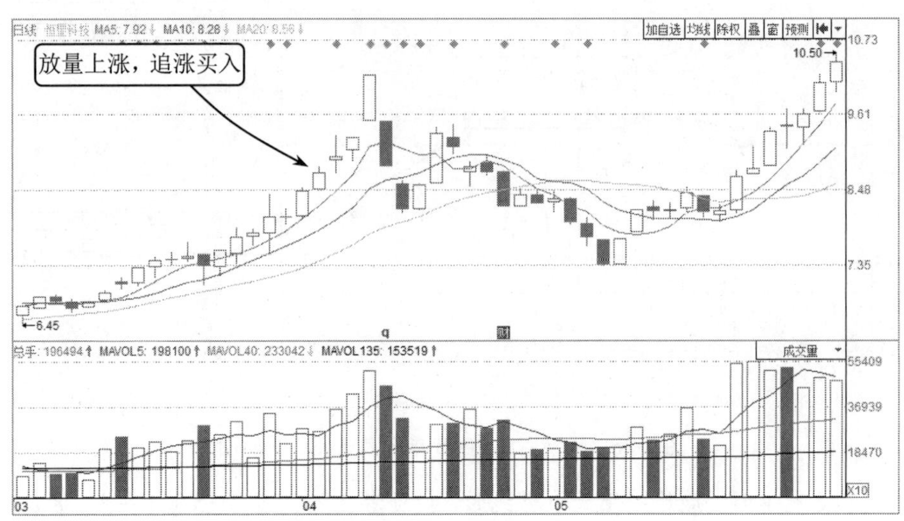

图 9-27　恒星科技 2015 年 3 月至 5 月的 K 线图

加仓后的第三个交易日，股价结束单边下跌，以 5.32%的涨幅收盘，随后即展开快速反弹行情，股价在短期内上涨至 10.5 元，投资者不仅更快地解套，在股价走势良好的情况下，还能获得更高的收益。

只有少犯错误、降低操作频率、保持小仓位操作、严格执行操作纪律，才能从业余投资者转变为专业投资者，用到止损的次数也会越来越少。

Chapter 10

追涨停板的心态

投资者从进入股市伊始，除了股票分析技术之外，更重要的是炒股的心态。在经历过一次完整的牛熊市之后，投资者应该形成正确的投资心态，积累一定的股票分析技术，这样才是一个成熟的投资者。

本章要点

- ✧ 天下没有免费的午餐
- ✧ 贪婪是投资最大的敌人
- ✧ 重塑涨停观
- ✧ 炒股与外部信息

10.1 正确的心态

投资者在长期的投资过程中，应当有所感悟，这些感悟是投资者智慧和心血的结晶，投资者应当不断总结，在实战中印证完善，这些东西才是投资者最大的财富。

10.1.1 天下没有免费的午餐

投资者在进行一只个股的操作前，应该事先关注一段时间，了解一下该股的主力操盘风格如何，体现为个股的股性。

股性体现的是主力的性格，不同性格的主力操作大不相同，反映在股价上就有各种各样的走势和操作方式。

【实战案例】国投新集(601918)——了解个股的股性

如图 10-1 所示为国投新集 2015 年 5 月 11 日的分时图。

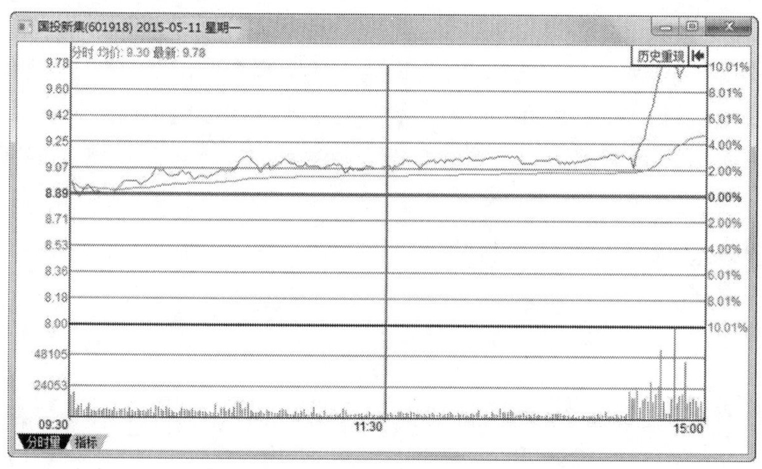

图 10-1　国投新集 2015 年 5 月 11 日分时图

国投新集作为央企国资改革国投系的龙头股之一，总会有意想不到的表现。在 5 月 11 日当天，股价多数时间表现一般，最终上演神奇的 2:30，股价短时间内被瞬间拉至涨停。

这样的涨停显然不可能是散户的行为，而是主力在进行拉升操作，由此投资者可以看出该股中的主力喜欢在盘中突然拉升。

为了验证猜测，再查看后期的分时走势。如图 10-2 所示为国投新集 2015 年 7 月 22 日的分时图。

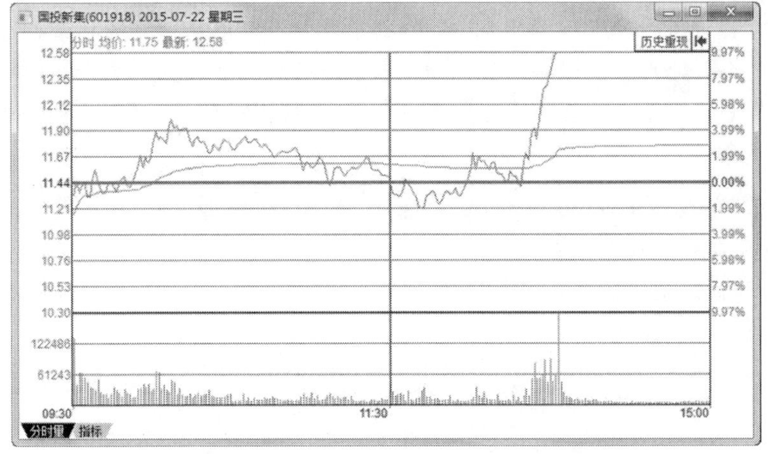

图 10-2 国投新集 2015 年 7 月 22 日分时图

时隔两个多月之后的 7 月 22 日，国投新集全天横向震荡运行，在午后 2:00 左右开始直线拉升，没用几分钟便封住了涨停。

投资者查看 5 月 11 日至 7 月 22 日内其他的涨停交易日分时图，多数都是属于盘中突然拉升至涨停，根本不给投资者跟入的机会。

由此可以判断该股的主力喜欢盘中急速拉升，即使全天走势再疲软，都有出现奇迹的时候。投资者在持有这类股票时，在盘中遭遇洗盘就应保持耐心。

主力的性格主要可以分为以下几类。

- **股性稳健**：股价运行起来也非常平稳，走势不会乱，上涨有节奏，有支撑力度，有上涨速度。
- **股性凶狠**：股价运行起来也干脆利落，一旦上涨就是连续上涨，看不到顶；一跌就是无限下跌，看不见底。
- **股性狡猾**：股价在运行过程中忽上忽下，散户也跟着坐电梯，很难把握股价具体的趋势。
- **股性毒辣**：这类个股涨幅不大，但主力非常毒辣，常用陷阱坑害散户。他们散布消息，制造谣言，从而打压股价或拉高出货。

性格毒辣的主力会到处推荐自己的股票，鼓吹其基本面如何好，发展前景广大，马上要进行资产重组，投资者虽然不认识这些鼓吹者，但被其花言巧语所欺骗，信以为真买了进去，结果就是为主力抬轿，而主力则赚得盆满钵满，留下亏损累累的散户投资者。

那些股性稳健、狡猾、凶狠的个股，投资者都可以用技术分析等方法去判断，而那些股性毒辣的主力，总是让投资者防不胜防。

投资者都知道天下没有免费的午餐，但赚钱心切，对自己毫无信心，将希望寄托在他人身上，心怀侥幸地买入，最终只会上当受骗。

所以投资者一定要小心那些陌生人给你打电话推荐的股票，你可以当作消遣听一听，多听几次就是不买他推荐的股票，自然而然就对这些鼓吹者产生了免疫。

如果投资者一不小心上当买入了股票，唯一的选择就是迅速卖出，将剩余的资金收回，才有回本的机会。

【实战案例】中粮屯河(600737)——听信传言，买入被套

如图 10-3 所示为中粮屯河 2015 年 6 月至 8 月的 K 线图。

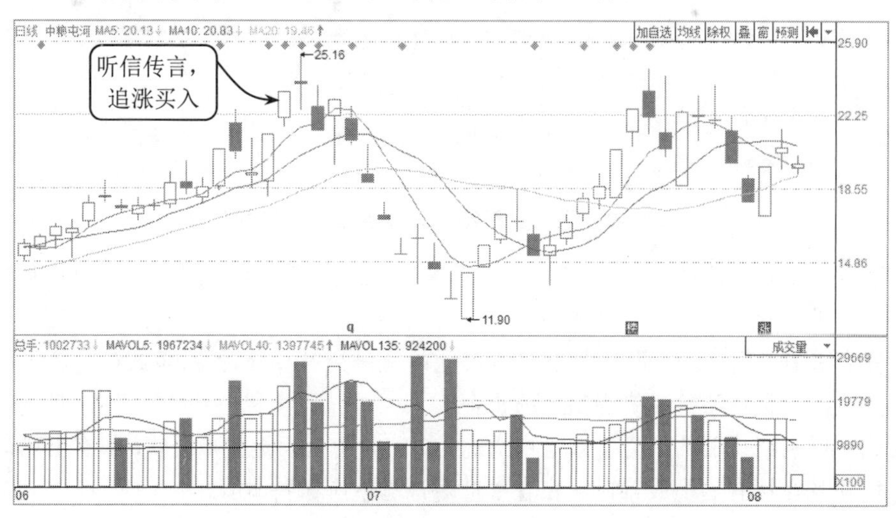

图 10-3　中粮屯河 2015 年 6 月至 8 月的 K 线图

中粮屯河同样是央企国资改革中粮系的龙头之一，在 2015 年 6 月前后的一段时间里，市场对央企国资改革概念的前景普遍看好。

在这种背景下，某投资者接到一个陌生电话，电话里有人向他推荐中粮屯河这只股票，宣称其国企改革概念刚刚爆发，下一步就将进入连续上涨行情，让他赶快买。

在市场一片大好、赚钱效应无处不在的情况下，投资者胆子也放大了很多，在 6 月 24 日以 23 元追高买入。

后期的走势在大盘风向大变的影响下一路猛跌，投资者追高买入后遭遇巨大亏损，顿时手足无措，在连续跌停中，寻找跌停被打开的机会以 16 元的价格进行了割肉。

在单边下跌之后，中粮屯河的反弹走势又让投资者后悔不已，最后只能认亏出局。所以投资者在进行股票投资时，关键是要有自己的看法，自己的思考，不然买卖操作太过被动，亏损的可能性极大。

10.1.2　贪婪是投资最大的敌人

人的欲望是无穷无尽，永远无法满足的，而市场中的机会总是稍纵即逝，心轻可以上天堂，心贪却可能一无所有。

圈内的投资人总喜欢将《猎手捕火鸡》的寓言故事挂在嘴边，向那些缺乏经验的新

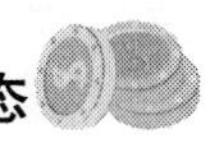

晋投资者讲述，内容如下。

一天，一位猎手早上去查看他的笼子，发现笼子里有 12 只火鸡。在他放下笼门之前，一只火鸡溜出了笼子。“唉，我手慢了一些，等等看，看那只火鸡会不会自动跑回笼子里来！”

在他开着笼门等那只火鸡的时候，又有两只火鸡跑了出去。“见鬼，11 只火鸡也不错，我怎么让那两只也跑了呢？现在只要外出的三只火鸡有一只回来，我就关门。”

很快又有三只火鸡昂然地离开了笼子，接着又是三只！当笼子里只剩下最后一只火鸡时，猎手毛了：“要么一只都不要，但如果有一只回笼，我就关笼子，提两只火鸡回家。”

最后，这位猎手空手回家！

【实战案例】中国船舶(600150)——贪婪是最大的敌人

如图 10-4 所示为中国船舶 2015 年 6 月至 8 月的 K 线图。

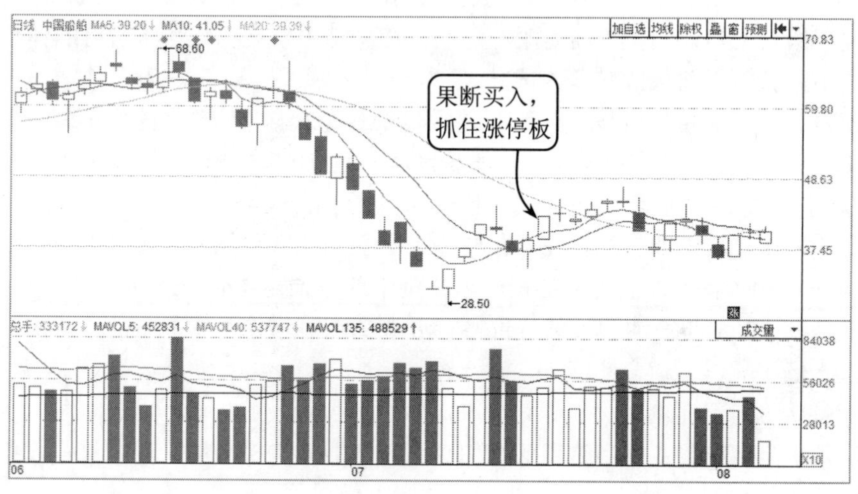

图 10-4 中国船舶 2015 年 6 月至 8 月的 K 线图

中国船舶在 2015 年一度受到市场的热捧，其带有一带一路、军工改制和央企国资改革等多个热门概念。

在 2015 年 6 月底至 7 月初的大盘杀跌行情中，中国船舶作为前期遭到热炒，涨幅巨大的个股，下跌无可避免。

7 月 9 日，股价在创出 28.5 元的新低后开始快速反弹。7 月 17 日，投资者抓住机会介入，试图狙击涨停板。

当天股价如愿涨停，由于投资者是追高买入，当天收益仅仅 3%左右。接下来的四个交易日，股价并未继续上涨，而是连续收出四个十字星，截至 7 月 23 日，投资者的收益仅为 7%。

大盘行情虽然结束下跌迎来了反弹，但下跌的阴影仍笼罩在市场上空，投资者却毫无察觉，丝毫不满足中国船舶 7%的短期利润，决定继续持有，期待洗盘十字星后的涨停。

连续四个交易日收出十字星后，第五个交易日收出阴十字星，随后即开始下跌，7月27日当天更是跌停收盘，投资者前期的收益全部跌去，甚至还被套了一点儿。

多数投资者的心态就是如此，持仓的股票涨了5%时想10%，涨了10%就想20%。股价突然下跌，将前期利润跌完了不说，甚至被套了5%，于是投资者又开始想反弹，结果反弹没有如期而至，反而是继续下跌被套 10%，最后在股价破位下跌时才选择卖出，亏损已经将近15%。

10.1.3 在错误中吸取教训

在投资过程中，投资者一时冲动追高买入，最后站在高高的山冈上；投资者一时贪心继续持有，遭遇突然下跌，遭受连本带利的损失；投资者一时聪明去抄底，却抄在半空中；投资者不愿意止损，导致亏损得越来越多。

投资者每一次犯的错误都是对自己的一次挑战，也是自己成长的一次机会。如果投资者不是在错误中自怨自艾，而是耐心总结，在总结中发现错误，将所得的体会付诸以后的投资中，就可以将失败转变为成功。

即使是股神巴菲特也有投资失败的时候。IBM 在 2014 年 10 月份公布第三季度财报后，股价一路走低。进入 2015 年后，股价跌幅将近 20%，表现远远差于大盘。巴菲特持有 7000 多万股 IBM 股票，投资损失超过 30 亿美元。

2014 年 10 月，巴菲特的伯克希尔哈撒韦公司将乐购股票减持至 2.453 亿股，在乐购 81 亿股中占不到 3%，而巴菲特在此项投资中的亏损是 4.44 亿美元。

巴菲特在 2008 年石油和天然气价格接近最高点时增持了康菲石油，此次投资的损失高达数十亿美元。

巴菲特认为自己犯的最大错误是 1993 年收购美国鞋企 Dexter，当时花费了 4.2 亿美元，最后几乎全部赔光。而当时用的是伯克希尔的股票去买入的，现在那些股票的价值约为 40 亿美元。

巴菲特多次表现看好零售业，但却没有在沃尔玛的投资中加码，他的这次错误让伯克希尔哈撒韦公司的股东平均每年损失 80 亿美元。

10.2 涨停板与心态

股市是一条布满陷阱与荆棘的道路，这里的陷阱，就是主力进行的骗线等行为；这里的荆棘，就是投资者自身的贪婪和恐惧。投资者就要善于学习、思考、总结，在错误中超越自我，逐渐建立起自己的交易系统，克服自身的贪婪和恐惧，成为股市中赢利的那 10%。

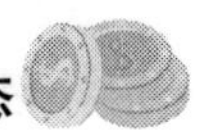

10.2.1 空仓抓住涨停板

新手投资者的一个致命弱点，就是每个交易日都要满仓，钱在手里闲不住，每天拿着股票等待上涨，手里一天没有股票就心慌，总担心错过股票的上涨。

喜欢满仓操作这个缺点不改正，投资者不可能做好短线，更不可能成功地抓住涨停板。一旦投资者满仓操作一只股票，而该股并未出现预期中的上涨，而另外一只个股却出现了机会，投资者只能眼睁睁错过机会。

【实战案例】海利得(002206)——满仓操作，错过机会

如图 10-5 所示为海利得 2015 年 5 月至 8 月的 K 线图。

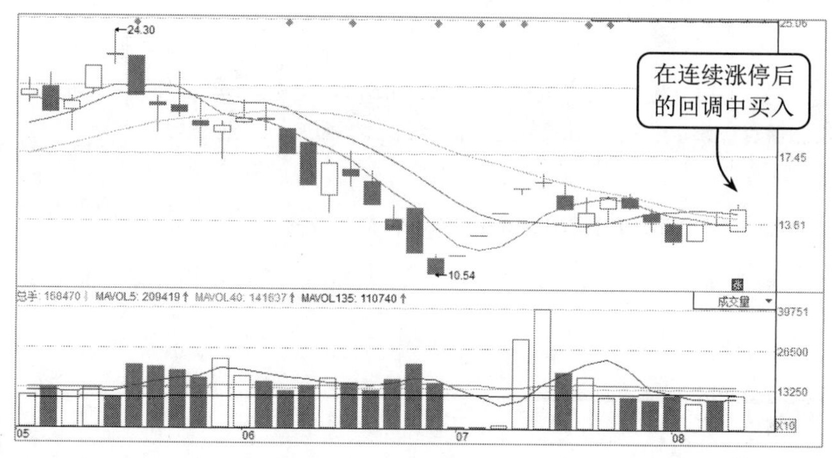

图 10-5 海利得 2015 年 5 月至 8 月的 K 线图

海利得是一家化工合成材料上市企业，主要从事涤纶工业长丝、灯箱广告材料、帘子布的研发、生产和销售。

在 7 月中旬的快速反弹行情中，股价连续四个交易日收出一字板。随后进入短期调整行情，7 月 28 日，股价在回调中收出十字星，投资者认为调整已经到位，全仓抄底买入，成本为 14 元。

在接下来的几个交易日里，股价只在 7 月 29 日上涨了 6.38%，其他的多数时间都处于下跌中，最低跌至 12.45 元，投资者面临亏损。

而同期的市场中却有不少股票都显示出上涨信号，如图 10-6 所示为西藏矿业(000762)2015 年 6 月至 8 月的 K 线图。

2015 年是西藏自治区成立五十周年，中央表态力挺西藏经济腾飞，因此在 7 月底西藏板块迎来机会，板块内个股普遍上涨。

7 月 28 日，股价跳空低开收出跌停，而在 7 月 29 日，股价却快速反弹，当天高开上涨 7.15%，当天收盘价为 13.3 元，发出买入信号。

当投资者的所有资金都已经买入到海利得中，没有闲置资金来购买西藏矿业，在接下来的时间里，海利得一边下跌，西藏矿业却不断上涨。

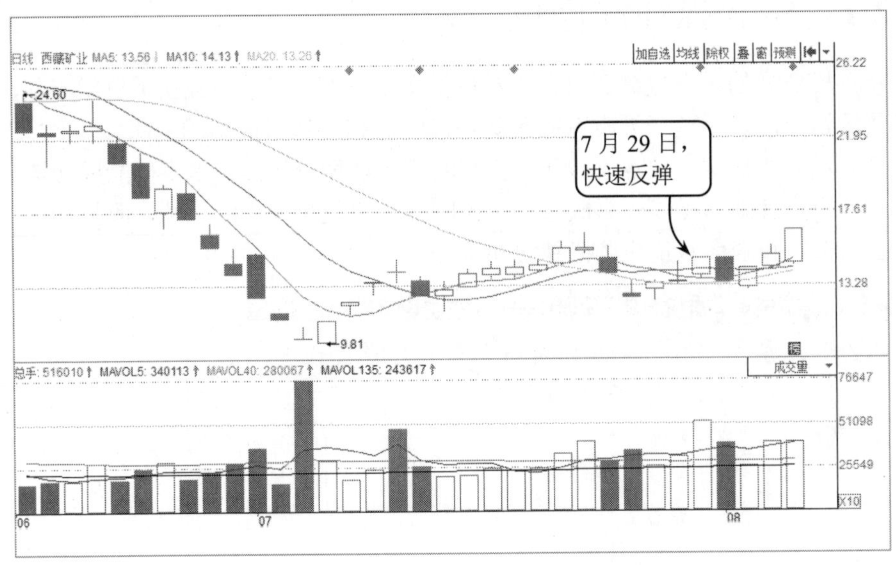

图 10-6 西藏矿业 2015 年 6 月至 8 月的 K 线图

投资者舍不得割肉海利得股 ，又对西藏矿业产生了恐高症，不敢割肉追高，白白错过了机会。

10.2.2 重塑涨停观

为人处世有世界观，你的世界观决定了你的为人处世成功与否；追涨停板，也有涨停观，你的涨停观决定了你追涨停板的结果如何。

追涨停板不仅仅是技术分析上的问题，也有投资者的思想素质问题。下面是我们在追涨停板的过程中总结出来的经验教训，都是在实战中实实在在的体会。

1) 变偶然为必然

上一个交易日偶然追到了涨停板，不能代表下一个交易日必然能够再次抓住涨停板。市场永远处于变化之中，市场永远是正确的，只有敬畏市场的投资者才能生存下去。投资者每天在收盘后的分析，都是根据当天的市场情况进行的。而过了一晚，主力也会根据基本面等多方面的情况来修改下一个交易日的操作策略，所以追涨停板不能锁死分析策略，应该视下一个交易日开盘后的具体情况进行变化。

世界上唯一不变的就是变化，股市同样如此。投资者如果能在一个交易日内与市场同步变化，掌握市场运行规律，就能将偶然才能抓住的涨停板变为必然。

【实战案例】连云港(601008)——变偶然为必然

如图 10-7 所示为连云港 2015 年 6 月至 8 月的 K 线图。

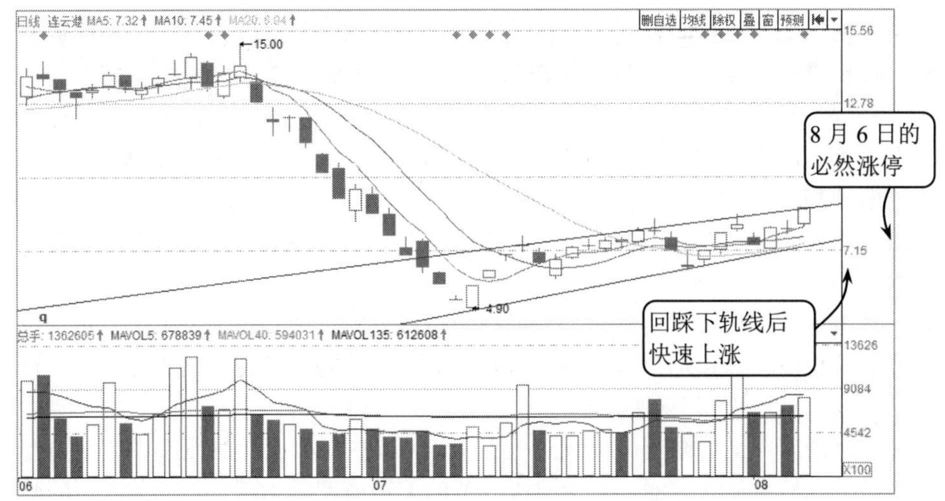

图 10-7 连云港 2015 年 6 月至 8 月的 K 线图

连云港是江苏的一家港口航运上市企业，主要从事港口货物的装卸、堆存及相关港务管理业务。

连云港港口股份有限公司是国内第九大港口，连云港与宁波港、上海港并列为长三角港口群中的主要枢纽港。

连云港在 2015 年 7 月中旬开始的快速反弹中，虽然涨幅不大，但上涨节奏非常好，在上涨初期就形成了规律的上涨通道，如图 7-10 所示。

8 月 4 日，股价开盘下跌回踩上涨通道的下轨线，随后在盘中快速上涨，最终以 9.34%的涨幅收盘。

当天的回踩下轨线，得到明显的支撑后快速反弹，说明主力操盘节奏好。8 月 5 日，股价并未继续上涨，而是收出十字星，进行了一个交易日的洗盘。

8 月 6 日上证报消息，于 8 月 4 日停牌的宁波港，将筹划整合省内另一大港舟山港，此次整合也将为全国其他地区港口资源整合拉开一个崭新的序幕。而连云港定将受益于此次利好消息，且从技术分析上来看，股价离上涨通道的上轨线仍有空间，连云港在 8 月 6 日涨停已成必然。

2) 拨开乌云见明月

进入 2015 年，股市迎来普涨的疯牛行情，各板块轮动效应、赚钱效应非常理想。在主板与创业板之争中，高下难分。

创业板中的计算机设备、计算机应用、生物医药等个股，涨幅巨大。而在主板中则以一带一路和后期的央企国资改革概念为首，正是这些板块内的权重股齐齐上涨，将上证指数推到了 5100 点上方。

而在 2015 年 6 月底至 7 月初的暴跌中，上半年疯涨的个股都有了较大的跌幅，平均跌幅在 50%以上。

面对市场的反复无常、热点频出，投资者很容易踏错节奏。题材股回调时选择止损卖出，去买入正在上涨的权重股，刚买入权重股，市场风向就转到题材股中。如此反复的踏错节奏，投资者的双脚早已“肿胀不堪”，这些投资者成了牛市行情中也赚不到钱的那一拨人。

出色的投资者可以很好地把握市场节奏，跟着市场的趋势走，总能做到低买高卖，赚取丰厚的短期利润。

而一般的投资者则会在题材股和权重股中选择一方进行买入持有，最后也能获得一定的投资收益。

在结束 7 月中旬的快速反弹行情后，大盘指数难以企稳，市场底部迟迟未出现。投资者此时的投资策略应该以市场最热的概念板块、板块内最强势的龙头股为目标，进行短线操作。

由于时间临近国庆，又恰逢新中国成立七十周年，国庆阅兵必然给股市中的国防军工等板块带来多重利好；另一方面，央企国资改革的上层方案仍为落地，相关方面的政策不断完善，必将刺激相关概念股继续上涨。

在牛市中，投资者需要做的是踩对市场节奏，跟着市场走，就能轻松获利；在震荡行情中，投资者就需要耗费大量的时间拨开层层乌云，才能做到赢利；而在熊市中，一般的投资者应该空仓观望，待市场底部出现后，再慢慢介入。

【实战案例】中航机电(002103)——拨开乌云见明月

如图 10-8 所示为中航机电 2015 年 6 月至 8 月的 K 线图。

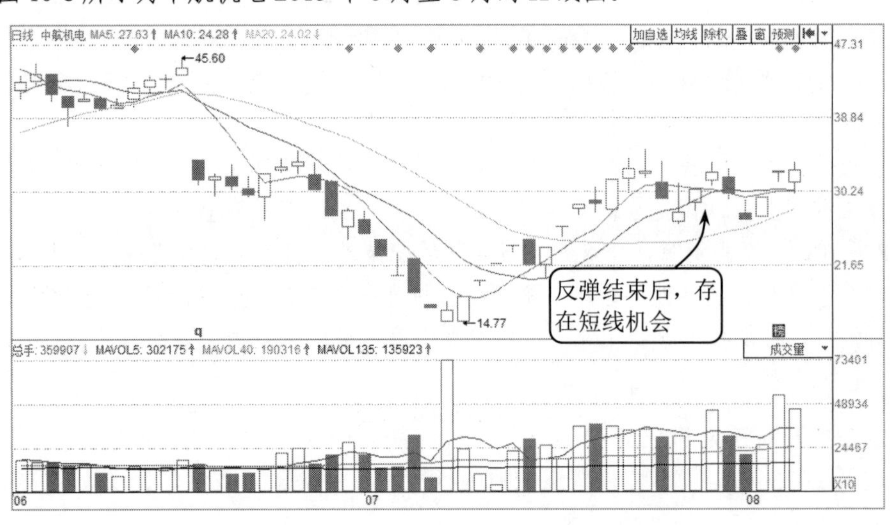

图 10-8 中航机电 2015 年 6 月至 8 月的 K 线图

中航机电是中国航空工业集团公司旗下一家主要从事航空机电产品的上市公司，流通股仅有 3.81 亿股。

2015 年 7 月 9 日开始了快速反弹行情，在 7 月 24 日收出十字星宣告结束，随后的两个交易日分别下跌 10%和 5.38%。

投资者如果在 7 月 28 日收盘前以 27.6 元买入，在接下来的两个交易日，股价分别上

涨了10%和6.19%，短期利润超过15%。

在上涨6.19%的当天，股价未能延续前期的涨停趋势，就说明股价走弱，投资者应秉持短线超过的原则，已经有15%短期利润的情况下可以选择卖出。因为国防军工作为当前市场的龙头板块，不可能无休止地上涨。

随后股价再次回调两个交易日，投资者又迎来买入的机会，这次股价连续收出两个涨停，投资者如果能够拨开乌云，在震荡行情中也能获得不错的短期收益。

【知识拓展】如何关注大盘

投资者关注大盘，不仅仅是关注其指数走势，还要关注市场中的资金流向、板块轮动效应等。哪些板块是长期受到市场热炒的，哪些板块的概念具有持续性，哪些板块的上涨无法延续。这些都需要投资者花费大量的时间进行分析，投资者只需根据分析结果选择热门的、可持续的概念板块进行轮动操作即可。

3) 利润都是积少成多

对短线投资者而言，在牛市中可能几天的短期收益就可以达到百分之几十。牛市总是来之不易，投资者更多的时间面对的都是熊市或者震荡行情。

在熊市或震荡行情中，投资者的短期利润可能只有百分之几。利润总是积少成多，能够长期稳定地保持百分之几的短期利润，坚持下去，投资收益也非常可观。

10.2.3 炒股与外部信息

股市永远散发着诱人的光芒，特别是行情向好，股市的光环更是光芒万丈。而投资者在炒股时总会收到各种各样的外部信息。面对这些外部信息，投资者应该知道以下几方面的内容。

炒股是一门孤独的职业，在炒股这个职业中，没有孤独就没有成功。炒股需要分析，盘后的分析需要花费大量的时间。在盘中的交易过程，行情千变万化，机会稍纵即逝，如果投资者不能独自应变，就会错过机会。

炒股要成功，思维很重要。在炒股过程中，没有思维就不会进步。投资者不能总跟着外部信息的脚步前进，诸如QQ群、专家指导等。跟在别人后面亦步亦趋，不仅学不到东西，还可能让投资者丧失自己的独立思考能力。

炒股的成败往往就在一瞬间，股市如战场，甚至比战场更残酷。因为股市中的敌人是无形的存在，投资者没有明确的目标，如果非要选一个敌人，那只有投资者自己。在面临买入或卖出的选择时，成败就在一瞬间。

各种论坛、QQ群都只是聊天的工具，而不是炒股的工具。而那些所谓的专家甚至对投资者要求收费进群，这些行为更是用心险恶。这些所谓的专家并不能百分之百地保证哪只股票会上涨，其中有真才实学的并不多。投资者交费进群后，便放心地跟着专家买，亏损被套者数不胜数。

Chapter 11

抢板成功与失败的案例解析

本章介绍一些抢板成功与失败的案例，给投资者分享实战中的抢板经验与技巧，以此来让投资者产生实战中的抢板感觉，可以更快地在实战中应用本书中学到的知识。

本章要点

- ✧ 成交量异动抢板买入
- ✧ 题材爆发
- ✧ 抢板K线
- ✧ 贪得无厌导致失败
- ✧ 分析错误引起的失败
- ✧ 抢板时机把握错误

11.1 抢板成功的案例

要想成功抢到涨停板，投资者对股票的分析、买入时机的把握、仓位的控制等方面，都要做到尽善尽美。

投资者在实战中偶尔运气好会碰到涨停，但更多的时候，是投资者主动去寻找涨停板，发现蛛丝马迹后，谋定而后动，看准机会出击，最终成功地抢到涨停板，满载而归。

11.1.1 成交量异动抢板买入

成交量的变化多种多样，放量形态下有脉冲式放量、阶梯式放量、递增式放量、突然放量等；缩量形态下也会出现涨停板机会。

投资者在实战中要灵活运用放量和缩量的涨停板技法。

【实战案例】中原环保(000544)——缩量长阴技法

如图 11-1 所示为中原环保 2014 年 9 月至 2015 年 5 月的 K 线图。

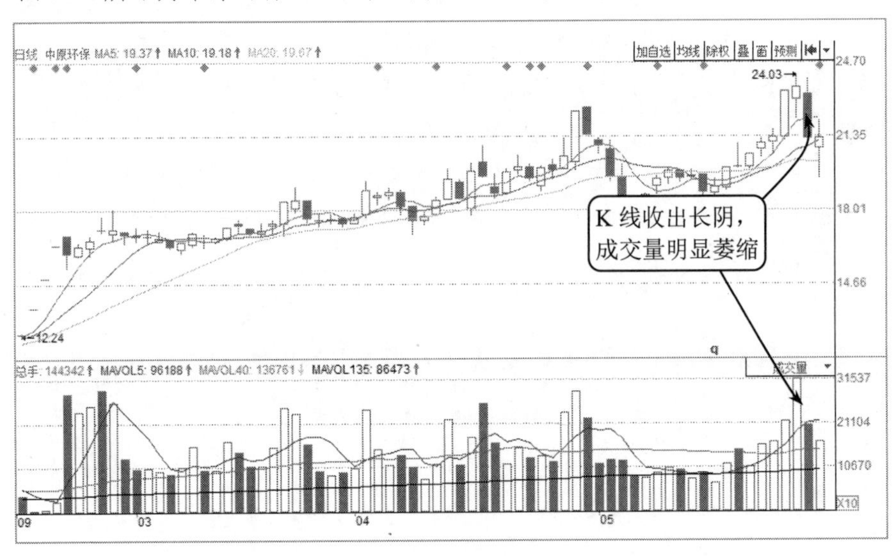

图 11-1　中原环保 2014 年 9 月至 2015 年 5 月的 K 线图

中原环保是一家燃气水务上市公司，主要从事城市污水处理和集中供热业务，流通股为 2.69 亿股。

投资者进行短线追涨之前，应该先查看上市公司的基本面信息，包括是否有明确的主营业务、流通盘大小。

有明确的主营业务，就代表有稳定的业绩收入，不会出现黑天鹅等事件。流通盘的大小，直接影响着个股的估值与人气。

进入 2015 年以后，中原环保的股价一直都有不错的涨幅。5 月之后，股价在经过上

涨之后的高位形成 W 形态，有继续上攻的愿望。

5 月 27 日，股价继续创出 24.03 元的新高，当天成交量放出天量，但股价却没有相应地出现较大涨幅。

5 月 28 日，股价低开低走，盘中一度冲高，但抛压过大，最终以跌停收盘。当天的阴线实体明显长于前一交易日的阳线，而成交量却明显缩量，这是典型的长阴缩量形态，后市有涨停出现的可能。

5 月 29 日，股价并未继续下跌，经过盘中激烈对抗后，最终以 0.09%的涨幅收盘，在收盘之前，投资者见十字星的 K 线形态基本形成，以 21 元的价格买入。

如图 11-2 所示为中原环保 2015 年 5 月至 6 月的 K 线图。

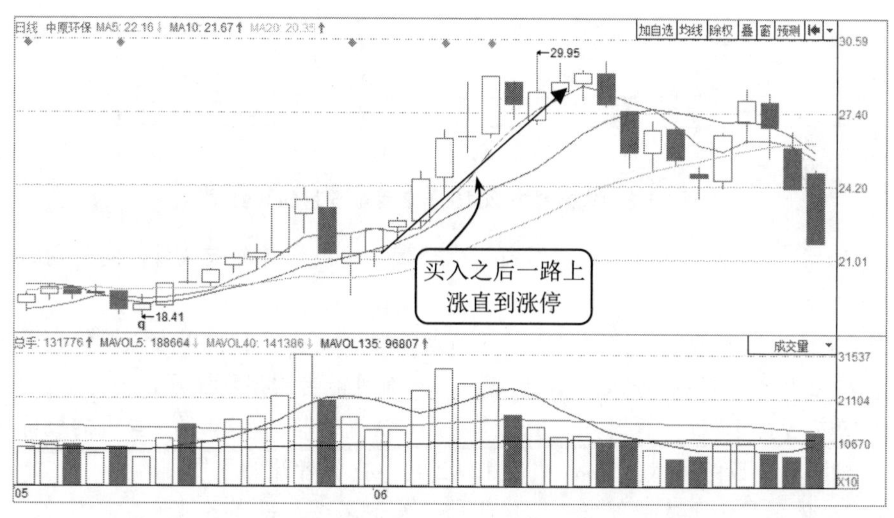

图 11-2　中原环保 2015 年 5 月至 6 月的 K 线图

从后市的走势可以看出，在 5 月 29 日买入之后，股价一直上涨，虽然在 5 个交易日内没有出现涨停板，但上涨幅度都不错，投资者当然会选择继续持有。

第 6 个交易日，股价终于涨停，投资者获利颇丰，在后期走势未能延续的情况下，可以选择兑现利润卖出离场。

这就是一次完整的、果断的长阴缩量技法实战应用。但应用的前提是个股基本面健康、大盘行情依旧向好，否则在初次建仓时应将仓位控制在三成左右，随后在上涨过程中再进行加仓。

【实战案例】华东科技(000727)——脉冲式放量技法

如图 11-3 所示为华东科技 2015 年 2 月至 5 月的 K 线图

华东科技是一家光学光电子的上市企业，主要从事电子产品、平板显示器件及模块、石英晶体产品、电子线路产品、真空电子、照明器材及材料的生产、加工、销售、技术服务等，流通股为 3.58 亿股。

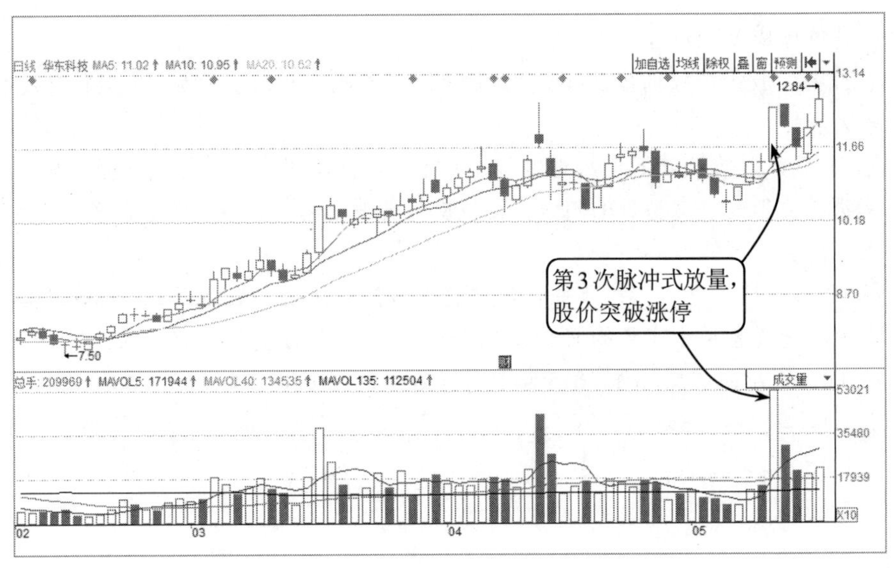

图 11-3　华东科技 2015 年 2 月至 5 月的 K 线图

在 2015 年 3 月至 5 月的这段时间内，成交量 3 次出现脉冲式放量，同时期的股价也呈现大幅上涨。

5 月 13 日，当天的股价突然放大，较前期的成交量放大 3 倍以上，股价也迅速上攻收出涨停，当天的大阳线突破了前期高点，未来有可能再次出现涨停。

投资者在 5 月 14 日开盘时，过于着急买入，成交价格为 12.4 元。当天的股价在开盘冲高后一路回落，最终下跌 3.3%，收于 12.02 元，投资者开始亏损。

5 月 15 日，股价再次低开低走，但收出了长下影线，投资者仍然按兵不动，因为在下跌时，成交量始终是缩量的。

且在 5 月 15 日当天，股价最低下跌至 11.36 元附近，靠近 10 日均线后即快速反弹，明显在 10 日均线处有强力支撑，给予了投资者一些信心。

连续下跌两个交易日后，终于在 5 月 18 日和 5 月 19 日，股价迎来了反弹上涨，那么后市是否还有涨停板等着投资者呢？如图 11-4 所示为华东科技 2015 年 4 月至 7 月的 K 线图。

从后市的走势可以看出，投资者在 5 月 14 日买入后短暂回调后重新进入上涨趋势。虽然上涨趋势中也出现了多次回调，但短期利润都不错。

不同的投资者有着不同的持仓时间，所获得的短期利润也相差甚大，所以在正确买入后，在正确的卖出时间卖出也是很关键的因素。

通常而言，在买入后短期没有出现涨停，而某个交易日突然收出涨停，投资者则需要卖出股票；如果在买入后多次涨停，则会出现明显的见顶信号，投资者在见顶信号出现后应果断兑现利润离场。

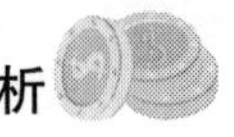

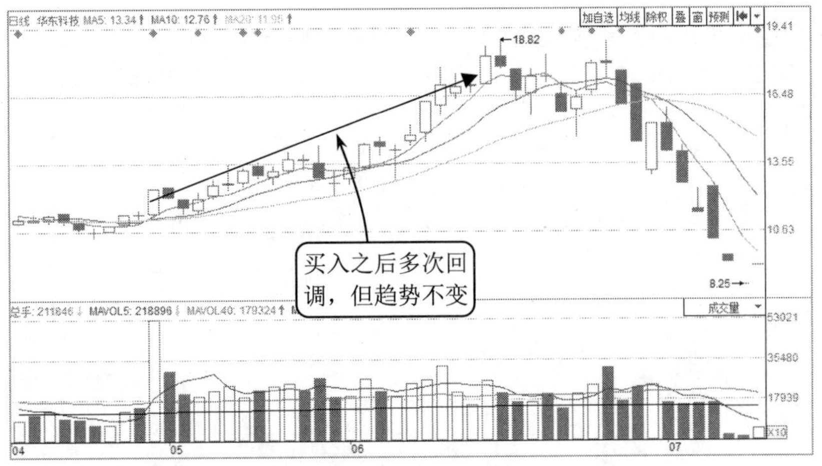

图 11-4　华东科技 2015 年 4 月至 7 月的 K 线图

【实战案例】宜昌交运(002627)——连续放量

如图 11-5 所示为宜昌交运 2015 年 4 月至 6 月的 K 线图。

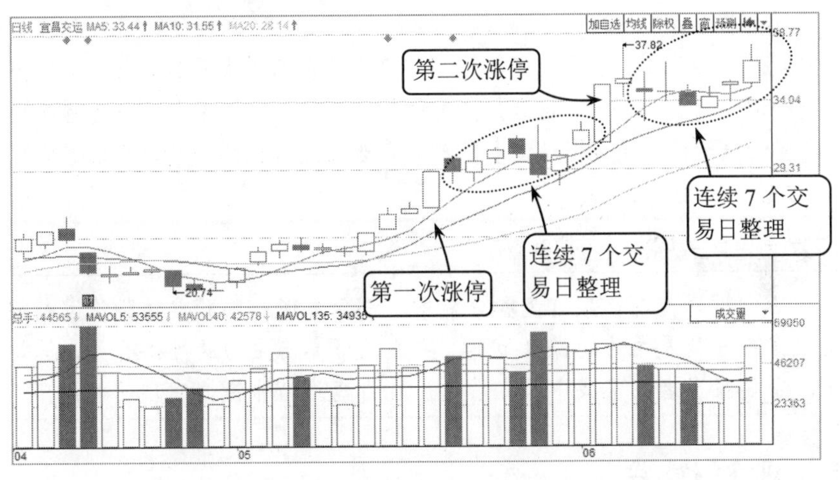

图 11-5　宜昌交运 2015 年 4 月至 6 月的 K 线图

宜昌交运是一家交通运输上市企业，主要从事旅客运输及运输服务、汽车销售及售后服务，流通股为 1.3 亿股。

宜昌交运的股价在进入 5 月后，迎来加速上涨行情。5 月 21 日，股价在 5 月后第一次涨停，随后展开 7 个交易日的整理，在 6 月 2 日再次迎来涨停。

投资者已经错过了两次涨停，自然应该对该股加强关注。6 月 2 日涨停后，股价在高位连续收出十字星，但始终不见下跌趋势。前 4 个交易日的成交量都在不断地缩量中，6 月 11 日，股价快速上涨，成交量明显放大。

投资者发现，6 月 11 日与 6 月 2 日之间又间隔了 7 个交易日，且当天成交量放量，可考虑买入追涨。于是在 6 月 11 日收盘前以 36.7 元的价格买入，期待下一个交易日再次涨停。如图 11-6 所示为宜昌交运 2015 年 5 月至 7 月的 K 线图。

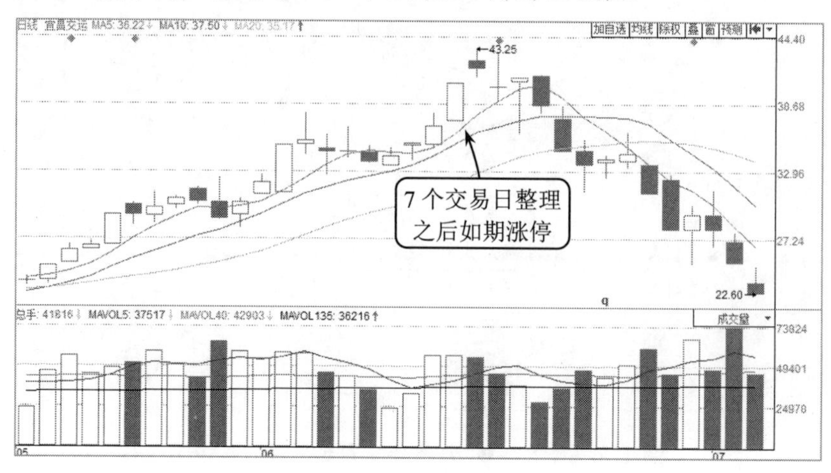

图 11-6　宜昌交运 2015 年 5 月至 7 月的 K 线图

6 月 12 日，又经过了 7 个交易日的整理，股价在当天跳空高开，在上午收盘前就封住涨停板，直至收盘。

股市中就是如此奇妙，前两次涨停之间有 7 个交易日的整理期，第三次涨停与前一次涨停之间又间隔了 7 个交易日，这就是主力的操盘节奏，也是主力股市透露给散户投资者的信息，是否值得相信、能否抓住，投资者都需要借助自己的分析，如根据成交量的分析去判断。

【专家提醒】主力的操盘节奏

不少投资者在长期盯盘和分析中，都会发现一些股票的股价运行规律，这些规律可能就是主力的操盘节奏。主力的节奏与主力的性格有关，总是千变万化，需要投资者在实战中长期看盘，在看盘过程中慢慢发现这些细节。

11.1.2　题材爆发

要把握住题材爆发带来的涨停板机会，需要投资者对国家政策、企业基本面变化有一定的敏感性和前瞻性。

投资经验尚浅，基本面信息分析能力还较弱的投资者，可以在热点被爆出后，立刻行动布局相关个股，如果下一个交易日走势变坏则迅速止损。

【实战案例】中国远洋(601919)——港口资源整合概念

如图 11-7 所示为 2015 年 8 月 6 日早上的新闻。从图 11-7 中可以看出，宁波港于 8 月 4 日的停牌是为了整合舟山港，由此也拉开了港口资源整合的序幕。

该新闻还为投资者列出了受益的相关个股，诸如连云港、日照港等。总而言之，该新闻对港口航运板块的个股都是利好消息。该消息的时间是在 8 月 6 日早上开盘前，投资者

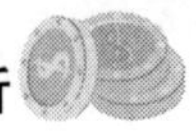

有一定的时间进行选股。在圈定一定的目标群后，视开盘后的走势进行最终选择。

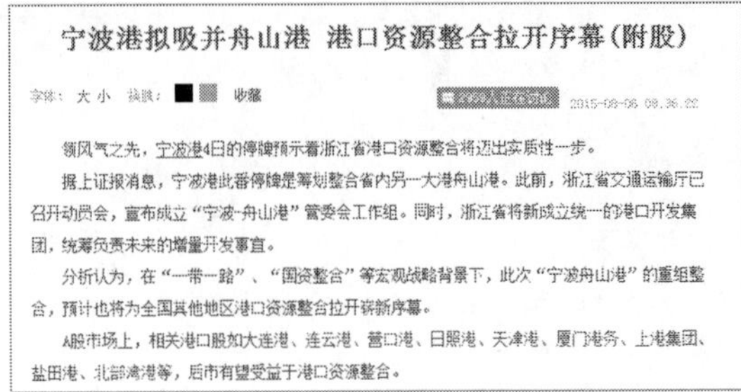

宁波港拟吸并舟山港 港口资源整合拉开序幕(附股)

字体：大 小 换肤： 收藏　2015-08-06 08:36:22

领风气之先，宁波港4日的停牌预示着浙江省港口资源整合将迈出实质性一步。

据上证报消息，宁波港此番停牌是筹划整合省内另一大港舟山港。此前，浙江省交通运输厅已召开动员会，宣布成立“宁波-舟山港”管委会工作组。同时，浙江省将新成立统一的港口开发集团，统筹负责未来的增量开发事宜。

分析认为，在“一带一路”、“国资整合”等宏观战略背景下，此次“宁波舟山港”的重组整合，预计也将为全国其他地区港口资源整合拉开崭新序幕。

A股市场上，相关港口股如大连港、连云港、营口港、日照港、天津港、厦门港务、上港集团、盐田港、北部湾港等，后市有望受益于港口资源整合。

图 11-7　宁波港新闻

如图 11-8 所示为中国远洋 2015 年 8 月 6 日的分时图。

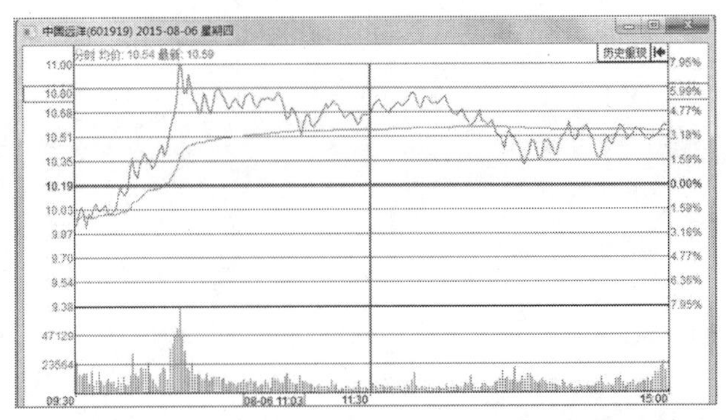

图 11-8　中国远洋 2015 年 8 月 6 日的分时图

选择中国远洋的原因很明显，该股在 8 月 6 日当天小幅低开，随后快速走高。投资者在股价翻红时选择买入，此时的价格为 10.19 元。

随后股价继续上攻，涨幅一度达到 7.95%，有涨停的趋势，但随后的走势却不尽如人意，最终以 3.73%的涨幅收盘，收盘价为 10.57 元，投资者小赚。

8 月 7 日，如果中国远洋的股价没有继续上涨，则表明 8 月 6 日的新闻没有得到市场的关注。如图 11-9 所示为中国远洋 2015 年 8 月 7 日的分时图和盘口信息。

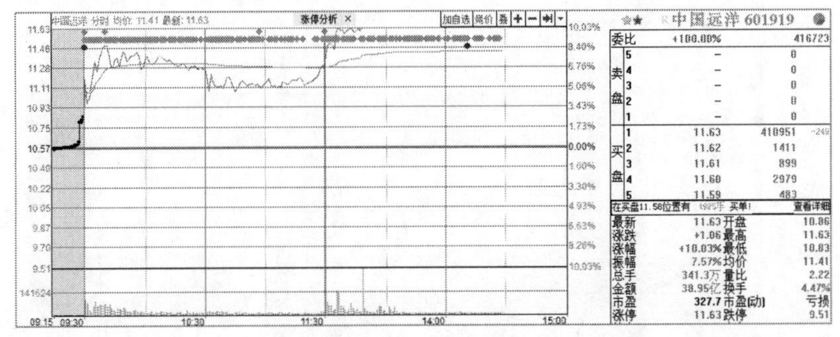

图 11-9　中国远洋 2015 年 8 月 7 日的分时图和盘口信息

从图 11-9 中可以看到，中国远洋在 8 月 7 日当天走势强劲，在下午开盘后不久就封住涨停，给投资者带来了惊喜。但对于这类已经爆出的热点题材，投资者在收获涨停之后，就应该见好就收，不能将短期追涨做成长期持有。

【实战案例】冀东水泥(000401)——京津冀一体化概念

如图 11-10 所示为 2015 年 7 月 29 日早上关于京津冀概念的新闻。

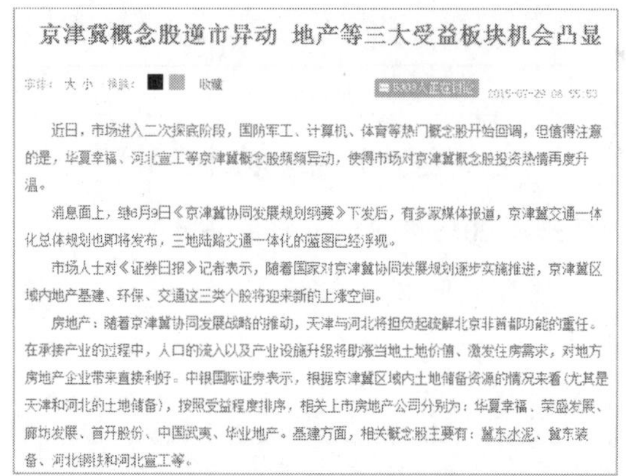

京津冀概念股逆市异动 地产等三大受益板块机会凸显

字体：大 小 换肤： 收藏 2015-07-29 08:55:53

近日，市场进入二次探底阶段，国防军工、计算机、体育等热门概念股开始回调，但值得注意的是，华夏幸福、河北宣工等京津冀概念股频频异动，使得市场对京津冀概念股投资热情再度升温。

消息面上，继6月9日《京津冀协同发展规划纲要》下发后，有多家媒体报道，京津冀交通一体化总体规划也即将发布，三地陆路交通一体化的蓝图已经浮现。

市场人士对《证券日报》记者表示，随着国家对京津冀协同发展规划逐步实施推进，京津冀区域内地产基建、环保、交通这三类个股将迎来新的上涨空间。

房地产：随着京津冀协同发展战略的推动，天津与河北将担负起疏解北京非首都功能的重任。在承接产业的过程中，人口的流入以及产业设施升级将助涨当地土地价值、激发住房需求，对地方房地产企业带来直接利好。中银国际证券表示，根据京津冀区域内土地储备资源的情况来看(尤其是天津和河北的土地储备)，按照受益程度排序，相关上市房地产公司分别为：华夏幸福、荣盛发展、廊坊发展、首开股份、中国武夷、华业地产。基建方面，相关概念股主要有：冀东水泥、冀东装备、河北钢铁和河北宣工等。

图 11-10 京津冀概念的新闻

京津冀一体化概念是事关我国首都北京的重大政策，2015 年 7 月 29 日之前就不断有相关文件下发。

在京津冀一体化概念中，环保、交通、房地产是排头兵。而相关的环保股在 7 月 29 日之前就已经热炒过，相关的交通概念并没有很好的标的股。

7 月 29 日凌晨有研究报告显示，在京津冀一体化进程中，河北与天津将承担起北京的非首都功能，人口的流入和其他设施的升级对土地和住房的需求加大，对房地产和建筑材料行业利好。

如图 11-11 所示为冀东水泥 2015 年 7 月 29 日的分时图。

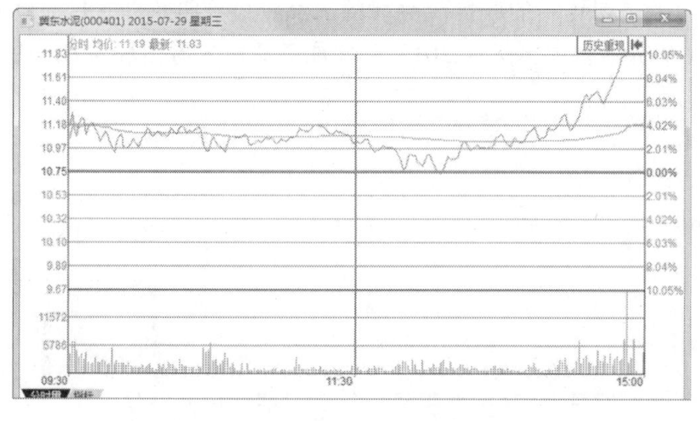

图 11-11 冀东水泥 2015 年 7 月 29 日的分时图

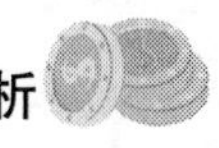

冀东水泥的股价当天受到开盘前利好消息的影响而大幅高开，随后盘中有所回调，这也是投资者介入的好机会。

股价在回调后快速走高，并最终以涨停收盘，投资者当天即可收获不错的短期利润。投资者如果对基本面信息足够敏感的话，可以发现类似于京津冀一体化这样的概念，不是一两天就炒作完的，而是可持续的、长久的概念。

因为京津冀一体化影响重大，一体化进程时间跨度长，可以炒作的概念股种类多，例如房地产、环保、港口、交通等。

【知识拓展】持续时间不同的概念

进入 2015 年之后，类似于一带一路、央企国资改革和京津冀一体化都是可持续的炒作概念，板块内个股数量多，炒作空间大。对于这类概念，投资者应该抓住其中的龙头股，一旦概念爆炒，龙头股肯定先行。而类似于国防军工、港口航运这类，则是中期概念，持续时间较短，但具有一定的持续性，投资者如果成功低吸，就坚定持有；如果低吸失败，追高须谨慎。

如图 11-12 所示为冀东水泥 2015 年 6 月至 8 月的 K 线图。

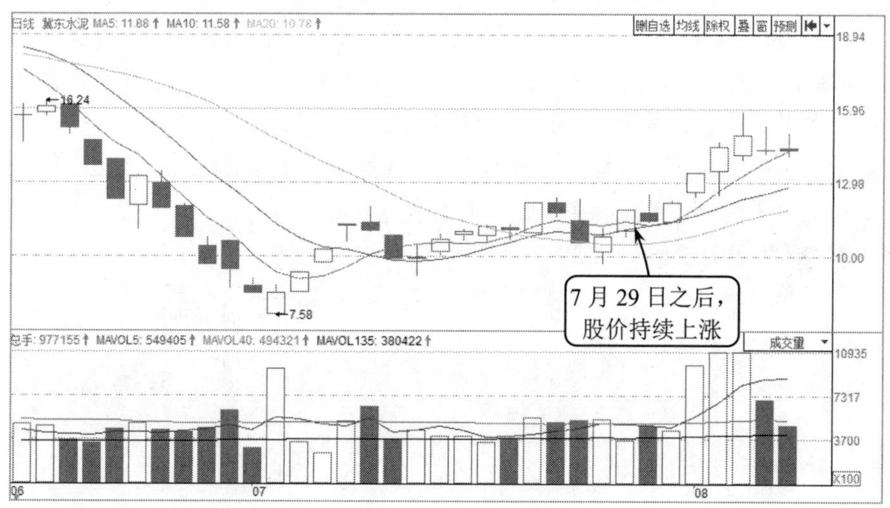

图 11-12　冀东水泥 2015 年 6 月至 8 月的 K 线图

从后期的 K 线走势可以看出，冀东水泥在 2015 年 7 月 29 日当天涨停后，在 8 月 3 日再次涨停，突破前期高点。

投资者在 29 日涨停之前买入，虽然当天存在追高风险，但在接下来的交易日里就可以收获不错的上涨利润。

【实战案例】西藏矿业(000762)——西藏概念

如图 11-13 所示为 2015 年 7 月 31 日中央表态力挺西藏经济腾飞的新闻。

中央表态力挺西藏经济腾飞 10股潜力无限

字体：大 小 换肤： 2015-07-31 09:35:11

中央推进西藏经济社会发展 四主线迎投资机遇

30日消息，中共中央政治局7月30日召开会议，分析研究当前经济形势和经济工作，研究进一步推进西藏经济社会发展和长治久安工作。

会议强调，以基础设施、特色优势产业、生态保护与建设为重点，推进经济社会协调发展、走向全面小康，推进民生显著改善、走向人民生活富裕幸福，推进生态安全屏障建设、走向生态全面改善，要加大对口支援西藏工作力度。

民生证券认为，年中政治局会议专门讨论一个地区的发展问题，这应该是空前绝后的。我们反复强调，2015年是西藏站上风口的一年。去年是对口援藏20周年，今年是西藏自治区成立50周年，明年是西藏解放65周年，多个重要时点交汇的背景下，中央已经把西藏发展摆上最高决策台，今年极有可能召开第六次西藏工作会议。建国以来，中央共举行过5次西藏工作会议，分别在1980、1984、1994、2001和2010年，基本上每届政府都要举行一次，而每一次会议都是西藏实现跨越的关键时机。

从对藏政策来看，本届政府的思路也有重大调整。第一，从GDP为中心到以收入为中心，过去中央强调的治藏方略是"依法治藏、长期建藏"，思路是靠外部输血支援西藏，但习总书记在此基础上又加入了"富民兴藏"，这次政治局会议再次强调了这一说法，这标志着援藏的思路已经从输血

图 11-13 中央力挺西藏经济腾飞的新闻

新闻中提到中共中央政治局 2015 年 7 月 30 日召开会议，分析研究当前经济形势和经济工作，研究进一步推进西藏经济社会发展和长治久安工作。

会议强调，以基础设施、特色优势产业、生态保护与建设为重点，推进经济社会协调发展、走向全面小康，推进民生显著改善、走向人民生活富裕幸福，推进生态安全屏障建设、走向生态全面改善，要加大对口支援西藏的工作力度。

西藏自治区在国家层面是非常特殊的存在，在股市中也非常特殊，因为西藏板块的个股数量少，主力要想炒作西藏相关概念，目标非常集中。

如图 11-14 所示为西藏矿业 2015 年 7 月 31 日的分时图。

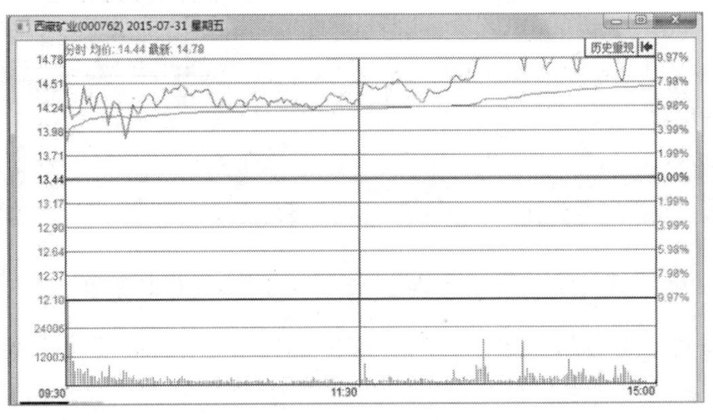

图 11-14 西藏矿业 2015 年 7 月 31 日的分时图

西藏矿业在 7 月 31 日当天，受市场中利好消息的影响，股价大幅高开，同时放出巨大的成交量，值得投资者追高买入。

投资者在抢板追入后发现西藏矿业的表现并不强势，其实这与大盘走势紧密相关，如图 11-15 所示为上证指数(000001)2015 年 7 月 31 日的分时图。

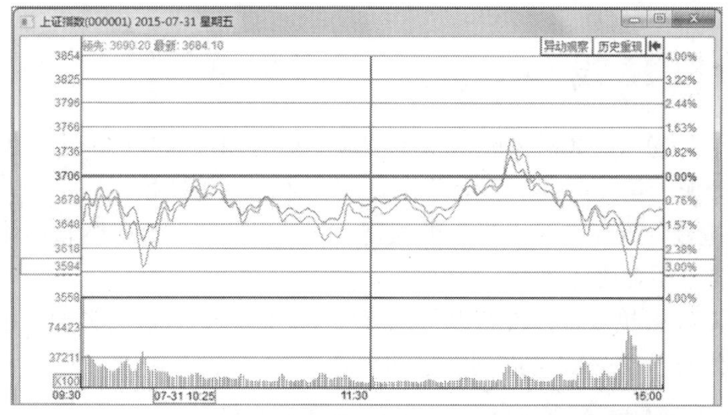

图 11-15　上证指数 2015 年 7 月 31 日的分时图

可以看出上证指数在 7 月 31 日当天小幅低开，且走势偏弱。在上午的交易日时间里，大盘没有形成有效的反弹走势，所以西藏矿业也在高开后持续横盘震荡。

下午开盘后，大盘短暂延续上午的震荡走势，在 14:00 左右开始反弹，并上攻到前一交易日收盘价上方，同时西藏矿业也响应大盘的号召，迅速封住涨停，并最终保持到收盘，投资者成功抢到第一个涨停板。如图 11-16 所示为西藏矿业 2015 年 6 月至 8 月的 K 线图。

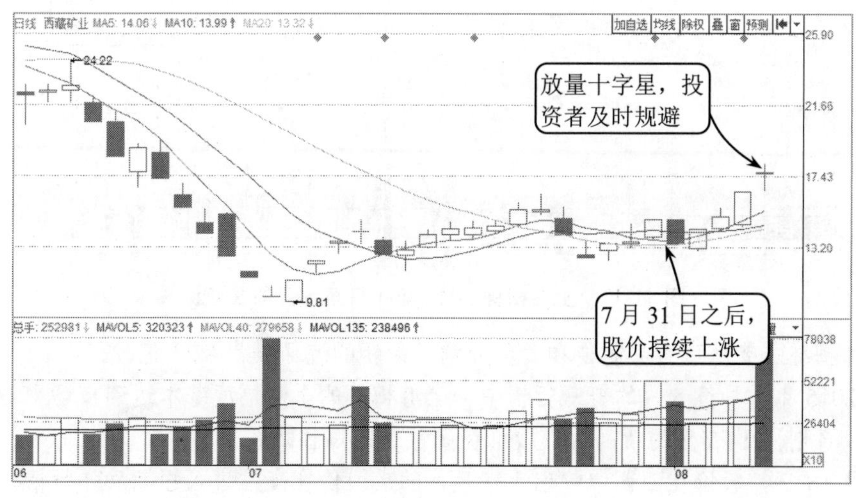

图 11-16　西藏矿业 2015 年 6 月至 8 月的 K 线图

投资者在 7 月 31 日买入之后，在 8 月 3 日迎来当头一棒，受大盘持续下行的影响，西藏矿业缩量封住跌停，投资者面临亏损。

但接下来股价快速反弹，投资者重回盈利，并在 8 月 6 日再次收出涨停，投资者成功抢板。8 月 7 日，股价跳空高开，当天以放量阴十字星收盘，是阶段见顶的信号，投资者应及时规避。

在进行此次操作前，投资者应该明白西藏板块的潜力很大，但作为地处全国最西部的地域板块，西藏板块很难持续。

11.1.3 抢板 K 线

利用 K 线进行抢板，非常考验投资者的应变能力和快速分析能力。在出现低位十字星、反转形态形成的第一时间，只有果断地买入才能完美地抢板。

利用 K 线抢板，也很依赖于大盘的表现。与题材股不同，在概念强势的情况下，题材龙头股的走势会明显强于大盘。

而单纯从 K 线去抢板，在没有题材的支撑下，股价受大盘的影响就很大。因此，投资者在利用 K 线抢板时必须考虑到大盘的因素。

【实战案例】上海梅林(600073)——回调后的十字星

如图 11-17 所示为上海梅林 2015 年 1 月至 5 月的 K 线图。

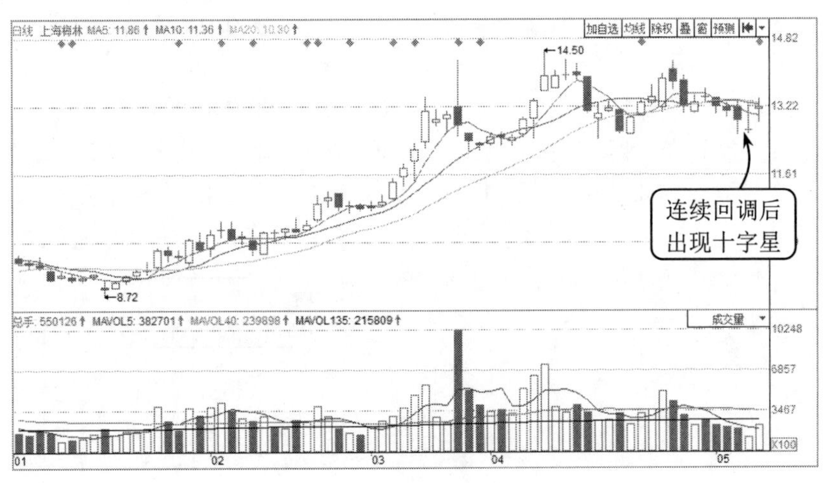

图 11-17　上海梅林 2015 年 1 月至 5 月的 K 线图

上海梅林主要从事食品制造和食品分销，最新的流通股为 8.23 亿股。

在 2015 年 1 月至 5 月的普涨行情中，上海梅林的上涨幅度基本达到市场平均水平。在 4 月 9 日创出 14.5 元的新高后，股价在高位迎来短暂回调。

4 月 16 日，股价在回调中收出十字星，随后股价在高位进入短期反弹行情，在接近前期高点时再次受阻回调。

此次回调过程更为凶险，7 个交易日收出了 6 根阴线。5 月 7 日，股价再次跳空低开，上攻被打压回落，最终在回调过程中收出十字星，有见底的可能。

5 月 8 日，股价一改前期单边下跌的趋势，跳空高开。盘中多空双方激烈对抗，最终以阳十字星收盘，收涨 4.44%。从最近两个交易日的 K 线可以看出，5 月 7 日的十字星是明显的见底信号。

投资者在 5 月 8 日高开收阳十字星已成定局的情况下，选择追高买入，持仓成本大概在 11.15 元。

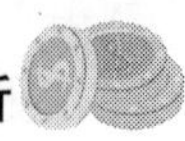

【专家提醒】十字星与成交量

股价在上涨过程中的回调阶段，或是下跌之后收出十字星，如果当天放量，投资者可以当天追入；如果继续缩量，可以等待成交量重新放大到 40 日均量线上方后再进行追涨。

十字星当天的量越大，后期上涨来得越快，涨势越凶猛。

如图 11-18 所示为上海梅林 2015 年 2 月至 6 月的 K 线图。

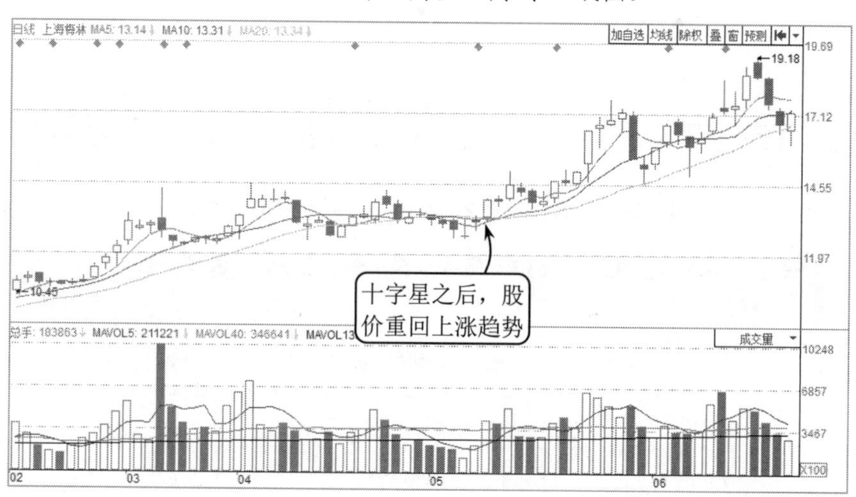

图 11-18 上海梅林 2015 年 2 月至 6 月的 K 线图

继 5 月 8 日高开收出十字星之后，5 月 11 日股价继续高开。当天的成交量明显放大，成功突破 5 日、40 日和 135 日均量线，上涨趋势得到确立。

没有在 5 月 7 日、5 月 8 日买入的投资者，5 月 11 日是最好的机会。虽然在后市直到 5 月 22 日才出现涨停，但期间股价的上涨趋势都不错，投资者利用十字星完成一次成功的短线操作，获利不少。

【实战案例】长江投资(600119)——突破上涨

如图 11-19 所示为长江投资 2015 年 1 月至 5 月的 K 线图。

长江投资是上海的一家交通运输上市企业，主要从事区域商贸综合开发、产业投资及商业、物贸、仓储、进出口贸易等。

长江投资者的最终控制人是上海国资委，因此带有一点上海国资改革概念，但相关性并不强。长江投资的其他概念，如上海自贸区、互联网金融、金改概念股、跨境电商、黄金水道等概念，都是曾经受到市场热捧，但行情难以延续。

反映在股价上，K 线就形成了阶梯式上涨的形态。概念爆发时，迅猛上涨；概念遇冷时，股价横盘震荡。

如图 11-20 所示为 2015 年 3 月 12 日中国跨境电子商务综合试验区成功获批的新闻。

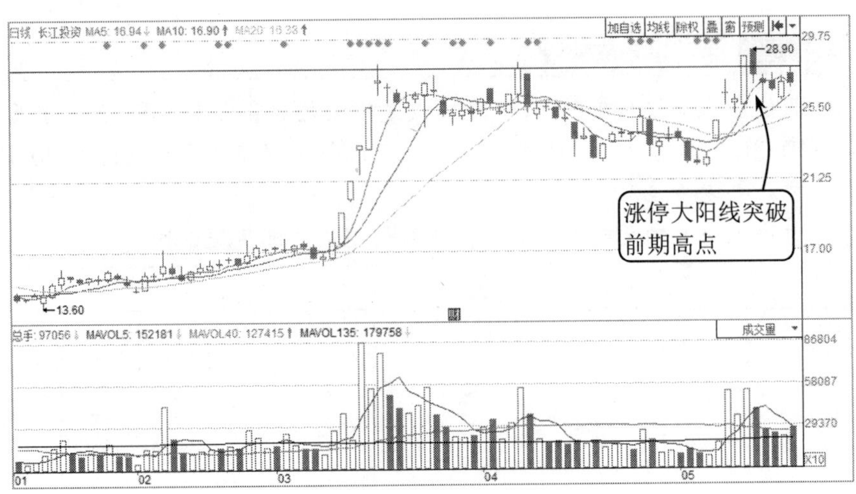

图 11-19 长江投资 2015 年 1 月至 5 月的 K 线图

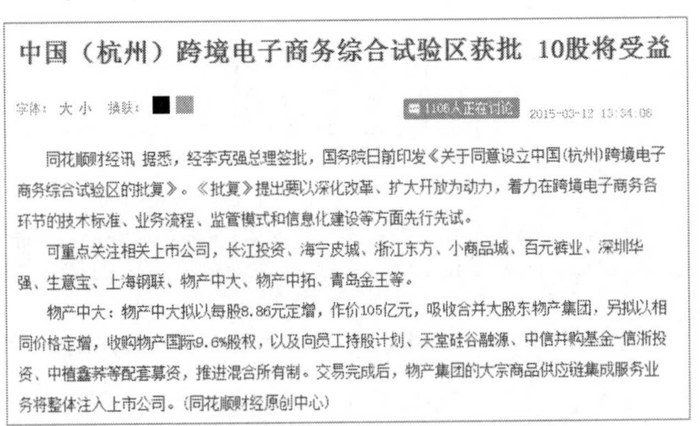

中国（杭州）跨境电子商务综合试验区获批 10股将受益

字体：大 小 换肤： 1106人正在讨论 2015-03-12 13:34:08

同花顺财经讯 据悉，经李克强总理签批，国务院日前印发《关于同意设立中国(杭州)跨境电子商务综合试验区的批复》。《批复》提出要以深化改革、扩大开放为动力，着力在跨境电子商务各环节的技术标准、业务流程、监管模式和信息化建设等方面先行先试。

可重点关注相关上市公司，长江投资、海宁皮城、浙江东方、小商品城、百元裤业、深圳华强、生意宝、上海钢联、物产中大、物产中拓、青岛金王等。

物产中大：物产中大拟以每股8.86元定增，作价105亿元，吸收合并大股东物产集团，另拟以相同价格定增，收购物产国际9.6%股权，以及向员工持股计划、天堂硅谷融源、中信并购基金-信浙投资、中植鑫荞等配套募资，推进混合所有制。交易完成后，物产集团的大宗商品供应链集成服务业务将整体注入上市公司。(同花顺财经原创中心)

图 11-20 中国跨境电子商务综合试验区获批的新闻

在 2015 年 3 月 12 日的新闻出现之前，长江投资已经在 3 月 11 日收出涨停，3 月 12 日当天也是在新闻出来之前的早盘封住涨停。投资者无可奈何，只能错过此轮行情。

此轮利好消息带来的上涨，在 3 月 17 日以十字星宣告结束，随后进入长时间的震荡阴跌行情。

4 月至 5 月这段时间内，股价下跌加速，但成交量却持续萎缩，股价似乎进入了新一轮的下跌通道。

5 月 7 日，国务院发文要求大力发展电子商务，加快培育经济新动力。到 2020 年，统一开放、竞争有序、诚信守法、安全可靠的电子商务大市场基本建成。电子商务与其他产业深度融合。降低电子商务准入门槛。合理降税减负、加大金融服务支持。鼓励电子商务领域就业创业。

5 月 7 日当天，长江投资的股价并未因利好消息而出现明显上涨。5 月 8 日，股价高开后迅速封住涨停，投资者措手不及，根本来不及买入。

5 月 11 日，股价继续高开，成交量较前期放大 3 倍以上，股价却在多空双方的对抗

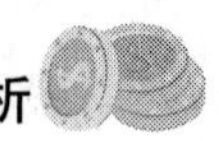

中以十字星收盘。上一个交易日来不及买入的投资者，在当天以 26.5 元买入三成仓位，并做好止损准备。

投资者之所以选择三成仓位追高买入，是建立在大盘行情向好的基础上的。如图 11-21 所示为上证指数 2015 年 3 月至 5 月的 K 线图。

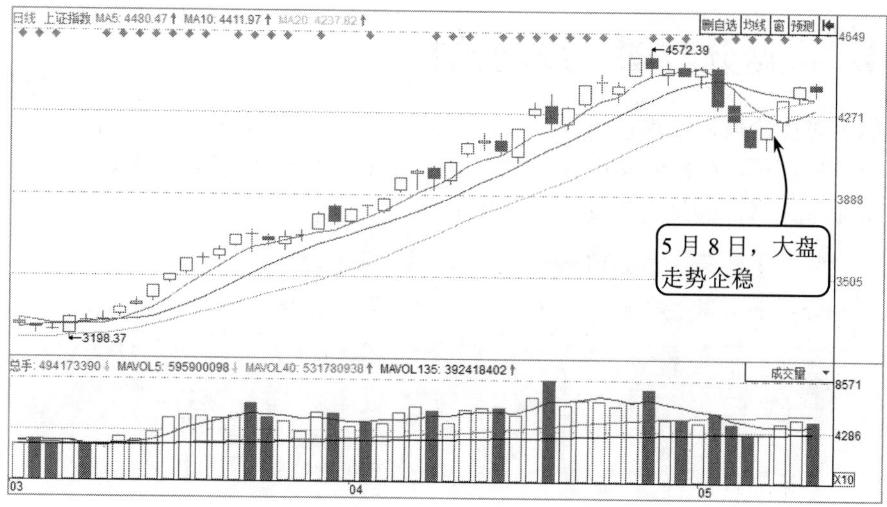

图 11-21　上证指数 2015 年 3 月至 5 月的 K 线图

从图 11-21 中也可以看出，在 5 月 7 日，长江投资在利好消息的影响下没有出现大幅上涨的原因，就是大盘处于低开下跌中。

5 月 8 日，大盘企稳后，指数在 5 月 11 日大幅高开。当天的长江投资却振幅巨大，以十字星收盘，后市的走势会如何发展呢？如图 11-22 所示为长江投资 2015 年 3 月至 6 月的 K 线图。

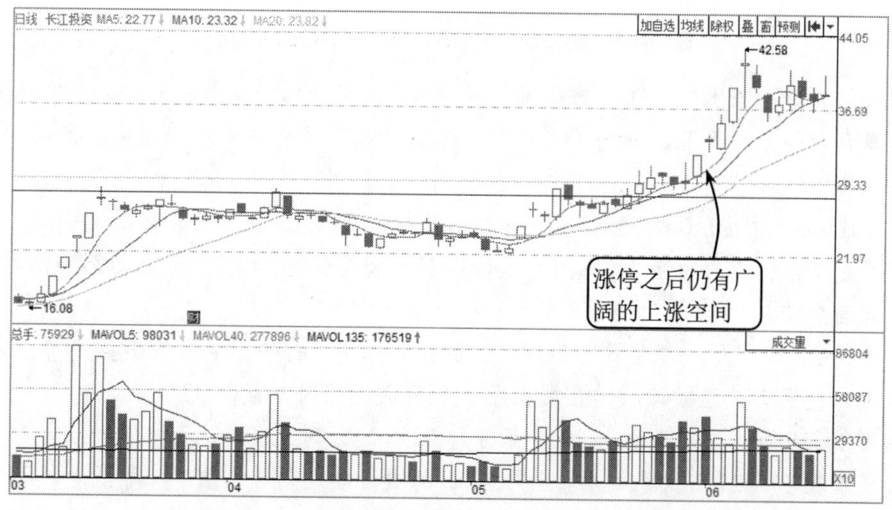

图 11-22　长江投资 2015 年 3 月至 6 月的 K 线图

2015年5月13日出现涨停后，股价有横盘调整的趋势。在调整之后，股价仍有广阔的上涨空间。

5月29日至6月4日期间的5个交易日涨幅分别为10.02%、4.1%、5.77%、10%、6.54%，股价呈现爆发性上涨。

11.1.4 根据分时图，成功抢板

根据分时图抢板，要求投资者在操作中做到快、准、狠。机会出现时，反应要快，快速做出分析决策。在投资操作过程中要准确，精准地把握住买点与卖点。一旦决定下手出击就无怨无悔，一旦走势变化就果断止损。

【实战案例】航天动力(600343)——根据分时图抢板

如图11-23所示为航天动力2015年5月21日的分时图。

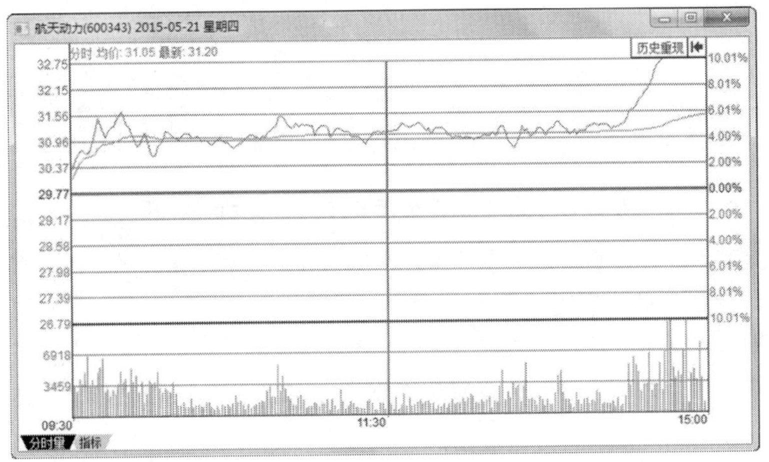

图11-23 航天动力2015年5月21日的分时图

航天动力是一家国防军工上市企业，该公司以航天流体技术为核心，在流体机械相关领域从事泵及泵系统产品、液力传动产品、流体计量产品和电机及配套系统产品的开发、生产和销售。

在2015年5月21日当天，股价高开之后小幅高走，随后在全天多数时间中横盘震荡。这类横盘走势最值得投资者关注，因为股价能够在高位长时间运行，下方必然有强力支撑，且对上方有想法。

在5月21日当天，临近下午2:30，股价突然拔高，打破了全天的横盘走势，向涨停发起攻势。投资者关注了该股，在股价刚呈现突破上涨时，就以32元买入。

如图11-24所示为航天动力2015年5月22日的分时图。

投资者在5月21日买入之后，5月22日的股价继续高开，盘中一度低走，但跌幅不大，与投资者的止损位相差甚远。

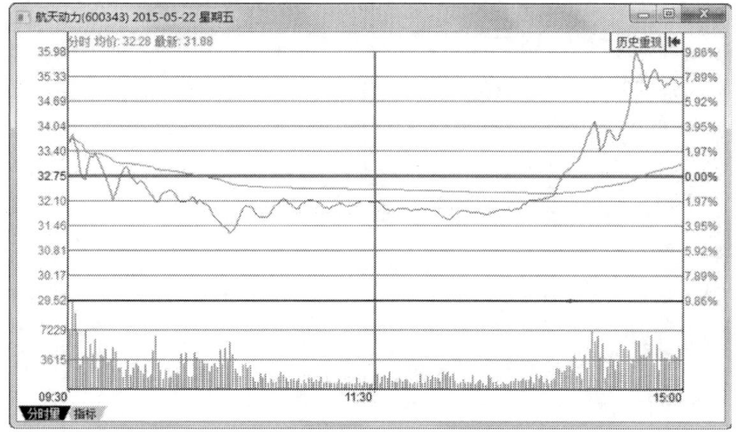

图 11-24　航天动力 2015 年 5 月 22 日的分时图

同样在下午 2:30 左右，股价从上一个交易日下方开始发动反攻，一路高歌猛进，最高涨幅达到 9.86%，最终冲高小幅回落，以 7.39%的涨幅收盘。

5 月 22 日的大涨，说明投资者追高买入是正确的选择。那么又应该在什么情况下选择卖出呢？如图 11-25 所示为航天动力 2015 年 3 月至 6 月的 K 线图。

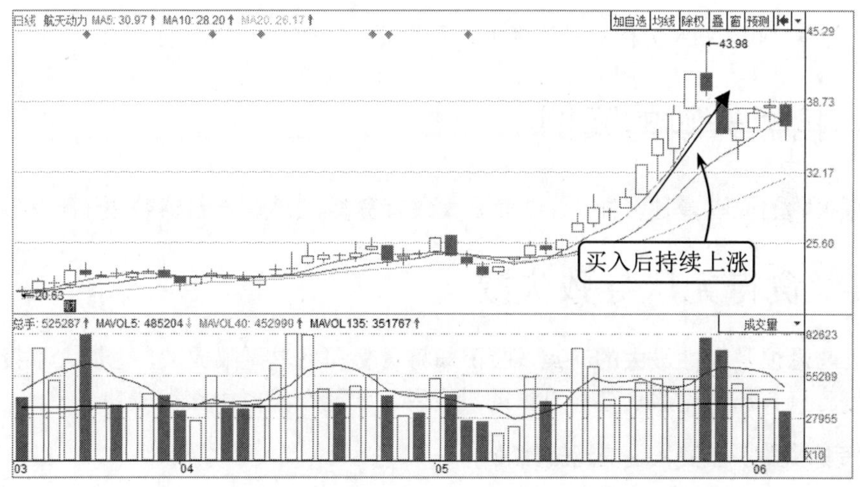

图 11-25　航天动力 2015 年 3 月至 6 月的 K 线图

在 5 月 22 日后的两个交易日里，股价分别上涨 6.45%和 9.99%，投资者已经收获了超过 20%的短期利润。

5 月 27 日，股价几乎平开，却收出了长上影线的阴线，如图 11-26 所示为航天动力 2015 年 5 月 27 日的分时图。

从分时图中可以看出，航天动力当天的振幅超过 10%。开盘后的上涨明显受阻，且成交量巨大，有主力出货的嫌疑。

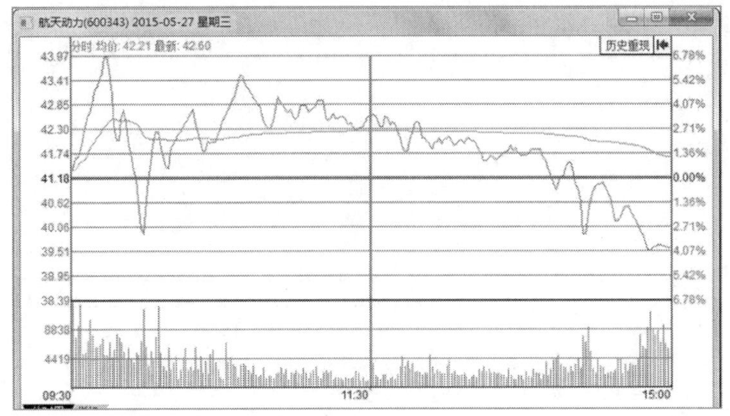

图 11-26　航天动力 2015 年 5 月 27 日的分时图

随着时间的推移，股价的振幅越来越小，最终在下午开盘后由震荡转为下跌，股价见顶趋势明显。

多数投资者在开盘后的第一次上攻中，很难做到卖出。但上攻失败后的深幅下跌应该引起投资者的注意，在第二次冲高的过程中应该果断卖出，卖出价格可以在 42 元至 43 元之间。

相比于 32 元的买入价格，投资者可以获得超过 30%的短期利润。

11.2　抢板失败的案例

抢板失败的原因多种多样，总结而来大致有贪婪、技术分析错误、抢板时机错误等。

11.2.1　贪得无厌导致失败

贪婪与恐惧是人性最大的缺点，股市却将贪婪和恐惧无限放大，也加大了投资者炒股的难度。只有那些克服贪婪和恐惧的投资者，才能在投资中获得成功。

【专家提醒】贪婪和恐惧无法杜绝

贪婪和恐惧是人类与生俱来的天性，可以克服，但无法杜绝。这也是所有的股市投资者的通病，即使是大师级的投资者，也会在长期的投资过程中因为贪婪和恐惧而犯下错误。所有投资者不必对自己苛求太多，只需要在实战中注意克服即可。

【实战案例】小商品城(600415)——贪婪导致一无所获

如图 11-27 所示为小商品城 2015 年 6 月至 7 月的 K 线图。

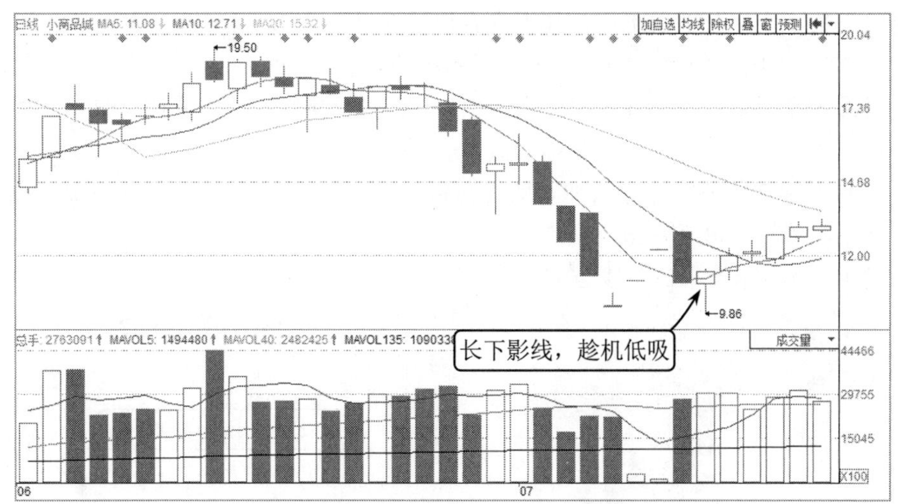

图 11-27　小商品城 2015 年 6 月至 7 月的 K 线图

小商品城是一家零售上市公司，主要从事小商品城市场开发经营和配套服务，流通股达到 54.43 亿股。

股价经过 6 月至 7 月的单边下跌后，自 7 月 8 日起停牌交易。最终在 7 月 13 日复牌交易，并连续收出两个一字板。7 月 15 日，股价高开低走，收出涨停，股价继续回调需求强烈。

如图 11-28 所示为小商品城 2015 年 7 月 16 日的分时图。

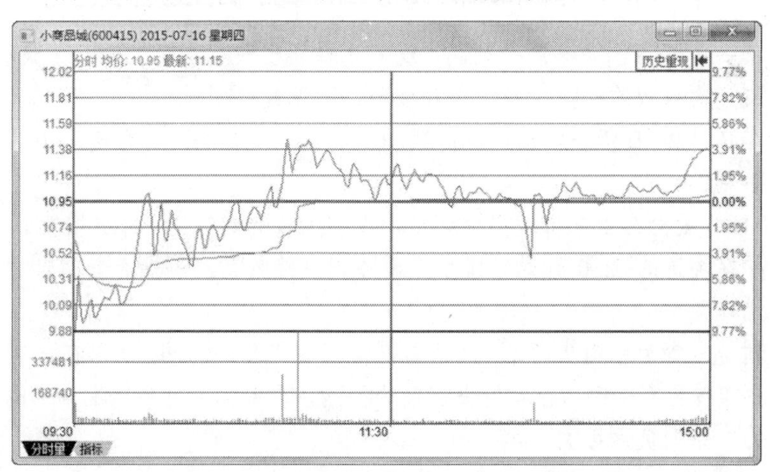

图 11-28　小商品城 2015 年 7 月 16 日的分时图

2015 年 7 月 16 日当天，股价继续低开延续上一交易日的弱势行情。股价却在盘中不断走强，最终以 3.74%的涨幅收盘。

收盘之前，K 线收出长下影线已成定局，且盘中创出新低 9.86 元，股价明显触底，投资者在收盘前以 11.2 元的价格买入。

接下来的 5 个交易日股价的表现也没有让投资者失望，连续 5 个交易日收出阳线，股价在 7 月 23 日的收盘价为 13.03 元，投资者阶段收益为 16%。

当时的大盘行情也同样处于快速反弹中，上证指数连续 6 个交易日收阳。在这样的向好行情中，投资者不满足于 16%的短期收益。

7 月 23 日当天存在一个不太明显的卖出信号，即股价小幅上涨 0.31%继续创新高时，成交量却小幅萎缩，出现短期的量价背离。

如图 11-29 所示为小商品城 2015 年 6 月至 8 月的分时图。

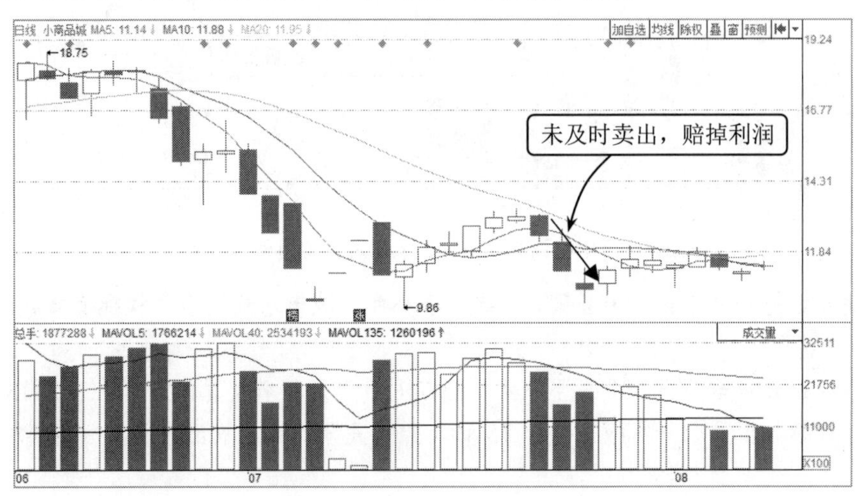

图 11-29　小商品城 2015 年 6 月至 8 月的 K 线图

7 月 23 日，投资者因为不满足利润，没有选择卖出股票。7 月 24 日，股价低开低走，全天没有形成一次有效的反弹，股价走势极弱，回调趋势明显。

投资者在 7 月 24 日仍不卖出，在前期 16%利润的支撑下，心存侥幸仍认为当天的下跌只是短期回调。

7 月 27 日，股价在上午持续横盘震荡，没有上攻的趋势。下午开盘后，股价却在震荡中下跌，并在神奇的 2:30 开始了跳水，最终以跌停收盘。等投资者反应过来，前期的利润已所剩无几。

侥幸心理是从贪婪中衍生而来，因为总是憧憬着更高的利润，所以在面对下跌时持乐观态度，最终却被现实击倒，轻者失去前期的利润，重者本金也会出现一定的亏损，这就是贪婪带来的一系列负面影响。

【实战案例】黄山旅游(600054)——贪婪

如图 11-30 所示为黄山旅游 2015 年 4 月至 6 月的 K 线图。

黄山旅游属于资源垄断性旅游企业，主业包括园林门票、索道、酒店、旅行社等，其中门票和索道业务作为公司两大利润支柱。此外，该公司还拥有黄山山上全部 7 家酒店，属于公司垄断经营。

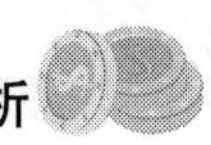

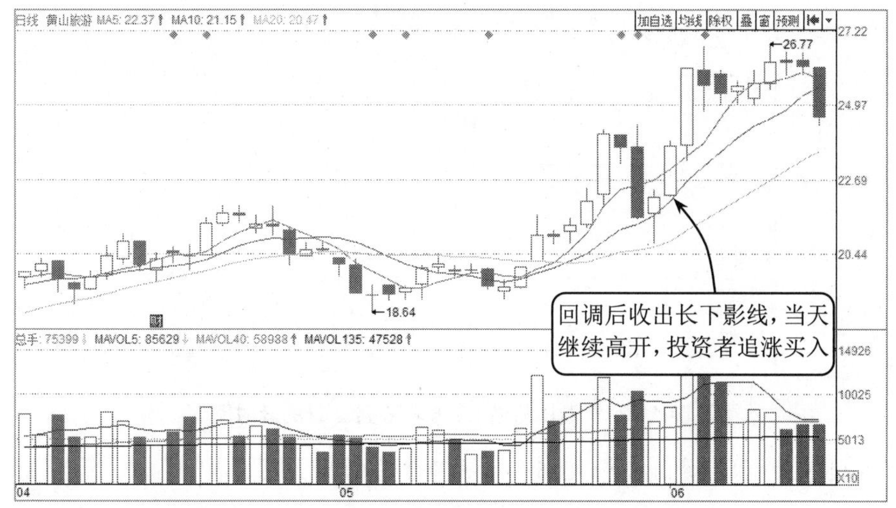

图 11-30　黄山旅游 2015 年 4 月至 6 月的 K 线图

黄山旅游拥有稳定的收入来源，流通股仅仅 1.18 亿股。流通盘如此之小，必然会受到主力的爆炒。

黄山旅游在 4 月底创出 18.64 元的新低，随后进入反弹上涨行情。截至 2015 年 5 月 26 日前，股价在反弹中都未曾收出涨停板。

在 5 月 27 日、28 日两个交易日里，股价有所回调，分别下跌 1.79%与 8.98%。5 月 29 日，股价停止下跌，盘中股价一度遭到打压，但被多方拉回，收出长下影线，当天以 2.98%的涨幅收盘。

对短线投资者而言，这种在上涨过程中回调后出现的长下影线，意味着回调结束，后市存在不错的追涨机会。

6 月 1 日，股价延续反弹行情继续高开，在开盘后就表现出强势，投资者见股价不断上涨，果断追涨买入，持仓成本为 23 元。当天以 23.68 元收盘，收涨 7%，虽然没有出现涨停，但短线收益较为可观。

6 月 2 日，股价继续高开，虽然在开盘后的一段时间里走势偏弱，但随后不久便迎来转机。如图 11-31 所示为黄山旅游 2015 年 6 月 2 日的分时图。

从 6 月 2 日的分时图中可以看出，在午盘之后，股价曾达到涨停板，但随后又被打开，最终在收盘前封住涨停板。

投资者追涨停板的目标已经达成，但不仅仅满足于一个涨停板，认为后面还有更多涨停板。

其实观察黄山旅游前期的走势可以发现，该股在 4 月至 6 月这段时间内，只有 6 月 2 日收出了一个涨停，说明该股的股性不强，主力不喜欢将股价拉升至涨停。

这类股票一旦出现涨停，往往意味着上涨行情的结束。因此，在 6 月 2 日之后的几个交易日里，股价在高位开始横盘调整。投资者可能还暗自欣喜，认为调整之后又是一轮新的上涨行情。

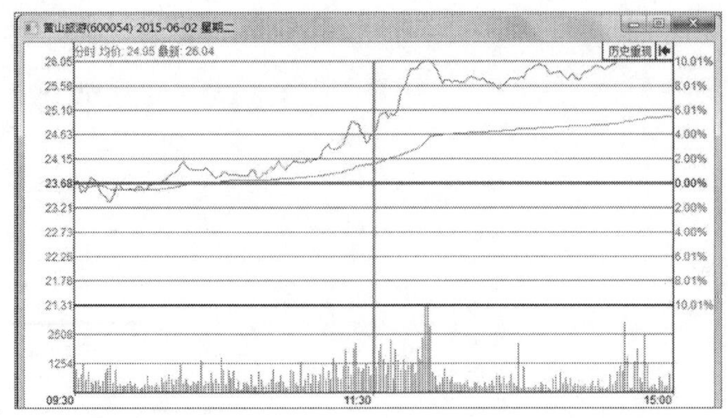

图 11-31　黄山旅游 2015 年 6 月 2 日的分时图

如图 11-32 所示为黄山旅游 2015 年 4 月至 7 月的 K 线图。

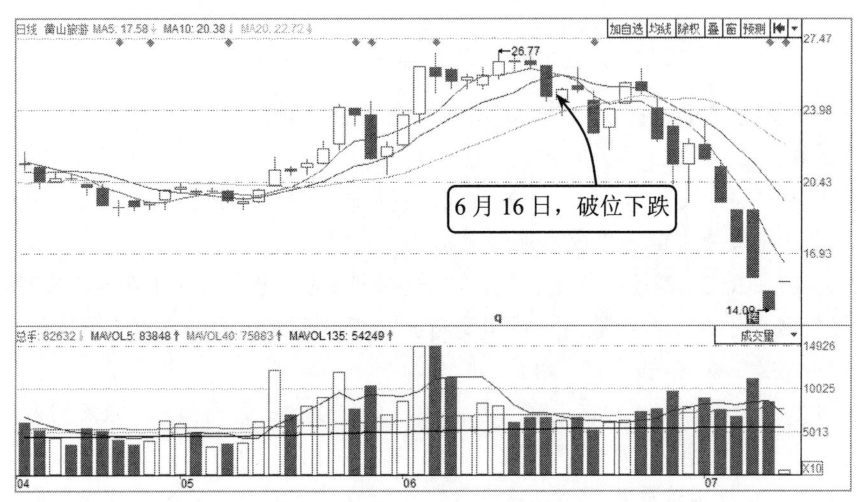

图 11-32　黄山旅游 2015 年 4 月至 7 月的 K 线图

没想到投资者等来的却是 2015 年 6 月 16 日的破位下跌，当天股价大跌 5.95%，跌破前期横盘整理形态。当天的收盘价为 24.52 元，相对于 23 元的成本，投资者半个月的短期收益为 6%，不是太尽如人意。

如果投资者不是因为贪婪，可以在股价高位整理时卖出，卖出价可以保证在 26 元以上，短期收益将达到 13%左右。

11.2.2　分析错误引起的失败

投资者因为技术分析失误，而造成追涨停板失败，短期被套形成的损失，要远远小于因为贪婪等心理因素而造成的损失。

技术分析上的失误，导致投资者认为股价会出现涨停。后期的股价不仅没有涨停，甚至出现下跌。一旦股价下跌，投资者就发现自己判断错误，要果断止损卖出。

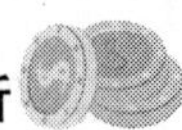

【实战案例】中房地产(000736)——分析错误

如图 11-33 所示为中房地产 2015 年 4 月至 5 月的 K 线图

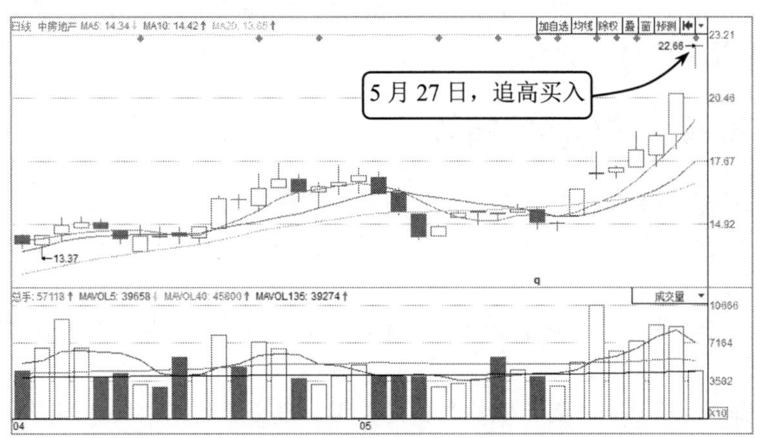

图 11-33　中房地产 2015 年 4 月至 5 月的 K 线图

中房地产是国资委下属的房地产开发上市企业，地处重庆，主要从事房地产开发和房屋租赁。

中房地产的流通股仅有 1.39 亿股，在经营规模庞大的房地产开发行情中属于小盘股。极小的流通盘必然为中房地产带来更多主力的关注。

进入 2015 年 5 月后，股价经历回调筑底，5 月 19 日以涨停大阳线拉开新一轮上涨行情的序幕。5 月 26 日，股价继续收涨停，投资者开始心动。

5 月 27 日，股价在集合竞价中即为涨停价，投资者开盘后以涨停价追入，以期下一个交易日继续收出涨停。当天的涨停在开盘后段时间回落，几分钟后再次封住涨停并持续到收盘，盘面的强势，让投资者对下一个交易日充满信心。

如图 11-34 所示为中房地产 2015 年 5 月至 7 月的 K 线图。

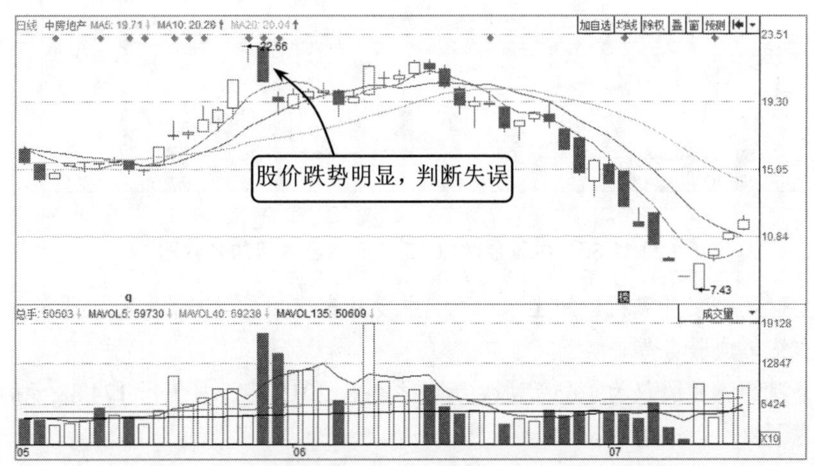

图 11-34　中房地产 2015 年 5 月至 7 月的 K 线图

5 月 28 日，股价大幅低开，随后持续走低，直到在收盘前封住跌停，股价下跌趋势明显。

当天的走势验证了投资者的分析是错误的，在持续走低的过程中，投资者选择止损卖出股票，及时躲避了当天的跌停，以及后期的大跌。

11.2.3 抢板时机把握错误

抢板的最佳时机是前两板，两板过后股价有阶段见顶的可能。在一个交易日内，应该选择在涨停前一分钱时，迅速挂单买入，能成交最好，不能成交也不要气馁，市场中永远不缺机会。

错误的追涨时机，会大幅度减少投资者追涨操作的收益，在判断失误时还会加大投资者的损失。

所以正确分析是基本，而正确的时机是关键。投资者若在两板之后进行抢板，可能会面临更大的风险。

投资者在一个交易日内，股价只是正常上涨，没有明显向涨停发起冲击的趋势，而进行追涨，乐观情况下可以获得一定的短期涨幅，也有可能会面临损失。

【实战案例】中科金财(002657)——抢板时机把握错误

如图 11-35 所示为中科金财 2015 年 5 月至 8 月的 K 线图。

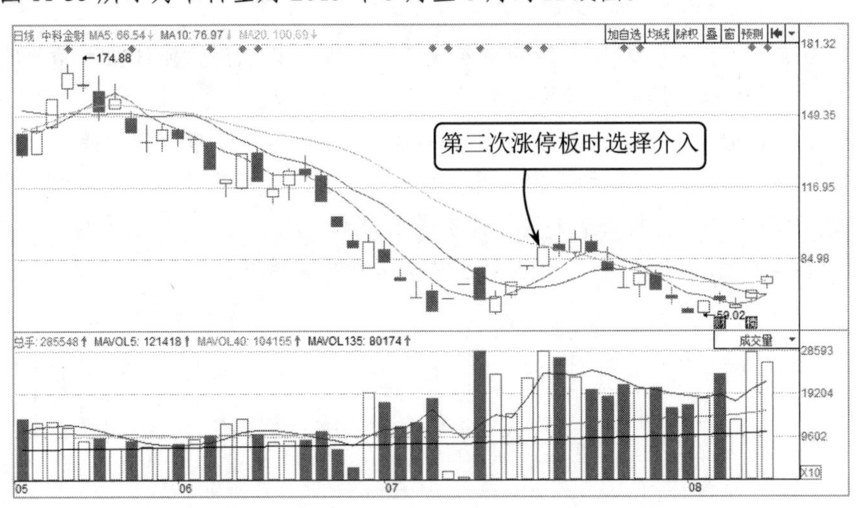

图 11-35 中科金财 2015 年 5 月至 8 月的 K 线图

中科金财是一家计算机应用上市公司，主要从事应用软件开发、技术服务及相关的计算机信息系统集成服务等业务。

中科金财的流通股仅为 1.65 亿股，所以才会在 2015 年 5 月创出 174.88 元的新高，但在接下来的下跌中，股价跌至 60 元上方。

股价在 7 月 13 日止跌，迎来了快速反弹。7 月 16 日，股价小幅上涨 2.33%。接下来

两个交易日，股价连续涨停，投资者没有介入的机会。

如图 11-36 所示为中科金财 2015 年 7 月 21 日的分时图。

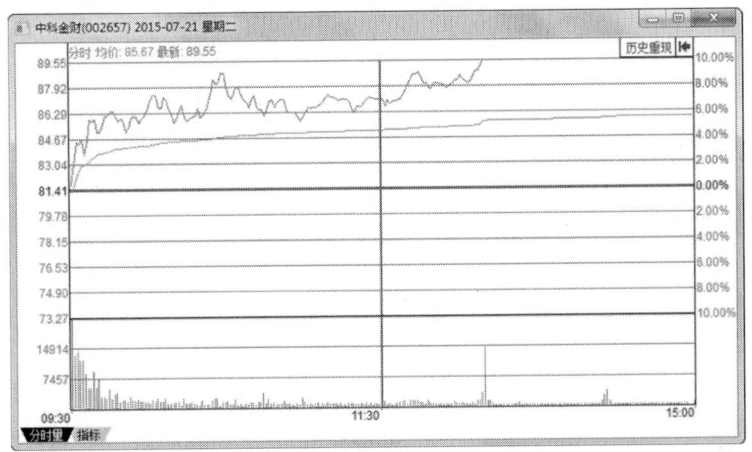

图 11-36　中科金财 2015 年 7 月 21 日的分时图

7 月 21 日，股价开盘后便强势上涨，投资者果断追涨买入。股价在午盘后，强势收出涨停，投资者当天即有 5%左右的盈利。

但在随后的几个交易日里，股价并未继续上涨，而是在整理 3 个交易日后开始下跌，投资者前期的利润都跌没了，如果卖出得太犹豫，甚至会面临一些亏损。

导致这次追涨停板失败的原因，就是在前两板没有追入的情况下，选择在第三次涨停板时追入，必将面临更大的股价见顶风险。